U0056368

第七版

幼兒發展、學習評量與輔導

王珮玲 著

心理出版社

林序

我國國民接受教育年齡有往兩極延伸的趨勢，成人教育和幼兒教育日益普及，也受各界的重視，其中幼兒教育在多次選舉中甚至成為候選人的政見之一。許多學者的研究均發現，一個人在幼兒期的發展是否得宜，會影響其未來的發展。教師及父母應了解幼兒的發展，診斷其發展是否有問題，並對其問題加以輔導。幼兒發展的了解、診斷和輔導需要精通幼兒發展理論、心理計量理論和測量工具，以及幼兒輔導策略。

目前坊間雖有這三方面的書籍，但常各自獨立，使得讀者閱讀後或懂得發展理論但不知如何測量與診斷，或懂得測量與診斷，卻不知如何輔導。有些文章雖將三者合併討論，但均侷限在一、二個發展向度上。本書將幼兒的發展從身體動作、氣質、認知能力、語言、社會行為、學習等六個向度加以探討。每一向度均先敘述有關的發展理論，再討論如何測量與診斷，然後提出可能的輔導策略，最後並以一個模擬的個案做為範例，實際進行測量與診斷，並提出輔導建議。本書這種編排方式有效地將理論、測量與診斷、輔導三者有系統地緊密結合，加上全文文字深入淺出，配有許多圖表，是為人父母及從事幼教工作者的一本很好的參考書。

由於本書具有許多優點，本人非常樂於寫序推薦！

林邦傑 謹識

1995 年 2 月 20 日於國立政治大學

蘇序

記得珮玲在政大教育研究所就讀時，有一次為了向我要一份資料，來幼稚園找我，給我初次的印象：長髮披肩，一襲綿麻素色衣裳，腰間繫著編織而成的腰帶，顯得飄逸、脫俗，蠻特別的，令我印象深刻。後來又有一次，一同出國考察，使我們彼此有了進一步認識。這次珮玲也是為了蒐集資料，來舍下小敘，而讓我有機會提前讀到她的大作。

看了珮玲送來一疊厚厚的稿件，發現各章節內容非常有系統，條理分明、圖文並茂，促使我興致勃勃地花了五個小時，一口氣讀完。我數十年來，研讀過不少專家學者的研究叢書，雖然有部分著作令人有隔靴搔癢之嘆，但大部分為求經得起考驗而不失偏頗，他們都會蒐集各家學說的論點，加以分析、比較、批判、歸納等，多數客觀公正，可信度較高。珮玲這部著作，寫作態度嚴謹，分析、歸納尤其簡潔，兼具了學術性與實務性的參考價值，不但適合研究生與幼教老師研讀運用，也適合幼兒家長閱讀，尤其是幼兒發展與輔導的部分，可以提供家長對幼兒期許有明確方向，其中親子遊戲、語言活動、實物操作等，不僅具有啟發性、趣味性、多樣性，同時亦可增進親子親密關係，實在值得廣為流傳。

在本書第七章裡，作者代為說明，我所提供的幼兒學習區之觀察評量「現已不用此評量表」，這並不意味它有問題，那是我四年前所編擬；當時設計的目的，是為了幫助老師及參與的家長，對幼兒在學習區探遊的目的與方向，能有更深一層的體會，結果只用了一年多的時間，即已使老師們充分掌握各學習區探遊的學習目標和教育方向。對於經驗豐富且有專業素養的政大實幼老師們來說，都能以敏銳的感覺，洞察幼兒們的內心世界，已無須依賴該項評量工作來了解孩子，所以那份評量表已為階段性的淘汰。目前老師們對幼兒學習態度，一舉手、一投足、一顰、一笑，均能瞭如指掌亦能及時輔導，而且輔導技巧十分圓熟。因此始引發我於兩年前重新編擬「幼兒自我評量手冊」，幫助幼兒自省、自覺，進而自律，由於尚在試驗與修訂階段，未敢即以獻曝。

我從事幼教生涯近四十年，從傳統到開放，尤其是十多年來研究開放教育，更深刻體會到評量的目的，是為對幼兒發展與學習多幾分了解，也為讓老師們自身多一些省思機會，其內容必須隨著老師們的成熟度，以務實的深度與廣度而重新評估與調整。近十多年來，在政大實幼所計畫的各項評量表不下十餘種，常因全體老師們認真推動，對教育意義的體會愈深，評量也就益加趨於簡單扼要了。反觀其他許多幼兒園，每位幼兒被評量項目竟多達三十條以上，真不知老師們要以多少時間來處理如此大的工程，其客觀性實在值得深思，更何況其中的評量內容，大多是老師們在檢核幼兒學習成果。學前教育應是播種時期，不宜急於驗收成果，不然師生之間容易造成對立，累壞了老師，也難為了小朋友。

幼兒園在所有教育環境中，最具彈性，也最有挑戰性，沒有教科書的束縛，沒有功課壓力，經營者應重視理念的共識與落實，自我鞭策及期許，提升教育素質，針對幼兒發展需要，計畫出適合屬於自己幼兒園特色的學習內容及評量方向，建立獨特風格，使老師們走出教學者的窠臼，成為幼兒玩伴、親密朋友、能隨時被諮詢者，讓幼兒在溫馨的氣氛中發揮潛移默化之作用，邁向獨立、自主、認真、負責，成為健全人格的好兒童，願以此與幼教界朋友共勉。

本書討論的是幼兒發展評量與輔導，珮玲寫的每一章節都具實用價值，涵蓋有觀念、策略、方向、步驟……等，值得在校學生研讀、幼教同仁參考，以及為人父母者一起來分享，因此我願意向大家推薦，希望和我一樣來重視和珍惜。最後，我非常佩服珮玲的勇氣，竟敢如此放心，邀請才疏學淺的我為她寫序，雖然自覺寫得不好，但卻都是肺腑之言。

蘇愛秋 謹識

1995 年 2 月於政大實幼

七版序

《幼兒成長檔案》可包括「幼兒發展評量」和「幼兒學習評量」，所以在第七版增加了第八章：《幼兒成長檔案》的電子化，讓第二章至第六章聚焦在幼兒發展評量，第一章、第七章和第八章則聚焦在幼兒學習評量，並將部分量表介紹移至心理出版社的網站。因此，本書是同時可評量幼兒發展與幼兒學習的重要參考書籍。

《幼兒成長檔案》的電子化

一本有計畫和有系統的《幼兒成長檔案》，是能夠深入敘說孩子在幼兒園的生命故事，但如何讓家長永久保存幼兒的檔案，甚至能透過網路與更多親人分享，是本書第八章的發想。在新增的章節中，特別介紹三位幼兒的電子化成長檔案，內容專業，並嘗試以不同排版呈現，深具美感。這三本檔案各具特色，例如：在芝瑜的成長檔案中，教師非常強調孩子的自主性，有能力挑選自己喜歡的作品，並敘說理由；至於在昕芮的成長檔案中，教師能依課綱常出現的概念，呈現孩子的形成性評量。因本書篇幅有限，其他幼兒的《幼兒成長檔案》則放在心理出版社的網站，亦附上 QR Code，讀者可以上網看到整本的《幼兒成長檔案》。

教育部教學實踐計畫獎助和現場老師、學生的共同合作

《幼兒成長檔案》的電子化構思與產出，要感謝教育部教學實踐計畫的獎助，以及現場老師和學生的協助。〈深化幼教系學生在幼兒學習評量能力之教學實踐〉是本計畫的主題，目的是希望能透過「幼兒學習評量」的課程，加強學生進入職場之前的評量知能。因此，課程中邀請了曾慧蓮、周慧茹、卓文婷、陳匀宜、王薇涵、余淑媛、方芯琦、朱芳儀、余蕙君、黃莛軒、殷瑋慈、林祐伶、黃家紘、張依婷等多位老師，與我一起指導學生，共

同討論電子化的《幼兒成長檔案》，並有初步的雛型。至於本書介紹的六本《幼兒成長檔案》，則要特別感謝卓文婷、曾雅如、周慧茹、戴廣平、王薇涵、趙娸珮、陳匀宜、余淑媛、方芯琦等九位老師。最後，感謝助理蘇柔安和心理出版社總編輯林敬堯的幫忙，才能順利完成第七版的修訂。

《幼兒成長檔案》的電子化經驗交流

《幼兒成長檔案》的電子化，無論是內容或者是版面設計，都只是雛型。為了讓家長能永久珍藏孩子的成長足跡，教師也能更有系統處理幼兒的發展與學習資料，希望未來有機會與大家交流，分享彼此的經驗。

2021 年 2 月 1 日

六版序

幼教現場學習檔案的看見

在幼教界服務近三十年，看見幼兒的學習檔案僅是依著課程進行，存放著幼兒的學習單、圖畫作品或活動照片等等，至學期末或學年末，再請孩子將檔案帶回給家長，以了解幼兒在校的學習情形。但是一整本厚厚的檔案夾，內容可能是數字學習、連連看或是迷宮遊戲的學習單或是幼兒繪畫作品等等，內容龐雜混亂，不太容易看出幼兒「發展」與「學習」的變化。

基於這種現象，第六版的第一章新增教保服務人員如何有系統地規劃及呈現幼兒「發展」與「學習」評量的實際範例及作法，例如：幼兒園可以在期初（10 月）、期末（1 月）、學年末（5 月）等三個時間點，有計畫地蒐集幼兒在各領域的發展與學習作品，仔細看見幼兒的變化。在「發展」方面，可從「自畫像」、「假日生活分享」、「體適能」、「氣質」等，看見幼兒在期初和期末的成長；第二至六章則提供詳細的評量方法和工具。至於「學習」方面，在主題／方案或是學習區的教學前及教學之後，也可看出幼兒學習的效果，第七章提供了詳盡的實例。

在新課綱實施後，教保服務人員對於課綱的幼兒學習評量深感興趣，書中的第一章和第七章有初步的介紹和實際的範例，讀者可參考之。

幼兒發展、學習及評量的三位一體

在幼兒園現場，教保服務人員時時刻刻都在進行評量，從幼兒入園的起始評量，課程進行時不斷進行的形成性評量，以及學期末／學年末的總結性評量。評量讓教保服務人員知道幼兒現階段的「發展」，依幼兒的能力規劃課程，並進行「教學」，教學後，再「評量」幼兒的學習成效。若幼兒學習成效未達預期目標，則需再進行教學，再評量之。基本上，**「發展」**、**「學**

習」、「**評量**」三者是不斷交錯循環的過程，第一章和第七章提供許多來自教學現場的幼兒學習評量實例，例如【陀螺】方案、【吹泡泡】方案，和【甲蟲】方案。讀者從教師的教學及評量歷程中，能清楚了解實際的作法。也由於在本書第一章與第七章，大幅新增幼兒的學習評量實例，書名也由《幼兒發展評量與輔導》調整為《幼兒發展、學習評量與輔導》。

特別要感謝的人

本書的完成要感謝的人太多了。第六版的出版特別要感謝臺北市立南海實驗幼兒園曾慧蓮老師，提供第一章和第七章的幼兒學習評量實例。過程中，關於提供的幼兒學習評量的具體做法，我們曾有多次的討論，希望對幼教系／幼保系學生或是對現場教保服務人員在處理「幼兒學習檔案」時能有最大的協助。還要感謝臺北市龍山國小陳美雲老師、姚怡安老師和馬松美老師提供學習區的幼兒評量的實例。同時，也感謝心理出版社林敬堯總編輯和相關人員的編輯和協助，讓第六版能順利地產出。對於提供寶貴量表的漢菊德園長、蘇愛秋園長、余芸湘老師等幼教前輩，也致上最深的敬意。最後，要感謝一路支持我的友人及家人……

目　次

CONTENTS

參考文獻

附錄

參考文獻和附錄請於心理出版社網站下載
網址：https://reurl.cc/ynggvD
解壓縮密碼：9789861919492

幼兒發展、學習評量的基本觀念

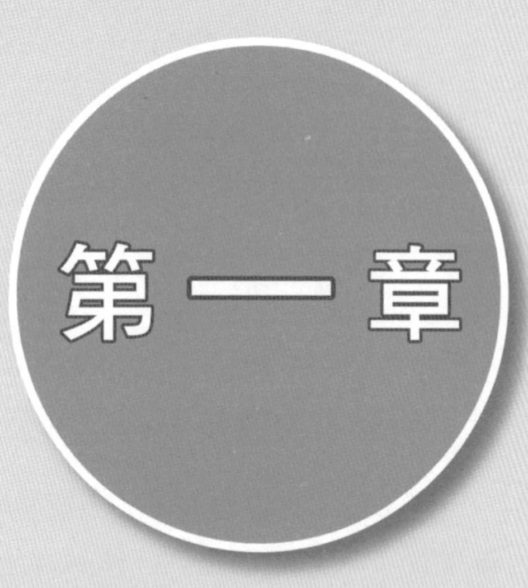

第一章

第一節　幼兒發展與學習評量的意義與目的

壹、幼兒發展與學習評量的意義

貳、幼兒發展與學習評量的目的

第二節　幼兒發展與學習評量的方法

壹、觀察法

貳、測驗法

參、訪談法

第三節　教保服務人員在發展與學習評量前的準備與規劃

壹、教保服務人員在發展與學習評量前的準備

貳、教保服務人員在發展與學習評量前的規劃

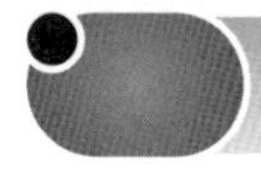

第一節　幼兒發展與學習評量的意義與目的

壹、幼兒發展與學習評量的意義

依《張氏心理學辭典》一書的定義，「評量」是：「(1)泛指對某種事物價值予以評定的歷程；(2)在某種有計畫的活動（如心理治療、學校教學、技能訓練等）實施之後，按照預定目標檢核其得失的歷程」（張春興，2006）。本書的「幼兒評量」包括幼兒發展與學習評量，係指教保服務人員能有系統、有計畫地觀察幼兒的行為展現，並能從幼兒的行為回應、作品集、訪談，或者標準化測驗工具的資料中，判斷和解釋幼兒在各領域的發展及學習，以做為輔導幼兒及課程規劃的參考。換句話說，幼兒評量是一質量並重，主客觀方法兼採，教保服務人員、家長與幼兒共同合作的歷程。

貳、幼兒發展與學習評量的目的

幼兒發展與學習評量的目的有三，可從幼兒、教保服務人員和家長三個面向予以說明：(1)了解幼兒在歷經一段時間的發展與學習改變；(2)做為教保服務人員調整課程規劃的參考依據；(3)提供家長了解及協助幼兒行為的發展與學習。詳如下述。

一、了解幼兒在歷經一段時間後的發展與學習改變

無論在發展或學習上的進步，幼兒都是一步步地逐漸累積而來，與孩子朝夕相處的教保服務人員反而不易看見他們的成長與學習的改變，除非能比較幼兒在一段時間後的發展，或是學習的成效，才能明顯看見孩子的變化。教保服務人員可在期初（10 月）、期末（1 月）、學年末（5 月）等三個時間點，有計畫地蒐集幼兒在各領域的發展與學習資料，即可明顯看出幼兒的改變。下列依「幼兒發展評量」和「幼兒學習評量」兩面向說明。

（一）幼兒發展評量

如果要了解幼兒在身體動作、認知能力、語言能力和社會行為的發展，教保服務人員可以考慮下列方法以了解幼兒的發展。

1.幼兒認知能力的變化

幼兒認知能力的變化，除了可從感知覺、數與量概念、空間感概念、因果概念等，也可從幼兒自畫像了解。以下介紹幼兒繪畫發展與幼兒自畫像的變化。

(1)幼兒繪畫發展的變化

畫畫是幼兒常進行的活動，在面對幼兒的圖畫作品時，教保服務人員應了解幼兒的繪畫發展歷程。幼兒繪畫發展（圖 1-1）是從隨意塗鴉期（～2.5 歲）、控制塗鴉期（2.5 歲～3 歲）、命名塗鴉期（3～4 歲），再發展至前樣式期（4～7 歲）。在前樣式期，幼兒的第一個表象符號是「人」，而「蝌蚪人」是 4～5 歲幼兒常出現的人物造型，如圖 1-2 所示。從發展觀點而言，幼兒的繪畫可看出孩子認知能力的發展，例如：若幼兒已 4 歲，但仍在隨意塗鴉期，教保服務人員即應進行了解與適時介入，以協助其發展。

圖 1-2　蝌蚪人

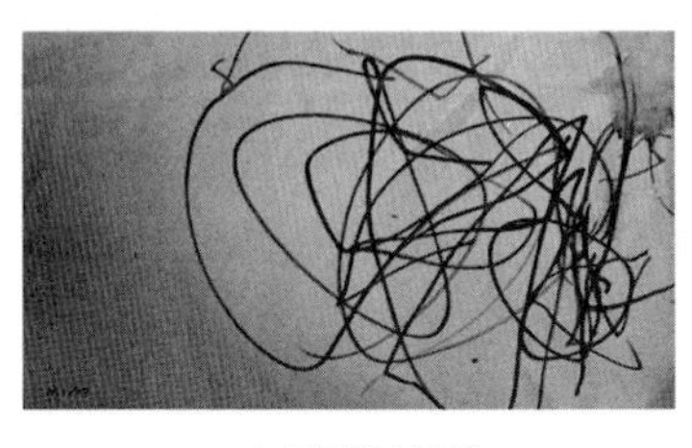

A.隨意塗鴉

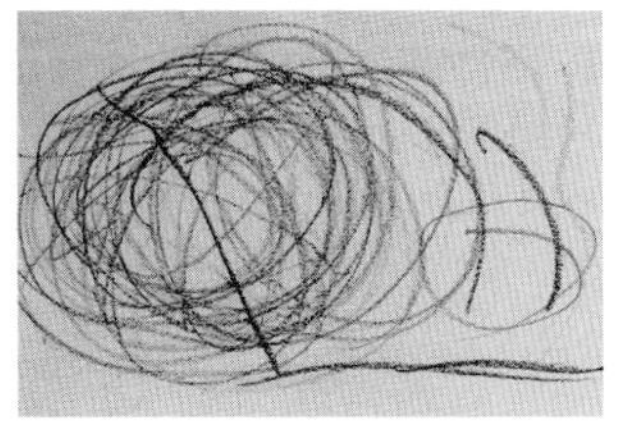

B.控制塗鴉

C.命名塗鴉

圖 1-1　幼兒繪畫發展階段

資料來源：陸雅青（2016）。**藝術治療**（第四版）（頁 35, 36, 39）。新北市：心理。

(2)幼兒自畫像的變化

多數小班幼兒仍在塗鴉期階段，而到了中大班時，可由其自畫像了解幼兒的發展。教保服務人員可以提供一支黑色細簽字筆和一張 A4 的白紙／圖畫紙讓孩子畫自己。提供細筆的原因是為了方便孩子畫出身體較為細微的部位（如睫毛或手指頭）。在過程中，孩子可能會問：「老師，我不會畫。」「老師，我不知道怎麼畫？」這時你可以嘗試給孩子鏡子，讓他看看自己或者讓孩子摸摸自己、探索自己後再畫，而不能直接告之：「你臉上有眉毛，怎麼沒畫出來？」或「你怎麼沒畫出脖子？」在期初和期末各畫一張自畫像，即可比較其變化，了解孩子的成長，如在表 1-1 **樂潔**的自畫像中，可看見**樂潔**在期初和期末的自我敘說以及老師的評析。

如果老師在期初、期末和學年末讓幼兒各畫一張，更可以具體清楚地了解幼兒在三個時期的自畫像和改變，如圖 1-3 所示。

圖 1-3　幼兒在三個時間點的自畫像

表 1-1　**樂潔在期初和期末自畫像的變化**

學年初（2019/09/06）	學年末（2020/07/03）
樂潔說： 外星人本來就有 3 個眼睛！ 我是外星人。	**樂潔**說： 我今天是包包頭，有一個西瓜的夾子和黑色的夾子，還戴一個自己做的娃娃。我的衣服有一個美人魚，還有一條一條的這個（條紋）。然後我穿粉紅色的裙子。

老師評析： **樂潔**畫出自己，也用心畫出背景，用色鮮豔協調。 **樂潔**在五官的呈現上，頭髮、牙齒、嘴巴、手指的細節都有表現出來。 從線條上能觀察到**樂潔**的手指肌肉已能控制繪圖的方向，在穩定度上只要多加練習，就會更厲害喔！	老師評析： **樂潔**在身體細節上觀察的相當仔細，也畫得很精緻！相當具有個人特色！ **樂潔**除了將基本的五官畫出來，也針對眉毛、睫毛、耳朵、鼻孔、脖子等較難察覺到的部分皆一一呈現出來，看得出來**樂潔**對於自己的身體結構相當了解！ **樂潔**在繪畫上有更多自己的想法，在畫作時會先觀察自己的身體結構與衣服，依照真實情境進行作畫，也從**樂潔**的分享上看見**樂潔**的表達能力進步許多喔！

資料來源：臺北市立明湖國小附設幼兒園陳匀宜老師提供

2.幼兒語言能力的變化

在期初進行「假日生活分享」時，教保服務人員通常會請孩子出來分享或是先讓他們畫出假日生活，再讓他們進行生活經驗敘說，例如：從表 1-2 可以看出**小海**在期初時只能簡單地敘說與誰去做了哪些事。至期末時，可發現其語言表達比較流暢，詞彙較多，只是主題尚未能聚焦，出現好幾個事件。臺北市立南海實驗幼兒園曾慧蓮老師在觀察**小海**及全班其他幼兒的表現之後，通常會提供人、地、時、事的敘說架構，逐漸提升幼兒在口語表達的能力。舉例來說，她會嘗試問孩子：「你和誰一起去？」「你們去哪裡？」「什麼時候去？」「你們去那邊做什麼事？」「你感覺如何？」逐漸架構幼兒的語言能力。

表 1-2　小海在期初和期末語言能力的成長

我跟媽媽一起去游泳。	我跟爸爸、媽媽、弟弟去阿公阿媽家，我和堂哥一起畫圖，後來我們在玩扮演遊戲，假裝抓怪物。睡覺的時候，我睡在頂樓，然後我們去了一個很好玩的地方，那裡有很多花可以拍照，我還幫大家一起拍照，我們還去看新娘子，看了（兩天）就回家了，我覺得這次的假期很開心，下次還想再去。

資料來源：曾慧蓮老師提供

3.幼兒體適能的變化

依 2016 年教育部體育署體適能網站界定體適能（Physical Fitness）的定義是：可視為身體適應生活、動態環境（例如：溫度、氣候變化或病毒等因素）的綜合能力。表 1-3 是瓢蟲班 5 歲幼兒的體適能期初及期末檢測之紀錄表。從期末的BMI值可知，6 位幼兒中有 2 位是正常，2 位極瘦，1 位偏瘦，1 位過重。資料結果可提供父母或教保服務人員調整幼兒運動及飲食習慣的參考。至於幼兒的身高、體重和坐姿體前彎等體適能項目的表現，讀者可以參考第二章的「臺北市 5 歲幼兒BMI及體適能常模」，即可了解班上幼兒與全國或臺北市 5 歲幼兒常模相比較，是屬「特優」、「優」、「良好」、「中等」，或是「請加強」。

表 1-3　瓢蟲班 5 歲幼兒的體適能期初和期末檢測之紀錄表

編號	姓名	性別	身高（公分）		體重（公斤）		BMI	坐姿體前彎（公分）		閉眼單足立（秒）		仰臥起坐（次數）		立定跳（公分）	
			期初	期末	期初	期末	期末	期初	期末	期初	期末	期初	期末	期初	期末
1	曹婕	女	115.5	121.5	19	21	14.2（極瘦）	34	35	8.6	9.13	1	2	85	87
2	張丞	男	116	122	22.6	29	19.5（正常）	38	38.5	17.3	18.2	13	20	100	105
3	王榮	男	113	119	23	25.6	18.1（偏瘦）	27	27	15.3	16.5	15	17	95	100
4	楊晴	女	107	111	17.8	18.6	15.1（極瘦）	35	38	10.6	13.2	7	10	110	120
5	王方	女	112	116.5	21	26	19.2（正常）	28	30	21.2	25.3	1	3	75	79
6	張謙	男	111.5	113.5	30	33	25.6（過重）	28	30	12	13.5	4	6	60	65

然而，老師和家長比較關心幼兒的身高和體重能與全國幼兒的常模相比較，因為幼兒從期初到期末的身高和體重通常會隨著時間而增加，此時若能相比較，就能看出幼兒的成長狀況。如圖 1-4 所示，即可看出**樂潔**的三次身高：105.4 公分、106.8 公分、110.2 公分，與全國幼兒的常模相比較是偏低的。

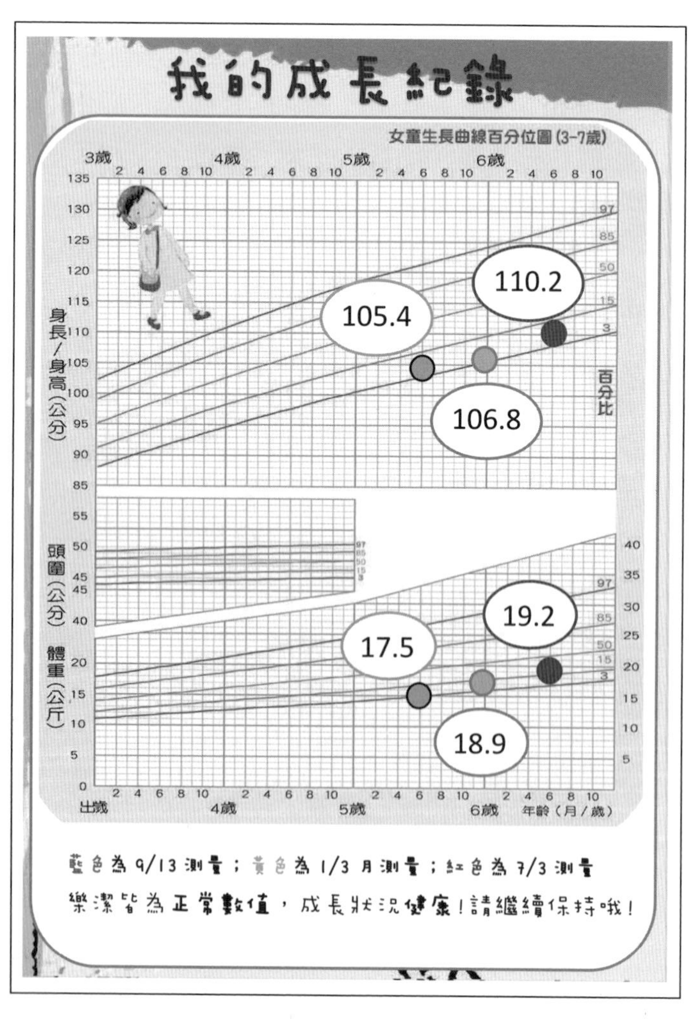

圖 1-4　樂潔的身高與全國幼兒的常模相比較

4.幼兒氣質的評量

「為什麼請威佑出來說話時，他一句話都不說？」害羞是幼兒的一種氣質特性，在入學前，可請家長先填寫「幼兒氣質量表」，即可提早了解幼兒的性情，也能因材施教。依羅斯巴特（Mary K. Rothbart）的「幼兒氣質量表」評估，威佑與其他 160 位幼兒相比，其活動量較小、趨向目標的時間較長、口語反應快、知覺敏銳度低、高低強度愉悅比較低（如圖 1-5 所示），教保服務人員和家長可介入協助之，期末再請家長填寫量表，以了解教保服務人員和家長因材施教的成效。量表詳細資料以及「幼兒氣質教養小偏方」可參考本書第三章。

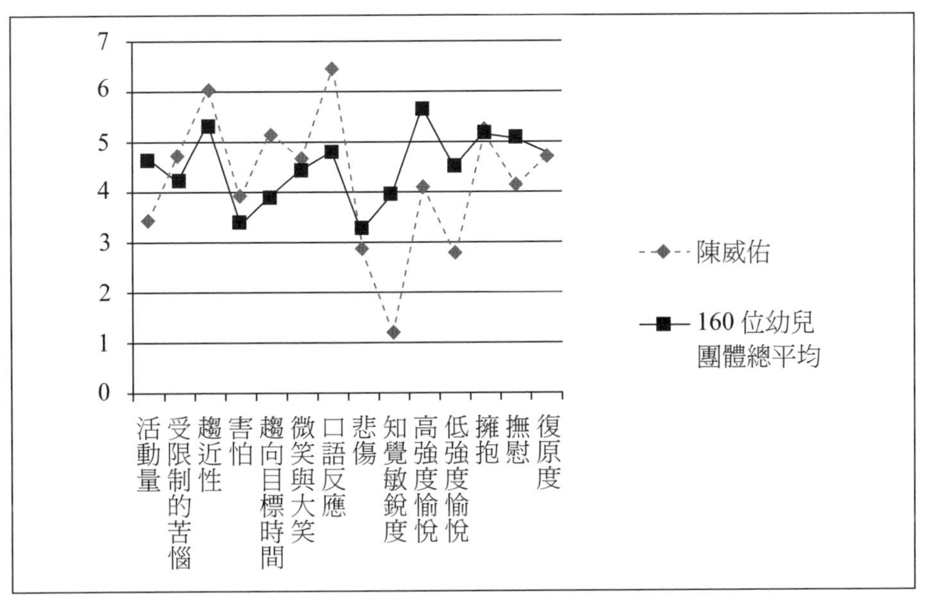

圖 1-5　威佑的氣質評估結果

5.「臺北市學前兒童發展檢核表」的評量

幾乎每所幼兒園在期初時都會使用「臺北市學前兒童發展檢核表」，以了解孩子的發展。該量表主要是評估 4 個月至 6 歲嬰幼兒的粗大動作、精細動作、語言溝通、認知學習、社會適應、情緒，以及視覺和聽覺能力等七項發展。檢核表除了中文版外，也有泰文版、印尼版、越文版等，並分成 13 種年齡層版本，使用者可選擇合適的檢核表。詳細資料請參考本書第四章。

6. 幼兒人際關係的變化

為了解幼兒之間的人際關係，可以使用照片式社交評量法，以了解班上每位幼兒被其他幼兒喜歡或不喜歡的原因。教保服務人員可依幼兒不被喜歡的原因介入協助，至期末或學年末，再施測一次，以了解其他幼兒對這位幼兒的不好的感受，是否已經產生改變。舉例來說，表 1-4 的 1 號幼兒由一般組變成受歡迎組，從期初被提名喜歡的次數由 3 次變 7 次，不喜歡的次數由 4 次變為 0 次，被喜歡的原因也較為多元，如 6 號幼兒說：「對我很好」，7 號幼兒說：「平常都跟我玩，送我玩具」等，在期初被提名不喜歡的原因，如 5 號幼兒說：「他不跟我玩」，至期末時也都不見了。

至於 2 號幼兒，在期初和期末時都屬於被拒絕組，其中 1 號幼兒在期初和期末都提及他不喜歡2號「挖鼻孔」，8號幼兒認為2號「讓我不開心」、「每天一直用我」，23 號幼兒則認為他「每天都不乖」。此外，也新增了幾位幼兒不喜歡他，如 5 號、10 號、16 號、19 號、21 號，原因是「吃飯吃很快，每天都坐錯位置」、「都沒有寫功課」等。此表示教師需再協助這位幼兒。詳細資料請參見本書第六章。

（二）幼兒學習評量

在透過主題／方案或學習區的教學後，教保服務人員可以觀察評量幼兒的學習成效，了解幼兒在課程開始時和結束後學習表現的變化。下列說明：(1)主題／方案的學習評量；(2)學習區的學習評量。

表 1-4　幼兒期初和期末被其他幼兒喜歡和不喜歡的原因

	期初		期末	
座號	被提名喜歡的原因	被提名不喜歡的原因	被提名喜歡的原因	被提名不喜歡的原因
1號	2：一起做戰鬥陀螺 7：他很可愛 12：是我的好朋友	5：他不跟我玩 25：說不出原因 26：我不喜歡跟他玩 27：他不跟我玩	6：對我很好 7：平常都跟我玩，送我玩具 10：會跟我一起玩 16：他長得很帥 17：他會幫我堆積木 20：吃飯常常跟我坐 25：每次都跟我開玩笑	25：很調皮，會插話
	3 次	4 次	7 次	1 次
	一般組		受歡迎組	
2號		1：挖鼻孔放嘴巴，很髒 3：玩玩具很大聲 4：講話講不標準 6：不喜歡跟他玩 8：讓我不開心 9：他都騙我說要帶彈珠來 18：會說髒話 20：很皮 23：每天都不乖	12：我是他的皮卡丘 22：會幫我打別人 26：有很多彈珠跟彈珠人可以一起分享	1：他挖鼻孔 3：會告狀 5：吃飯吃很快，每天都坐錯位置 8：討厭他，每天一直用我 10：明明都我贏，還一直說他贏我 16：走路都用跑的 19：不小心弄倒他的東西，都大聲罵我 21：都沒有寫功課 23：每天都很不乖
	0 次	9 次	3 次	9 次
	被拒絕組		被拒絕組	

1.主題／方案的學習評量

(1)甲蟲的方案

慧蓮老師在進行【甲蟲】方案之初，為了要了解幼兒對鍬形蟲的起始概念為何？她讓幼兒先畫下他們所認知的甲蟲長相為何，以及甲蟲愛吃什麼？從**小翰**第一次所畫的甲蟲來看，他畫的甲蟲有 9 隻腳，而且眼睛長在背上，線條也都很簡單，沒有昆蟲的基本概念。不過經過一段長時間的觀察及探索，他的觀察力提升，觀察的面向變廣，也變得比較仔細，知道要觀察的重點為何。所以，每一次的觀察紀錄都有進步，到最後，他已經可以用黏土細膩的描繪出甲蟲的形體。不僅腳的數目是正確的，同時還能將腳的鉤子做出，身體也可以做出三節。由圖 1-6 中四張圖之改變歷程，可以看見**小翰**的學習成效。

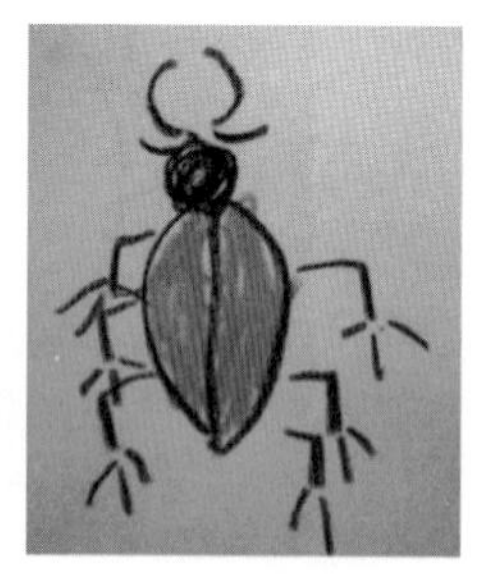

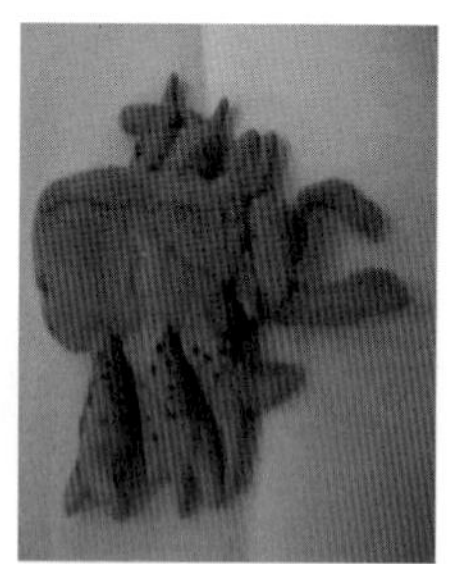

圖 1-6　小翰對於甲蟲形體的學習歷程

資料來源：曾慧蓮老師提供

(2)車子的主題

臺北市立龍山國小幼兒園小班幼兒所進行的【車子】主題，由表 1-5 中可看出，**婧洵**在學期初有初步接觸車子的經驗，她對於車子的敘說，在 3 月 14 日的繪畫是一個個的具體物件，如窗戶、輪胎等，但經過將近兩個月的時間學習後，**婧洵**的敘說，除麵包、果汁等具體物件外，對圖像的敘說更有想像力及情節脈絡。

表 1-5　小班幼兒期初和期末對車子觀念的改變

繪畫日期：3 月 14 日	繪畫日期：5 月 10 日

婧洵的話： 我畫的是跑車。有窗戶、有輪胎，還有雨刷。前面那個是下雪的時候，會把雪弄掉的鏟子。	**婧洵的話：** 車子上面有地下室，地下室裡面裝野餐的東西——麵包、果汁，還有人，是爸爸、媽媽去約會，還有冷氣。
老師的話： 1. 線條的變化：能穩定地呈現車子的外在形狀。 2. 空間整合：有上、下、內、外基準概念，物件之間有關聯，與畫面構成一個整體。 3. 顏色的豐富度：單一的顏色運用。 4. 形狀：有圓形、長方形。	**老師的話：** 1. 線條的變化：能使用複雜的線條和形狀，讓作品呈現多元的變化生動感，使作品更有質感及節奏感。 2. 空間整合：有上、下、內、外基準概念，物件之間有關聯，與畫面構成一個整體。 3 顏色的豐富度：隨意畫，但已有藍色和綠色顏色的加入。 4. 形狀：增加雙圓形、螺旋形、長方形。

資料來源：陳美雲老師、姚怡安老師、馬松美老師提供

2.學習區的學習評量

小南平日就喜歡玩樂高積木，慧蓮老師在積木區拍下他第一次用樂高建構出來的作品，如圖 1-7 的左圖所示。孩子說：「這是 101 大樓，很高，旁邊有兩個凸出來的地方可以站在那邊看風景。」從其積木作品可以看出，結構比較簡單，大多是往上堆疊，其中有一小部分的對稱，顏色的設計上面也尚未有重複形式（pattern）的出現。之後，慧蓮老師除了請**小南**分享他的作品外，也引導他去觀察並欣賞其他幼兒所建構的作品。在觀察他人作品後，**小南**發現，別人的作品有對稱，也會往旁邊蓋，這些都是他未做到的部分。經過幾次的建構經驗之後，**小南**的作品已經有所改變，不僅會往旁邊堆疊，也更有層次感，只是顏色的對稱部分，尚未覺察到。由圖 1-7 可以看見**小南**在觀察他人作品後，他在建構樂高積木的前後差異，已能向上堆疊，發展出有形式與對稱的積木作品。

圖 1-7　小南在觀察他人作品後，其樂高積木的前後差異

資料來源：曾慧蓮老師提供

二、做爲教保服務人員調整課程規劃的參考依據

看到幼兒在活動中的表現之後，教保服務人員應根據幼兒的舊經驗，規劃調整課程的內容與方向後，透過實際的操作與體驗中觀察幼兒的能力，再調整課程提供新經驗，以了解幼兒的學習成效。換句話說，「評量與教學」是交互進行的，是一循環的過程。下列以【躲避球】主題為例加以說明（如圖 1-8 所示）。

【情境描述】

在進行躲避球的活動時，老師觀察到幼兒在躲球時，眼睛沒有注視著球，球一過來時，轉身就跑；也有的幼兒在場中一直繞著圈圈跑，常會被球從後面打到；也有幼兒躲在角落站著不動，一開始不會被發現，但是時間久了，就會被發現所以被打到了。相對地，有部分幼兒眼睛會注視著球，身體面對著球來的方向，球從哪一邊過來，他們的腳步是用側併步移動，並轉動自己的身體，就可以躲過攻擊。看到幼兒表現之後，**老師根據幼兒的舊經驗，規劃調整課程的內容與方向，透過實際的操作與體驗當中觀察幼兒的表現，然後再提供新經驗。**

老師依據幼兒在躲避球活動的情形調整課程，規劃如下：

1. 提供策略與經驗：
   (1) 先請比較會躲的幼兒出來示範，並請其他幼兒觀察躲的人，會有哪些動作及身體如何移動。
   (2) 再請幼兒發表與模仿做出躲避的動作，並比較自己跟會躲的人之動作有什麼不同。
2. 記錄幼兒躲避動作：從幼兒的分享和操作中，觀察他們是否能覺察躲避的動作，然後記錄下來。
3. 再了解幼兒是否內化能力：玩一次躲避球活動，觀察幼兒是否可以將獲得的概念與方法實際運用出來。

4. 再設計不同活動加強內化幼兒能力：若幼兒能力不穩定，可再設計不同的活動，精熟他們的能力。因評量與課程規劃，是一個交互作用不斷循環的歷程。

圖 1-8　從亂跑至熟練地躲避大圓球
資料來源：曾慧蓮老師提供

三、提供家長了解及協助幼兒行爲的發展與學習

在前述的躲避球活動中，多數的幼兒不會躲球，因此老師依據幼兒的表現調整課程規劃，提供幼兒策略與經驗，例如：邀請比較會躲球的人出來示範其動作。在過程中，老師發現**小儀**能覺察與模仿別人躲避的動作。**小儀**說：「我觀察到比較會躲的人，他們眼睛都會看著球，身體面對球，只有簡單轉動自己的身體，這樣就可以容易的躲過攻擊，不需要滿場跑。」接續**小儀**又說：「因為眼睛沒有看球，球在你後面，所以會被打到。」老師也想知道**小儀**是否能將她所說的做出來，於是請她實際做一次躲避的動作，老師認為她做得很好。依據此份觀察紀錄中的文字和照片說明（如表 1-6 所示），家長就能清楚孩子在此活動中躲避能力的成長與學習。

表 1-6　提供小儀家長了解幼兒的學習觀察紀錄表

	【精進躲的技巧】 老師觀察到有多數幼兒不會躲球，因此請比較會躲的幼兒出來示範，並請幼兒觀察那些比較會躲的人，有哪些動作。 **小儀**說她觀察到比較會躲的人，他們眼睛都會看著球，身體面對球，只有簡單轉動自己的身體，這樣就可以容易的躲過攻擊，不需要滿場跑。 老師繼續問，不會躲避的人，他們的動作跟會躲的人有什麼不一樣？ 由於**小儀**有躲避的舊經驗，她說因為眼睛沒有看球，球在你的後面，所以會被打到。老師請她出來實際做一遍躲避動作，她也能做得很好喔！可見藉由觀察與實際操作中她已經能覺察自己躲球時，身體是如何移動的喔！

資料來源：曾慧蓮老師提供

第二節　幼兒發展與學習評量的方法

壹、觀察法

觀察法（observation）是兒童研究法中最早使用的方法，是觀察幼兒正在持續的行為，並予以記錄的方式，其目的在了解幼兒身體動作、認知和語言等各方面的發展。在早期，教保服務人員是採用日記式紀錄來觀察幼兒行為，但因不夠專業、不夠科學，就開始有軼事紀錄法、時間取樣法、檢核表法及評定量法等觀察紀錄的方法出現，下列詳述之。

一、軼事紀錄法

軼事紀錄法（Anecdotal Records）是指，在自然情境下對幼兒的行為做一描述，只要是觀察者認為值得記錄的，無論在什麼時間或任何事情，都可以記錄下來。在幼兒園中，教保服務人員天天觀察幼兒的行為，可以將有意義的偶發事件做事實的紀錄，也可以用流水帳方式，記錄在小紙片或筆記本上，如表 1-7 所示。但需注意下列事項：(1)需記錄幼兒行為發生的時間、情境和反應；(2)記錄與幼兒互動的任何事情；(3)當事情發生時，儘量寫下當時所發生的事情。此法雖然簡單易做，不受時間的限制，可以蒐集幼兒行為的重要資料，但需花很長時間進行記錄及整理資料。記錄幼兒行為時，可能發生難以保持客觀、有太多主觀的書寫，如表 1-8 所示；或是看不出觀察紀錄的重點，如表 1-9 所示。因此，教保服務人員需要經常練習觀察紀錄，並常跟班上的搭檔相互討論，以確認觀察紀錄書寫的客觀性。

表 1-7　對班上幼兒討論茄子的軼事紀錄

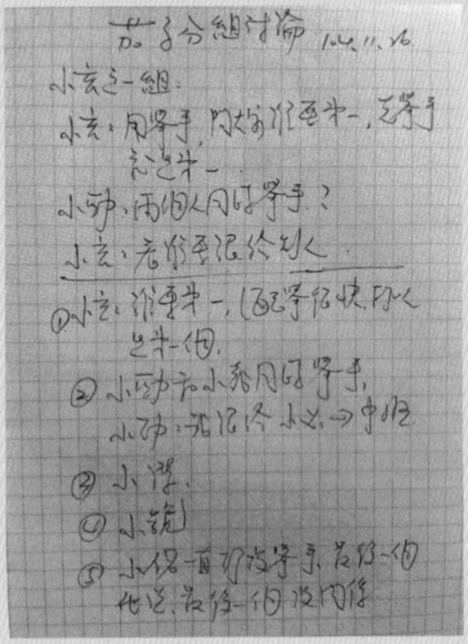	茄子分組討論 104.11.26 小玄這一組： 小玄：用舉手，問大家誰要第一，先舉手，就是第一 小勁：兩個人同時舉手？ 小玄：看誰要讓給別人 ①小玄：誰要第一（自己舉很快，所以是第一個） ②小勁和小義同時舉手 小勁：我讓給小義→中班 ③小潔 ④小號 ⑤小銘一直都沒舉手，最後一個 他說：最後一個沒關係

資料來源：曾慧蓮老師提供

表 1-8　有個人主觀書寫的學習區紀錄表

<table>
<tr><td colspan="3">臺北市立你好幼兒園學習區紀錄表</td></tr>
<tr><td>彩虹班</td><td>姓名：小仁</td><td>座號：2</td></tr>
<tr><td colspan="3">時間：104 年 12 月 2 日（五）</td></tr>
<tr><td colspan="3">我選的學習區是     </td></tr>
<tr><td colspan="3">老師的話
小仁做事情比較急性子，較少選擇拼圖這一項玩具，今天會選擇拼圖是因為這份拼圖是老師新添購的，但是才開始拿起第一片時，就告訴老師說不會拚。我在一旁教導他，完成了兩三片後他開始有了信心和樂趣，從顏色和形狀的分辨做分類和推理，小仁的學習能力挺好，一下子就抓到技巧了。完成後他自己也很開心！

【觀察紀錄分析】
1. 要避免主觀的字眼，例如：急性子，因此建議去除。
2. 在如何學習的部分也可以再做詳細的描述，因為這是幼兒學習的重點，也是老師觀察的重點，例如：「從顏色和形狀的分辨做分類和推理」這一句，可以加入以下描述：「他會先把有直角的拼圖歸在一起，還有一邊平平的拼圖歸類一起。再觀察顏色，試著拼拼看，也會旋轉或翻轉拼圖。最後可以完成 30 片的拼圖。」</td></tr>
</table>

資料來源：曾慧蓮老師提供

表 1-9　無觀察重點的學習區紀錄表

<table>
<tr><td colspan="3">臺北市立你好幼兒園學習區紀錄表</td></tr>
<tr><td>彩虹班</td><td>姓名：小群</td><td>座號：13</td></tr>
<tr><td colspan="3">時間：104 年 12 月 2 日（五）</td></tr>
<tr><td colspan="3">我選的學習區是     </td></tr>
<tr><td colspan="3">幼兒的畫／話
小群在扮演區的洗手台上玩汽車，和小崙交換車子玩。後來又拿小丑的玩具玩，小崙告訴小群說：「小群的汽車生病了可以放在他的車上。」後來小群和小川、小仁一起玩樂高。

【觀察紀錄分析】
1. 從紀錄當中，看不到觀察的重點是什麼。
2. 建議：在進行觀察之前，老師先設定要觀察的重點。可根據之前規劃扮演區時所設定的目標，做為觀察的重點與方向。如果設定要觀察的目標是與他人的互動關係，可以多記錄小群和他人互動當中，如何與他人協商或合作、有無展現關懷分工或調整等行為。</td></tr>
</table>

資料來源：曾慧蓮老師提供

二、時間取樣法

時間取樣法（Time Sampling）是指，在特定的時間內觀察多個幼兒在不同情境中的某些行為表現。此法無法提供豐富的幼兒行為描述及行為的前因後果，不過，較能掌握所要觀察的行為，並能在短時間內蒐集大量的觀察資料。使用此法時需注意下列事項：

1. 行為發生頻率高：在觀察記錄之前，必須先確定行為發生的頻率，預計要觀察的行為至少每 10 分鐘發生一次。如表 1-10 中，可看到幼兒在遊戲時間出現平行遊戲、聯合遊戲和合作遊戲的情形，其中王錦木從 9：00～9：50 的合作遊戲就出現 6 次，但未出現平行和聯合遊戲。
2. 觀察的行為要具體和可看得到：如觀察幼兒的微笑時：(1)小微笑的定義是嘴脣微微往上翹，臉頰或眼睛沒有參與其中；(2)中微笑是嘴脣微微往上翹，嘴巴可能打開，臉頰鼓起，且眼睛可能瞇瞇的；(3)大微笑是嘴脣向外延伸且往上翹，嘴巴可能打開，臉頰鼓起，而且眼睛明顯瞇瞇的。定義清楚，觀察的一致性會比較高。

表 1-10　幼兒與他人玩遊戲之時間取樣紀錄表

遊戲類型 / 姓名	時間單位																		總計		
	9:00			9:10			9:20			9:30			9:40			9:50					
	P	A	C	P	A	C	P	A	C	P	A	C	P	A	C	P	A	C	P	A	C
王錦木			∨			∨			∨			∨			∨			∨	0	0	6
吳玉梅	∨			∨			∨			∨				∨			∨		4	2	0
張木榮	∨				∨				∨			∨			∨			∨	1	1	4
王貴美	∨			∨				∨			∨			∨				∨	2	3	1
蘇美冠		∨			∨			∨			∨				∨			∨	0	4	2
張智惟	∨			∨			∨			∨				∨			∨		4	2	0
王亭方	∨			∨			∨			∨			∨					∨	5	0	1

註：P：平行遊戲；A：聯合遊戲；C：合作遊戲。可參考本書第 222 頁的說明。

三、檢核表法

檢核表法（Checklist）係指，在特定情境中，記錄幼兒行為的「有」和「無」的方法。如表 1-11 所示，表上有一系列明確具體的行為，由評定者觀察幼兒的行為，勾選行為的「有」和「無」。檢核表法的表格編製容易，也易勾選，不過，此法的限制在於缺乏描述性的資料，無法獲知事情的前因後果和評定者對語意的了解，容易陷於主觀與籠統，使評量結果失去準確度。

表 1-11　幼兒行為檢核表法範例

這份檢核表主要是想了解孩子在家中所表現的行為，請您就平日觀察這位孩子是否有下列行為，予以勾選。

☐坐立不安	☑經常哭	☐害怕的	☐脾氣很拗
☑害羞的	☑幾乎不說話	☑動個不停	☐情緒表達明顯
☐喜歡吵架	☐容易分心	☐常發脾氣	☐敏感的
☐作白日夢	☐悶悶不樂	☐黏著大人	☑精力旺盛的

四、評定量法

評定量法（Rating）是指，將所要測量的特質編製成題項，由幼兒的主要照顧者根據平日的觀察，在題項上勾選，表1-12即為評定量法的範例。評定量法除方便使用外，也可以量化，在多位評量者評估後，可以相互比較。至於評量後可以再做觀察，如果觀察與評量結果相近，則比較沒有問題；假使兩者之間的差異非常大時，則必須調整方法。不過，如果評量者對評量項目的看法不同，就可能會產生誤差。而且一般人在選擇答案時會有選擇中間分數的趨勢，因此使用此法時，評量者需對項目有一致的共識，以提高其客觀性。

表 1-12　幼兒行為評定量法範例

	從不		有時		總是
1. 這個孩子在陌生的大人面前會害羞	1	2	3	4	⑤
2. 為孩子訂立新規則時，他很快適應	1	②	3	4	5
3. 聽歌或聽故事時，孩子會安靜坐好	①	2	3	4	5
4. 坐著時，孩子常會動來動去	1	2	3	④	5
5. 只要有事給孩子做，他就不會不高興	1	2	③	4	5

貳、測驗法

曾有位老師提及：「我們班有位孩子語文表達能力非常強，常代表班上參加各種語文比賽，都拿第一名，但最近的智力測驗評量結果發現他的 IQ 分數很低，怎麼會這樣？」如果這位老師事先知道這份智力測驗只是評量幼兒「圖形類推能力」，而未能評估其「語文能力」，就不會有如此的懷疑了。然而，使用這些工具需要受過訓練才能進行施測，也因教保服務人員較常使用觀察紀錄方式了解幼兒，因而較少使用這方法，不過仍需具備這方面的專業知識。

一、意義

教保服務人員雖可由觀察了解幼兒的外顯行為，但面對抽象的心理特質時，則必須借助標準化測驗工具。一份標準化的測驗包括：(1)指導手冊；(2)測驗題本；(3)紀錄紙。如圖 1-9 所示，其中的指導手冊會提供測驗之理論、編製過程、信效度和常模等資料。

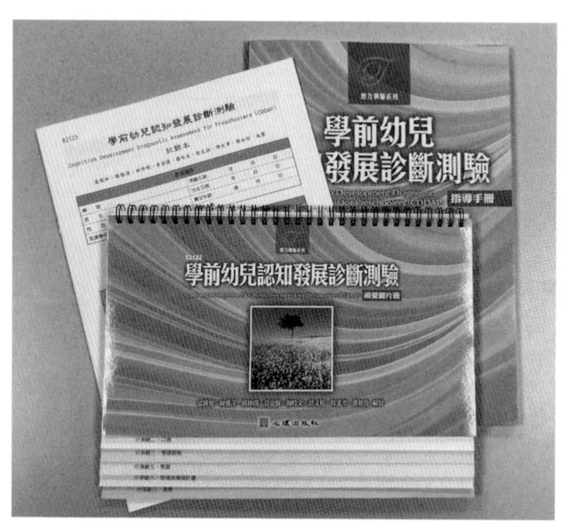

圖 1-9　標準化測驗包含的項目

二、良好測驗的特質

（一）信度

信度（Reliability）是指測驗分數的一致性或穩定性，指前後幾次測驗所得結果的一致程度，可分為以下幾種：

1. **再測信度**：又稱重測信度或穩定係數。是指使用同一測驗，前後二次測量同一群受試者，求其相關，是為再測信度，例如：在 9 月 9 日，以「華語嬰幼兒溝通發展量表」評估 30 名幼兒，相隔 14 天，9 月 23 日再施以同一測驗，求其相關，所得分數即為再測信度。
2. **複本信度**：同一群幼兒接受「托尼非語文智力測驗」的甲乙式題本施測，並求其相關。複本題本，無論在內容、形式、題數、難度、測驗指導和時間等，均與原測驗題本相似。
3. **內部一致性信度**，又可分為：
   (1) 折半法：以隨機或奇偶數的方式將測驗題目分成相等的兩半，如分為「1、3、5、7、9」和「2、4、6、8、10」各5題，求其相關，即為折半信度。
   (2) 庫李法：適用於計分對錯的測驗，並根據受試者對所有測驗項目反應的一致性，所求得的信度。
   (3) α 係數：對於多重計分的方式，就必須採用克朗巴賀（Cronbach）的 α 係數。採用庫李法或 α 係數所估計的信度係數非常普遍，但這種方法比較不適用於速度測驗及時間取樣的信度考驗。
4. **評分者間信度**：有些測驗無法以客觀的方法進行評分，例如：「畫人測驗」等，必然受評分者主觀判斷所影響，因此由二人以上依標準評分，再求相關，即可獲此信度。

（二）效度

效度（Validity）是指評量工具能測量到所想要的特質，有下列三類：

1. **內容效度**：是指測驗能否測量到具有代表性的教材內容和所預期的行為改變。而判斷內容效度的方法，則須分析每一個題目是否符合教學目標及教材內容，如果題目能代表行為改變及教材內容，沒有其他無關因素影響，表示具良好的內容效度。
2. **效標關聯效度**：是指測驗分數與外在效標的一致程度。外在效標是指測驗所要測量的某些行為或代表該等行為的量數，又可分為：
   (1) 同時效度：係指一種測驗與現有效標間的相關所建立的效度，例如：新編「幼兒語言量表」時，欲建立其效度，可對具有代表性的幼兒施測，並蒐集該群幼兒的實際語言能力，計算兩組的相關，所得係數是為同時效度。
   (2) 預測效度：是指測驗分數與實施測驗後一段時間，以實際行為的表現做為效標，由兩者之間的相關係數所決定的效標，稱為預測效度，例如：想了解「畢保德圖畫詞彙測驗」的效度，可先施測一群幼兒，等到幼兒讀小學時，再蒐集國語成績做為效標，計算效標與早期測驗分數之相關，所求得的係數即為預測效度。
3. **構念效度／建構效度**：是指一個測驗具有心理學的理論依據，可從發展上的改變、因素分析（Factor Analysis）或是聚斂效度（Convergent Validity）與區別效度（Discriminant Validity）獲得。

（三）常模

常模（Norm）係根據一群具有代表性的團體在測驗中所得分數而建立的。受試者的測驗分數與常模對照，可顯示其在所屬團體中的相對地位。有年齡常模、年級常模及百分位數常模。

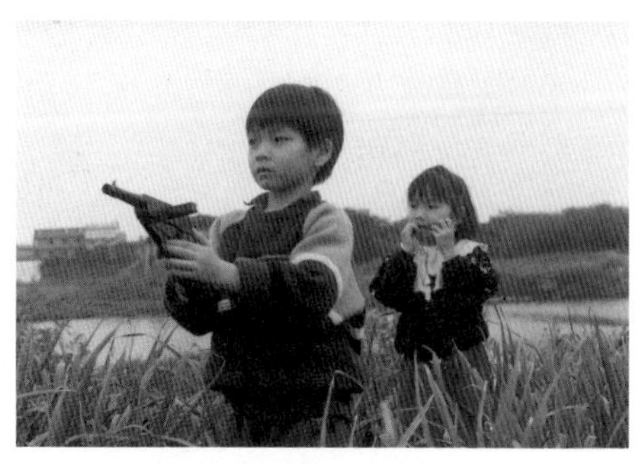

▶ 透過常模可了解個體在團體中的相對地位

三、應注意的事項

1. **需徵求家長的同意**：若研究者要進行觀察幼兒或以測驗工具評估幼兒時，都必須讓家長知道，獲其同意才能施測。同意函內容需有：(1)計畫名稱；(2)研究者姓名及聯絡資訊；(3)研究主題；(4)研究目的；(5)研究方法與程序；(6)研究期限與進度；(7)對幼兒身心可能產生之危害與利益；(8)幼兒身分及評估資料不會外洩；(9)告知額外的報酬，如車馬費、營養費；(10)研究參與者不想參加時，不需理由，可隨時退出等。
2. **依各種評量解釋幼兒的行為**：任何一次評量只是幼兒行為的取樣，不能代表全部的行為，需以觀察、訪談等方法多次評量來詮釋幼兒，較具周延性。
3. **避免將評量結果當成標記**：在標準化工具的評量中，我們很難控制某些影響因素，例如：幼兒答錯的真正原因，是不會做，還是不想做？所以我們不能依評量結果來論斷孩子的一切。
4. **測驗結果的保密**：評量資料應加以保密，除非為了專業的目的，必須與相關的人討論。但無論是口頭上或書面上的資料，應盡可能避免侵犯到個人隱私權。
5. **施測者需有測驗倫理**：筆者記得有一次與朋友聊天時，提到有次她去監考資優班的甄選，在她發下某種智力測驗後的 10 分鐘，就有資優生舉手說：「我已經寫完了！」朋友就很好奇的問他：「小朋友，你已經寫完了啊！」孩子說：「是呀！昨天我爸爸已經拿給我做過了！」由此事可知，國內某些測驗工具非完全被嚴格地限制著，往往會導致測驗工具被不正確地使用。

參、訪談法

一、意義

訪談法是在面對面的情形下進行的，訪談內容通常也是事先準備好的問題，所以使用這種方法來評量孩子時，通常可獲得較深入的反應訊息，而且也可以獲得紙筆以外的資料。此法在臨床的應用上是評量者與孩子及其家人熟悉的方法，同時也是建立專業人員與父母、孩子之間信賴關係最有用的方法。

二、類型

1. **結構式的訪談**：又稱為引導式的訪談，訪問者在進行訪談之前，必須將所要訪談的問題列出，再逐題請受訪者回答，使訪問的內容能根據所預定的目的，不致於發生與主題偏離的現象；相對地，這種訪問方式無形中控制訪問的內容，同時也限制受訪者處於被動的地位，所得的回答可能比較表面，不夠周延。
2. **非結構式的訪談**：此法對於訪談的內容事先未曾設定，主要是由受訪者自由選定主題，充分發揮。此法比較能深入了解問題，並能蒐集到一些未能預期到的資料，不過，其限制是比較費時費力，且訪談的內容可能會偏離主題。

三、訪談過程的應注意事項

1. **選定受訪者**：我們在選擇訪談對象時，必須考慮這個人是否有意願，對於我們所要問的問題是否具有豐富的經驗與知識。有關幼兒的問題，我們可以訪談幼兒的主要照顧者，如父母、祖父母、老師或保母等，使訪談者能獲得孩子行為的詳細資料。
2. **確定受訪時間與地點**：訪談前，必須先以電話或書信與受訪者聯繫適當的時間與地點，使其在最自在的時間與空間中接受訪談。如果訪問者未能考慮到此因素，往往未能在有限的時間中獲取應有的資料。

3. **建立信任關係**：進行訪問前，應先做自我介紹，說明來訪的目的，並保證訪談的資料一定保密。在過程中，態度要真誠，尊重對方，也讓對方感到舒服自在，能暢所欲言，讓彼此間建立信任關係。
4. **訪談技巧**：訪問者必須讓受訪者感到舒服自在，並願意真誠地告訴你有關他的感覺或看法。以下提供訪談時應注意的事項：
   (1) 專心傾聽：在受訪者陳述事情時，訪談者應眼睛注視對方、仔細聆聽，並適時地給予回饋，如微笑、點頭或適時提出恰當的問題，讓受訪者覺得你很專心地在聽其說話，並且對其所說的話非常關心。
   (2) 提問的技巧：在問問題時，最好使用開放語句，例如應問：「你的孩子在家吃飯的情形如何？」而不是問：「你的孩子在家裡吃飯非常慢，是不是？」若不明白受訪者談話的內容，可用下列話語：「對不起，你剛談到孩子最近情緒比較不穩定，我不是十分清楚，你是不是可以再詳細說一下？」
   (3) 勿中斷對方的談話或做任何評價：當你對受訪者談論的內容不感興趣，或者與個人價值觀相互牴觸時，訪問者應儘量不要做任何的判斷及評價，讓受訪者繼續談下去。
   (4) 澄清與探究問題：在訪談過程中，為澄清問題，可使用下列說法，例如：「剛剛你提到，孩子在 4 歲時發生一些事，你能不能再說清楚一點」等之類的話語。
5. **訪談時間**：1 小時或許剛進入話題就要結束，4 小時又太長，所以約有 2 小時是比較好的。但不管如何，訪問者應能敏銳知覺訪談的進度，倘若一直無法突破現狀，則可暫停。
6. **應事先告知錄音事宜**：在訪談過程中無法詳記所有的資料，常需輔以錄音方式錄下訪談資料。為尊重當事人，在訪談之前，須徵求受訪者的同意，才可錄音。

四、訪談紀錄

1. **短時間的訪談**：可事先做好訪談項目及表格，並在每一個問題留下空白欄，記錄一些開放性的問題或其他相關資料。
2. **長時間的訪談**：使用錄音筆前須徵求受訪者的同意，錄音筆最好放在受訪者視線之外。錄音的訪談資料在轉換成文字紀錄時，應注意一些事項：
   (1) 訪談的資料應記上訪談的日期／時間／場所／訪談對象／內容摘要。
   (2) 訪談資料的整理：由於訪談的時間比較長，所以整理資料時可將其分成幾段紀錄，如每一次換新話題時，就可換一段紀錄；如果談話中，有停頓、沉默、哭泣、笑聲，可在該段話後用括弧註明。

第三節　教保服務人員在發展與學習評量前的準備與規劃

壹、教保服務人員在發展與學習評量前的準備

在準備蒐集幼兒發展與學習評量之前，教保服務人員必須事先做各種準備，例如：用來記錄幼兒軼事的小筆記本、筆、便條紙或是便利貼，都可放置在教室各角落，或是穿著有各種口袋的圍裙，放置筆和紙，以方便隨時取用記錄，如圖 1-10 所示。此外，仍需準備檔案夾，以及多做閱讀與寫作練習，說明如下。

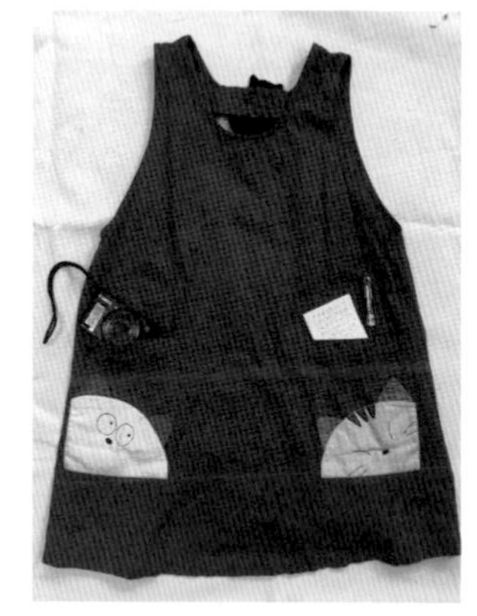

圖 1-10　**老師可穿著有各種口袋的圍裙以放置筆和紙**

資料來源：曾慧蓮老師提供

一、檔案夾的準備

坊間檔案夾的種類非常多，教保服務人員可依據自己的需要選擇合適的檔案夾。依筆者多年來至幼兒園觀看學習檔案的經驗，建議可選擇能抽換內頁的檔案夾。原因在於因課程的進行，幼兒常會有一些繪畫作品、學習單或其他資料等，資料非常龐雜。這些資料或許只是一些連連看、迷宮或是數字練習的學習單，無永久保存的必要，因此需要在一段時間後，抽掉一些較無保留價值的資料，留下有意義的作品。雖是如此，仍建議可以準備兩個檔案夾，一為暫時存放資料的檔案夾，另一是長期存放資料的檔案夾，原因如下所述。

（一）暫時存放資料的檔案夾

在幼兒園教室的某一角落中，常可看見如圖 1-11 的檔案夾。這個檔案夾是存放幼兒在日常生活中學習的相關作品，作品可能是幼兒已經完成或是仍在進行中，但教保服務人員尚未有時間看或是整理的作品。檔案夾通常是放在容易拿取的地方，能協助幼兒存放或是教保服務人員可以每週快速回顧幼兒的學習狀況。

圖 1-11　幼兒園的學習檔案

暫時性的檔案應是蒐集幼兒平常在單元／主題／方案進行中的一些表現和作品，大多是放置繪畫作品、各類的學習單、親子共讀單等等，雖有依照課程進行的時間放入資料，但仍是非常繁雜。建議需要特別訂出師生間共同篩選幼兒作品的時間，相互討論哪些作品適合放在長期存放的檔案夾。

（二）長期存放資料的檔案夾

長期存放資料的檔案夾是一本「幼兒成長檔案」，提供給家長了解幼兒發展與學習的成長，是教保服務人員有目的、有計畫及有系統地蒐集幼兒在歷經一段時間後在發展和學習的表現及作品。內容也包括從暫時性檔案夾中篩選出的有意義且具保存的資料。建議可分成兩部分存放：(1)呈現幼兒在一段時間的發展變化，例如：「幼兒自畫像」、「幼兒語文能力」、「幼兒體適能」、「幼兒氣質」，以及「幼兒人際關係」等發展成長的資料；(2)存放幼兒學習成效的資料，包括起始評量、形成性評量、總結性評量。「發展」與「學習」是一體的，有時「發展」的資料可能也可歸為「學習」，反之亦是。因此，如何有系統地規劃長期存放資料的內容，需要全園老師討論，建立彼此的共識。

對於長期存放的評量資料，國外學者麥賽爾曾提出「作品取樣系統」（Work Sampling System），內容有下列三項（Meisels, 1993）：

1. **發展檢核表**：有系統地檢核幼兒在以下 7 個項目的發展：(1)個人與社會發展；(2)語言與文學；(3)數學思考；(4)科學思考；(5)社會文化；(6)藝術；(7)體能發展。
2. **檔案式評量**：蒐集幼兒核心項目及個人項目：(1)核心項目主要能呈現幼兒在 5 個特定領域的學習，即：①語言與文學；②數學思考；③科學思考；④社會文化；⑤藝術。照片張數：5（5 個領域）×2（每個領域 2 張）×3（一學期 3 次），共 30 張。教師可設計相關的活動以了解幼兒在各領域的發展。(2)個人項目則是能呈現出個人的特性或優勢能力，且可同時反應多種課程的學習。蒐集的照片數量共 15 張，即個人優勢能力 5 張，一學期 3 次（廖鳳瑞、陳姿蘭編譯，2002），例如：**怡樺**在繪畫能力上，與班上同學相比，優於其他小朋友，老師就可蒐集這位幼兒的作品；如果是立體作品，即可用照片的方法呈現。或**凱謙**這位幼兒在肢體動覺上的表現具有特色，老師也可將孩子的表現錄影或拍照，並有系統整理在檔案中。

3. **摘要表**：在學年末，老師可依據所蒐集的資料，將幼兒在各領域的發展書寫出來，例如：孩子的優勢能力或需要再加強的能力，都可綜合書寫在摘要表上。教保服務人員或許可考慮依據新課綱的六大核心素養，摘要地敘寫幼兒在覺知辨識、表達溝通、關懷合作、推理賞析、想像創造、自主管理等的發展。

至於教保服務人員蒐集資料時，可能會過於偏重某一領域的作品，原因是有些領域的資料不好蒐集，如社會或是情緒領域的資料，因此要提醒自己，使用其他方式來蒐集這方面的資料。建議可以列出檔案紀錄表，如表 1-13 所示，便於確認每一領域的資料都能均衡地蒐集，以建立完整的評量檔案。最後，建議長期存放檔案夾中的資料可以膠裝成一本「幼兒成長紀錄本」，或是掃描成電子檔，以利家長的收藏與保存。

表 1-13　六大領域的檔案紀錄表

	作品 1	作品 2	作品 3	作品 4	作品 5
身體動作與健康領域	V				V
認知領域		V	V		
語文領域			V		
社會領域				V	
情緒領域	V	V			V
美感領域				V	

二、多閱讀及多練習寫作

教保服務人員在進行評量之前，很重要的事是要養成閱讀及寫作的習慣。每天給自己一些時間閱讀自己有興趣或是專業領域的書籍文章，例如：教保服務人員可以上網查詢教育部教學卓越獎，或是全國學校經營與教學創新 KDP 國際認證獎中的相關文本，或是行動研究得獎的文章，以及幼兒圖書繪本、報紙、雜誌，或自己有興趣的書籍等，閱讀完後，想想文章是否可以提供自己從不同的角度看事情，或是提供自己想知道的訊息。此外，也可注意文章的標題、結構、形式及其用字遣詞的精準，以培養對文章的敏感度。

在進行觀察評量時，教保服務人員需要時常記錄幼兒的行為，因此要養成寫作的習慣，例如：可以書寫有興趣的事物或是家庭日記，或是看完一本小說或一篇文章後，寫一些簡短的感想給自己或是朋友。如果你是經常寫日記或是書寫一些訊息給朋友的人，你已經開始做好書寫教學日誌的準備。而一份教學日誌的書寫各有書寫風格，表 1-14 是慧蓮老師的教學日誌之紀錄。

表 1-14　臺北市立南海實驗幼兒園教室日誌～一般活動

日期：2015/09/17　　出席：24 人　　請假：（事）　（病）

感性活動～伊比呀呀

老師觀察到近來班上有些幼兒會用手逗弄別人，或者是碰觸別人的力道不適當，有些幼兒因為別人碰觸了他的身體，讓他不舒服，但是卻不敢說。因此老師做了一個伊比呀呀的肢體活動，藉由此活動，幼兒要嘗試拿捏碰觸別人肢體的力道，對於別人不舒服的碰觸也能勇敢的說出來。

- **分享討論**

老師：什麼樣的動作讓你感覺舒服？
小胡：溫柔的動作。
老師：剛才活動中，別人對你壓、捏、捶、拍的動作，讓你有什麼感覺？
小胡：我覺得有點癢，很好笑。
恩琳：我覺得不喜歡弄到我的胳肢窩，所以我有跟他說，我覺得這樣不舒服，可不可以請你不要拍我這邊。
老師：很好，會勇敢的說出來。如果別人跟你表示動作讓她不舒服時，你該怎麼做？
小方：要先說對不起，然後不要再弄別人。
老師：如果他還是不聽怎麼辦？
小方：可以跟他說如果你再繼續弄我，我要去跟老師說了。
老師：你喜歡別人用什麼？

- **狀況劇**

老師也實際用一個狀況劇，讓幼兒將剛才學到的方法運用出來。老師故意撞一個小朋友，結果這個小朋友一直笑，所以老師就繼續撞他。其實這個狀況之前也有發生，因為被撞的人沒有提出不舒服的想法，撞他的人會覺得很有趣，也會認為他是喜歡的，所以就會繼續逗弄他。因此如果有感覺不舒服時一定要馬上說出來，這樣別人才會知道你的想法，就會停止粗暴的行為，如果說了他還是不聽，就可以來跟老師說。

後續老師還是要再繼續觀察，這個問題是否獲得解決、有改進，要鼓勵孩子，若還是有問題出現，回到團體活動中再繼續討論，這樣問題才會真正獲得解決。

資料來源：曾慧蓮老師提供

貳、教保服務人員在發展與學習評量前的規劃

有關幼兒評量前資料的規劃，或許教保服務人員可嘗試從新課綱的身體動作與健康領域、認知領域、語文領域、社會領域、情緒領域，以及美感領域，做為規劃蒐集幼兒各方面學習資料的方向。這部分資料在本書第七章有進一步的介紹與實際的範例可供參考。

一、身體動作與健康領域

身體動作與健康領域的目標是期望幼兒能靈活展現基本動作技能並能維護自身安全、擁有健康的身體及良好的生活習慣，以及喜歡運動與樂於展現動作創意（教育部，2017）。為評量及蒐集幼兒身體動作的展現，新課綱中建議教保服務人員可在平日觀察幼兒身體動作的覺察與模仿、協調與控制、組合與創造等三種能力，例如：在大肌肉動作上，平常可觀察及蒐集幼兒的跑步、單雙腳跳、丟接踢球、上下攀爬相關設備、滑行、騎腳踏車等相關資料，以及是否能因危險而緊急控制前進的速度？是否能判斷與他人的安全距離？是否能配合節奏組合變化身體動作？至於小肌肉動作上，可觀察及蒐集幼兒拉拉鍊、解鈕扣、扣鈕扣、倒水、打開瓶蓋、撕紙、捏黏土、開糖果罐的蓋子、用雙手端盤子、拿毛巾洗臉、拿剪刀剪紙、把東西放到罐子內、使用蠟筆、彩色筆塗色或畫圖等動作的相關資料。

除平日觀察外，也可使用評量工具評估幼兒身體動作能力的發展，例如：「臺北市幼兒體適能測驗」、「動作問題簡易量表」（QMPI）等，或是自行設計的幼兒體能遊戲等，相關資料可參考本書第二章。至於幼兒身體動作的呈現方式可以影片或是照片呈現，如表1-15可知，**婕安**之前只會坐在三輪腳踏車上，目前的她已漸具有騎腳踏車向前滑動的能力。

表 1-15　婕安大肌肉動作能力發展的觀察紀錄

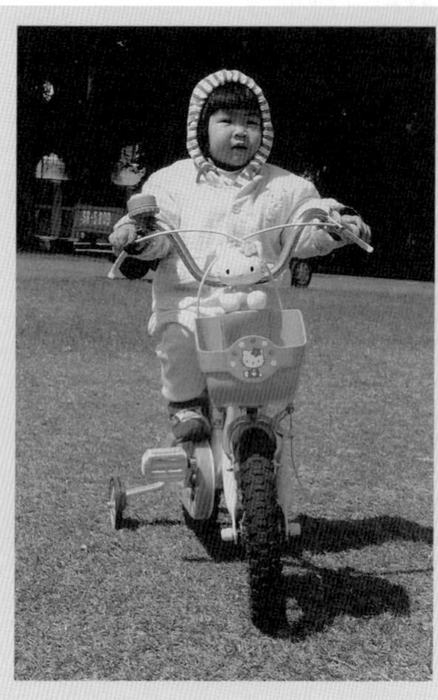

項目：大肌肉動作能力
姓名：**婕安**

3 歲的**婕安**之前只會坐在三輪腳踏車上，並不會踩腳踏車，她天天試著要踩它，但都不會動，就在今天的戶外活動時間，我看到她騎著腳踏車慢慢地往前滑動，雖然她的雙手還不能完全控制手把的方向，不過，她已經開始踏出第一步。

二、認知領域

認知領域的目標是期望幼兒擁有主動探索的習慣、展現有系統思考的能力，以及樂於與他人溝通並共同合作解決問題（教育部，2017）。為評量及蒐集幼兒認知能力的展現，新課綱建議教保服務人員可在平日觀察記錄幼兒蒐集訊息、整理訊息、解決問題等三項能力，例如：幼兒是否好奇、覺察生活環境中的符號、物件和現象？是否能將蒐集到的訊息整理出自己的發現？是否能和他人討論檢查提出解決方法的可行性？

除平日觀察外，也可使用評量工具評估幼兒認知能力，相關資料可參考本書第四章。如何評量及呈現幼兒認知能力？慧蓮老師在進行運用「布」做教室布置的設計時，因為有一組幼兒不知道「布」需要多長，因而引發幼兒探索測量的概念。在過程中，慧蓮老師觀察到**小崇**不同於其他幼兒的測量觀念，如他提到用來測量的東西愈長，量出來的數字愈小，用來測量的東西比較短，測量出來的數字比較大，如表 1-16 所示。他發現使用不同的測量工具，其測量結果是不同的，進而提出測量單位與測量工具之間的關係是相對性的。他可以正確運用測量方式來蒐集訊息，解決測量問題。

表 1-16　小崇對於測量探索過程的紀錄表

剛開始老師讓大家運用身邊用品來做測量。**小崇**在測量時，會運用積木當測量工具，將測量工具與測量物對齊，測量時兩個工具之間不會有空隙。

老師問：「你為什麼拿了三種不一樣的積木，別人都是拿同一種啊！」

小崇說：「這三個積木都一樣長，所以可以一起用啊！不可以有的長有的短，這樣就不公平了。」

後來，我們實際比較了一下，確實都一樣長。可見**小崇**非常清楚知道用身邊物當成測量工具時，要運用一樣長的物品來測量，這樣才準確。

另外，從大家測量後的比較當中，老師故意考大家，為什麼都是測量同一張桌子，但大家測量出來的數字都不一樣，有人記錄 10 個，有人 20 個。

小崇說：「是因為測量東西的問題，用來測量的東西愈長，量出來的數字愈小，用來測量的東西比較短，測量出來的數字比較大，剛好相反。」

所以**小崇**很厲害，不會被表面上的數字所騙，而能理解其中的道理喔！

資料來源：曾慧蓮老師提供

三、語文領域

語文領域的目標是期望幼兒具有體驗並覺知語文的趣味與功能、合宜參與日常社會互動情境、慣於敘說經驗與編織故事、喜歡閱讀並展現個人觀點、認識並欣賞社會中使用多種語文的情形（教育部，2017）。為評量及蒐集幼兒語文能力的展現，新課綱建議教保服務人員可在平日觀察幼兒語文的理解與表達能力，例如：是否能覺察環境中的語文、感到好奇並願意探索？喜歡聽故事、說故事與編織故事？對第一次接觸的故事類型感到好奇？聽完故事後，會對故事表現疑惑與想像？幼兒能表達對生活經驗的感受與個人看法（教育部，2017）？除平日觀察外，也可使用評量工具評估幼兒語文能力，相關資料可參考本書第五章。

如何評量及呈現幼兒語言能力？建議可依幼兒的口說語言、幼兒讀寫萌發，以及幼兒編創繪本等來蒐集資料，以評估幼兒的語文能力，說明如下。

（一）幼兒的口說語言

教保服務人員可從「說故事」、「學習區分享」、「團體討論」、「午餐的對話」、「看圖說故事」、「對圖畫書的回應」等多種管道蒐集幼兒的口語資料，下列僅就幼兒說故事和學習區的分享詳細說明。

1.幼兒說故事

筆者曾在臺北市進行幼兒園評鑑時觀察到有位小男孩在語文角的磁鐵白板上，一邊操弄人物及動物磁鐵，一邊說故事，內容是：「從前有一個男孩，被一個東西詛咒，就昏倒了，結果，小布丁、大象、蜜蜂、牛都來看他，他們兩個人被關在玻璃棺材，結果，小鳥把它打開，他們就醒過來，就高興地跳來跳去。」從孩子的語料可看出其想像力。表1-17是**小方**的故事內容，故事雖仿自白雪公主，不具創意，不過可看出其語言表達的流暢性。

表 1-17　小方說故事紀錄表

故事內容：

有一個城堡，裡面住著國王和皇后，他們一直跟上帝要一個可愛又漂亮的小孩，然後他們的小孩愈來愈漂亮，愈來愈可愛，皇后的身體很虛弱，所以過幾天就死了。所以他的爸爸又娶了一個新媽媽，她一開始對她很好，她每天都拿出魔鏡對它說：「魔鏡，魔鏡，誰是世界上最美麗的女人？」它說：「白雪公主。」它有一天就說白雪公主最美麗，然後，她就跟獵人說你幫我把白雪公主給殺了，她就請了一個獵人帶白雪公主去森林裡面玩，他就不想把白雪公主給殺了，他就對白雪公主說：「皇后叫我殺了你！」然後，他話說完的時候就把豬的心給殺了，然後拿給皇后。有一隻小兔子，牠帶她來到一間房子，然後她又看到有七張小椅子，還有七份食物，一張桌子，她吃飽以後，她就上樓去看，咦～怎麼有七張小床呢？她覺得好累，她就上去睡，等到主人回來的時候，他們都覺得為什麼我們的電燈是開的呢？還有，我們餐具也是用過的，他們又去樓上看，怎麼有一位小姑娘呢？然後，白雪公主就跟他說，把事情的經過跟他們說。然後有一天皇后又說：「魔鏡，魔鏡，誰是世界上最漂亮的女人？」它說：「白雪公主最美麗。」她就說：「白雪公主不是已經死了嗎？」然後她就很想當世界上最美麗的女人，然後她就用毒藥吃很多毒藥變成一個老婆婆，然後賣蘋果給白雪公主吃，她吃下去的時候，然後那個小矮人剛好回來，然後他們就把她放在玻璃棺材裡面。有一位鄰國的王子來了，親她的臉頰一下，然後她就醒了，然後她就說：「我剛才怎麼了？一定是那個老婆婆不知道賣什麼爛蘋果，害我昏倒。」然後他就說：「妳願意嫁給我嗎？」「我願意，因為你救了我，然後我要先問小矮人我可不可走啊？」他說：「小矮人都已經答應了。」又有一天，皇后把魔鏡拿出來說：「魔鏡，魔鏡，誰是世界上最漂亮的女人？」「白雪公主最美麗。」「白雪公主她不是已經死了嗎？」「還沒，她現在跟鄰國的王子在一起。」她就騎著巫婆給她的掃把，飛出去，就被雷打死了，然後他們就結婚了。

2.學習區的分享

下列是三位幼兒分別分享其在學習區的工作內容：

小娟：「我今天在月亮班玩象棋，報告完畢，謝謝大家。」
老師：「還有要分享的嗎？」
小娟：「沒有。」

……………………………………

臣寬：「我今天在積木區，跟康永用積木組合城堡，玩了積木。」
老師：「積木組合成什麼東西？」
臣寬：「我們組合成了城堡。」
老師：「城堡裡有什麼？」
臣寬：「恐龍！」。

……………………………………

智惟：「我今天跟趙偉華玩了五子棋，還有跟莊美華玩了跳棋，然後，跟王貴美玩了動物棋。」
老師：「你輸了還是贏了？」
智惟：「我跟趙偉華玩是平手，然後我跟莊美華，我輸了。」

由學習區分享的口述資料中，我們發現**小娟**的分享乏善可陳，**臣寬**和**智惟**只分享玩什麼或與誰玩，不夠深入。如何豐富幼兒語言領域經驗，請參考第五章「幼兒語言發展評量與輔導」的輔導策略。

如何評估幼兒的語言能力？Krechevsky 曾提出評量項目是：(1)需要協助的程度：從不會至不需提示和協助就能敘說事件；(2)故事的連貫性：句子間沒什麼連接，或是前後想法轉換不清，給 1 分；句子間有些關聯性，但想法有時不太相關，給 2 分；報導出具連貫性、整合的內容，給 3 分；(3)主題事件的擴展：描述相當零散缺乏細節，給 1 分；描述有時相當有趣，說明某些經驗的具體內容，給 2 分；經常仔細描述內容細節，給 3 分；(4)字彙的複雜度／故事內容細膩的程度：描述零散、缺乏細節或使用簡單語言，很少用形容詞，給 1 分；對內容描述仔細，具體說明某些事件內容，給 2 分；使用許多字彙描述內容，給 3 分；(5)事件間的關係／連接詞的使用：使用相當簡單的順序性的連接詞，給 1 分；使用一些不同的連接詞，給 2 分；使用不同連接詞，從簡單到非常不同的都有，給 3 分；(6)句子結構：使用簡單句或片段句子，給 1 分；使用到介詞片語、複合句，或兩者都有，給 2 分；使用不同的句子結構，給 3 分（引自梁雲霞譯，2001）。

（二）幼兒讀寫萌發（Emergent Literacy）

讀寫是幼兒在日常生活中發展出來，是一自然發展的過程，例如：4 歲的亭方畫好自畫像後，在畫像旁，畫下自己的名字「王亭方」，另一張是她畫二姑姑的長相，並在畫像旁邊畫下幾個符號，表示是二姑姑「王珮玲」三個字，如圖 1-12 所示。在圖 1-13 中，**小英**的日記畫中出現了自創的文字，她說：「他們要去游泳，要看旁邊的字教他們怎麼游泳。」至於圖 1-14，孩子說媽媽喜歡喝咖啡，於是畫下各種咖啡名稱和口味。

圖 1-12　亭方畫出自己和二姑姑的名字

圖 1-13　小英畫出教他們游泳的文字

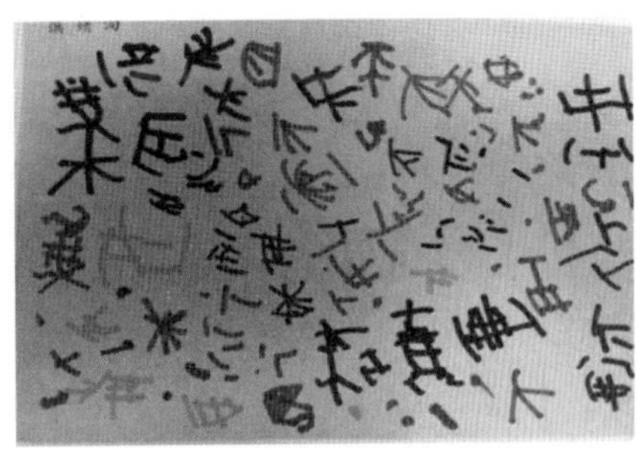

圖 1-14　媽媽喜歡喝的咖啡之名稱

（三）幼兒編創圖書繪本

有些幼兒會繪製自己的圖書繪本，教保服務人員可依據幼兒的敘說書寫成文字。圖 1-15 的「愛情故事」，可看出幼兒對於敘說故事的連貫性、主題事件的擴展、字彙的複雜度／故事內容細膩度，以及句子的結構的能力。

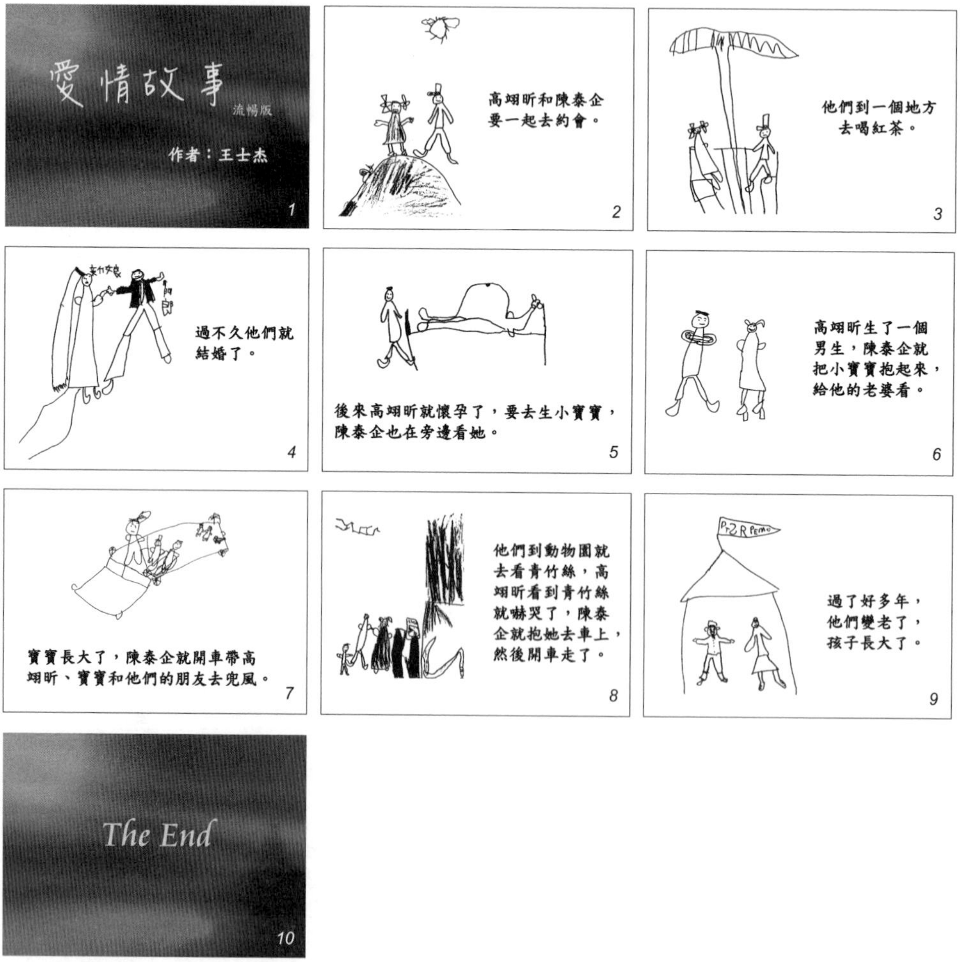
愛情故事
流暢版
作者：王士杰
1
高翊昕和陳泰企
要一起去約會。
2
他們到一個地方
去喝紅茶。
3
過不久他們就
結婚了。
4
後來高翊昕就懷孕了，要去生小寶寶，
陳泰企也在旁邊看她。
5
高翊昕生了一個
男生，陳泰企就
把小寶寶抱起來，
給他的老婆看。
6
寶寶長大了，陳泰企就開車帶高
翊昕、寶寶和他們的朋友去兜風。
7
他們到動物園就
去看青竹絲，高
翊昕看到青竹絲
就嚇哭了，陳泰
企就抱她去車上，
然後開車走了。
8
過了好多年，
他們變老了，
孩子長大了。
9
The End
10

圖 1-15　呈現幼兒個人特色的圖畫繪本：「愛情故事」

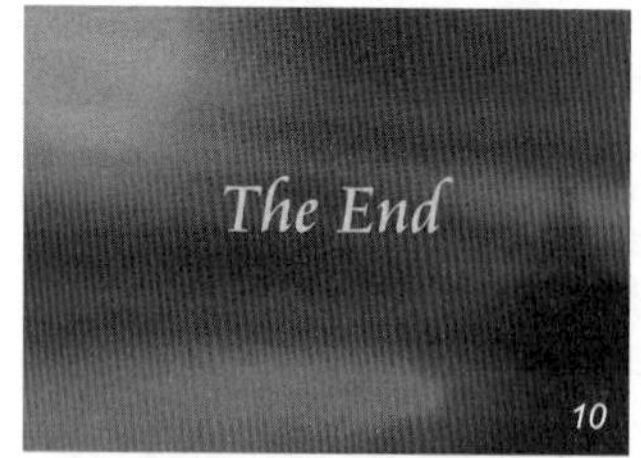

四、社會領域

社會領域的目標是期望幼兒肯定自己並照顧自己、關愛親人、樂於與他人相處並展現友愛情懷、樂於體驗文化的多元現象、親近自然並尊重生命（教育部，2017）。為評量及蒐集幼兒社會能力的展現，新課綱建議教保服務人員可在平日觀察幼兒的探索與覺察、協商與調整、愛護與尊重等三種能力，例如：是否對於自己喜歡的事物或活動，會展現積極投入的行為？在人際互動過程中能覺察他人的需要？參訪社區人物、活動與場所時，能觀察及主動詢問有關的問題？能主動熱切參與節日慶典的相關活動（教育部，2017）。

除平日觀察外，也可使用評量工具評估幼兒社會能力，相關資料可參考本書第六章。如何評量及呈現幼兒社會能力？慧蓮老師在進行「菜」的方案時，觀察**小玄**、**小勁**、**小名**、**小義**和**小惟**等多位幼兒在討論照顧茄子的協商過程，如表 1-18 的觀察紀錄表所示。

表 1-18　幼兒討論照顧茄子順序的觀察紀錄表

進行「菜」的方案時，將全班分成五組，照顧五棵茄子，每一組裡面要有大班跟中班。因為是合作紀錄，所以用輪流的方式，一天一個人記錄。但是誰先誰後，請小組成員自己去討論，老師希望從討論當中，觀察他們協商的能力。

觀察內容

在討論觀察茄子記錄順序時，**小玄**提出可以用舉手的方式，就是先問大家誰想要第一，先舉手的人是第一。**小勁**說：「可是如果一直都是兩個人同時舉手要怎麼辦呢？」**小玄**說：「那就看誰要讓給另一個人。」第一次**小玄**先發號司令，要第一個的舉手，**小玄**舉得最快，大家沒有意見。第二次**小玄**又發號司令，**小勁**和**小義**幾乎同時舉手，**小勁**停了一下說：「我讓給小義好了，因為他是中班。」**小名**最後一個舉手，中間都沒有舉手，他說最後一個沒有關係。

分享討論時，**小勁**跟大家分享他們這組的商量方式，他說：「我有點不開心，因為還是想要當第一個。」**小惟**回應他：「你有讓給中班已經很棒了，像我也是一樣，誰先誰後都沒有關係，因為都會輪到。」**小勁**笑著跟**小惟**說：「謝謝你。」

資料來源：曾慧蓮老師提供

五、情緒領域

情緒領域的目標是期望幼兒接納自己的情緒、以正向態度面對困境、擁有安定的情緒並自在地表達感受、關懷及理解他人的情緒（教育部，2017）。為評量及蒐集幼兒情緒能力的展現，新課綱建議教保服務人員可在平日觀察幼兒情緒的覺察與辨識、表達、理解、調節等四種能力，例如：幼兒是否能注意到他人是開心或是生氣等情緒？遇到困難或是新的挑戰時，能說出自己當時的情緒以尋求援助？能用點頭或是注視等簡單的形式來表示同理家人或朋友的情緒？能知道他人在不同的情況下會有不同的情緒嗎？能運用適當的策略因應自己的情緒嗎（教育部，2017）？其他更詳細的資料，請參考「幼兒園教保活動課程大綱」。

如何評量幼兒情緒能力？教保服務人員的作法，除了可提供「心情日記」，讓孩子們畫出並表達當天的心情感受外，也可觀察記錄幼兒在主題／方案的課程進行中的情緒反應，提供給家長了解幼兒的參考，例如：慧蓮老師在【陀螺】方案中，幼兒進行陀螺比賽，**小葳**進行陀螺比賽之前突然哭了，她說自己最近練習時都沒有打成功，所以覺得很緊張。經過大家討論自己的緊張情緒及調適的方式之後，她在比賽之前，都會深深吸一口。在比賽前，老師請大家要覺察比賽時及比賽後的感受，並請幼兒畫下來，如表 1-19 是老師記錄**小葳**進行陀螺比賽前後的情緒敘說。另外，有的小孩在比賽輸了，也畫出「我輸了」的情緒感受，如圖1-16所示，孩子說：「我輸的時候會像獅子一樣大吼大叫，因為很生氣，輸了也沒關係只要一直再來一次就會有贏的機會」、「輸的時候我會擺臭臉變成了怪物會容易生氣」、「輸的感覺像有暴龍要來咬，我很生氣我跑步輸妹妹會很氣就要打妹妹一下，但是後來我一直很努力終於贏」。

表 1-19　小葳進行陀螺比賽前後的情緒敘說

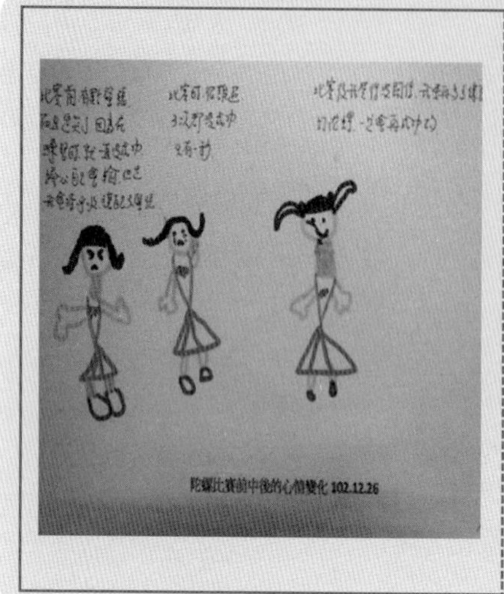	比賽時，**小葳**打了三次都沒有成功，沒有笑，也沒有哭，眼睛會一直看著老師，打完之後，又深深吸了一口氣，然後回到自己的位置坐下來看別人打陀螺。**小葳**敘說自己比賽前中後三種情緒的變化：「比賽前我很緊張，而且還哭了，因為練習的時候都沒有打成功，擔心自己會輸，但是我會深呼吸，讓自己不緊張。比賽的時候很難過，三次都沒有成功只有一秒，比賽後我覺得沒有關係，我要再多練習打陀螺，一定會再成功的。」

資料來源：曾慧蓮老師提供

圖 1-16　幼兒畫出「我輸了」的情緒感受

資料來源：曾慧蓮老師提供

六、美感領域

美感領域的目標是期望幼兒喜歡探索事物的美、享受美感經驗與藝術創作、展現豐富的想像力、回應對藝術創作的感受與喜好（教育部，2017）。為評量及蒐集幼兒美感能力的展現，新課綱建議教保服務人員可在平日觀察幼兒美感的探索與覺察、表現與創作、回應與賞析等三種能力。例如，是否看到落葉、花瓣、樹枝、石頭等會撿拾、把玩？能模仿小老鼠或大象走路的輕重，表現音樂中力度的變化？欣賞完戲劇表演後，能說出其中的角色？能表示對於劇中人物裝扮的好惡（教育部，2017）。

如何評量及呈現幼兒美感能力？教保服務人員可蒐集幼兒在音樂律動、視覺作品或是角色扮演遊戲的資料，例如：表 1-20 及表 1-21 是慧蓮老師觀察記錄**小玫**在音樂想像創作及作品回應與賞析。

其中，在欣賞線畫時，幼兒說：「我會用很多不一樣的圖案和線條把大象裝飾得很漂亮……」但如何能有更深層次的欣賞回應？Krechevsky 認為，可從藝術、探索及表徵層次予以探究（梁雲霞譯，2001），如下所述：

1. **藝術層次**：(1)表達情感：能利用表現手法和抽象特徵以傳達強烈的情緒；(2)飽和感：能使用粗細不同的線條使作品有質感；(3)美感：能細膩加工色彩豐富圖案有平衡感及節奏感。
2. **探索程度**：(1)顏色：有效地使用多種顏色表達情緒或氣氛，常使用對比色或混色，讓作品顯得色彩鮮艷；(2)變化：能使用線條和形狀讓作品呈現多元的變化生動感；(3)生動感：作品的線條、形式和色彩呈現鮮明的動感，具韻律感。
3. **表徵層次**：(1)基本形式：能詳細描繪細節，比例與實物大小相近，有輪廓曲線、幾何圖形不是圖畫的核心，有剖面圖和側面圖；(2)顏色：能使用多種顏色，很少出現不真實的色彩；(3)空間整合：有上、下、內、外基準概念，物件之間有關聯，與畫面構成一個整體。

表 1-20　小玟在音樂想像創作的觀察紀錄表

	聽完「小青蛙」的歌，老師請幼兒想想用什麼樂器來表現曲子當中青蛙的叫聲。**小玟**第一個出來，運用響板邊敲邊唱「小青蛙」的歌，並在一連串青蛙呱呱的叫聲中，前面用快節奏加較弱的力道敲擊，但是愈後面則愈敲愈慢且大聲，展現出青蛙叫聲的變化。她說因為青蛙一開始很快把肚皮撐起來，愈撐愈大，後面沒有力氣，所以就變慢了。

資料來源：曾慧蓮老師提供

表 1-21　小玟在音樂想像創作的觀察紀錄表

 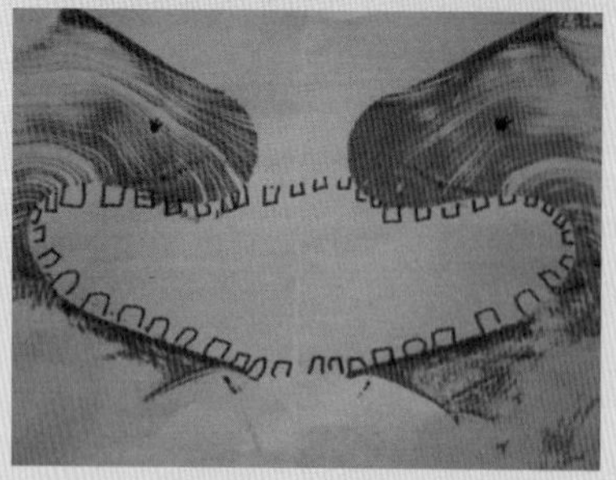	進行線畫作品的賞析時，**小玟**說自己的線畫跟別人都不一樣，變成了兩隻大象，而且兩隻看不同的地方，欣賞不同的風景。大象艾瑪身上是一格一格的，但是我會用很多不一樣的圖案和線條把大象裝飾得很漂亮，我覺得也很特別。並且說她最喜歡**小黎**的作品，因為這張畫像兩個人的側面，都張開大嘴巴在笑，兩個人的側臉合起來，卻變成了一個大臉，有一個大嘴巴，有兩種不同的感覺很棒！！

資料來源：曾慧蓮老師提供

上述是教保服務人員依六大領域在發展與學習評量前的規劃，下表則綜述六大領域的能力，以提供參考。

身體動作與健康	認知	語文	社會	情緒	美感
覺察與模仿 協調與控制 組合與創造	蒐集訊息 整理訊息 解決問題	理解 表達	探索與覺察 協商與調整 愛護與尊重	覺察與辨識 表達 理解 調節	探索與覺察 表現與創作 回應與賞析

幼兒身體動作發展評量與輔導

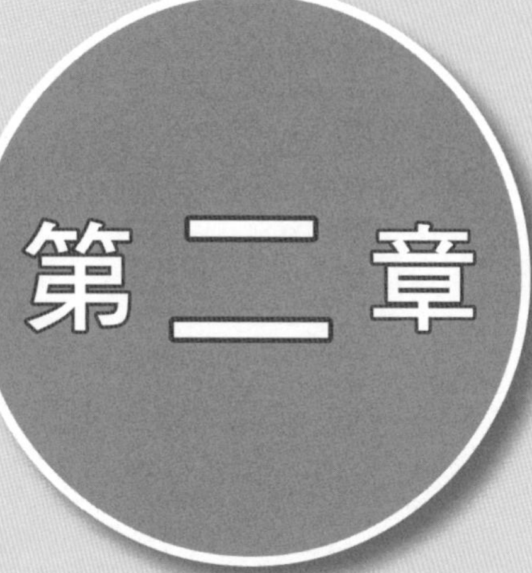

第二章

第一節　幼兒身體動作的發展

一般而言，幼兒身體動作的發展是：3 歲的幼兒可以拿一枝大蠟筆在圖畫紙上畫個○；4 歲的幼兒會扶著把手，一步一步下樓梯；5 歲的幼兒會自己騎腳踏車；到了 6 歲時，會自己穿、脫衣服等之類的事情。不過 5 歲的林池緩，不僅連鞋都穿不好，甚至穿衣、脫衣都需要大人協助。探究原因是，因爲池緩的爸媽平日忙於做生意，家中聘用一位越傭，凡事都幫池緩打理好，連吃飯都是越傭餵他。而且爸媽擔心池緩的安全，也儘量不讓他到外面玩，加上家中空間窄小，又有一位怕吵的阿公，導致平日池緩只能乖乖待在家裡看電視。

在學校裡，老師也注意到池緩的動作老是慢半拍，例如：在玩老鷹抓小雞時，他每次都跑得很慢，常常被抓到；在精細動作上，他的發展也較同儕慢，例如：老師希望孩子用剪刀剪出一隻長頸鹿的形狀，當其他小朋友都已剪好了，只剩池緩還沒剪完，而且剪過的圖形線條也呈現凹凹凸凸的形狀。

無論在大肌肉或小肌肉動作，池緩的發展都比其他小朋友緩慢，不僅影響他在日常生活中的自理能力，如穿衣服、脫衣服、扣鈕扣、使用筷子等之類的活動，在户外活動中，也由於動作笨拙，常產生挫折感，不僅別的小朋友不喜歡找他一起玩，自己也沒有信心與別人一起玩。在這種情形下，無形中影響了池緩在同儕中的人際關係，使他愈來愈不喜歡與人互動，也漸漸地不想參加任何團體活動。

壹、幼兒身體的發展

一般說來，幼兒的個別差異比較大，其身高和體重並沒有一個特定的標準。如果要衡量幼兒的身高、體重是否有增加，應以第一次衡量時的數據為準，例如：身高較高、體重較重的幼兒，每個階段所增加的量，都會比身高、體重較小的幼兒要多。至於男女的差異，從一出生到 6 歲，男孩的身高、體重、頭圍等都一直占著優勢。

一、身高的發展

幼兒期是一生中兩個成長最快的階段之一。幼兒身高的增長速率，以出生後的第一年最快，其次是青春期，再其次是 3～6 歲，而幼兒期是下肢發展最迅速的時期。幼兒在 1 週歲時，他的身高約為出生時的一倍半，至 4 歲時，約為出生時身高的二倍。

二、體重的發展

體重增加的速率與身高相仿，以出生後的第一年增加最快，到 1 週歲時，嬰兒的體重約為出生的三倍，3 歲約四倍，5 歲約五倍半，6 歲約六倍。而嬰幼兒時期的體重會受到營養、疾病及環境因素所影響，尤其孩子體重的增加主要來自脂肪組織的增多，這些增多的營養來源主要來自於牛奶或母奶，以後漸漸發育，便逐漸由肌肉及骨骼組織而來。

三、頭圍的發展

男幼兒從出生的 35.79 公分，隨著年紀的增長，至 1 歲 9 個月～未滿 2 歲幼兒，其頭圍增長到 48.24 公分；女幼兒則從 34.99 公分，至 1 歲 9 個月～未滿 2 歲增長至 47.07 公分。由此大致可知，男幼兒的頭圍較女幼兒大。

四、胸圍的發展

乳兒期的胸圍特別發達，其前後與左右直徑相等而形成圓形，胸圍與皮下脂肪有密切關係，乳兒期因皮下脂肪較多，故胸圍也較發達，3 歲以後增加速度較為緩慢。5、6 歲時肋骨漸斜，胸腔之左右經變寬，略成橢圓形。

貳、幼兒動作的發展

一、定義

依據 2017 年教育部公布的「幼兒園教保活動課程大綱」，其界定身體動作是指靈活掌握身體自主的行動，其基本技能包括：(1)穩定性動作；(2)移動性動作；(3)操作性動作（教育部，2017）。

二、動作的發展原則

幼兒的動作發展是指在出生之後，隨年齡增長在身體肌肉活動及手眼協調等動作技能的發展歷程。而幼兒動作能力的發展大致遵循下列的程序：眼睛控制、笑、頭部控制、軀幹控制、起坐、大便控制、小便控制、手臂協調、腿腳協調，以及手指控制。在發展上有以下三個依循的原則。

（一）由上到下

幼兒最早發展的部位是頭部→軀幹→腳部。幼兒最先學會抬頭和轉頭→轉身與坐直身體→使用手與臂截取或握住東西→腿部與腳部的動作。9 個月的嬰兒會以手和膝爬行，10 個月時會以四肢爬行，11 個月時能站立，12 個月時大約能走路，不過還不是很穩。任何一名幼兒動作的發展是依著抬頭→翻身→轉身→坐→爬→站→走的方向發展。蘇建文、盧欽銘、許美瑞、盧素碧、王鍾和（1982）曾以國內 504 名嬰兒為對象，結果印證幼兒各項動作有明顯的發展趨勢，且遵循「首→尾」發展的原則。

（二）由中心到邊緣

幼兒的動作發展，愈靠近軀幹的部分發展愈早，愈遠的發展愈晚，即遠離身體中心的四肢動作發展得比較晚，例如：出生的嬰兒兩臂兩腳就能活動，而手指的單獨動作必須要到 1 歲才開始發展。幼兒的上肢動作是以上臂和肩頭發展得比較早，其次是肘→腕→手，而手指動作發展最晚。

（三）由整體到特殊

幼兒動作的發展是先統整再分化，即全身的動作發展在先，特殊小肌肉的發展在後；換句話說，幼兒先學會大肌肉的粗動作，之後才學會小肌肉的精細動作，例如：幼兒的拿取動作，最先是全身及兩臂、兩腳的動作，漸漸能用手去拿取，至 1 歲時，才能單獨使用手指頭，此即為由整體到特殊的分化過程。

三、動作的發展順序

幼兒期是動作能力發展的特別關鍵時期，也是發展最快速的階段。幼兒 1 歲後已開始學會走路，2 歲左右大致完成，2～3 歲期間，開始出現以步行為基礎的奔跑、爬行、爬高、跳下等能力。到了幼兒後期，身體各機能的協調和平衡的機能逐漸發展起來，身體的行動開始變得協調靈活；4 歲左右幼兒的肌肉開始能支持軀體的體重，於是連續起跳、垂吊以及攀登等一些需要肌耐力的動作才開始迅速發展；至 5 歲多時，已懂得主要的全身運動，並能做一些複雜的動作，例如：爬攀架及翻單槓等。

盧素碧（1987）曾提及幼兒動作發展，依年齡次序的發展為：(1) 4～5 歲的動作發展：幼兒對於跑、跳、爬的動作更敏捷，能投球，同時也能接球，上廁所不需要別人幫忙，且能夠使用剪刀；(2) 5～6 歲的動作發展：5 歲幼兒會單腳跳、翻筋斗，也會使用釘鎚等工具。人生的基本動作，此時期的幼兒大致已經獲得。

四、大小肌肉動作的發展

（一）大肌肉動作的發展

是指幼兒粗動作的發展，如跑步、跳躍、投擲及平衡感等。在幼兒大多數的運動中，都會使用到大肌肉的動作能力。

1. 跑步動作：是指沿著路線跑，遇到障礙時，能改變方向繼續前進，不會停頓下來或者改變速度，幼兒早期的跑步形式，就像快步行走，幾乎不會用到手臂。

► 幼兒的跑步需要靠肌肉及神經系統的協調作用

2. 跳躍動作：是指幼兒能跳過簡單的障礙物，而不會跌倒，或是毫無困難地從適當高度的椅子上跳下。跳躍種類可分為下列四項：
   (1) 兩腳起跳，兩腳著地：如立定跳遠、立定跳高（垂直跳）等。
   (2) 單腳起跳，兩腳著地：如急行跳遠、急行跳高等。
   (3) 單腳起跳，另一腳著地：如跑步、彈跳步、滑步。
   (4) 單腳起跳，原腳著地：如連續單腳跳、踏跳、跑跳步。
3. 投擲動作：是指幼兒能正確地擲球。投擲動作是由比較大的軀幹之緩慢動作開始，到小而敏捷快速的末端手部運動完成，過程由為數很多的身體部位連續性運動所形成。而且，投擲動作幾乎是人類所特有的，如果把它跟走或跑的能力加以比較時，從未成熟到成熟，其技術上存在著許多種型態。懷爾德（Wild）觀察 2～12 歲幼兒的投球動作，把投球的動作分為四個階段（林南風，1990）：

(1)階段一：在2～4歲出現，沒有跨步動作，主要是靠上體的前後方向運轉。

(2)階段二：在3歲半～6歲出現，沒有跨步動作，但加上軀幹在水平面的旋轉。

(3)階段三：在5～6歲出現，右腳向前方踏出，伴隨身體的移動。

(4)階段四：6歲半出現，左腳踏出，主要靠軀幹迴旋與手臂內轉。

4. 平衡感：係指幼兒對地心引力維持均衡的狀態，其活動受內耳三半規管、身體抗地心力、肌肉及大腦皮層有意識的統整平衡。

(1)靜態平衡

①坐姿平衡：是讓幼兒靜坐，上身保持不動。

②立姿平衡：是讓幼兒單腳站立（左右腳交換站立），也可讓幼兒側身躺下，一手伸直過頭上，兩腳併攏伸直，保持不動，或者讓幼兒兩腳跪立、兩手著地，再舉單手或單腳維持身體平衡，或者是讓幼兒跪著，肘足著地保持平衡。

(2)動態平衡：有維持直立姿勢、走平衡台、平衡手或臂中的所有物，或是搬運東西的平衡感。

（二）小肌肉動作的發展

是指幼兒精細動作的發展，即幼兒在小肌肉的控制及協調的發展，是視覺和手部動作之間的協調能力，例如：開關門、串珠子、翻書、剪紙、摺紙、扣鈕扣、繫鞋帶、使用蠟筆、仿畫圓形（○）、正方形（□）、三角形（△）等，運用抓握技能、雙手協調、手眼協調等小肌肉動作，這些動作比大肌肉動作更難控制，發展得

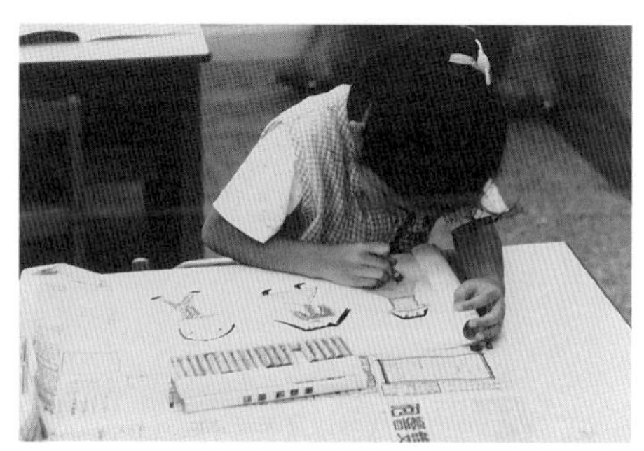

▶ 精細動作是幼兒視覺和手部的協調作用

也比較晚。幼兒藉著生理的成熟與不斷地練習，慢慢增強精細動作技巧的發展，也影響幼兒運筆動作愈來愈細緻，重複動作愈來愈少，畫出來的圖形也會愈來愈複雜，已能逐漸畫出可以辨認的人形。

由上可知，一般幼兒動作的發展，是先由大肌肉所產生的全身性運動，例如：走路、跑步、跳躍、爬行、擲球，以及騎腳踏車等，並在大肌肉動作成熟後，慢慢地發展小肌肉的動作，例如：手與手指的動作、手眼之間的協調，以及手指的屈伸等，也逐漸開始發展。

第二節　幼兒身體動作評量工具

壹、幼兒身體動作的評量方法

有關幼兒身體動作的評量，應採多元方法予以評量。在家或在學校，除了觀察孩子在戶外活動的粗動作能力外，也應看看孩子在使用剪刀、膠帶等精細動作的情形，並與其他小朋友做比較，以了解孩子真正的發展情形。

貳、幼兒身體動作的評量工具

依據國內目前幼兒身體動作的評量工具，可分為三類：(1)幼兒身體動作發展工具；(2)體適能測驗；(3)幼兒視動及知動測驗。如表 2-1 所示。

表 2-1　幼兒身體動作的評量工具

一、幼兒身體動作發展工具	適用年齡層
1.動作問題簡易量表（QMPI）	5～10 歲
2.學前兒童粗大動作品質量表（PGMQS）	3～6 歲
3.幼兒適性發展—身體動作發展	3～5 歲
＊4.0～5 歲兒童生長曲線	0～5 歲
＊5.二至六歲幼兒身體發展常模	2～6 歲
＊6.嬰幼兒動作發展量表	0～7 歲
＊7.林肯奧氏動作發展量表	4～14 歲
＊8.動作協調問卷（中文版）（DCDQ-C）	6～9 歲
二、體適能測驗	**適用年齡層**
1.臺北市幼兒體適能測驗（2009）	60～71 個月
＊2.幼兒運動能力測驗手冊	4 歲 10 個月～6 歲 9 個月
＊3.幼兒體能測驗表	5～6 歲
三、幼兒視動及知動測驗	**適用年齡層**
1.拜瑞—布坦尼卡　視覺—動作統整發展測驗（VMI-4）	3 歲～成人
＊2.簡明知覺—動作測驗（QNST）	6～12 歲
＊3.修訂兒童班達完形測驗	3～15 歲
＊4.普度知覺動作量表	3～15 歲

註：有＊符號者，其詳細資料請參見本書附錄一。

一、幼兒身體動作發展工具

（一）「動作問題簡易量表」（QMPI）

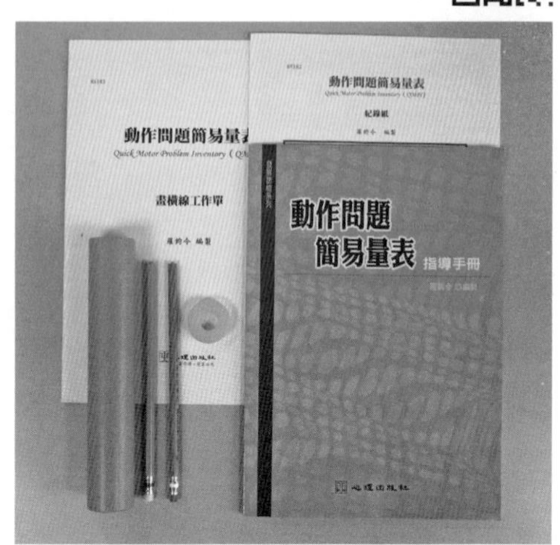

1. **目的**：能快速有效地評估 5～10 歲幼兒的基本動作能力，篩檢出神經功能障礙的兒童（含上肢協調、下肢協調、眼球控制、口腔動作）。
2. **編製者**：由羅鈞令參考國內外文獻、整理國內外常用的神經動作測驗，再根據神經發展的階層理論，自行發展編製「動作問題簡易量表」（Quick Motor Problem Inventory, QMPI），於 2010 年出版。
3. **內容**：有 22 個評量項目，評估五種學習各種動作技巧的基礎能力：(1)反射反應之整合；(2)肌肉拮抗作用／穩定度；(3)平衡；(4)動作計畫；(5)動作協調（含上肢協調、下肢協調、眼球控制、口腔動作）。
4. **信效度及常模**：考慮城鄉差異，取樣大臺北地區之臺北縣與臺北市共 1,351 名學童，建立本量表常模。本量表之再測信度介於 .44～.92 之間，施測者間信度介於 .26～.85 之間，顯示本量表為一快速、可信的標準化評量工具。本量表以「手部靈巧度測驗」、「M-ABC 測驗」與小兒科醫師評估做為效標，均顯示本量表具有良好的同時效度，亦即代表本量表可有效評估兒童的基本動作能力。

（二）「學前兒童粗大動作品質量表」（PGMQS）

1. **目的**：能快速評量 3～6 歲兒童動作品質發展的狀況，並據以擬定發展遲緩兒童的動作訓練計畫。

2. **編製者**：「學前兒童粗大動作品質量表」（Preschooler Gross Motor Quality Scale, PGMQS）由孫世恆、朱怡菁、林千惠、吳昇光編製，於 2013 年出版。

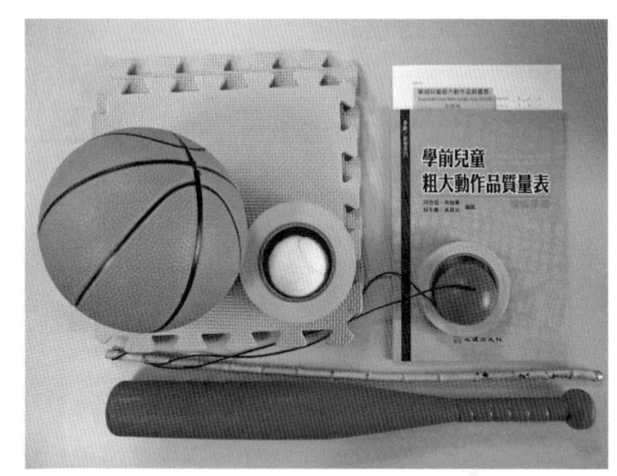

3. **內容**：編製者以文獻回顧的方式，廣泛蒐集現有的動作發展量表，探討各量表的發展理論，以做為本量表的理論基礎及評估架構，並編寫評分標準與施測指引，研究發展而成為本量表。本量表計有 17 個評估項目，可評估：(1)移位能力；(2)物品傳接能力；(3)平衡能力等三項粗大動作。
4. **信效度及常模**：
   (1) 信效度：全量表的內部一致性 α 值為 .878，評分者間信度介於 .67～1.00，評分者內信度介於 .70～1.00。以「皮巴迪動作發展量表」（第二版）之粗動作分測驗作為黃金標準量表，顯示本量表具有良好的同時效度。
   (2) 常模：以北、中、南、東的人口數，選取 43 間幼兒園，隨機選取 3～6 歲 1,121 位幼兒建立常模。

（三）「幼兒適性發展—身體動作發展」

1. **目的**：協助老師及家長了解 3～5 歲幼兒大小肌肉的發展情形。
2. **編製者**：由美國幼教協會（National Association for the Education of Young Children，簡稱 NAEYC）編製。
3. **內容**：包括幼兒大小肌肉的發展，如表 2-2 和表 2-3 所示。

表 2-2　3～5 歲幼兒大肌肉的發展

3歲幼兒大肌肉動作	1. 走路時不需像以前一樣小心翼翼地盯著自己的腳步前進；會倒退走；跑步時步伐平均；轉彎及停止的動作都做得很好。 2. 會手扶著欄杆，一步一步拾階而上。 3. 會從低矮的階梯或物體上跳下來；從物體上方跳過去時，有時會誤判高度。 4. 肢體協調能力愈來愈好，盪鞦韆或騎三輪車時懂得手腳一起施力，有時還會忘記注意前方，以致於撞上別的物體。 5. 對物體的高度與速度已有概念（如丟出去的球），但是可能會過於大膽或過於膽怯，對於自己真正的能力不是很清楚。 6. 單腳站立還很不穩定；不大會走低矮的平衡木（四吋寬），即使會走，也是戰戰兢兢，小心翼翼。 7. 很愛玩（想要和大孩子一樣），但是玩過後需要休息。會突然疲累，而且太累的話會吵鬧不休。
4歲幼兒大肌肉動作	1. 走路十分穩健；會輕躍著步伐往前走，但步履大小不平均；很會跑步。 2. 可以單腳站立五秒鐘以上。可以駕輕就熟走低矮的四吋平衡木，但是對二吋寬的平衡木就沒辦法這麼快駕輕就熟了。 3. 會一步一步下樓梯。攀爬時，對於高度與空間的判斷已經相當準確，少有踩空失誤的情況。 4. 會跳繩或是玩一些需要反應快的遊戲。 5. 能夠在大型的運動攀爬設施中爬來爬去和玩彈跳床。 6. 比較會做判斷，也比較知道自己能力的極限，以及危險行為的後果。但過馬路時還是需要大人的監護，尤其在玩某些活動時，大人還是需要教導他們保護自己。 7. 體力增強，精力旺盛，可以長時間從事活動量大的活動（需要補充水分及熱量）。團體活動時，有時會過度興奮及不守規矩。
5歲幼兒大肌肉動作	1. 會快速倒退行走。跑跳的身段與速度都很靈活；會將各種肢體能力融入遊戲中。 2. 很會走兩吋寬的平衡木，也會跳過障礙物。 3. 青蛙跳是稀鬆平常的動作；行走時步伐的大小可以很平均。 4. 可以從好幾個階梯一躍而下；跳繩。 5. 攀爬動作成熟。會游泳、騎腳踏車。 6. 感官的判斷能力有時很準確，有時則誤差大。行動經常過於大膽，但是也會接受限制及遵守規則。 7. 活力充沛，很少有疲倦的樣子。難得乖乖不動，不時都在尋找好玩的遊戲及環境。

資料來源：洪毓瑛（譯）（2000）。**幼教綠皮書：符合孩子身心發展的專業幼教**（原作者：S. Bredekamp & C. Copple）（頁 163-165）。新竹市：和英。

表 2-3　3～5 歲幼兒小肌肉的發展

3歲幼兒小肌肉動作	1. 會把大型的玩具釘樁穿入樁釘板中；會串大珠子；自己倒水時，會稍有濺溢，但大致可以掌控得不錯。 2. 會用積木蓋高塔，會拼一片式的簡單拼圖（譯註：例如大動物和幾何圖形嵌入相同圖形的凹槽中）。 3. 從事太多需要手部協調的活動時，會很容易疲倦。 4. 會畫圖形，如畫圓圈；開始會自己設計一些東西，如房子和人物；所畫的物體間彼此會有關聯性。 5. 用手指拿蠟筆或彩色筆，還不會正確的握筆姿勢。 6. 會自己脫衣服，但穿衣服就需要大人幫忙了。解扣子很快，但扣扣子很慢。
4歲幼兒小肌肉動作	1. 會玩小型的釘樁及樁釘板；用線串小珠子（會串成圖案）；會將沙或液體倒入小型的容器中。 2. 會建構有高度的複雜積木；空間判斷力有限，而且很容易打翻東西。 3. 喜歡玩有小零件的玩具，會使用剪刀；會反覆演練一項活動直到完全熟練為止。 4. 會畫各種簡單的圖形；會畫人形，而且懂得標出至少四種人體特徵，也會畫大人看得懂的物體。 5. 穿衣、脫衣都不需要大人協助；會自己刷牙梳頭；用湯匙或杯子時很少有濺溢的情況。會穿鞋帶，但還不會打結。
5歲幼兒小肌肉動作	1. 會用鐵鎚敲釘子；不用旁人協助就會使用剪刀及螺絲起子。 2. 會操作電腦鍵盤。 3. 會用積木建構立體的物體；10～15 片的拼圖對他們而言易如反掌。 4. 喜歡拆裝物體，幫娃娃穿脫衣物。 5. 已具有左右的基本概念，但有時會搞錯。 6. 會臨摹幾何圖形。畫畫或建構時，會結合二種以上的幾何圖案。 7. 會畫人；會大略寫出大寫字母的形狀，但是可能只有某個最親近的大人才看得懂；也會畫出具有內容的圖畫；會一筆一劃寫自己的姓氏。 8. 會拉拉鍊、扣扣子；在大人的指導下會繫鞋帶；會迅速穿衣。

資料來源：洪毓瑛（譯）（2000）。**幼教綠皮書：符合孩子身心發展的專業幼教**（原作者：S. Bredekamp & C. Copple）（頁 169-170）。新竹市：和英。

4. **注意事項**：這份資料是美國幼教協會依據幼兒的身體發展，所提出的3～5 歲幼兒大小肌肉的發展，只提供幼教老師及家長了解孩子大小肌肉的發展，以做為了解幼兒身體發展的狀況。此資料老師只能參考，不能做為了解幼兒身體發展唯一的參考依據。

二、體適能測驗

（一）「臺北市幼兒體適能測驗」（2009）

1. **目的**：了解 60～71 個月幼兒的體能狀態。
2. **編製者**：由徐台閣（2009）修訂原有的「幼兒體適能測驗」（林國瑞、蒲逸俐，2003）所編製。
3. **內容**：先編製受測名冊（填寫年齡及性別）→進行熱身操→測量身高體重（身體質量指數）→測驗一：坐姿體前彎→測驗二：閉眼單足立→測驗三：一分鐘屈膝仰臥起坐→測驗四：立定跳遠→測驗結果登錄及完成測驗，紀錄表如表 2-4 所示（臺北市政府教育局，2010）。

表 2-4　臺北市幼兒體適能檢測紀錄表　○○區　○○幼兒園　○○班

編號	姓名	性別	年齡		體重（公斤）	身高（公尺）	坐姿體前彎（公分）	閉眼單足立（秒）	仰臥起坐（次數）	立定跳遠（公分）
			年	月						
1										
2										
3										
4										
5										
6										
7										
8										
9										
10										

資料來源：臺北市政府教育局（2010）。**臺北市幼兒體適能網站**。

(1) 身高及體重測量：以身高及體重計算身體質量指數（Body Mass Index，簡稱 BMI），BMI ＝體重（公斤）／身高（公尺）^{2}。18 歲（含）以上成人的健康體位是 18.5≦BMI ＜ 24，體重過輕 BMI ＜ 18.5，體重過重 24≦BMI＜ 27，肥胖 BMI≧27（衛生福利部國民健康署，2020）。兒童及青少年的部分，可依據衛生福利部於 2013 年公布之「兒童及青少年生長身體質量指數（BMI）建議值」為基準，詳情請參考網址：https://reurl.cc/8pyvKy。

(2) 坐姿體前彎：了解幼兒的柔軟度（flexibility）。施測方法為：幼兒坐於墊子上，兩腿分開與布尺兩邊 15 公分處同寬，膝蓋伸直，腳尖朝上，雙手交疊，中指相疊，自然緩慢向前伸直，使中指觸及布尺後，暫停 2 秒，予以記錄。

(3) 閉眼單足立：了解幼兒的平衡性（balance）。施測方法為：幼兒閉眼戴上眼罩，雙手正叉腰，雙腳併攏站立，在聽到「開始」後，以任一腳直膝單足立，另一腿屈膝並將腳置於單立腳膝側。

(4) 一分鐘屈膝仰臥起坐：了解幼兒腹部的肌耐力（muscular endurance）。施測方法為：幼兒在軟墊上仰臥平躺，雙手胸前交叉，手肘離開胸部，雙膝屈曲約成 90 度，腳底平貼地面，老師以雙手按住幼兒腳背。測量孩子在時間內利用腹肌收縮使上身起坐，直至雙肘觸及雙膝構成一完整的動作次數。

(5) 立定跳遠：了解幼兒的爆發力（power）。施測方法為：幼兒雙腳打開，並與肩同寬，雙腳半蹲，雙臂置於身體兩側後方，並自然前擺，往前跳。幼兒的雙腳必須同時躍起及落地。

4. **注意事項**：在進行體適能測驗之前，老師必須詳細閱讀注意事項，例如：凡有醫生指示不可運動、心臟病、氣喘病、腿部受傷等疾病者或餐後 2 小時內，都不適合參加這項測驗。相關資料可進入「臺北市幼兒體適能網站」，網站中提供詳細資料。

三、幼兒視動及知動測驗

（一）「拜瑞－布坦尼卡　視覺－動作統整發展測驗」（VMI-4）

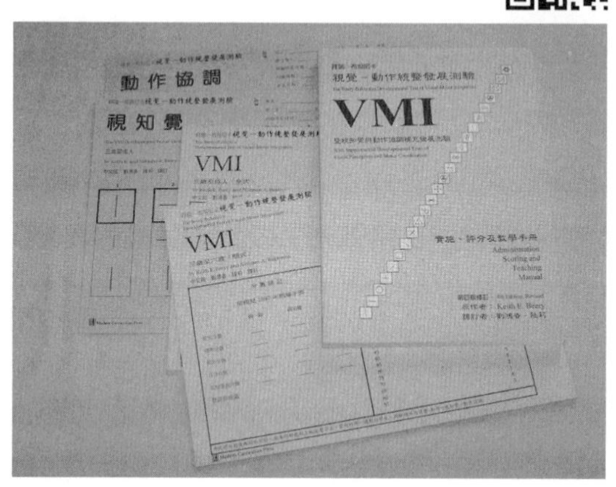

1. **目的**：透過早期篩選，幫助鑑定 3 歲～成人在統整或協調視知覺與動作能力（手指和手部動作）有明顯困難的個案，亦可做為研究工具。
2. **修訂者**：由陸莉、劉鴻香修訂自拜瑞（K. E. Beery）等人所編製的「拜瑞—布坦尼卡　視覺—動作統整發展測驗」（The Berry-Buktenica Developmental Test of Visual-Motor Integration, 4th ed., VMI-4），於 1997 年出版。
3. **內容**：本測驗的特色是強調統整，並具發展順序性，且不受文化限制。受試者以紙筆抄畫 27 個有難易順序的幾何圖形，可測出視覺與動作統整能力；外加兩項補充測驗，測量單純視知覺與動作協調能力。
4. **信效度及常模**：
   (1) 信度：視—動、視知覺，以及動作協調測驗整體之折半信度、評分者間信度及重測信度分別為 .88、.88 及 .90。
   (2) 效度：以「兒童班達測驗」為效標，同時效度為 -.65；以「魏氏兒童智力量表」為效標，視—動、視知覺，以及動作協調與非語文智商之相關係數為 .35～.47，達顯著水準。VMI 三種測驗與實足年齡之相關係數分別為 .86、.79 及 .83，均達顯著水準，且比智力的相關為高。
   (3) 常模：建立標準分數常模、百分位數常模和年齡常模。

5. **注意事項**：施測人員需具有「專業資格之心理師、職能治療師、物理治療師、語言治療師、特教老師或具該測驗研習證書」的資格。如果施測者在測驗過程中，從兒童的行為發現視力或其他問題，應轉介給眼科醫生或其他專家。在了解孩子行為時，單一測驗或分數並不足以診斷或訂定治療計畫的依據，盡可能要有一組人共同評量幼兒行為及擬訂輔導幼兒的計畫。

第三節　幼兒身體動作的輔導活動

幼兒動作能力的發展良好與否，會影響在其他領域的發展，例如：幼兒必須要有動作發展才能形成自我概念，才能由依賴成人而學會獨立、自由的活動，並進一步擴展其社交生活。動作能力發展愈好的小朋友，也比較能夠為他人所接受，有較高的評價，有更多的機會去學習社交技巧，對自己會更具信心，對其人格的發展或社會化的學習都有影響。

壹、大肌肉動作的輔導活動

大肌肉的動作能力是指孩子身體動作的平衡及協調能力，例如：翻身、坐、爬、走、跳及騎腳踏車等，相關的輔導活動如下。

一、走路

一般而言，幼兒在 2 歲以後就具有手臂和下肢伸舉的協調反應，移動時，會支撐腳離地的瞬間，用姆趾球和姆指做出蹬踢的動作，以完成步行。各步伐間左右移動的幅度逐漸減少，推進力逐漸增加，同時

▶ 幼兒在呼拉圈上走步，練習走步能力

會以腳尖走路，並能按照指示去改變移動的方向；到了 3 歲，步數和步幅已逐漸穩定，行走的時間與距離逐漸增加（林南風，1990）。雖是如此，有些 3 歲孩子走路還是會搖搖晃晃，不是非常穩健，下列活動可參考之：

1. **九彎十八拐**：以繩子做各種造型變化，幼兒聽著音樂，沿著線條的造型往前走。
2. **請跟我來**：在一定的路線上，讓幼兒一手握住物品，配合音樂或樂器做有速度及有方向變化的行走。
3. **母鴨帶小鴨**：大人與小孩面對面、手牽手，讓小孩的腳踩在大人的腳上，大人的腳往後走，孩子的腳也跟著前進；反之，大人前進時，小孩則後退。
4. **走迷宮**：利用紙箱或布設計一個迷宮，讓幼兒嘗試在紙箱內或布幕內行走。
5. **金華大火腿**：此遊戲即為兩人三腳，用一條繩子綁住一人左腿和另一人之右腿，走到標的物，再繞回來。
6. **火車過山洞**：由二位幼兒面對面搭起拱門，其他的小朋友雙手依序搭著前面幼兒的肩繞過拱門圍成一個圓圈，幼兒一邊繞城門，一邊唸著：「城門城門雞蛋糕，三十六把刀，騎白馬，帶把刀，走進城門滑一跤。」唸完後，城門必須放下來，被框住的幼兒，需與一位搭城門的幼兒交換，並由他負責搭城門。
7. **蜈蚣競走**：將幼兒分為數組，以五位幼兒為一組，搭肩競走。

二、平衡能力

幼兒的平衡與大腦、小腦等中樞神經的感覺系統關係密切。在訓練孩子的平衡能力上，老師及家長可以讓幼兒沿著人行道的磚塊走直線，也可讓孩子走在稍高的平台或小徑上。其他有關訓練幼兒平衡能力的遊戲如下：

1. **金雞獨立**：讓幼兒用慣用腳，單腳站在一個已畫好的圓圈內，看誰站得最久。

2. **太極神掌**：幼兒二人相對站在輪胎上，以手掌互推，誰先落地，誰就輸了。
3. **力拔山河**：幼兒二人一組，以繩子繞在腰際，一手持繩，誰的腳先動就輸了。
4. **水中撈月**：讓幼兒以湯匙從水桶中撈起一個乒乓球，走向標的物，再走回來。
5. **小小水兵**：讓幼兒拿著裝了八分滿水的水杯，沿著直線向前走到標的物，再走回來。
6. **走平衡木**：讓幼兒走現成的平衡木，以訓練孩子的平衡感。
7. **小飛俠**：平鋪一條滑溜布在地上，幼兒坐其上，另一條滑溜布綁於幼兒腰際，由父母各在一端拉住滑溜布，幼兒則需保持平衡。
8. **請客人喝水**：幼兒共分二組，一組為客人，一組為主人，主人請客人坐下，並用茶杯裝水端至客人面前，請他們喝水。
9. **踩高蹺**：用大牛奶罐和粗繩製成高蹺，讓幼兒踩在上面，訓練其平衡力，這遊戲較適合大班幼兒。
10. **走迷宮**：使用不同顏色粉筆在地上畫出迷宮圖，幼兒必須依據自己挑選的色段，以前腳抵住後腳跟的方式，雙腳一步一步地循著色段走。

三、跳躍動作

跳躍動作具有許多技巧性的內容，能促進全身運動神經的發展，還可培養平衡性及協調性，以減低發生意外和傷害的可能性（林南風，1990）。單腳跳是以左腳或右腳在原地跳或向前跳。父母及老師可用厚紙板剪一些比較孩子腳掌大些的腳印，讓他們先練習用右腳跳右腳印、左腳跳左腳印，或者讓幼兒扶持著爸媽、桌子或牆邊，練習連續跳躍五次。至於雙腳跳，可多提供幼兒上下樓的機會，使幼兒學會輪流使用左右腳。下列是幼兒練習跳躍動作的一些活動，父母或老師可參考之：

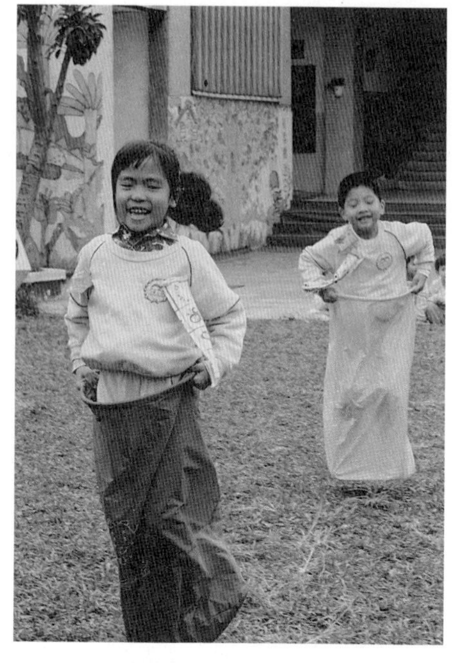
▶ 幼兒雙腳踩在布袋內往前跳躍，可練習跳躍能力

1. **飛象過河**：在教室或家裡地板上貼二條膠布或者用粉筆畫二條線，兩線之間的距離由窄漸寬，幼兒在兩條線中間跳躍。
2. **飛越鱷魚潭**：以大大小小的呼拉圈散置於地上，讓幼兒跳過每個呼拉圈，呼拉圈之間的距離可再做調整。
3. **跳房子**：是以單腳跳、雙腳跳、分腿跳等配合來玩的遊戲，可以培養幼兒的韻律感及腿肌力。
4. **對對碰**：在一呈現棋盤式地形的地方，兩人猜拳，贏的人喊：「跳！」猜輸的人必須跟著跳。倘若輸的人所跳往的格子，無論是直的或橫的，與喊口令的人在同一線上就輸；反之，則活動繼續下去。

四、跑步

幼兒 2～3 歲期間會開始出現以步行為基礎的奔跑、爬行、爬高、跳下等能力。相關活動如下：

▶ 幼兒們玩老鷹抓小雞，可練習跑步等能力

1. **老鷹抓小雞**：小朋友中，有一人當老鷹，一人當母雞，其他小朋友則當小雞，躲在母雞的後面。

2. **棉花糖**：小朋友圍坐一圈，其中有一人當棉花糖，開始時，小朋友唸著：「棉花糖、棉花糖，走到半路坐一下，為什麼這麼晚還不回家？」此時棉花糖可暫時坐在任何一人的背後，並說：「因為我怕鬼。」而此時被坐到的人就是鬼，必須站起來抓棉花糖，而棉花糖必須跑給鬼抓。
3. **一、二、三木頭人**：小朋友須有一位當鬼，臉面向牆壁，其他小朋友則當木頭人，當鬼喊「1、2、3 木頭人」時（唸的時候可快可慢），此時小朋友可以跑動，但唸完時，鬼可以往後看，此時，倘若小朋友讓鬼看到跑動，他就必須當鬼。
4. **紅綠燈**：小朋友中，一人當鬼，其餘當人；鬼數到 10 後便開始抓人，此時所有人是綠燈。當鬼快要抓到人時，人可以喊「紅」並蹲下，鬼就不能抓他。紅燈的人被任何一個綠燈的人碰一下就恢復綠燈。當綠燈的人被鬼抓到時，就要換那個人當鬼，繼續進行下一回合。

五、攀爬

攀爬是幼兒手腳並用往上或往下前進的動作。相關活動如下：

1. **蜘蛛超人**：利用現成的遊樂器材，讓幼兒在前面拉住繩索往上爬至頂端，之後，由另外一面的網狀繩梯爬下。
2. **步步高升**：在一有踏板的斜坡，讓幼兒攀爬。
3. **猴子上樹**：請幼兒進行爬竹竿的活動。

六、爬行

就大肌肉的發展而言，幼兒會先學會滾，如由仰臥翻身為俯臥，再漸次發展為不依外力而坐正的能力；其後是發展爬行的能力，即利用膝蓋和雙掌來移動身體的能力，此時，幼兒可藉爬行的能力，探索四周環境並增廣見聞。相關活動如下：

1. **模仿動物爬行**：讓幼兒模仿爬蟲類的動作，如蛇、蚯蚓等的爬行動作。

2. **騰雲駕霧**：二排成人手拉溜溜布，讓幼兒在上面爬行。
3. **時光隧道**：以紙箱、桌底下或鑽籠，排列各種形狀，讓幼兒從中穿過。
4. **螞蟻搬豆**：每位幼兒皆充當螞蟻，爬行至目的地時取沙包放置背上，再爬回來。
5. **步步驚魂**：在二排椅子上綁滿橡皮筋，讓幼兒由底下爬行穿越。
6. **戰車大進擊**：利用烏龜墊或大紙箱，幼兒在其內爬行，以單人或雙人進行皆可。
7. **手推車**：幼兒二人一組，一人趴下，雙手撐地，另一人站在這位幼兒的後面，用雙手抓住其雙腳，二人一起合作往前爬行。

七、擲球及接球

1. **保齡球**：利用保特瓶排成保齡球遊戲的形狀，讓幼兒練習丟擲動作。
2. **百發百中**：利用絨布板及魔鬼氈球玩丟球與接球的遊戲。
3. **你來我往**：剛開始，可用小沙袋讓孩子練習傳球的動作，之後，可換成真正皮球讓孩子練習。
4. **龍鳳戲珠**：幼兒二人一組滾大籠球，至標的物再繞回來。

八、騎車

1. **環島旅行**：在室內或室外空曠地方設計路況，如直線、曲線或置放交通燈號等，讓幼兒沿線條或交通標誌騎車通過。
2. **交通站**：在空地上布置交通標誌，讓幼兒看這些標誌騎車。

▶ 幼兒騎三輪車，可訓練其平衡能力

貳、小肌肉動作的輔導活動

一、手眼及腳眼協調活動

1. **小小工匠**：利用玩具鐵釘、螺絲起子玩敲、起、鎖等遊戲。
2. **天才鎖匠**：給孩子一堆大小不一的鎖頭及鑰匙，玩配對及開鎖的遊戲。
3. **中國工夫**：讓小朋友以筷子夾橡皮筋做接力遊戲。
4. **唐伯虎點秋香**：讓幼兒用香在紙上點出圖形。
5. **喜從天降**：在紙杯底部用一條繩子綁一個球，然後將球往上拋，再用紙杯接住。
6. **彈珠入甕**：置放各式各樣的瓶瓶罐罐，請幼兒站立將彈珠投入瓶罐中。
7. **翻書**：利用手指將書翻至有標籤頁的地方。
8. **手眼協調跟著走**：以手指移動珠子跟著曲線走。
9. **強棒出擊**：幼兒手持鐵筆沿軌道前進，不可碰到周圍的鐵絲。
10. **畫線遊戲**：沿著圖片或東西的外圍畫線。
11. **乖乖進洞**：將彈珠設法滾進預先設計的洞中。
12. **暢遊維也納森林**：讓幼兒聽音樂的旋律，在圖畫紙上點畫。
13. **高爾夫球賽**：用報紙捲成一條長棒及揉一個紙球，以球棒趕球，繞過標的物再折回。

其他訓練幼兒手眼協調的活動有許多，例如：搓湯圓、穿洞板、穿珠子、玩沙，或者用夾子夾彈珠、綠豆或紅豆至另一個容器中等。老師們可以在教學檢討會時，再腦力激盪出其他相關的方法。

二、注意力集中的訓練

幼兒許多小肌肉動作的操作，除了必須運用到手指或手眼協調外，還需集中注意力來完成其工作。有關孩子集中注意力的訓練，應注意下列幾點：

1. **鼓勵讚美孩子**：幼兒的注意力集中度是與生俱來的，有些幼兒能非常專注，不易為外界所干擾，但有些幼兒非常容易分心。這些容易分心的幼兒在操作一些精細動作時，會顯得沒有耐心，遇到困難時比較容易放棄。當孩子有這些現象出現時，家長或老師們不要責備他或嘲笑他，應儘量鼓勵孩子，例如：孩子若能在某一次活動中，從頭到尾不中斷完成一件工作，雖然作品不盡理想，家長或老師應適時地稱讚他或給予貼紙、鉛筆等做為獎勵。
2. **練習時間由短漸長**：孩子練習的時間，剛開始時，時間不要太長，如只練習 5 分鐘，然後逐漸地加長時間，如增加至 10 分鐘、15 分鐘等，讓孩子集中注意力的時間慢慢地加長，不要一下子增加超過 20 分鐘，否則會導致反效果，使得孩子失去操作的樂趣。在增長時間的過程中，家長或老師應在旁予以鼓勵，使他有耐心將事情做完。
3. **利用遊戲或活動增加幼兒注意力**：(1)用線穿珠子；(2)將木栓插入洞洞板中；(3)用迴紋針夾住厚紙的一端。
4. **特殊點名方式**：例如唸「張□云」，中間一個字，可以不唸出來，或者全部不唸出來，讓幼兒只看唇形，來猜老師是說出哪位小朋友的名字，以增進孩子的注意力。
5. **與幼兒進行一對一的活動**，以增進幼兒的注意力。

幼兒氣質評量與輔導

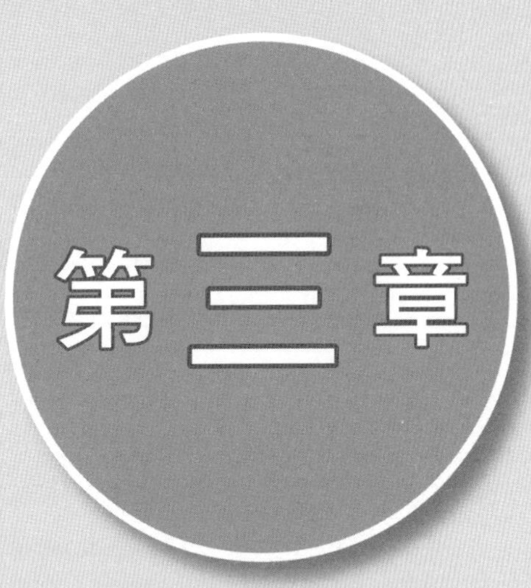

第三章

智惟與璨云是兄妹，哥哥 6 歲，妹妹 5 歲，兄妹倆的個性從小就差異很大。哥哥是個坐不住的傢伙，從小，他的活動量就很大，只要稍微不注意，他不是爬得高高的，就是拿著球，打算衝到外面去打。妹妹就不同了，她非常安靜，活動量也非常小。對爸媽而言，他們絲毫不必擔心妹妹，但卻需要特別注意哥哥的安全，所以，常常可以聽到媽媽大喊著：「惟惟，不要爬那麼高，趕快下來！」

哥哥雖然那麼好動，但是只要家中有陌生人來訪時，他幾乎就像完全變了一個人似的，文靜、害羞，與平日的他判若兩人。而妹妹呢？則顯得「老神在在」，任何人的造訪都不會影響到她，她會很大方地與造訪的人打招呼，並且跟他們聊天。

此外，哥哥不容易專心，不管做任何事情，只要有一點聲音，或者有任何人經過，他都會受到影響；就這一點來說，妹妹好太多了，她可以專心地做一件事，無論多大的聲音都不會干擾到她，而且只要給她個玩具，她就可以玩上一個下午，不會來吵你。

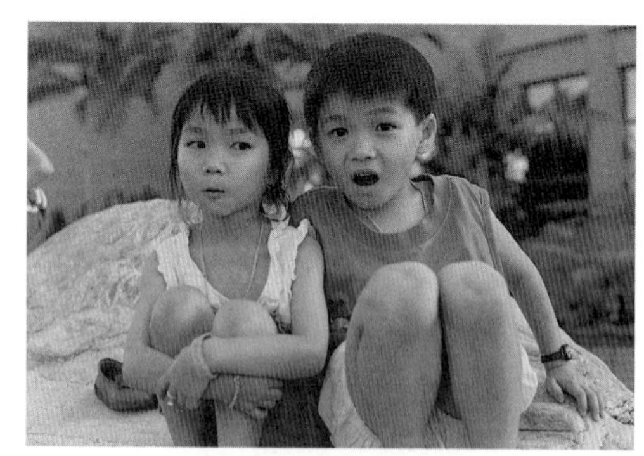

▶ 智惟與璨云兩位兄妹

事實上，智惟與璨云兩兄妹的行為反應，我們稱之為氣質（temperament）。這種行為差異在孩子很小的時候，就可以察覺到，例如：在醫院的育嬰室，我們可以看到每個孩子外表上似乎長得差不多，但是肚子餓或覺得不舒服時，他們的反應都不一樣，有的「嚎啕大哭」，有的「嚶嚶啜泣」，有的「手舞足蹈」，有的「斯文揮動」。由此可知，從小的時候，我們就可觀察到嬰兒天生行為反應方式的個別差異，這就是「氣質」。

第一節　氣質是什麼？

壹、「氣質」字義的澄清[1]

氣質是什麼？當我們說某人「氣質」不錯時，所指的「氣質」與發展心理學界所言的「氣質」並不相同。一般人所說的「氣質」，是指一個人給人整體的感覺，但在《張氏心理學辭典》中，對「氣質」（temperament）的定義是：「(1)指人的性情或脾氣；(2)指個體心情隨情境變化而隨之改變的傾向；亦即個體的反應傾向」（張春興，2006）；柯華葳（2010）在《孩子的氣質你最懂：欣賞寶貝的特性，小麻煩也能成為小天使》一書的序裡也表示：temperament「包括情緒狀況、適應力、活動力、堅持度、受挫忍耐力等等特質」，但她比較喜歡稱之為「性情」。

從《張氏心理學辭典》及柯華葳對「氣質」一詞的解釋上，似乎用「性情」或「脾氣」二字較能表達「氣質」原來的涵義，為何國內在相關的論文或書籍中，例如：〈家長知覺氣質發展的穩定和變化：六歲至十歲兒童追蹤研究〉（王珮玲，2004）、《因材施教：氣質與兒童發展》（徐澄清，1999）等的研究或書籍，對於temperament一詞的翻譯一直沿用「氣質」二字呢？

從國內相關的文獻追溯其源，「氣質」二字最先出現在洪奇昌（1978）的碩士論文〈嬰幼兒的氣質評估〉。此外，筆者也請教研究氣質的徐澄清醫師，他在電子郵件中的回應是：「醫學領域中將英文的『temperament』翻譯為『氣質』，是獲得Dr. Chess、Thomas和Carey的同意，要建本土初步常模時，由我和洪奇昌碩士（目前的立法委員）所想出來的。至於其他領域的同仁如何翻譯我則不知」（2002/4/8，電子郵件）。總之，在追本溯源

1　「氣質」字義的澄清這段話，曾在筆者所著的《兒童氣質：基本特性與社會構成》（王珮玲，2003）一書第3～5頁出現。

下，大多的研究、書籍或文章論及「temperament」（包括筆者過去十年來的研究）時，大抵都沿用「氣質」這個譯詞。由於如此譯法使用經年，此處暫不討論如何翻譯較能傳達原義。

貳、氣質理論取向[2]

在氣質起源的爭辯中，氣質是受到先天及後天環境的交互影響。雖是如此，對於氣質的觀點，各領域學者都對氣質有興趣，也分別從不同的角度探討氣質，由於著重觀點互異，對氣質的定義也莫衷一是。繼 1987 年，在 "Roundtable: What is temperament? Four approaches" 一文中，學者曾論述其對氣質觀點的 25 年後，在 2012 年的 "What is temperament now? Assessing progress in temperament research on the twenty-fifth anniversary of Goldsmith et al. (1987)" 一文中，學者們又重新檢視對氣質的定義，例如：(1)並非所有的氣質特徵在生命早期是穩定的；(2)氣質在某些特定面向，如注意力和努力控制等，是與認知過程具高度相關；(3)生物和經驗對氣質發展的影響更為複雜（Shiner et al., 2012）。至於不同學者的觀點，詳述如下。

一、人格萌發取向

以人格萌發觀點論為取向的巴斯（A. H. Buss）與普羅米（R. Plomin）認為，氣質是由遺傳基因所決定，並出現在生命的初期，尤其是在生命的第一年，在不同的發展階段，仍有其穩定性。在他們的觀念中，出現在嬰兒早期的特質，在以後的人格發展上消失不見的，則不屬於氣質特性，如規律性，或是經由任何社會經驗所致的個別差異，也不是氣質，如羞愧。依其理念，他們認為氣質包括四個向度，即情緒、活動量、社交性、衝動性，但後來，兩位學者刪除了衝動性，原因在於包括的面向太廣，未來是否能預測人

2 氣質理論取向這段話在筆者所著的《兒童氣質：基本特性與社會構成》（王珮玲，2003）一書第 28～31 頁出現。

格也未成定論，並發展出相關的評量工具（如 Emotionality, Activity, and Sociality Temperament Survey for Adults，簡稱 EAS）（Buss & Plomin, 1984）。不過，在 2012 年的一篇文章中，他們又重申衝動性是具遺傳性，並又將之納入其氣質向度中。

二、行爲反應取向

以行為反應觀點為取向的兒童心智科醫生闕斯（S. Chess）和成人精神科醫生湯姆斯（A. Thomas）夫婦倆認為，氣質是指行為如何反應，並非指行為「是什麼」或是「為什麼」，且出現在生命早期，深具遺傳性，具有下列特性：(1)氣質是獨立的心理特質：氣質不同於人格、能力和動機，也不屬於認知或情緒等特性，然而，在孩子成長的過程中，氣質會與這些心理屬性發生互動，例如：低堅持的孩子，如果動機很高時，他會持續專注在某件工作上，如果動機不高，孩子會容易終止正在進行的工作；(2)氣質是對外在刺激的反應，應是在社會情境下予以評量，例如：孩子對於想要的玩具非要到不可，否則他就大哭大鬧，爸媽可能會不勝其擾，向他妥協，而這會增強孩子堅持的行為反應；在學校，老師則堅定自己的立場，決不妥協，可能會減弱孩子堅持的反應。由此可知，孩子的氣質沒變，但因社會情境的不同，可能會增強或減弱孩子的反應。在闕斯和湯姆斯有名的紐約長期追蹤研究（New York Longitudinal Study, NYLS）中，兩位醫生依其訪談嬰兒的父母後，發展出具影響力的九大氣質向度，不過，之後的研究發現九大氣質向度間並非絕然獨立，仍有其相關存在（De Pauw & Mervielde, 2010）。至

▶ 笑咪咪的幼兒容易獲得大人的疼愛

於孩子的三種氣質類型，即安樂型、慢吞吞型和磨娘精型等，在最近學者的研究中，已經開始使用其他字眼形容這些類型的孩子，例如：復原力（resilient）、無法控制（undercontrol）、過度控制（overcontrol）等。

在親子關係中，兩位醫生特別提出適配度（goodness of fit）的觀點，認為孩子的氣質與父母的教養如齒輪般，只要能卡榫得很好，就能互動圓融，若卡榫得不好，親子間就容易有衝突發生，如同慢郎中孩子與急驚風的家長，天天都可能會有不同衝突的戲碼發生。國外學者曾依闕斯和湯姆斯的適配度觀點，進行許多臨床的介入方案，例如：Cool Little Kids 方案、INSIGHTS 方案等，也已證實能降低家中的親子衝突和在學校的破壞性行為。

三、情緒調節取向

以情緒調節觀點為取向的羅斯巴特（M. K. Rothbart）和戴瑞貝瑞（D. Derryberry）於 1981 年曾界定氣質是「反應」（reactivity）和「自我調節」（self-regulation）的個別差異。其中，「反應」是指情緒、動作和注意力的反應程度，包括：反應時間、反應強度、復原度，例如：遇到陌生人，幼兒會很快地與他人打成一片或是需要很久的時間？心跳跳得很快或是毫無影響？需要多久才能恢復至平常的狀態？「自我調節」是指幼兒如何調節自己的反應，例如：孩子對從未謀面的叔叔，雖然心中害怕，但孩子仍會調節自己的情緒，並向他打招呼，這個時候孩子就需要有控制自己行動和情緒的能力。自我調節又可分為：(1)主動抑制（active inhibition）：是指幼兒能主動控制自己的行動，能有效的將負向情緒轉移到其他事物上；(2)被動抑制（passive inhibition）：是指幼兒對於陌生的事物會感到害怕，並會抑制自己的行為接近該事物。至於在 2012 年 Shiner 等人的文章中，也提及羅斯巴特近年來已嘗試整合生物和環境等兩個層面，探究氣質對於良心（conscience）、人格及精神病理學發展的影響。

依羅斯巴特對氣質的界定，她曾與其他學者發展出各年齡層的氣質評估問卷，例如：3～12 個月之「嬰兒行為問卷」（The Infant Behavior Questionnaire, IBQ）、18～36 個月之「幼兒行為問卷（The Early Childhood Behavior Questionnaire, ECBQ）、3～7 歲之「兒童行為問卷」（The Children's Behavior Questionnaire, CBQ）、7～10 歲之「學童氣質問卷」（The Temperament in Middle Childhood Questionnaire, TMCQ）、9～15 歲之「青少年早期氣質問卷」（The Early Adolescent Temperament Questionnaire, EATQ-R）、「成人氣質問卷」（The Adult Temperament Questionnaire, ATQ）等。雖然問卷包括多項氣質向度，但其以因素分析處理氣質向度後，發現有三大氣質向度：(1)外向性（Extraversion/Surgency）：包括衝動、正向參與、高度滿足、活動量和害羞；(2)負向情感（Negative Affectivity）：包括不舒服、害怕、生氣／挫折、悲傷和安撫；(3)努力控制（Effortful Control）：包括抑制控制、注意力專注、微笑與大笑、低度滿足和知覺敏感度。

四、古德史密斯等人的取向

深受情緒是功能性觀點所影響的古德史密斯（H. H. Goldsmith）和坎波斯（J. J. Campos）認為，氣質是表達和感受原始情緒的個別差異。其中的原始情緒是指喜悅、憤怒、害怕等，是在嬰兒時期就出現，具有調節孩子內心的心理歷程及其與他人社會互動的功能。由於他們認定情緒是目標導向的，所以其氣質理論不但討論情緒，認為情緒是個體在發展過程中，不斷適應的歷程，也討論動機系統（雷庚玲、許功餘，2002）。

五、凱根等人的取向

凱根（J. Kagan）長期從事行為抑制（behavioral inhibition）的研究，並認為是氣質的特性之一。其在陌生情境中，以探究幼兒的退縮及趨近反應；不過，對於幼兒的反應，家長用語互異，例如：在面對不熟悉的危險情境時，父母對孩子的退縮反應稱之為「小心謹慎」，趨近的孩子則是「大膽的」；對於新食物或新環境，父母認為孩子的趨避是「敏感的」，趨近是「適應的」；至於面對陌生人，父母認為退縮孩子是「害羞的」，趨近孩子是「社交的」，而凱根等人則以「行為抑制幼兒」和「非行為抑制幼兒」統稱這些現象。行為抑制的幼兒在面對陌生的人、事、物時，特別會有退縮、哭鬧等極端行為出現，在與同儕互動時容易焦慮，比較沉默不語，也會花比較多的時間觀看其他孩子的活動及待在媽媽旁邊；在生理上，也因其交感神經系統活化，釋放出腎上腺素，使其出現心跳速率加速和血壓升高的現象，至於在其腦波（Electroencephalogram, EEG）方面，其腦部的右額葉比左額葉的腦波較為活化（Henderson, Marshall, Fox, & Rubin, 2004），反之，則為非抑制幼兒。

第二節　氣質的九個向度

本節的氣質觀點是採取闕斯（S. Chess）和湯姆斯（A. Thomas）夫婦倆的觀點，他們曾花一段時間在醫院訪談新生兒父母，並以因素分析的方法處理訪談資料，歸納出下列九個向度[3]（Thomas & Chess, 1986）。

壹、活動量

活動量（Activity Level）是指，孩子在一天的時間中，動作的快慢與活動量多寡。活動量大的孩子喜歡跑跑跳跳，精力充沛，不需太多的睡眠；相對的，活動量小的孩子不喜歡跑來跑去，安安靜靜地，需要較多的睡眠。

我們可在不同時間及場合觀察孩子，以了解他的活動量，例如：看看孩子吃飯時，是否會安靜地坐在椅子上吃飯？天雨無法從事戶外活動時，孩子是否會不停地在客廳跑來跑去？在戶外場所時，是否會一下子跑去溜滑梯，一下子跑去玩攀爬架？在回家的路上，是否會在人行道上跑來跑去？如果還不清楚如何觀察孩子，下列是觀察要點：

3 上述九項氣質向度只是簡要的陳述，有興趣的讀者請參考筆者另一本著作：《孩子的氣質你最懂：欣賞寶貝的特性，小麻煩也能成為小天使》（王珮玲，2010）。

- 吃飯：很安靜地坐在椅子上吃飯？或離開座位，到處亂跑？
- 外出：安安靜靜？或跑來跑去？
- 睡覺：維持同一姿勢？或翻來翻去？
- 遊戲：安靜地玩？或跑來跑去？

貳、規律性

規律性（Rhythmicity）是指，孩子反覆性的生理機能，什麼時間肚子餓、什麼時候睡覺或者醒來，都非常準時，身體好像裝了一個鬧鐘似的，會定時響起，這項特質在嬰兒期最為明顯，也最會影響爸媽的生活作息。

當孩子大一點時，規律性似乎不像嬰兒期般地影響爸媽的情緒。因為在這個階段，孩子吃飯、睡眠大多已固定，放學回家後的作息大致都一樣，爸媽可能會比較在意孩子是否在固定的時間把功課做完？或是放學回家有一定的生活規律，例如：做功課→玩→吃晚餐→洗澡等。如果還不清楚如何觀察孩子，下列是觀察要點：

- 吃飯：什麼時候吃？吃什麼？吃多少？
- 睡眠：固定醒來時間？固定就寢時間？
- 功課：固定時間寫功課？

參、趨近性

趨近性（Approach/Withdraw）是指，孩子對於第一次所接觸的人、事、物或地方，所採取接受或拒絕的態度。大方外向的孩子幾乎可以接受任何事物，相對地，害羞內向的孩子對新的經驗會有退縮拒絕的傾向。

看看孩子對於陌生大人的來訪或接觸到其他同齡孩子，是否是害羞退縮的模樣，還是顯得落落大方？孩子第一天上幼兒園，是否遲遲不敢進幼兒園，還是馬上融入新的學習情境？是否很快地接受新老師、新的小朋友？在幼兒園中，即使是第一次表演，是否會毫不猶疑地站起來表演？如果還不清楚如何觀察孩子，下列是觀察要點：

- 陌生的大人或小孩：接近？觀望？躲得遠遠的？
- 陌生的地方：接受？拒絕？
- 新的食物：接受？拒絕？

肆、適應性

適應性（Adaptability）是指，孩子適應新的人、事、物的時間長短，例如：對於新老師，適應高的孩子過了一兩天就能適應新老師；然而，適應低的孩子雖然過了好幾天，甚至幾個星期，都還不能適應新老師。

看看孩子是否對陌生的大人，剛開始會感到害羞，過了半小時就感到非常自在了？到別人家裡，即使去過二、三次，還是很彆扭？在新環境中，是否只要二、三天就適應，還是天天吵著要回家？剛開始參與新的活動時，他是否會感到猶豫，但很快就能克服？與其他小朋友一起玩時，是否能接受別人提出遊戲的新玩法？如果還不清楚如何觀察孩子，下列是觀察要點：

- 小朋友：花很多時間接納新朋友？一下子就接受新朋友？
- 地方：需一會兒才能適應？很快進入新情境？
- 生活常規改變：遲遲無法適應？一下就適應？
- 計畫改變：生氣？無所謂？

伍、情緒本質

情緒本質（Quality of Mood）是指，孩子在一天中，行為表現愉快或不愉快、友善或不友善程度的比例。情緒本質好的人，熱情洋溢，常常笑咪咪的；反之，情緒本質較差的人，每天擺臭臉，似乎你欠他幾千萬似的。然而，孩子每天都會有喜怒哀樂不同情緒的表現，如何了解孩子是否具有較佳的情緒本質呢？

和其他小朋友玩在一起時，其他人要求他幫忙時，是否顯得很高興，還是不快樂？如果談到一些當天所發生的事情時，是否顯得興高采烈，還是意興闌珊？如果還不清楚如何觀察孩子，下列是觀察要點：

- 睡醒及睡覺：愉快？擺臭臉？
- 見到陌生人：快樂？生氣？不舒服？
- 與其他小朋友玩：玩得很開心？玩得不快樂？

陸、注意力分散度／容易轉移注意力

注意力分散度（Distractibility）是指，孩子是否容易被外界刺激，如聲音、光線、人、事或物所干擾，而改變他正在進行的活動。

看看孩子對外在刺激的反應如何？是否容易受窗外突然傳來賣冰淇淋或消防車的聲音影響，就放下手邊的圖畫書，趕緊跑到窗口邊張望？是否容易受電話、門鈴或電視機聲音干擾而放下手邊的工作？是否在做功課時，容易受桌上其他雜七雜八的東西影響而分心？是否老師在說故事時，容易因其他小孩走動或說話而分心？如果有人到教室來，第一個注意到有人進來的是否為這個孩子？如果還不清楚如何觀察孩子，下列是觀察要點：

- 活動或遊戲：專注於活動？易受外界影響？
- 上課：專心老師的上課？易受外在事物干擾，心不在焉？
- 聽故事：融入故事情境？東張西望？

柒、堅持度

堅持度（Persistence）是指，孩子正在做或想做某件事時，如果遭遇困難時，仍繼續維持原活動的傾向或就此放棄活動。堅持度高的孩子遭遇困難時，會努力克服挫折，以繼續活動的進行；相對的，堅持度低的孩子一遇到困難時，就比較容易放棄正在從事的活動。

看看孩子是否在做一件事時，例如：做模型，不論花多少時間，一定要做完才肯罷休？是否會花十分鐘以上的時間去練習一項新技巧等之類的行為？是否願意花很長的時間練習新的體能活動，如跳躍、溜冰或騎腳踏車？如果這個孩子所進行的活動被打斷，他是否仍會做原來的活動？如果還不清楚如何觀察孩子，下列是觀察要點：

- 學習新事物：即使遇到困難，還是持續做完？碰到挫折就放棄？
- 工作：會持續將工作做完？即使工作未做完也無所謂？
- 看書：專注看書，不需催促？看不到幾分鐘就不看？
- 玩遊戲：花許多時間在遊戲中，即使中斷，會記得完成？玩一下下，就不想玩？

捌、反應閾

反應閾（Threshold）是指，引起孩子反應所需要的刺激量。反應閾低（即敏感度高）的孩子，只要房間的燈光有所改變時，他就感到不舒服，就嚎啕大哭；相對地，反應閾高（即敏感度低）的孩子，即使房間燈光有很大的改變，他都覺得無所謂，絲毫不受任何影響，如同我們常說的，這種孩子「神經比較大條」，任何一種改變他常常都不會感受到。

各年齡層的孩子在五官的知覺都能判斷其敏感度，在味覺反應上，是否孩子願意吃下各種餵他的東西，而不會注意到它們的差別？在嗅覺上，孩子是否對一點點不好聞的味道，很快就感覺到，或是坐到別人的車，馬上聞出是新車的味道；在觸覺上，是否對於衣服太緊、會刺人相當敏感；在視覺上，孩子是否對於別人身上換了衣服或頭髮染了顏色，馬上就能分辨出來；在聽覺上，是否馬上知覺到電視機聲量稍微調低。如果還不清楚如何觀察孩子，下列是觀察要點：

- 味覺：馬上知道換了不同口味的麵包？
- 嗅覺：馬上聞到尿濕的味道？
- 觸覺：敏於衣服或床單所造成的不舒服？
- 視覺：敏於人或物外觀上的改變？
- 聽覺：敏於聲音的變化？

玖、反應強度

反應強度（Intensity of Reaction）是指，孩子對內在和外在刺激所產生反應的激烈程度。反應強度較激烈的孩子，他的喜怒哀樂以及需求等，比較容易被人察覺出來，如笑會笑得很大聲，哭也會哭得很響亮；相對地，反應強度較弱的孩子傳達的訊息太弱了，引不起他人的注意，所以當他生氣或不舒服時，別人比較不會知覺到他的需求，以致於容易忽略他的需要。

爸媽可以注意孩子是否做某些活動不順利時，他會大吼大叫，例如：爸媽不買他想要的糖果、玩具或衣服，他就會大哭大鬧？是否做事不順利時，他會把東西摔在地上，大聲哭鬧？在學校中，提到週末所發生的事情時，是否他會熱切興奮地跟大家一起分享？當老師讚美他時，他是否會很興奮？如果還不清楚如何觀察孩子，下列是觀察要點：

- 身體疼痛或不舒服：哭得大聲並持久？哭一下下？
- 工作遇到困難：把東西摔在地上，大聲哭鬧？小小聲抱怨一下？
- 情緒的表達：很興奮？毫無表情？

第三節　幼兒氣質類型

在與眾多幼兒的相處過程中，不難發現有些幼兒活潑外向，有些幼兒害羞內向，有些幼兒看起來笑咪咪，有些幼兒看起來在擺臭臉，各有不同氣質類型。事實上，有關幼兒的氣質類型，在東方，中國古時就以金、木、水、火、土來判斷個人特性；在西方，醫生根據人體體液的比重以論斷個人的性情，之後學者根據人的體型探討人的特質，也有學者依據幼兒的難養育程度分出不同氣質類型。

壹、東方氣質類型[4]

中國人在古早就提出了陰陽五行，陰陽是指氣質的強弱，五行則是指氣質的型態，而「木、火、土、金、水」五種氣質類型，有賴「陰」、「陽」所形成的「氣」，使之維持一平衡狀態（如表 3-1 所示）。

表 3-1　東方人對自然的分類

五行	木	火	土	金	水
季節	春天	夏天	夏季末	秋天	冬天
情緒	生氣	喜悅	憐憫；同情	傷心	害怕
味覺	酸的	苦的	甜的	鹹的	辣的
器官	肝臟	心臟	脾臟	肺臟	腎臟

資料來源：Kagan, J. (1994). *Galen's prophecy* (p. 5). New York, NY: John Wiley & Sons.

一、木氣質類型

木氣質類型屬於春天，是一年的開始。就陰陽的型態而言，是屬於「新陽」的階段，各種樹木在春雨的灌溉下，紛紛冒出新芽，然後慢慢地成長茁壯。這類型的孩子精力旺盛、大方且愉悅，不過，在情緒上是比較容易生氣，在味覺上偏好酸性，在器官上主要控制肝臟。

二、火氣質類型

火氣質類型屬於夏天，在春天時，木孕育屬夏天「全陽」的火，是屬於精力最旺盛的階段。這類型的孩子擁有溫暖、穩定的火，火使全身紅色的體

4 有關東方氣質類型，曾出現在筆者所著《孩子的氣質你最懂：欣賞寶貝的特性，小麻煩也能成為小天使》（王珮玲，2010）一書中。

液流動著，因此在情緒上是喜悅的，充滿愛心和同情心，在味覺上偏好苦的，在器官上主要控制心臟。

三、土氣質類型

土氣質類型屬於夏末，在火燃燒殆盡時，轉化為土，陰陽呈現平衡的狀態，處在循環的軸點，五行「水、木、火、土、金」呈現一和諧狀態。這類型的孩子呈現安詳及圓滿的感覺，在情緒上較富憐憫心及同情心，在味覺上偏好甜的，在器官上主要控制脾臟，如果缺乏土的精力，則消化系統會受影響。

四、金氣質類型

金氣質類型屬於秋天，在此階段，開始貯存能量以過冬，如果無法貯存足夠的能量會影響水類型，進而影響新循環的開始。在陰陽型態上屬於初陰，是陰的起端，所以這類型的孩子情緒特質是屬於比較容易傷心，在味覺上偏好鹹的，在器官上主要控制肺臟。

五、水氣質類型

水氣質類型屬於冬天，是充滿「陰」的狀態，萬物在冬季都呈休息或停止狀態，能量是被貯藏起來的。由於黑色的體液，這類型的孩子在情緒上容易感到害怕，易受強烈的情緒或壓力影響，所以最好是保持冷靜及冷淡，以維持情緒的平和，在味覺上偏好辣的，在器官上主要控制腎臟。

中國人根據陰陽五行提出有關氣質型態，之後對氣質類型缺乏興趣，因此並未繼續加以探討；且中國人認為「氣」是一直在改變，個人的情緒及行為也並非固定不變，因此，當我們覺得某個人是憂鬱的，並非他永遠是憂鬱型的人，因為這種特質是暫時的，並非永遠不變，故氣質無從研究起。

貳、希波克拉特等人的氣質類型

一、希波克拉特的氣質類型

早在希臘羅馬時代，西方醫師希波克拉特（Hippocrates）就根據人體的熱、寒、乾、溼現象，提出四種氣質類型。基本上，一個人身上會同時具有四種體液且成平衡狀態；倘若有不平衡狀態，身上就會有種體液較占優勢，而形成不同氣質類型，例如：黑膽汁體液占優勢，個人表現在外的特質就比較傾向憂鬱，比較敏感。

1. 多血液型（Blood）：這類型的人讓人感覺活潑大方、精力旺盛、反應靈敏、正直、樂觀、好交際，能順應時代潮流，可是意志力薄弱，遇到挫折容易屈服。
2. 黃膽汁型（Yellow Bile）：這類型的人反應快、積極且意志力強，不過急躁易怒，容易衝動，也較難約束。
3. 黑膽汁型（Black Bile）：這類型的人多愁善感、情緒脆弱，做事十分謹慎小心，敏感，畏縮，且不愛說話。
4. 黏汁液型（Body Fluids）：這類型的人缺乏活力、行動遲緩、做人拘謹，感情極少生變化，在工作上有耐性、冷靜而堅強。

此外，這四種體液也會產生「濕對冷」及「乾對熱」兩種身體體質，並與「火、氣、土、水」產生關聯性，如圖 3-1 所示。而這四種物質會在個人體內產生看不到的內在特質，但我們可從個體外在表現的理性、情緒及行為中觀察得到，例如：有些人個性比較容易衝動或發怒，是因為他們先天本質較屬於「熱性」本質所導致的。

二、蓋倫的氣質類型

根據四種體液，蓋倫（Galen）醫生修飾希波克拉特的觀念，根據四種體液提出四種氣質類型，即為：(1)易怒氣質類型；(2)樂觀氣質類型；(3)冷

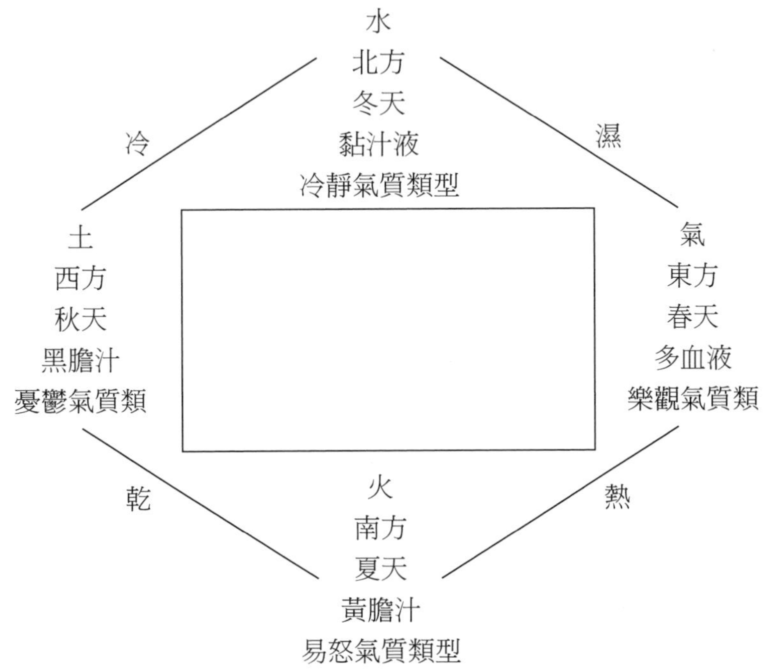

圖 3-1　蓋倫（Galen）的氣質類型與四種自然要素

資料來源：Kagan, J. (1994). *Galen's prophecy* (p. 3). New York, NY: John Wiley & Sons.

靜氣質類型；(4)憂鬱氣質類型（如表 3-2 所示）。這四種氣質類型的形成，是因為體內某種體液過多所產生的，例如：易怒氣質類型是因為體內過多的黃膽汁，所以體質比較「熱及乾」，個性比較容易衝動及生氣；樂觀氣質類型的人，因為體內較多的血液，所以體質比較「熱及濕」，個性比較開朗；冷靜氣質類型的人是因為體內過多的黏汁液，所以體質比較「冷及濕」，個性傾向平穩、冷靜；憂鬱氣質類型的人是因為體內過多的黑膽汁，體質比較「冷及乾」，個性傾向憂鬱、不開朗。

雖然這四種氣質類型與個人的體液有關，但無疑地，個人的特性還是會受到外在因素的影響，特別是氣候及食物。通常個人的體質在春天會比較溫

表 3-2　氣質與四行及體液的相關表

氣質類型	因素（四行）	體液
易怒氣質類型（choleric）	火（Fire）	黃膽汁（Yellow Bile）
樂觀氣質類型（sanguine）	氣（Wind）	多血液（Blood）
冷靜氣質類型（phlegmatic）	水（Water）	黏汁液（Body Fluid）
憂鬱氣質類型（melancholic）	土（Earth）	黑膽汁（Black Bile）

暖和潮濕，所以人會比較樂觀；在秋天，個人的體質會比較寒冷和乾躁，人會比較傾向憂鬱；因此，希波克拉特就認為，亞洲人身處溫帶，個性較地中海區域的人溫和。

參、闕斯和湯姆斯等人的氣質類型

依據闕斯（S. Chess）和湯姆斯（A. Thomas）在紐約長期追蹤研究（NYLS）中（Thomas & Chess, 1986）發現，幼兒氣質中之規律性、趨近性、適應性、情緒本質，以及反應強度等五項，較會影響親子關係的建立、社會化的過程，以及行為問題的發生。於是依據這五項氣質向度，將幼兒養育程度的難易分為三類型：(1)養育困難型幼兒（difficult child）：這類型的孩子具不規則的生理機能，面對環境改變的適應能力低，對新刺激採取退縮反應，且反應激烈，多為負向情緒表現；(2)慢吞吞型幼兒（slow-to-warm-up child）：這類型的幼兒對新情境採取退縮反應，須花較長的時間才能適應新環境；此外，其活動量低，反應強度弱，會有負向情緒表現；(3)安樂型幼兒（easy child）：這類型的幼兒對環境的改變適應能力高，在日常生活中都能表現出愉悅的態度。不過，在紐約長期追蹤研究中發現，並非每位幼兒都能歸類在某種類型上。卡里（W. B. Carey）和麥克大衛（S. C. McDevitt）將幼兒的氣質特徵分為：(1)高度養育困難型幼兒；(2)慢吞吞型幼兒；(3)中度養育困難型幼兒；(4)輕度養育困難型幼兒；(5)容易養育型幼兒等五類型（Carey & McDevitt, 1980）。

肆、凱根的氣質類型

由於成人對於幼兒害羞和大方的行為，常會因為不同的情境，使用不同的用語，例如：面對不熟悉的危險情境時，父母會以「小心謹慎的」及「大膽的」等用語，描述孩子退縮及趨近的行為；對於新食物或新環境，父母會以「敏感的」和「適應的」稱之；至於面對陌生人，父母會認為退縮孩子是「害羞的」，趨近孩子是「社交的」。依此現象，哈佛大學凱根（J. Kagan）等人（Kagan, Reznick, Clarke, Suidman, & Garcia-Coll, 1984）就以抑制（Inhibition）及非抑制（Uninhibition）統稱這些現象，孩子的氣質就分為這兩種類型。

一、抑制型幼兒

凱根和同事們認為，抑制型的幼兒對於陌生的人、事、物或情境，剛開始都會害羞，會逃避退縮，需花較多的時間去接近陌生的同儕團體或遊戲情境。在問題解決上，他們傾向於很快回應（衝動型）或者花很長的時間回應（沉思型）。此外，這些孩子也因交感神經的生理機制，導致他們常感害怕、做惡夢、便秘或失眠等現象。

二、非抑制型幼兒

凱根等人認為，非抑制型的幼兒對於陌生的人、事、物或情境，較具社交性，或者較有情感的反應。在問題解決上，他們傾向於以一般速度回應，不像抑制型幼兒的衝動或沉思；此外，他們的交感神經不易被喚起，對陌生的同儕不會害羞，在生理上，他們的心跳頻率比較低且具變化。

伍、王珮玲的氣質類型

王珮玲（2003）根據國內 490 位 5 至 6 歲幼兒的「幼兒氣質量表」資料，男生 247 位，女生 243 位，在量表上的六個向度，即活動量、適應度、趨近性、情緒強度、注意力分散度，以及堅持度等向度上的得分，以集群分析的方式，得到六個集群，並分別根據每一集群的特性將這六個集群分別命名為：(1)普遍型；(2)社交型；(3)專注型；(4)自如型；(5)好動型；(6)文靜型，如表 3-3 所示。其中如社交型的幼兒，其適應度和趨近性是高的，注意分散度是低的，至於活動量、情緒強度和堅持度則是適中的。又如專注型的幼兒，其堅持度是高的，活動量、情緒強度和注意分散度是低的，適應度和趨近性是適中的。

表 3-3　六種幼兒氣質類型在各向度上的特色

項目＼類型	普遍型	社交型	專注型	自如型	好動型	文靜型
活動量	中	中	低	低	高	低
適應度	中	高	中	高	中	中
趨近性	中	高	中	高	中	低
情緒強度	中	中	低	中	高	低
注意力分散度	中	低	低	低	高	中
堅持度	低	中	高	高	低	中

資料來源：王珮玲（2003）。**兒童氣質：基本特性與社會構成**（頁 60）。臺北市：心理。

第四節　幼兒氣質評量工具

國外氣質量表的種類很多，但就目前國內醫學界及教育界的使用情形，大多是採用闕斯（S. Chess）和湯姆斯（A. Thomas）的理念所編製的氣質工具。不過，近幾年來，羅斯巴特（M. K. Rothbart）編製的各年齡層氣質評量工具愈受注意與使用，國內也有學者陸續翻譯這些量表，並應用在研究中，有興趣的讀者可以進入氣質問卷網站（https://reurl.cc/avxRgZ），若想要索取其量表（包括中文版的氣質量表），可在首頁中進入 Request Forms，填寫一些資料後，對方會 email 一個密碼，就可進入索取量表的網頁。至於其編製的氣質量表從 3 個月嬰兒至成人都有，計有六種，但本節只介紹三種量表。下列依學者編製的量表予以介紹（如表 3-4 所示）。

表 3-4　幼兒氣質的評量工具

氣質量表	適合年齡層
一、卡里及麥克大衛編製的量表	
1.學步期氣質量表（TTS）	1～3 歲
2.幼兒氣質量表（BSQ）	3～7 歲
＊3.嬰兒氣質評估問卷（ITQ）	4～8 個月
二、馬丁編製的量表	
1.馬氏幼兒氣質量表（父母題本）（TABC-P）	3～7 歲
2.馬氏幼兒氣質量表（教師題本）（TABC-T）	3～7 歲
三、羅斯巴特等人編製的量表	
1.幼兒行為問卷（ECBQ）	18～36 個月
2.兒童行為問卷（CBQ）	3～7 歲
＊3.嬰兒行為問卷（IBQ）	3～12 個月

註：有＊符號者，其詳細資料請參見本書附錄二。

壹、卡里及麥克大衛編製的量表

一、「學步期氣質量表」（TTS）

1. **目的**：評量 1～3 歲幼兒天生對內外刺激的反應方式。
2. **修訂者**：由臺大醫院兒童心理衛生中心兒童發展研究小組翻譯修訂福樂德（W. Fullard）、麥克大衛（S. C. McDevitt）、卡里（W. B. Carey）於 1984 年所編製的「學步兒氣質量表」（Toddler Temperament Scale, TTS）。量表由九個氣質向度組成，共 97 題，並由臺大醫院兒童心理衛生中心及臺北市立聯合醫院婦幼院區兒童心智科予以修訂。
3. **內容**：計有(1)活動量；(2)規律性；(3)適應性；(4)趨近性；(5)反應強度；(6)情緒本質；(7)容易轉移注意力；(8)堅持度；(9)反應閾等九個項目，共有 97 題。
4. **信效度及常模**：此份量表在美國由卡里（W. B. Carey）及麥克大衛（S. C. McDevitt）以費城郊區的兩個私人兒科診所之 309 名 1～3 歲幼兒為研究樣本，所得再測信度為 .69～.89。國內北部所做的再測信度為 .27～.77，內部一致性信度為 .55～.82，南部分別為 .41～.97 及 .42～.69，具建構效度。國內已建立北部及南部地區的初步常模。
5. **注意事項**：由主要照顧者填寫，如媽媽、奶奶、外婆、爸爸、阿公來填寫，並由專業人員根據氣質評估結果給予建議，以做為父母和教師因材施教的參考。

二、「幼兒氣質量表」（BSQ）

1. **目的**：主要評估 3～7 歲幼兒的行為模式。
2. **修訂者**：由臺大兒童心理衛生中心發展研究小組根據卡里（W. B. Carey）及麥克大衛（S. C. McDevitt）所編製的「行為方式問卷」（Behavior Style Questionnaire, BSQ）修訂而成，一般以「幼兒氣質量表」稱之。

3. **內容**：計有(1)活動量；(2)規律性；(3)適應性；(4)趨近性；(5)反應強度；(6)情緒本質；(7)容易轉移注意力；(8)堅持度；(9)反應閾等九個項目，共有 72 題。

4. **信效度及常模**：

(1) 信效度：原量表之再測信度為 .89，內部一致性信度為 .84，具建構效度。

(2) 常模：以臺北市中山區和臺北縣泰山鄉 1,931 位 3～7 歲的孩子，男女約各半，建立初步常模。

5. **注意事項**：主要照顧者依據孩子過去三個月的表現，予以填寫，如果對問題不清楚時，則不填答。此外，量表中有 3 題或 3 題以上未填答者，則不予計分。

貳、馬丁編製的量表

一、「馬氏幼兒氣質量表」（TABC）

1. **目的**：評量 3～7 歲幼兒對外在刺激的行為反應方式。

2. **修訂者**：由林佩蓉、湯梅英、王珮玲（1992）依據美國喬治亞大學馬丁（Martin, 1988）所編製的「馬氏幼兒氣質量表」（Temperament Assessment Battery for Children, TABC）加以修訂。

3. **內容**：馬丁（R. P. Martin）編製的題本計有「父母題本」、「教師題本」，以及「臨床人員題本」等三種，但國內只修訂前兩種。內容有：(1)活動量；(2)適應性；(3)趨近性；(4)情緒強度；(5)注意力分散度；(6)堅持度等六個項目，共有 48 題。

4. **信效度及常模**：

(1) 信效度：原量表內部一致性信度為 .70～.90，再測信度為 .73～.83，具建構效度。

(2) 常模：曾建立臺北市 3～7 歲常模。

5. **注意事項**：這份氣質量表只有六個項目，與其他具九個項目的相異之處如下：

(1)氣質項目：醫院氣質評估項目有九項，即活動量、規律性、注意力分散度、堅持度、趨近性、適應性、情緒本質、反應閾，以及反應強度。但這份量表只有六項，原因在於馬丁認為，「規律性」、「反應閾」，以及「反應強度」三項，不具遺傳性，所以將之刪除。

(2)量表種類：醫院的量表只有「父母題本」，由幼兒的主要照顧者填寫；但這份量表有「父母題本」和「教師題本」兩種，可以知道孩子在家及在學校的行為表現。

(3)注意力解釋在兩份量表是互異的：由於填寫者的不同，所以在「父母題本」稱為「容易轉移注意力」，而在「教師題本」則稱為「注意力分散度」，請讀者特別留意。

參、羅斯巴特等人編製的量表

一、「幼兒行爲問卷」（ECBQ）

1. **目的**：評量 18～36 個月嬰兒的氣質。
2. **編製者**：由郭密斯（H. Goldsmith）編製「幼兒行為問卷」（The Early Childhood Behavior Questionnaire, ECBQ），有 18 個分量表，共 107 題；國內雷庚玲等人有初步的翻譯。
3. **內容**：

(1)活動量／精力（Activity Level/Energy）：幼兒大肌肉活動的程度（頻率和強度），包括移動的速度和程度。

(2)注意力專注（Attentional Focusing）：幼兒持續專注在某一目標的時間，並抗拒分心的程度。

(3)注意力轉移（Attentional Shifting）：幼兒從某一專注的活動／工作，轉移至另一活動／工作的能力。

(4) 擁抱（Cuddliness）：幼兒在照顧者擁抱下呈現喜悅感受的程度。

(5) 不舒服（Discomfort）：幼兒對於光線、聲音、材質的強度、頻率或複雜度的刺激，所引發負向情感的程度。

(6) 害怕（Fear）：幼兒對於預期的疼痛或潛在威脅情境所引發的不安、焦慮或焦躁，以及對於突發事件驚嚇的負向情感。

(7) 挫折（Frustration）：幼兒對於正在進行的活動受到干擾所引發的負向情感。

(8) 高強度愉悅（High-Intensity Pleasure）：幼兒受不同強度、頻率、複雜度、新奇度和不一致的高刺激所引發的開心程度。

(9) 衝動性（Impulsivity）：幼兒對於引發事件之回應速度。

(10) 抑制控制（Inhibitory Control）：幼兒在指示下，能停止、緩和或是克制自己行為的能力。

(11) 低強度愉悅（Low-Intensity Pleasure）：幼兒受不同強度、頻率、複雜度、新奇度和不一致的低刺激所引發的開心程度。

(12) 動作的引發（Motor Activation）：幼兒重複性的小動作活動；坐立不安。

(13) 知覺的敏感度（Perceptual Sensitivity）：幼兒能偵測出外界些微的低強度刺激。

(14) 正向期待（Positive Anticipation）：幼兒對於期待的快樂活動，表現出興奮的感受。

(15) 悲傷（Sadness）：幼兒在個人的痛苦、失望、物品遺失、不被允許或對他人痛苦的回應等事件，感到傷心或情緒低落的程度。

(16) 害羞（Shyness）：幼兒在陌生或不確定的情境下，很慢地或很難進入情境，或與他人互動時覺得不舒服。

(17) 社交性（Sociability）：幼兒尋求與他人互動，並從中獲得快樂。

(18) 撫慰性（Soothability）：幼兒從極悲傷、興奮或覺醒中復原的程度。

二、「兒童行爲問卷」(CBQ)

1. 目的：評量 3～7 歲兒童的氣質。
2. 編製者：由羅斯巴特（M. K. Rothbart）等人編製「兒童行為問卷」（The Children's Behavior Questionnaire, CBQ），有 15 個分量表；國內呂翠夏、張鳳吟、許功餘等人都有初步的翻譯。
3. 內容：
   (1) 活動量（Activity Level）：兒童大肌肉活動的程度（頻率和強度），包括移動速度和程度。
   (2) 生氣／挫折（Anger/Frustration）：兒童對於正在進行的活動受到干擾所引發的負向情感。
   (3) 趨近／正向期待（Approach/Positive Participation）：兒童對於期待的快樂活動表現出興奮的感受。
   (4) 注意力專注（Attentional Focusing）：兒童持續維持注意力在工作的目標上。
   (5) 不舒服（Discomfort）：兒童對於光線、聲音、材質的強度、頻率或複雜度的刺激引發負向情感的程度。
   (6) 安撫（Soothability）：兒童從高度的苦惱及興奮，或是覺醒中恢復平穩的程度。
   (7) 害怕（Fear）：兒童對於預期的疼痛或潛在威脅情境所引發的不安、焦慮或焦躁，以及對於突發事件的驚嚇之負向情感。
   (8) 高強度愉悅（High-Intensity Pleasure）：兒童受不同強度、頻率、複雜度、新奇度和不一致的高刺激所引發的開心程度。
   (9) 衝動性（Impulsivity）：兒童對於引發事件之回應速度。
   (10) 抑制控制（Inhibitory Control）：兒童在指示下或在陌生及不確定的情境下，能計畫或是克制自己的不適切趨近反應的能力。

(11) 低強度愉悅（Low-Intensity Pleasure）：兒童受不同強度、頻率、複雜度、新奇度和不一致的低刺激所引發的開心程度。

(12) 知覺敏感度（Perceptual Sensitivity）：兒童能偵測出外界些微的低強度刺激之程度。

(13) 悲傷（Sadness）：兒童在個人痛苦、失望和物品遺失中，感到負向情感和情緒低落的程度。

(14) 害羞（Shyness）：兒童在陌生或不確定的情境下，很慢地或很難進入情境的程度。

(15) 微笑與大笑（Smiling and Laughter）：兒童正向情感的程度。

4. **信效度**：原量表內部一致性信度為 .72；林晏如（2008）的研究，信度為 .77。

5. **注意事項**：

(1) 本量表是經由家長或主要照顧者對於幼兒日常行為的觀察與了解來填答，並根據過去六個月的行為表現及心理感受予以評量之。若未觀察到幼兒在某種情況下的行為表現，而無法選擇判斷時，則不予填答。

(2) 量表有 15 個項目，可歸為三大項目，即：①負向情感（negative affectivity）：包括不舒服、害怕、生氣／挫折、悲傷和安撫；②外向性（extraversion/surgency）：包括衝動性、趨近／正向期待、高強度愉悅、活動量和害羞；③努力控制（effortful control）：包括抑制控制、注意力專注、微笑與大笑、低強度愉悅和知覺敏感度。由於原問卷有 195 題，題數太多，羅斯巴特等人再重新修訂有二：簡短版問卷有 94 題和極簡短版問卷有 36 題。

第五節　幼兒氣質輔導策略

氣質是天生的行為模式，自孩子出生起，即扮演著重要的角色，父母是孩子最早接觸的對象，不僅會影響親子關係的建立，隨著孩子的成長，氣質漸又會影響孩子的社會化過程和學習成就。有鑑於氣質在親子和同儕關係占重要的地位，身為父母及教師如何根據氣質特性予以因材施教，是非常重要的事。下列提供輔導策略，以供參考。

壹、氣質在親子關係的重要性

家裡如果有個磨娘精的孩子，靜不下來，常跑來跑去、跳來跳去，若遇到不順他心的事，會大哭大叫，這對工作一天的爸媽而言，可能會使得他們心力交瘁。在這種情境下，爸媽可能會採取懲罰或命令等方法來管教孩子的行為。

尤其在現代工業社會裡，帶給成人空前的緊張和壓力，也剝奪了親子能夠相處的時間，使得爸媽不能對孩子的行為有更細心的觀察和反應。當爸媽懲罰孩子的拗脾氣，孩子受到傷害，又哭又鬧，爸媽聽到孩子的哭鬧可能更加火大，又大聲斥責。如此一來一往，使親子關係產生破裂與衝突。所以，在親子關係的互動下，氣質是條線索，爸媽應了解孩子某些行為是他的氣質使然，而不氣惱，例如：凱根（J. Kagan）在《童年》（*Childhood*）影片的第二輯所言[5]：「……我想這來自潛伏的化學和生理學，即使那化學是遺傳的，我們的命運並不在基因裡，生物學不是我們的命運」，他也相信「孩子的性格不只是受性格的塑造，而是父母和其他人對孩子的遺傳基因如何因應，在孩子遺傳的部分與環境之間的互動，會有良好而永久的互動，父母不需對性格類別感到無可奈何」。所以，家長應該要有顆諒解的心，不要以為孩子故意搗蛋，也不要對孩子某些行為特質莫可奈何，因為氣質並非完全固

5 影片上這段話是凱根以其母語英文所說，但文中引述的是影片上翻譯成中文的字幕。翻譯的字幕為性格，但原文的陳述是 temperament，即為本文中所述的氣質。

定不變的，它也不能決定孩子未來的命運，最重要的是，父母在後天環境如何依據孩子的氣質特性，而予以因材施教。

貳、氣質對師生關係的影響

除了父母之外，教師也應明瞭幼兒氣質是天生使然的特性，例如：幼兒上課時，容易扭動身體或分心，或者孩子每天來學校的時候，就開始大哭，哭著要找媽媽。此外，也有些孩子吃點心或吃午餐的時候，吃得非常慢，或許對教師上課的情境或教室的管理帶來一些不必要的困擾。

所以身為教師者，如果能事先知道孩子的行為模式，了解孩子上課跑來跑去、吃點心或者做事情都是慢吞吞等行為，是天生的反應方式，並不是故意在課堂上作對或搗亂；如此一來，當教師在處理這些行為時，才比較能抱著一份寬容的心，不會特別責怪這些孩子某方面的舉動。事實上，幼兒氣質本身並無所謂好壞，它只是幼兒個別行為的表現方式，教師宜認清幼兒特性而採適當的方法來輔導協助孩子，並設計合乎其氣質特徵的啟發性活動，讓幼兒認識自己以求未來的適應。

參、氣質在同儕關係上扮演重要角色

國內職業婦女增加，幾乎幼兒大部份的時間都在幼兒園，甚至在安親班度過，與其他幼兒互動的機會增多。由研究顯示，孩子在團體人際關係的好壞，會影響他們的自尊以及對未來生活的適應能力，因此，老師必須協助因為氣質的緣故，而導致人際關係不佳的孩子，使其較能夠為其他幼兒所接納，例如：對於擺臭臉或害羞怕生的孩子，教師應知道這些孩子可能因其氣質特性，使得小朋友不喜歡和他們一起玩。所以，老師可能需要適時鼓勵擺臭臉的孩子多微笑，或者送他一面造型可愛的鏡子，讓孩子多照照鏡子，看看自己不笑時，別人的感受會如何。至於害羞怕生的孩子比較被動，容易被他人所忽略，老師應該特別留意這些孩子，主動與他們寒暄，或者讓班上的幼兒主動邀請這些孩子參與他們的活動，擴展其人際關係。

肆、依據氣質特性予以因材施教

家長和老師如何依孩子的氣質因材施教？依據筆者訪問臺北市立聯合醫院婦幼院區兒童心智科醫師、幼教老師的實務經驗、個人想法，以及相關文獻資料，歸納下列建議，以供參考。

一、活動量

（一）活動量大的孩子

這類孩子精力旺盛、靜不下來，爸媽和老師可參考下列方法：

1. 應有顆寬容的心：爸媽和老師要了解孩子在家裡跑來跑去，或者聽老師說故事時，動來動去，一副坐不住的樣子，並非故意不安分或不願意學習，更不是討厭你們，只是活動量大，使孩子靜不下來；我們應有一顆寬容的心，接納孩子的特性。
2. 應注意安全：這些孩子不是跑來跑去，就是東跳西跳的，可能一不小心就會有一些小意外發生，例如：孩子可能趁大人不注意時，爬到高處，然後說一聲：「媽，你看我！」後直接往下跳，就有可能造成意外，因此大人們必須特別注意孩子的安全。
3. 發洩過度精力：無論家裡或學校，應提供適當的場所，讓孩子盡興地活動，一次以20至30分鐘為主，例如：爸媽可帶孩子在附近的公園跑一跑、跳一跳，或家中可購置室內彈簧墊或是固定式的腳踏車，讓孩子消耗旺盛的精力，以免有焦躁不安的現象；在學校也應安排體能課或戶外活動時間，讓孩子發洩精力。

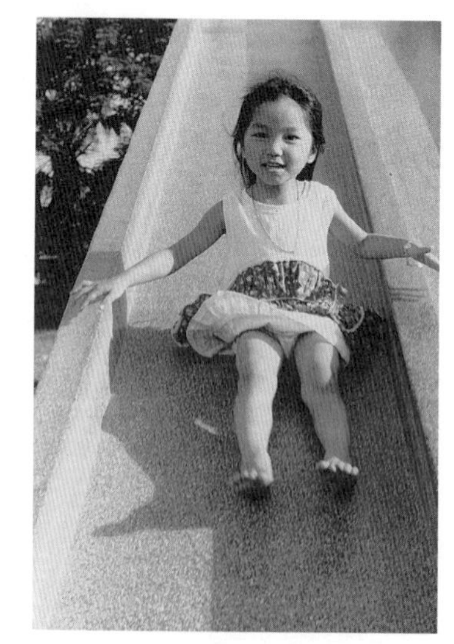

▶ 幼兒有機會適時發洩其過度精力

4. 睡前不宜有太興奮的活動：由於孩子精力旺盛，睡前應儘量安排靜態活動，如說故事、聽輕音樂或全家關燈，讓孩子早點靜下來，準備睡覺。
5. 少吃糖果或喝可樂之類的食物：這類食物會讓他更興奮，更靜不下來，最好少吃或不要吃。
6. 學習靜態活動：研究顯示，青少年的犯罪與活動量之間有相關存在，為防範未然，對於這些孩子，必須培養他們畫畫、拼圖、下圍棋等靜態活動，使其養成靜下心的習慣。

（二）活動量低的孩子

這類孩子較不喜歡運動，大多待在室內打電動、看卡通或看書，可能影響其視力的發展，父母和老師可參考下列方法：

1. 鼓勵嘗試動態活動：大人或許會認為他們比較好帶，因為比較不需要你陪他們或擔心其安危，但我們深知兒童階段是他們身心發展的重要時期，所以應鼓勵孩子多運動，否則可能會影響其視力發展，提早成為「近視兒童」。
2. 鼓勵親子體能活動：若有必要，爸媽需帶他們一起做運動，不僅可增進孩子的體能，也可促進親子之間的情感，有關這方面的書籍不少，可參考之。
3. 固定體能課／戶外活動時間：應給予孩子戶外活動的時間，以活動筋骨，例如：在家附近公園或學校操場，讓孩子每天去跑一跑、跳一跳，增進其體能，尤其是活動量較小的孩子。

二、趨近性

（一）大方外向的孩子

這類孩子不怕陌生人。記得曾有電視台對這個主題深感興趣，他們就去找了在路邊玩耍的小朋友，一旁有另一位記者以隱藏式攝影機在拍攝。這位記者叔叔問她：「小妹妹，你知不知道附近的良昌書局？叔叔想要到那裡。」

小妹妹說：「你往前走，然後左轉就到了！」不一會兒，叔叔又回來問：「小妹妹，我還是找不到，你要不要帶我去？」小妹妹回答：「好啊！」這類孩子大方的表現，有時也可能會帶來危險，大人們應注意下列事項：

1. 教導孩子分辨危險情境：如不要單獨和陌生人接觸或不要靠近危險的地方，例如：「弟弟，媽媽知道你喜歡東跑跑、西看看，不過，在學校或公園有工地在施工時，就不要過去！」
2. 出門前的叮嚀：如「我很高興你一下子就跟人打成一片，不過，你不要隨便告訴不認識的人，我們家住在哪裡，也不要隨便跟別人去任何地方」，給予特別的叮嚀。

（二）害羞內向的孩子

這類孩子對於第一次所接觸的人、事、物等，常常會有退縮的傾向，大人們可參考下列作法：

1. 應有顆諒解的心：當家中有客人來訪時，孩子可能會躲在房間裡，不敢出來，或爸媽帶他找朋友時，他可能會躲在爸媽後面，不好意思面對他們。面對這種情形，大人應給孩子足夠的時間來認識你的朋友，不要責罵孩子不懂禮貌，要了解害羞內向是天生的，他們有時是無法控制自己的行為。
2. 給予機會接觸不同的環境：在小時候，爸媽應儘量帶孩子接觸不同的人、事、物，提早讓他們熟悉新事物，不致於每件事都是新經驗，也就比較不會產生退縮的傾向。
3. 採取逐步漸進的方式：在入學後，對於新的學習環境、新的老師、新的同學，需要一段時間才能適應，特別是幼兒園到小學一年級這階段，無論是在課程內容、教學內容、上課時間和情境布置等，都有很大的不同。爸媽可試試下列的作法：

   第一步：爸媽可帶孩子到學校附近的街道走走。

   第二步：幾天後，可帶孩子經過學校門口，並且說：「那邊有好多小朋友，我們進去看一下！」讓孩子看看這個學校。

第三步：幾天後，又經過學校，爸媽可問孩子要不要進去看看。如果孩子還覺得怕怕的，爸媽也不需要強求孩子一定要進去看看，否則可能會帶來反效果，讓孩子對學校產生莫名其妙的害怕感。

第四步：如果孩子願意進學校，可帶孩子玩玩戶外遊戲設備；如果老師在，爸媽可與之打招呼，並閒聊一下。

第五步：隔天再去學校時，若有小孩在玩，讓他和小朋友一起玩。

第六步：這時候爸媽約可帶孩子上學，那麼他就不會在門口大哭或者不願進學校。

三、適應性

（一）適應性高的孩子

對於任何好或壞的人、事、物，孩子都能照單全收。如果孩子害羞內向，若適應能力不錯，多少能彌補退縮所帶來的一些損失；不過，當孩子到了青少年階段，爸媽應特別留意孩子周遭的朋友或大眾傳播媒體，因為孩子好的和壞的事物都會接受。

（二）適應性低的孩子

1. 了解孩子的特質：與其他幼兒比較，這類孩子對於新環境或新事物需要較多的適應時間。
2. 提早告知環境的異動：如「搬家」這件事，孩子必須面臨並適應新的生活環境、新的鄰居、新的幼兒園、新的小朋友等。所以，在生活環境要有變動前，應事前告知，並安排孩子熟悉未來要生活的情境。
3. 給予時間適應新環境：與其他孩子相比，適應困難的孩子需要更多的時間適應新環境。如在幼兒園中，有些孩子一、兩天就能適應，有些孩子雖過幾個星期都還無法適應新環境。大人應給予孩子足夠的時間來適應一切新的變動。

4. 給予時間複習功課：有些孩子在開學初，無法適應新的老師、新的小朋友或新的課業，功課可能無法趕上其他孩子。對於這類孩子，爸媽及教師應協助孩子能預習及複習功課，不要讓孩子因適應問題，影響功課，而不喜歡到學校。

四、情緒強度

（一）情緒本質

就情緒本質而言，孩子可分為「擺臭臉」及「笑咪咪」兩類型：笑咪咪的孩子隨時都笑容燦爛、滿面春風，人見人愛；但擺臭臉的孩子一副臭臭的臉，嘴上好像吊了幾斤豬肉，孩子的人際關係可能會受情緒本質影響。對於這類型的孩子，大人們可參考下列意見：

1. 了解擺臭臉是天生的：我們應了解孩子擺臭臉的臉是天生的，絕不是衝著你來。他不是不喜歡爸媽或不喜歡上老師的課，而是他天生的臉就如此。其實，孩子也不希望自己有張臭臉。
2. 鼓勵孩子常笑：對於擺臭臉的孩子，只要他有一絲絲的笑容，就應給予正增強，讚美孩子笑起來很可愛，讓孩子在無形中養成微笑的習慣，增進其人際關係。
3. 送造型鏡給孩子：孩子無法自知臉上的表情給他人的感受，因此應鼓勵他常照鏡子，最好的方式是送他一面卡通造型的鏡子給他，例如：「皮卡丘」、「哆啦 A 夢」等。

（二）反應強度

1. 情緒反應激烈的孩子：這類孩子一生起氣來，就拳打腳踢，甚至傷害自己，他的喜怒哀樂顯現於外，大人們可參考下列作法：
   (1) 應有一致的教養態度：爸媽對孩子的嚎啕大哭，應有一致的作法，任何一方絕不可因孩子的情緒而妥協，而接受孩子無理的要求。

(2) 預防孩子傷害身體：孩子情緒反應過度，有時會傷害自己的身體，如搥牆或跺腳，除了應予適當處理外，另一方面應避免孩子傷到自己。

(3) 學會表達內在的感受：反應激烈的孩子會用自己的肢體來表達自己內在的情緒及感受，為了防止對身體造成傷害，大人應提早訓練孩子用語言表達其內在的情緒，例如：可利用「角色扮演」的方式來加強孩子的表達能力。

2. 情緒反應較弱的孩子：這類孩子的喜怒哀樂都很難被察覺，他的種種需求也不易被注意到，在小小的心靈中，可能會升起一股莫名的落寞感。所以，當孩子在一旁嚶嚶啜泣時，大人必須察覺到孩子的難過，並且走到他的身旁，輕輕摟著他，問他：「什麼事情讓你這麼難過，你要不要告訴我？」

　　對於這些孩子，我們可以嘗試從他的畫作中看其內心世界。有一次，筆者到某幼兒園做校園輔導，學校老師說：「珮玲老師，最近我們有個媽媽說她家 5 歲大的女兒，最近一個月都在說『往生』這兩個字，能不能請妳幫我們了解這個孩子？」之後，筆者就去找這個孩子聊天，閒聊中，她說：「往生是一個很遠很遠的地方……爸爸開車開好久……，然後好多人……」孩子的回答不甚清楚。後來，筆者和該班老師討論了一下，並且請她有空多和孩子聊聊「往生」這件事，聊完後，拿一張畫紙讓孩子畫畫。過了一段時間後，老師拿了一疊畫紙給筆者，第一張畫如圖 3-2 所示，畫中有爸媽兩人；之後，連續幾張畫之後，11 月 23 日一張有四個人的圖畫，老師說她問孩子在畫什麼，孩子說：「這是奶奶躺在棺材裡，媽媽在旁邊哭，另外兩個人是爸爸和臺北的奶奶。」如圖 3-3 所示。據老師說：「這個孩子在畫完奶奶躺在棺材的這張畫之後，因為接下來是 12 月，孩子就開始畫和『結婚』有關的畫了！」

　　由這件事情，我們可以知道「往生」這件事一直影響孩子近一個月來的思緒，不過，只要讓她畫出來，或將情緒表達出來，這件事就

圖 3-2　孩子的圖（之一）

註：圖畫中有爸媽兩人，孩子對媽媽的描繪非常細膩，短髮的媽媽頭上綁了個蝴蝶結，脖子上還帶了項鍊；至於爸爸的形體十分簡單，在比例上也比媽媽小。

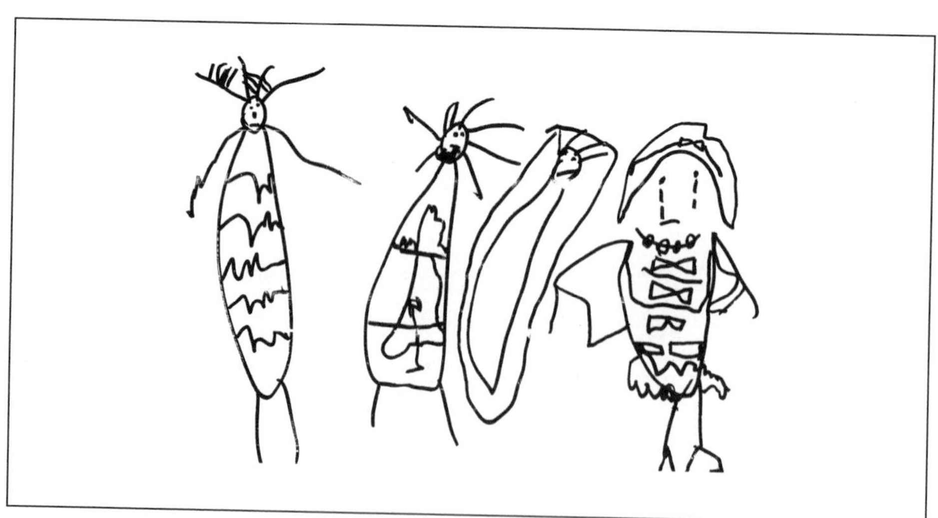

圖 3-3　孩子的圖（之二）

註：畫中有四個人，右一是媽媽在哭，右二是奶奶躺在棺材裡，左二是爸爸，左一是臺北的奶奶。

不會影響她。所以對於情緒反應弱的孩子，應儘量鼓勵其說出心中不舒服的事，也多準備一些紙張，讓他畫出自己的心情故事。

五、注意力分散度

（一）專心的孩子

這種孩子有時太投入事情中，容易忽略周遭重要的訊息。

1. 應了解孩子：大人應知道孩子不是不肯回應，只是他太投注在工作上，對環境容易不知不覺，沒有聽到你在叫他。
2. 提醒注意訊息：孩子容易忽視周遭很重要的資訊，爸媽有時必須提醒他注意一下，例如：「弟弟，待會兒，外公外婆要來家裡，趕快把玩具收一收，幫我一起切水果準備請他們。」

（二）分心的孩子

容易分心的孩子在聽老師講故事時，如果外面有人經過教室時，他的注意力會立即從教師身上飛到這個人身上，所以對於這類型的人，爸媽可參考下列方法：

1. 學習環境要簡單：由於孩子容易為外在無關的事物所干擾，所以環境中不要有太多使他容易分心的事物，例如：在家做功課時，爸媽應盡可能拿開會分散他注意力的東西，如玩具、故事書等等，並且儘量減少外界的聲音，如電視機的聲音或說話聲。
2. 做一對一的活動：爸媽可與孩子做一對一的遊戲或陪他看書，隨時抓住他的注意力，以訓練他的專注力。
3. 分段學習：由於孩子集中注意力的時間非常短，所以有些學習可以分成幾個小段，每次的學習時間不宜太長，盡可能依他能專注的量來決定時間。
4. 工作完成後要鼓勵：如果孩子很專心地做完一件事，爸媽可適時地說：「你做得很好！」或摟摟他的肩膀，以示鼓勵。

六、堅持度

（一）堅持度高的孩子

這類孩子做起事來是「不到黃河心不死」，在學習上是非常好的特質，任由爸媽叫他們休息或睡覺，他們都不願意停下來；不過，一玩起來也是沒完沒了，針對這些孩子，爸媽可考慮下列作法：

1. 事先給予預警：如晚上已近 10 點了，媽媽說：「妹妹，該睡覺了！」妹妹回說：「不要，我還沒畫完，我現在不要睡覺！」但媽媽怕太晚睡，會影響她隔天早上起床的時間，希望她趕快睡覺。在這種情形時，孩子應該配合家庭的生活作息。所以媽媽應該在睡前約 20 分鐘就說：「妹妹，待會兒長針指到 7 的時候，我們要準備睡覺囉，東西趕快收一收！」事先告知待會兒要準備就寢，孩子心理有準備，才不會有抗拒的情緒，而產生親子間的磨擦。
2. 不要過度追求完美：我們有時要提醒孩子不要事事追求完美，不要抓住一件事不放，應把自己的精力放到其他更有趣的事情上。
3. 判斷要求合理嗎？如果孩子堅持做某件事，爸媽必須先考慮是否合理，如果不合理，則先嘗試轉移注意力或解釋原因，倘若無效，則仍應溫和地堅持到底，大人切忌先動怒，事後再簡潔向孩子說明原因。
4. 與孩子比堅持度：如果孩子有無理的要求，例如：爸媽帶孩子逛街，他看到某件玩具，非常想買，但是家中已有這類玩具，爸媽不想買，他可能會坐在地上哭，這時大人應有自己的堅持。因為只要退讓一次，下次遇到同樣的情形時，孩子會使用同樣的方法要脅你，因為「有一就有二，有二就有三」，無論如何，對於孩子不合理的要求一定不能讓步。

（二）堅持度低的孩子

這類孩子隨和、比較好帶，不過，遇挫折易放棄，例如：下棋時，眼見大勢已去時，就會用手將象棋弄混，然後說：「我不要玩了！」一旁的你可能會被他這個舉動氣個半死，明明快贏了，就碰到有人輸不起，這種特質慢慢會影響到在學校的課業。爸媽可參考下列作法：

1. 應有顆了解的心：爸媽應了解孩子的特質，在遇到挫折的時候，就容易放棄，常無法完成繁雜工作，也不太可能嘗試去解決一個難題，在學習效果上，往往不如預期的好。
2. 分段學習：爸媽可以協助孩子將學校的功課分成幾個小部分，然後再分段完成他的功課，例如：讓他一次只寫三行或讀一小段，然後短暫休息一下，再繼續未完成的功課，就能逐次寫完或預習完他的功課。
3. 給予解決困難的成功經驗：爸媽應提供解決困難的經驗，例如：他只會 20 片的凱蒂貓拼圖，那麼你就可試著給他 25 片的拼圖，超越他原先的認知程度。當孩子在拼圖時，會遇到困難，這時在一旁的你可以說：「弟弟，加油！你可以拼出凱蒂貓來。」有幾次解決困難的成功經驗後，在遇到挫折時，他會依以前的經驗來排除困難。
4. 多鼓勵孩子：讓孩子多試一下，必要時幫一點忙，當其達到目標時，給予讚美，例如：孩子若能在某一次活動中，從頭到尾不中斷完成一件工作，雖然作品不盡理想，爸媽應該適時地稱讚他或者給予貼紙、小文具等等獎勵。

觀察孩子的氣質愈早愈好，因材施教也愈早愈好。體諒孩子的氣質特徵，在人際關係上、在學習上，若遭遇困難，他最需要的是爸媽和教師的了解與協助。而輔導需要很長的時間，不要覺得不耐煩，慢慢來，看重漫漫長途中每一個小進步的快樂，總會成功的。

伍、幼兒氣質教養小偏方

讀者可參考筆者與研究團隊設計的「幼兒氣質教養小偏方」，如本書附錄三所示。

壹、幼兒基本資料

5 歲的蔣難養是位體重過輕的早產兒。從小爸媽就覺得她非常難帶，不是半夜常起來嚎啕大哭，遇有不順心的事，就拳打腳踢。在幼兒園，老師也發現難養在聽故事時，身體常常扭來扭去，或站起來在教室走來走去的。她像顆不定時的炸彈，常弄得爸媽心神不寧，爸爸是位公務員，媽媽在私人公司上班，為了這位「磨娘精型的孩子」，媽媽只好辭掉工作，在家帶她。

貳、如何評估幼兒的氣質？

一、步驟

步驟一：影印空白的「幼兒氣質量表」

本書所附的「幼兒氣質量表」有兩種：一為「父母題本」，另一為「教師題本」，適合 3～7 歲的幼兒使用。如果你想了解孩子的氣質或你想請學校的老師填寫，建議你將量表影印下來，空白的「幼兒氣質量表」及簡表都放在附錄四、五中。

步驟二：誰最適合勾選量表？

「父母題本」最好是由主要照顧孩子的人填寫，或許是媽媽、奶奶、外婆，甚至是爸爸、外公。如果爸媽是主要照顧者，最好是爸媽各填一份；至於「教師題本」方面，可以請幼兒園老師填寫，不過，老師至少要認識孩子三個月以上，才能填寫這份量表。

步驟三：如何勾選量表？

量表有 48 題，每一題都是描述主要照顧者平常照顧孩子或和他相處時，可能會發生的情況，在每題後面有「1、2、3、4、5、6、7」七個數字，分別代表「從不、有時、總是」，如圈選「1」，表示這行為「從不會發生」，圈選「3」，表示這行為「有時會發生」，圈選「7」，表示這行為「總是發生」。主要照顧者應該想一想，你的孩子在過去 3 個月的行為表現如何，根據心理感受，圈選出一個適當的數字。

例如：在「父母題本」的第 1 題：「這個孩子在陌生的大人面前會害羞」，如果每次帶孩子到朋友家，他總是躲在父母身後，不敢跟陌生的叔叔、阿姨打招呼的話，可以圈選「7」；如果有時害羞，有時又不會，可圈選「3」；假如孩子的行為是「從不如此」，則可圈選「1」，以此類推。「教師題本」也是如此，如果對問題不清楚時，則不予填答。

步驟四：如何計算分數？

在計算氣質分數前，我們需了解 48 個題目是評量氣質的哪個特性？是活動量？適應性？或是堅持度？下列是父母及教師題本的分布情形。

二、父母及教師題本題目分布

由表 3-5 及表 3-6 中，可以分別得知父母及教師氣質各題目分布的情形，每個項目都有八個題目，有些題目後面有（－）是表示反向計分題。

三、計算分數

假設蔣爸、蔣媽及教師三人分別圈選問卷，其評量結果及圈選結果如表 3-7、圖 3-4 所示。圈選題本請見表 3-8、表 3-9 及表 3-10 所示（頁 142-150）。

現在我們就蔣媽勾選的這份題本來看，如表 3-9 所示，進一步說明如何計算孩子的氣質分數。就蔣難養的活動量來看，題目分布在「3（－）、

表 3-5　「父母題本」題目分布表

氣質項目	題目分布
活動量	3（－）、13、15、21（－）、29、35（－）、39、42（－）
適應性	4、10、14（－）、16（－）、20、33（－）、38、44（－）
趨近性	1（－）、7（－）、9（－）、19、26、30、40（－）、43
情緒強度	5、11（－）、17、22（－）、25（－）、27、36、45（－）
容易轉移注意力	6、12、23（－）、28（－）、31（－）、34、41（－）、47
堅持度	2、8（－）、18、24、32（－）、37（－）、46（－）、48

註：（－）表示反向計分題。

表 3-6　「教師題本」題目分布表

氣質項目	題目分布
活動量	1、14、18、26（－）、34、40（－）、44（－）、48（－）
適應性	5、11、15（－）、19（－）、25、30（－）、38（－）、43
趨近性	2（－）、8（－）、16、23、31、35、36（－）、46（－）
情緒強度	4（－）、6、12、21（－）、27（－）、32、41、45（－）
注意力分散度	7、10、13、20（－）、28（－）、33（－）、39、47（－）
堅持度	3、9（－）、17（－）、22、24、29、37（－）、42（－）

註：（－）表示反向計分題。

13、15、21（－）、29、35（－）、39、42（－）」等 8 題，其中（－）代表反向計分題，是將分數倒過來計算，例如：原來是 1、2、3、4、5、6、7 分，現改為 1 分→7 分、2 分→6 分、3 分→5 分、4 分→4 分、5 分→3 分、6 分→2 分、7 分→1 分。

表 3-7　「幼兒氣質量表」的評量結果表

氣質向度 / 平均數	活動量	適應性	趨近性	情緒強度	容易轉移注意力／注意力分散度	堅持度
爸爸評量各項目的平均數	2.38	2.50	3.75	6.25	6.38	6.50
媽媽評量各項目的平均數	7.00	1.63	6.38	6.25	6.38	6.50
教師評量各項目的平均數	6.00	2.75	1.63	6.50	6.38	5.88

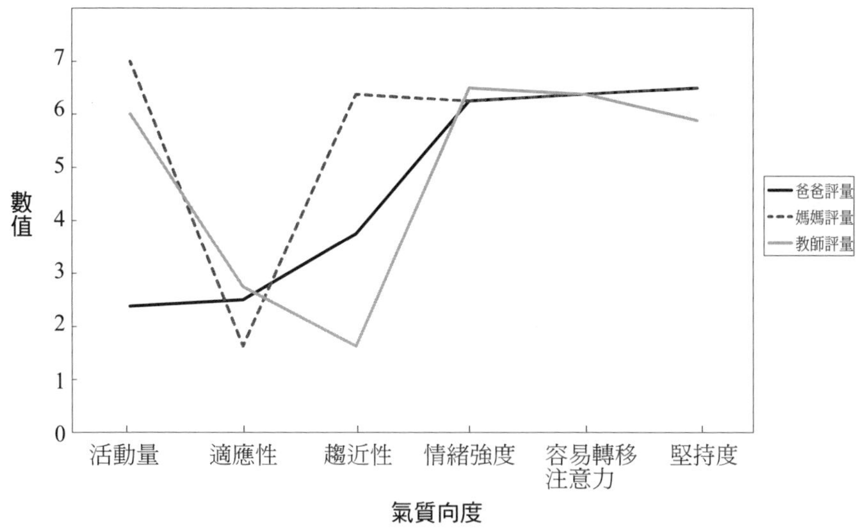

圖 3-4　爸爸、媽媽、教師三人氣質評量結果側面圖

四、活動量分數的算法

1. **活動量正向題**：有「13、15、29、39」等4題，就第13題「在室內或室外活動時，這個孩子較喜歡用跑的而不用走的」，是屬於正向計分題，蔣媽圈「7」，表示蔣媽認為孩子的行為「總是如此」；換句話說，這題的活動量是7分，表示孩子的活動是比較大，其他題目依此類推。
2. **活動量反向題**：有「3（－）、21（－）、35（－）、42（－）」等四題，其中第3題「家人一起吃飯時，這個孩子會安靜坐好，不會動來動去或離開座位」是反向計分題，蔣媽圈選「1」，表示孩子「從不會」有這個行為，原以1分計算，但因這題是反向計分題，需將分數反過來計算，即「1分→7分」；換句話說，這題孩子的活動量是7分，其他題目依此類推。
3. **總分的計算**：由表中可看出蔣媽在「3（－）、13、15、21（－）、29、35（－）、39、42（－）」上，分別圈選「①、⑦、⑦、①、⑦、①、⑦、①」，根據反向計分題，分數轉換後分別為「⑦、⑦、⑦、⑦、⑦、⑦、⑦、⑦」；之後，將活動量中各題項的數字相加「⑦＋⑦＋⑦＋⑦＋⑦＋⑦＋⑦＋⑦＝ 56」。接著，將得分除以題數（56/8=7.00），即為平均值（7.00）。

好！讀者您是不是已經學會如何計算活動量的總分了？如果沒有問題，接下來的工作就比較輕鬆了，對於氣質其他五個項目都「依樣畫葫蘆」，計算平均數。此外，爸爸和教師題本的計分方法如媽媽題本一樣。

蔣爸評量的結果

1. 活動量：3 + 2 + 3 + 3 + 2 + 2 + 2 + 2 = 19　　19/8 = 2.38
2. 適應性：3 + 2 + 3 + 3 + 3 + 2 + 2 + 2 = 20　　20/8 = 2.50
3. 趨近性：4 + 4 + 4 + 3 + 3 + 4 + 4 + 4 = 30　　30/8 = 3.75
4. 情緒強度：7 + 6 + 6 + 6 + 6 + 6 + 7 + 6 = 50　　50/8 = 6.25
5. 容易轉移注意力：6 + 6 + 7 + 7 + 6 + 6 + 6 + 7 = 51　　51/8 = 6.38
6. 堅持度：6 + 6 + 7 + 6 + 7 + 7 + 7 + 6 = 52　　52/8 = 6.50

蔣媽評量的結果

1. 活動量：7 + 7 + 7 + 7 + 7 + 7 + 7 + 7 = 56　　56/8 = 7.00
2. 適應性：2 + 1 + 1 + 2 + 2 + 2 + 2 + 1 = 13　　13/8 = 1.63
3. 趨近性： 6 + 7 + 6 + 7 + 6 + 6 + 7 + 6 = 51　　51/8 = 6.38
4. 情緒強度：7 + 6 + 6 + 6 + 6 + 6 + 7 + 6 = 50　　50/8 = 6.25
5. 容易轉移注意力：6 + 6 + 7 + 7 + 6 + 6 + 6 + 7 = 51　　51/8 = 6.38
6. 堅持度：6 + 6 + 7 + 6 + 7 + 7 + 7 + 6 = 52　　52/8 = 6.50

教師評量的結果

1. 活動量：6 + 7 + 7 + 7 + 7 + 7 + 7 + 7 = 48　　48/8 = 6.00
2. 適應性：2 + 4 + 4 + 2 + 3 + 2 + 2 + 3 = 22　　22/8 = 2.75
3. 趨近性：2 + 2 + 1 + 1 + 1 + 1 + 2 + 3 = 13　　13/8 = 1.63
4. 情緒強度：6 + 7 + 6 + 7 + 6 + 6 + 7 + 7 = 52　　52/8 = 6.50
5. 注意力分散度：7 + 6 + 6 + 6 + 6 + 7 + 7 + 6 = 51　　51/8 = 6.38
6. 堅持度：7 + 7 + 5 + 6 + 6 + 4 + 6 + 6 = 47　　47/8 = 5.88

參、看看孩子的氣質為何？

爸媽！你心裡一定納悶地想著：「這些分數怎麼看，代表什麼意思？」「三個人的分數應該要怎麼比較？」「到底幾分屬於高活動量？幾分屬於低活動量？」「如果與其他小朋友相比，我家孩子的氣質特性到底好不好？」

1. **活動量**：由表 3-7 可知，爸爸評出為 2.38 分，媽媽和教師的勾選結果比較相似，媽媽 6 分，教師 7 分；換句話說，爸爸認為難養的活動量低，但媽媽和教師都認為很高，造成爸媽和教師分數不一樣。推論可能的原因有二：原因一，可能蔣爸本身很愛運動，活動量比較高，所以當他在評量難養的活動量時，就會覺得孩子的活動量較低，媽媽和教師可能本身不愛動，所以在評活動量時， 分數就較爸爸的低；原因二，可能爸爸與孩子相處的時間不如媽媽和教師多，對孩子了解不多，而形成這種差異。
2. **適應性**：由表 3-7 可知，三個人一致都認為難養的適應性低，表示任何一人，無論在學校或家中等任何情境，也不管相處時間的長短，都認為這個孩子需要比別的孩子花更多的時間適應一些新的人、事或物。
3. **趨近性**：由表 3-7 可知，爸爸評出 3.75 分，算是適中，但是媽媽評 6.38 分，教師評 1.63 分，差距非常大。在遇到三個人所評出的分數都不一樣的時候，爸爸、媽媽和教師三人必須坐下來討論，到底怎麼回事？三人對孩子行為的看法怎會有如此大的差異？記得有位老師曾經告訴筆者：「王老師，我們班上有位孩子，每次請他出來講話，他常都不敢出來，即使出來，也是一言不發，一句話都不吭。當他媽媽來接他回家時，我向他媽媽提起這件事，結果她的反應是：『怎麼會呢？在家裡都是他的話耶！！』」一般而言，我們通常以孩子在陌生公共場合的反應為主，因此對於孩子的趨近性，我們較以教師的看法為主，因為孩子畢竟比較熟悉家裡的一切事物，比較看不出其真正反應。
4. **情緒強度**：由表 3-7 可知，三人一致都認為難養的情緒反應都很強，分數都在 6.25 分以上。

5. **容易轉移注意力／注意力分散度**：由表 3-7 可知，爸媽認為難養容易轉移注意力，難過的心情容易由別的事物，如小貓、小鳥等，轉移心情；教師則認為她容易受干擾而分心。
6. **堅持度**：由表 3-7 可知，三人也一致認為難養個性比較固執，分數都在 5.88 分以上。

肆、如何因材施教

一、活動量

有關難養的活動量，媽媽和教師都認為她的活動量比其他小朋友高，所以教師或父母可根據孩子的情形，給予適當的協助。

1. **家長的作法**：若從媽媽及教師的角度來看，難養的活動量較一般孩子要大一些，喜歡從高處跳下，或是在沙發椅上跳來跳去，這時如果有人制止她，她反而會跳得更起勁。辦法之一就是轉移她的注意力，或者帶她出去消耗過量體力，例如：爸媽可以在家陪她做一些親子體能活動，或帶她到附近的公園跑一跑、跳一跳，發洩過度的精力。此外，家長也須培養孩子做一些靜態活動，讓她也可以靜下心來看看書等。
2. **教師的作法**：在學校，教師對難養的活動量應抱著諒解的心，倘若孩子在聽故事時，身體扭來扭去或不能安靜地坐在椅子上等，教師應有顆寬容的心。因為她並非故意如此，而是先天的氣質，使其無法像其他小朋友乖乖地坐著；此外，教師也應安排有關的體能課或戶外課程，讓她有機會發洩過度的精力。

二、適應性

從量表中可以看出難養的適應能力不好，記得她爸媽剛送她到幼兒園去時，就一直哭，不願待在幼兒園裡，後來過了三個禮拜，她才適應幼兒園的作息。

1. **家長的作法**：對於難養的適應，爸媽要記得她不能馬上適應一個新環境，以後要換另一個新環境時，如由幼兒園進入小學或要搬新家等，須事先跟她說，給她有充分的時間做心理準備。此外，爸媽可以帶她到外面多走走，接觸不同的事物；至於難養進入小學後，可能也會碰到適應問題，例如：學業、生活作息或環境等，萬一孩子有學習適應困難時，爸媽需多花點時間陪陪她做功課。
2. **教師的作法**：對於難養的適應情形，教師要抱著寬容的心，儘量協助難養適應學校的環境或生活作息，因為她適應新環境的時間，需要比其他小朋友來得久。

三、趨近性

由結果了解，爸媽不認為難養是位害羞的孩子，但是教師卻覺得她是一位退縮、不愛說話的孩子。造成這現象的原因，可能是在家裡，爸媽對難養來講是非常熟悉的人，因此，說話也是一件非常自然的事；相對地，在幼兒園中，在大庭廣眾之前說話，對孩子而言，是一件辛苦的事，尤其對於害羞內向的孩子而言。因此，教師應以逐步漸進的方法，提供難養在其他小朋友面前說話的機會，例如：當教師說故事時，可以請她到前面來，幫教師拿圖畫書，讓孩子能習於站在眾人面前，有幾次練習的機會之後，可以請孩子至前面回應「是！」或「不是！」等簡要的問話，然後，再慢慢增加孩子說話的機會。

四、情緒強度

1. **家長的作法**：難養屬於情緒反應激烈的孩子，爸媽在處理孩子的情緒時，態度應該一致，且要讓孩子知道表達強烈的情緒並不能夠如願以償，只要她不亂發脾氣，爸媽才願意與她溝通，表現溫和平靜的態度，他們才會更喜歡她。

2. **教師的作法**：教師應讓難養知道，情緒不佳用肢體來表達自己內在的情緒及感受是不對的，而應用語言來表達自己的感受。教師可以利用「角色扮演」或「表演戲劇」的方式來加強訓練難養情緒的表達。

五、注意力分散度／容易轉移注意力

1. **家長的作法**：在家中，爸媽最好多花一點時間陪孩子玩一對一的活動；此外，學習環境要簡單，由於孩子容易被外在無關的事物所干擾，所以，環境上不要有太多使她容易分心的事物，例如：在家做功課時，父母盡可能拿開會分散孩子注意力的東西，如畫圖時，桌上就不要放一些玩具、故事書等等；並且儘量減少外界的聲音，如電視機的聲音或者說話聲。
2. **教師的作法**：顯然地，難養比較容易分心，教師可以在不影響其他同學上課的情形下，將難養的位置排在教師視覺上可以看得到的地方，或者教師也可以隨時問孩子問題，以提高孩子的專注力。

六、堅持度

難養的堅持度不小，父母或教師應以轉移注意力的方式，來轉移她堅持的事情；此外，當難養正在進行某件事時，爸媽或教師若有其他事情，要她結束工作時，必須事先通知，讓她心理上有個準備，例如：當她在玩玩具時，你突然告訴她說：「不要玩了，我們要出門了」，對於堅持度大的她，她會直覺事情還沒有做完，堅持要把工作做完才要出門，如此一來，可能會影響親子之間的關係。所以對於難養這位孩子，父母或教師必須尊重孩子的堅持度，如果要她改變手中的活動，必須事先告訴她。

表 3-8 「幼兒氣質量表」——蔣爸題本

題目	從不			有時			總是
1. 這個孩子在陌生的大人面前會害羞	1	2	3	④	5	6	7
2. 這個孩子玩模型、拼圖、畫畫時，即使會花很長的時間，他（她）一定要做完後才停止	1	2	3	4	5	⑥	7
3. 家人一起吃飯時，這個孩子會安靜坐好，不會動來動去或離開座位	1	2	3	4	⑤	6	7
4. 為孩子訂新規則時，他（她）很快就能適應	1	2	③	4	5	6	7
5. 這個孩子哭鬧時，會滿臉通紅、呼吸急促	1	2	3	4	5	6	⑦
6. 這個孩子情緒不好時，可以很容易逗他（她）開心	1	2	3	4	5	⑥	7
7. 第一次遇到新朋友時，這個孩子只顧玩而不去理會新朋友	1	2	3	④	5	6	7
8. 這個孩子聽故事時，不到半小時就會覺得無聊或分心	1	②	3	4	5	6	7
9. 這個孩子在陌生人面前或表演時會不自在	1	2	3	④	5	6	7
10. 到別人家二、三次後，這個孩子就會感到自在	1	②	3	4	5	6	7
11. 做某些活動不順利或有困難時，這個孩子只會稍微抱怨，而不會大吼大叫	1	②	3	4	5	6	7
12. 逛街時，孩子很容易接受別的東西取代他（她）原來想要的玩具或糖果	1	2	3	4	5	⑥	7
13. 在室內或室外活動時，這個孩子較喜歡用跑的而不用走的	1	②	3	4	5	6	7
14. 這個孩子所喜歡的戶外活動，如果因天氣不好而延期，他（她）會整天悶悶不樂	1	2	3	4	⑤	6	7
15. 這個孩子比較喜歡跑、跳之類的遊戲，而較不喜歡坐著之類的靜態遊戲	1	2	③	4	5	6	7
16. 如果孩子拒絕剪頭髮、刷牙或洗臉之類的事情，經過二、三個月，他（她）仍會抗拒	1	2	3	4	⑤	6	7
17. 不讓這個孩子玩他（她）喜歡的活動，他（她）會強烈抗議	1	2	3	4	5	⑥	7

表 3-8　「幼兒氣質量表」——蔣爸題本（續）

	從不			有時			總是
18. 這個孩子會不斷地提醒父母，他們所答應過的事情⋯	1	2	3	4	5	6	⑦
19. 在公園、聚會場所或拜訪他人時，這個孩子會主動去接觸其他小朋友，並跟他們一起玩⋯⋯⋯⋯	1	2	③	4	5	6	7
20. 這個孩子對陌生的大人剛開始會感到害羞，但約半小時後，他（她）就會顯得很自在⋯⋯⋯⋯	1	2	③	4	5	6	7
21. 聽歌或聽故事時，這個孩子會安靜坐好⋯⋯⋯⋯	1	2	3	4	⑤	6	7
22. 這個孩子挨罵時，他（她）的反應溫和，只會稍微抱怨，而不會大哭大叫⋯⋯⋯⋯	1	②	3	4	5	6	7
23. 這個孩子生氣時，很難轉移他（她）的注意力（很難哄騙）⋯⋯⋯⋯	①	2	3	4	5	6	7
24. 這個孩子願意花很長的時間練習新的體能活動（例如：跳躍、溜冰、騎腳踏車）⋯⋯⋯⋯	1	2	3	4	5	⑥	7
25. 孩子和玩伴在一起時，玩伴會比這個孩子容易因為分享玩具或輪流活動而不高興⋯⋯⋯⋯	1	②	3	4	5	6	7
26. 全家出外旅行時，這個孩子能很快適應新環境⋯⋯⋯	1	2	③	4	5	6	7
27. 逛街時，如果不買這個孩子想要的糖果、玩具或衣物，他（她）就會大哭大叫⋯⋯⋯⋯	1	2	3	4	5	⑥	7
28. 這個孩子情緒不好時，很難去安慰他（她）⋯⋯⋯⋯	①	2	3	4	5	6	7
29. 天氣不好，這個孩子必須待在家裡時，他（她）會到處跑來跑去，無法做靜態的活動⋯⋯⋯⋯	1	②	3	4	5	6	7
30. 孩子對來訪的陌生人，能很快地親近⋯⋯⋯⋯	1	2	3	④	5	6	7
31. 看醫生時，即使再三答應要獎勵孩子，也很難使他（她）安靜的接受診療⋯⋯⋯⋯	1	②	3	4	5	6	7
32. 這個孩子覺得玩具或遊戲很難玩時，會很快就換另外一種活動⋯⋯⋯⋯	①	2	3	4	5	6	7

表 3-8　「幼兒氣質量表」——蔣爸題本（續）

題目	從不			有時			總是
33. 到新環境（例如：上幼兒園或學校）時，即使在二、三天之後，這個孩子仍無法適應新環境	1	2	3	4	5	⑥	7
34. 如果讓這個孩子一面看電視或玩耍，一面做他原來不喜歡的事（例如：剪指甲或梳頭），他比較容易接受	1	2	3	4	5	⑥	7
35. 這個孩子會安靜坐著觀賞兒童影片、棒球賽或長時間的電視節目	1	2	3	4	5	⑥	7
36. 這個孩子拒絕穿某件衣服時會大哭大鬧	1	2	3	4	5	6	⑦
37. 這個孩子對於較難的拼圖或積木遊戲很容易就放棄	①	2	3	4	5	6	7
38. 這個孩子對於生活作息的改變，例如：放假不用上學，他（她）很容易就能適應	1	②	3	4	5	6	7
39. 坐著時，這個孩子常常會動來動去	1	②	3	4	5	6	7
40. 這個孩子第一次離開媽媽到新環境時（例如：學校），他（她）會感到不安	1	2	3	④	5	6	7
41. 這個孩子一旦開始玩遊戲，就很難轉移他（她）的注意力使他（她）停下來	1	②	3	4	5	6	7
42. 這個孩子喜歡靜態之類的活動，例如：手工藝、看電視、閱讀或看圖畫書等	1	2	3	4	5	⑥	7
43. 這個孩子在陌生的人群中會感到自在	1	2	3	④	5	6	7
44. 這個孩子離家在外（例如：渡假），他（她）很難去適應與家中不同的生活作息	1	2	3	4	5	⑥	7
45. 這個孩子會順其自然地接受一些臨時發生的事情，而不會感到訝異或興奮	1	②	3	4	5	6	7
46. 孩子和玩伴在一起時，他（她）較容易感到厭煩（例如：一下子就不想玩了）	①	2	3	4	5	6	7
47. 只要有事給這個孩子做，他（她）就不會不高興	1	2	3	4	5	6	⑦
48. 如果車上有這個孩子喜愛的玩具或遊戲可玩時，他（她）會樂於搭一個小時以上的車程	1	2	3	4	5	⑥	7

表 3-9　「幼兒氣質量表」——蔣媽題本

	從不			有時			總是
1. 這個孩子在陌生的大人面前會害羞	1	②	3	4	5	6	7
2. 這個孩子玩模型、拼圖、畫畫時，即使會花很長的時間，他（她）一定要做完後才停止	1	2	3	4	5	⑥	7
3. 家人一起吃飯時，這個孩子會安靜坐好，不會動來動去或離開座位	①	2	3	4	5	6	7
4. 為孩子訂新規則時，他（她）很快就能適應	1	②	3	4	5	6	7
5. 這個孩子哭鬧時，會滿臉通紅、呼吸急促	1	2	3	4	5	6	⑦
6. 這個孩子情緒不好時，可以很容易逗他（她）開心	1	2	3	4	5	⑥	7
7. 第一次遇到新朋友時，這個孩子只顧玩而不去理會新朋友	①	2	3	4	5	6	7
8. 這個孩子聽故事時，不到半小時就會覺得無聊或分心	1	②	3	4	5	6	7
9. 這個孩子在陌生人面前或表演時會不自在	1	②	3	4	5	6	7
10. 到別人家二、三次後，這個孩子就會感到自在	①	2	3	4	5	6	7
11. 做某些活動不順利或有困難時，這個孩子只會稍微抱怨，而不會大吼大叫	1	②	3	4	5	6	7
12. 逛街時，孩子很容易接受別的東西取代他（她）原來想要的玩具或糖果	1	2	3	4	5	⑥	7
13. 在室內或室外活動時，這個孩子較喜歡用跑的而不用走的	1	2	3	4	5	6	⑦
14. 這個孩子所喜歡的戶外活動，如果因天氣不好而延期，他（她）會整天悶悶不樂	1	2	3	4	5	6	⑦
15. 這個孩子比較喜歡跑、跳之類的遊戲，而較不喜歡坐著之類的靜態遊戲	1	2	3	4	5	6	⑦
16. 如果孩子拒絕剪頭髮、刷牙或洗臉之類的事情，經過二、三個月，他（她）仍會抗拒	1	2	3	4	5	⑥	7

表 3-9　「幼兒氣質量表」——蔣媽題本（續）

	從不			有時			總是
17. 不讓這個孩子玩他（她）喜歡的活動，他（她）會強烈抗議	1	2	3	4	5	⑥	7
18. 這個孩子會不斷地提醒父母，他們所答應過的事情	1	2	3	4	5	6	⑦
19. 在公園、聚會場所或拜訪他人時，這個孩子會主動去接觸其他小朋友，並跟他們一起玩	1	2	3	4	5	6	⑦
20. 這個孩子對陌生的大人剛開始會感到害羞，但約半小時後，他（她）就會顯得很自在	1	②	3	4	5	6	7
21. 聽歌或聽故事時，這個孩子會安靜坐好	①	2	3	4	5	6	7
22. 這個孩子挨罵時，他（她）的反應溫和，只會稍微抱怨，而不會大哭大叫	1	②	3	4	5	6	7
23. 這個孩子生氣時，很難轉移他（她）的注意力（很難哄騙）	①	2	3	4	5	6	7
24. 這個孩子願意花很長的時間練習新的體能活動（例如：跳躍、溜冰、騎腳踏車）	1	2	3	4	5	⑥	7
25. 孩子和玩伴在一起時，玩伴會比這個孩子容易因為分享玩具或輪流活動而不高興	1	②	3	4	5	6	7
26. 全家出外旅行時，這個孩子能很快適應新環境	1	2	3	4	5	⑥	7
27. 逛街時，如果不買這個孩子想要的糖果、玩具或衣物，他（她）就會大哭大叫	1	2	3	4	5	⑥	7
28. 這個孩子情緒不好時，很難去安慰他（她）	①	2	3	4	5	6	7
29. 天氣不好，這個孩子必須待在家裡時，他（她）會到處跑來跑去，無法做靜態的活動	1	2	3	4	5	6	⑦
30. 孩子對來訪的陌生人，能很快地親近	1	2	3	4	5	⑥	7
31. 看醫生時，即使再三答應要獎勵孩子，也很難使他（她）安靜的接受診療	1	②	3	4	5	6	7
32. 這個孩子覺得玩具或遊戲很難玩時，會很快就換另外一種活動	①	2	3	4	5	6	7

表 3-9　「幼兒氣質量表」——蔣媽題本（續）

	從不			有時			總是
33. 到新環境（例如：上幼兒園或學校）時，即使在二、三天之後，這個孩子仍無法適應新環境	1	2	3	4	5	⑥	7
34. 如果讓這個孩子一面看電視或玩耍，一面做他原來不喜歡的事（例如：剪指甲或梳頭），他比較容易接受	1	2	3	4	5	⑥	7
35. 這個孩子會安靜坐著觀賞兒童影片、棒球賽或長時間的電視節目	①	2	3	4	5	6	7
36. 這個孩子拒絕穿某件衣服時會大哭大鬧	1	2	3	4	5	6	⑦
37. 這個孩子對於較難的拼圖或積木遊戲很容易就放棄	①	2	3	4	5	6	7
38. 這個孩子對於生活作息的改變，例如：放假不用上學，他（她）很容易就能適應	1	②	3	4	5	6	7
39. 坐著時，這個孩子常常會動來動去	1	2	3	4	5	6	⑦
40. 這個孩子第一次離開媽媽到新環境時（例如：學校），他（她）會感到不安	①	2	3	4	5	6	7
41. 這個孩子一旦開始玩遊戲，就很難轉移他（她）的注意力使他（她）停下來	1	②	3	4	5	6	7
42. 這個孩子喜歡靜態之類的活動，例如：手工藝、看電視、閱讀或看圖畫書等	①	2	3	4	5	6	7
43. 這個孩子在陌生的人群中會感到自在	1	2	3	4	5	⑥	7
44. 這個孩子離家在外（例如：渡假），他（她）很難去適應與家中不同的生活作息	1	2	3	4	5	6	⑦
45. 這個孩子會順其自然地接受一些臨時發生的事情，而不會感到訝異或興奮	1	②	3	4	5	6	7
46. 孩子和玩伴在一起時，他（她）較容易感到厭煩（例如：一下子就不想玩了）	①	2	3	4	5	6	7
47. 只要有事給這個孩子做，他（她）就不會不高興	1	2	3	4	5	6	⑦
48. 如果車上有這個孩子喜愛的玩具或遊戲可玩時，他（她）會樂於搭一個小時以上的車程	1	2	3	4	5	⑥	7

表 3-10　「幼兒氣質量表」——教師題本

題目	1 從不	2	3	4 有時	5	6	7 總是
1. 這個孩子似乎無法安靜坐好，常會動來動去或離開座位	1	2	3	4	5	⑥	7
2. 這個孩子在陌生的大人面前會害羞	1	2	3	4	5	⑥	7
3. 如果這個孩子所進行的活動被打斷，他（她）仍會設法做原來的活動	1	2	3	4	5	6	⑦
4. 這個孩子似乎對一些事情（例如：班上來的訪客、旅遊或其他特別的事件）視為理所當然，而不會感到訝異或興奮	1	②	3	4	5	6	7
5. 這個孩子很快就會遵守老師所訂的安全規則（例如：不可自行踏出園所大門）	1	②	3	4	5	6	7
6. 提到週末、假期所發生的事情時，孩子會熱切、興奮地大聲說	1	2	3	4	5	6	⑦
7. 這個孩子容易受噪音影響而分心（例如：窗外事物、其他小朋友的耳語）	1	2	3	4	5	6	⑦
8. 孩子會避免參與新遊戲及活動而寧願坐在一旁觀看	1	2	3	4	5	⑥	7
9. 這個孩子對他（她）不熟悉的活動很快就沒耐心，而去做其他的事	①	2	3	4	5	6	7
10. 如果有人（例如：父母或其他老師）到教室來，第一個受到注意的會是這個孩子	1	2	3	4	5	⑥	7
11. 這個孩子剛開始參與新的活動或遊戲時，會感到猶豫，但很快就能克服	1	2	3	④	5	6	7
12. 這個孩子會大聲地回答問題或反應	1	2	3	4	5	⑥	7
13. 老師說故事時，這個孩子會因為其他小孩的走動或講話而分心	1	2	3	4	5	⑥	7
14. 這個孩子常常用跑的而很少用走的	1	2	3	4	5	6	⑦
15. 缺席多天或放長假之後，這個孩子需要一段時間重新適應學校的作息	1	2	3	④	5	6	7
16. 這個孩子能很快地投入新的學習情境	①	2	3	4	5	6	7

表 3-10　「幼兒氣質量表」——教師題本（續）

題目	從不			有時			總是
17. 聽老師說故事時，這個孩子比其他孩子較不容易集中注意力	1	2	③	4	5	6	7
18. 在戶外遊戲時，這個孩子比其他孩子主動且精力充沛、活潑好動	1	2	3	4	5	6	⑦
19. 這個孩子需要一段時間才會對新座位或不同教室等感到自在	1	2	3	4	5	⑥	7
20. 如果其他孩子想要打擾這個孩子正在進行的活動，他（她）會不予理會	1	②	3	4	5	6	7
21. 當其他小孩拿走這個孩子的玩具或東西時，他（她）很少反應或毫無反應	①	2	3	4	5	6	7
22. 這個孩子會一再練習新學的技巧	1	2	3	4	5	⑥	7
23. 這個孩子會毫不猶豫地投入新活動及新情境	①	2	3	4	5	6	7
24. 這個孩子能持續同一種活動達一小時之久	1	2	3	4	5	⑥	7
25. 這個孩子剛開始不能和其他孩子融洽相處，但不久就能改善關係	1	2	③	4	5	6	7
26. 與其他小孩相比，這個孩子較能安靜地坐好	①	2	3	4	5	6	7
27. 這個孩子的臉部表情很少變化，所以很難知道他（她）真正的感覺（正面或負面）	1	②	3	4	5	6	7
28. 這個孩子在活動時不會分心（在混亂中，似乎還能專心一致）	1	②	3	4	5	6	7
29. 這個孩子寧願自己做活動而不需要別人協助	1	2	3	④	5	6	7
30. 這個孩子需要一段時間才會習慣新的環境	1	2	3	4	5	⑥	7
31. 即使是第一次，這個孩子也會毫不猶豫地站起來在班上表演（例如：唱歌、背誦）	①	2	3	4	5	6	7
32. 這個孩子在有壓力的情境下，會反應過度（例如：變得非常沮喪或懊惱）	1	2	3	4	5	⑥	7

表 3-10　「幼兒氣質量表」——教師題本（續）

題目	1 從不	2	3	4 有時	5	6	7 總是
33. 老師講解時，即使其他小孩交談或發出聲響，這個孩子仍然會專心聽講 ……	①	2	3	4	5	6	7
34. 如果取消下課時間／自由活動，孩子會因無法發洩精力而變得坐立不安 ……	1	2	3	4	5	6	⑦
35. 孩子對新的作業很快地反應出有興趣的樣子 ……	①	2	3	4	5	6	7
36. 這個孩子遇到新來的小孩，只會顧著自己玩，而不理會他人 ……	1	2	3	4	5	⑥	7
37. 這個孩子從事任何活動常常有始無終 ……	1	②	3	4	5	6	7
38. 這個孩子需要一段時間，才會適應學校作息或常規 …	1	2	3	4	5	⑥	7
39. 這個孩子容易分心 ……	1	2	3	4	5	6	⑦
40. 這個孩子行動緩慢 ……	①	2	3	4	5	6	7
41. 這個孩子會用叫或打的方式讓其他小孩知道他（她）所不喜歡的事 ……	1	2	3	4	5	6	⑦
42. 這個孩子參與任何一種活動都只花很短的時間 ……	1	②	3	4	5	6	7
43. 如果其他孩子想以不同方式玩遊戲，這個孩子很快就能適應 ……	1	2	③	4	5	6	7
44. 自由活動時，這個孩子較喜歡靜態活動（例如：閱讀、畫畫），而較不喜歡動態活動（例如：體能活動）…	①	2	3	4	5	6	7
45. 當比賽輸了，這個孩子不會在意 ……	①	2	3	4	5	6	7
46. 這個孩子較喜歡熟悉的玩具及遊戲，而較不喜歡新的遊戲器材 ……	1	2	3	4	⑤	6	7
47. 孩子投入活動時，不會注意到老師從旁走過 ……	1	②	3	4	5	6	7
48. 聽故事時，這個孩子會安靜坐好 ……	①	2	3	4	5	6	7

幼兒認知發展評量與輔導

第一節　幼兒認知能力的發展

壹、皮亞傑理論取向
貳、心理計量取向
參、訊息處理取向

第二節　幼兒認知能力評量工具

壹、幼兒認知能力的評量方法
貳、幼兒認知能力的評量工具

第三節　幼兒認知能力的輔導策略

壹、教師應扮演主動積極的角色
貳、提供充足的刺激環境，喚起幼兒的好奇心
參、協助幼兒利用感官知覺探索周遭事物
肆、鼓勵幼兒針對感興趣的主題深入探究
伍、協助幼兒發展數、量、形等概念
陸、根據幼兒認知發展層次，將內容做不同的引導

陳學慢是一個 5 歲的小男生，由於他的父母都在外地工作，所以打從他一出生，就由祖母負起帶他的責任；可是祖母年紀大了，體力大不如從前，身上也常有一些病痛，因此，除了日常生活起居的照顧外，很少與孩子互動。

最近，學慢的父母覺得孩子讓老阿嬷帶太辛苦了，經過一番商量，決定把學慢送到幼兒園就讀。幾個星期過去了，學慢漸漸適應幼兒園的作息，但是，老師卻發現他在認知能力的發展上遠較其他小朋友落後許多，例如：對顏色及數量概念不清楚，老師請他拿二張紅色的色紙，他卻拿成四張綠色的色紙；他也沒有物體大小的概念，老師請他拿桌上較大塊的黏土，他卻拿小塊的，問他爲什麼，他也説不出原因。爲什麼會如此呢？經過老師深入的追蹤和了解後，才知道學慢在 5 歲以前，不僅缺乏外在的刺激，與他人互動的機會也是少之又少。

由此可知，孩子在認知發展較慢的可能原因，除了先天因素外，還有後天環境的影響。對孩子來說，認知發展緩慢不僅會影響他未來的學習，同時也會影響他的問題解決及適應能力的發展，所以身為父母及教師者，應了解他們在認知能力的發展，及早協助之，以免影響未來的發展。

第一節　幼兒認知能力的發展

《張氏心理學辭典》一書中對「認知發展」的定義是：「廣義言之，泛指人類認知行為的發展，除了身體動作、社會、情緒等行為發展外，舉凡知覺、想像、辨認、理解、記憶、判斷及思考等複雜的行為發展，均稱為認知發展；狹義言之，認知發展是指智力發展而言。」張春興從廣義及狹義的角度來界定認知能力，他認為認知能力除了是指智力發展之外，泛指一切認知的發展（張春興，2006）。

基本上，認知能力是指一個人「知」的歷程，換句話說，係指獲取知識的過程。對於認知能力，以下從三種取向來介紹：第一種取向是「皮亞傑理論取向」（Piagetian approach），他將認知發展分為四個時期，並強調基模、組織、適應（同化／調適）；第二種取向是「心理計量取向」（psychometrics approach），認為認知是智力，可從現有的工具評量；第三種取向是「訊息處理取向」（information processing approach），注重訊息的輸入與輸出之間，以及轉化處理的心理歷程，認為人是符號的操弄者，並意圖描述這些符號，以及符號被操弄的方式。

壹、皮亞傑理論取向

皮亞傑（Jean Piaget, 1896-1980）是認知發展理論中的佼佼者，許多探討認知發展和兒童問題解決的研究，都引用他的理論。皮亞傑於 1896 年出生於瑞士納沙特爾（Neuchâtel）的一個知識份子家庭，小時候就對鳥類、魚、海蚌類和化石等感興趣，終生則對研究哲學和邏輯樂此不疲。在他的學術生涯中，最主要就是探討「人的知識是如何形成的？」及「人的知識是如何成長的？」這兩大問題；但是這兩大問題；若以科學性方法探討，則所需要花的時間太長；若以歷史研究法探討，則會面臨許多問題。因此皮亞傑決定研究兒童智力的發展與發生，以明瞭科學知識的發展，因為他相信兒童建構自己知識的方法與科學家建立理論的方式是相通的，所以，他對

▶ 皮亞傑（J. Piaget, 1896-1980）

兒童智力的發生與發展分階段進行了深入的研究。

一、認知發展的基本概念

（一）基模（Schema）

在《張氏心理學辭典》（張春興，2006）一書中的解釋，基模係指個體用以認識周圍世界的基本模式。此一模式係由個體在遺傳上的基礎學得的各種經驗、意識、概念等所整合，構成一個與外在現實世界相對應的抽象認知結構，貯存在記憶之中。當個體遇到外界刺激情境時，他就使用此一架構去核對、了解、認識環境。嬰幼兒在手的觸覺有所謂的抓取基模（grasping schema），嘴巴的感覺有吸吮基模（sucking schema），之後，隨著孩子的成長，基模隨著經驗的增加而漸趨複雜，就成為心理模式。

（二）組織和適應

1. 組織（Organization）：是指個體在處理周圍事物時，能統合運用身體與心理的各種功能，進而達到目的的身心活動歷程，例如：剛開始嬰兒看到物品及拿取物品之間的基模不同，會產生手眼不一致的現象；但是，後來嬰兒便會組織這些基模，達成手眼協調。換句話說，嬰兒憑視覺或聽覺發現東西後，然後憑觸覺抓取東西，就是所謂的組織，並隨人類的成長從簡單變成複雜。
2. 適應（Adapation）：是指個體與環境之間達成平衡狀態，換句話說，是指認知基模因環境的限制而主動改變的心理歷程。而個體在適應環境的過程中會產生兩種心理歷程：一為同化；另一為調適。
   (1) 同化（Assimilation）：是把新知識歸入到先前已學會的相同概念中，例如：小孩已經發展出握住奶瓶的觀念，因此，如果有一個玩具放在他前面，他會對此玩具做出類似的動作，這個玩具也成為他經驗中的一部分，在以後的成長過程中，孩子會認得此玩具，即為同化。

(2) 調適（Accommodation）：是指個體遇到新情境時，既有的基模無法適應新環境，必須改變既有的基模以符合環境的需求，以獲得平衡，例如：孩子認為所有東西都會往下掉，但有一天，別人送他一顆汽球，不小心鬆手了，卻發現汽球往上飄，此時，他舊有的經驗無法解釋這種現象。為了適應新的經驗，孩子必須修改以前所建立的資料系統，調適既有的經驗。

二、認知發展分期

皮亞傑與其研究小組對兒童進行長期觀察，將兒童的認知發展，依知能結構的不同，分為下列四個階段。

（一）感覺動作期（Sensorimotor Stage，約 0～2 歲）

在這段期間，幼兒依賴各種感覺器官與身體動作，來探索認識周遭的環境，而抓取與吸吮是最基本的行為模式。此外，幼兒在這階段末，應發展出「**物體恆存**」的概念，例如：東西掉在地上或者媽媽走開一會兒，孩子在階段初都會哭，以為東西不見了或是媽媽不見了。因此，這階段的孩子都喜歡玩「躲貓貓的遊戲」，直至孩子具有「**物體恆存**」的觀念，他才會知道東西只是掉在地上而已，並不是不見了；媽媽只是走開而已，她還是會再出現的。

（二）前運思期（Preoperational Stage，約在 2～7 歲）

這階段是感覺動作期的延續，幼兒認知變化的時間不似上一階段迅速。這時期的幼兒對生活的體驗完全像一位現實主義者，只相信自己所看到的事件。主要特徵如下：

1. 自我中心：皮亞傑依據「三座山的實驗」，認為幼兒的思考比較自我中心，換句話說，孩子沒有辦法在相同時間中，思考超過一個以上的知覺因素，幼兒僅能從自己的角度來判斷事情，無法從他人的觀點來看事情，不過他已在1960年代放棄此種看法。後來研究中的實例，改為「警察抓小偷」，才發現幼兒並不如原先所想的那麼自我中心。研究中，研究者讓孩子坐在一個四方形的盤面前，將一警察人偶放在盤面角邊，再把一玩偶放在四等份方形盤的一部分，然後問幼兒：「警察會不會看到玩偶？」答對的比率達90%以上。由結果顯示，問題的關鍵在於實驗者所用的事物是否是孩子熟悉的。

2. 知覺集中：此階段的孩子只能辨認物體單方面的特徵，如顏色、大小、形狀或材質等，例如：一輛黃色大型的玩具車，孩子可能只注意到「黃色」、「大型的」、「汽車」等單方面的特徵，不能同時辨認多方面的特徵。
3. 保留概念的發展：皮亞傑的保留概念，如同蒙特梭利（M. Montessori）的秩序感，了解兩個等量的東西（如重量、長度、容量、體積等），經過重新組合，仍然還是維持等量。一般而言，幼兒到6歲才有重量保留概念，7歲才有容量保留概念。

（三）具體運思期（Concrete Operational Stage，約在7～11歲）

能藉由具體的事物從事思考活動。主要特徵如下：

1. 思考具可逆性：此期兒童思考最大的特色，就是能夠在心理反轉思考方向，例如：他每天知道如何走到學校，也知道順著原路能夠回家。
2. 依物品的特性分類：能依物體特性，如顏色、形狀、大小等分類。
3. 具數量保留概念：即使物體的外觀改變，也有能力看出物體的數量並不因此而有所增減，例如：皮亞傑的實驗中，在桌上排出上下一列各五個棋子，問孩子：「小朋友，你能不能告訴我哪一排的棋子比較多？」之後，再當著孩子的面前，將第二列的間距拉大，再問同一個問題。第三次將棋子弄成一團，再問孩子同樣的問題。通常具體運思期的孩子可以明白長度或密度的改變，不會影響原先相同的數量。

（四）形式運思期（Formal Operational Stage，11 歲以上）

此階段孩子能從事抽象的思考活動，他們所想的事並不侷限在具體的事物上，他可以思考空間、時間等抽象的概念，並發展出價值觀與道德判斷力。

皮亞傑認為這四個階段的分期是有一定的順序，通過第一階段之後，才能進入第二階段，通過第二階段之後，才能依序進入第三階段及第四階段，不可逾越。

三、後皮亞傑（Post-Piaget）的觀點

近年來，皮亞傑的理論有愈來愈多的爭議，以下針對自我中心觀點、階段論、認知能力，以及社會和文化因素提出他人的說法。

（一）自我中心論的觀點

事實上，皮亞傑在 1960 年代晚期就停止使用自我中心這個名詞。然而不幸的，後來的學者並未加以修正，吉爾曼（Gelman）也認為：「現在有許多證據顯示，幼兒能從他人的觀點來看事情，所以我很難理解，為什麼我和其他人會認為幼兒是自我中心的。」

（二）階段論的觀點

皮亞傑認為認知的發展階段是循序漸進的、是固定不變的，具有普遍性。但是其他學者則不贊同此看法，如吉爾曼和貝拉勤（Bailargeon）指出，只有很少的證據可支持皮亞傑認知的發展階段；弗來爾（J. H. Flavell）也認為，人類認知的發展不是階段性似的，而且此一觀點也經不起實證上的考驗。

（三）認知能力的觀點

唐那森（Donalson, 1979）在其著作《兒童的心智》（*Children's Mind*）中指出，皮亞傑低估了孩子某方面的認知能力。許多後皮亞傑學派的學者認為，幼兒的認知能力比皮亞傑所認為的更具能力，而較大兒童及大人的認知能力卻沒有想像中的好。他們認為幼兒具有一些先天的組織結構，可協助他們留意某些與某一認知領域有關的訊息，並從中獲取與此一領域相關的概念。

（四）社會和文化因素的觀點

「在海邊玩泡沫時自己會發現一些新觀念」，這種強調個人的觀念，布魯納（J. S. Bruner）認為是「無中介的概念主義」（unmediated conceptualism），他認為兒童是透過與他人的協商過程中而獲得知識的，孩子在知識的成長過程中，並非一個人獨自走過來的。

所以，就有後皮亞傑理論觀點的說法，希望能反應皮亞傑的理論，又能修正皮亞傑理論的錯誤觀點，希望理論最常出現的「階段論」、「自我中心說」、「不能勝任說」及脫離文化影響的「個人主義說」能夠被替換掉。在後皮亞傑理論中，並無一位學者的觀點足以代表之，但蘇聯的心理學家維高斯基（Les Semenovich Vygotsky, 1896-1934）的觀點對後皮亞傑理論有深遠的影響，以下就其生平及主要觀點述之。

▶ 維高斯基（L. S. Vygotsky, 1896-1934）

維高斯基出生於裴羅夏（Belorussia）歐斯查城鎮（Orscha）的猶太中產

家庭，家中有八名兄弟姐妹，排行老二。出生的年代與皮亞傑同年，但他沒有皮亞傑幸運——他只活了 39 歲，死於肺結核，無法完成其學術事業。

（一）社會歷史觀點

維高斯基認為社會先於個人，所以他非常強調社會歷史觀點，認為不論是發生在個人或人與人之間的一切，必須從社會歷史的架構中去定義其可能性。所以他認為，兒童不是獨自開創自己的世界，是經由與他人互動而重新創造自己的世界。在維高斯基的理論中，社會互動不僅可讓兒童在情境中顯示其才華，而且也是兒童智力發展的初始機能。兒童從與他人的互動中——特別是自己的父母，獲取知識和智力的適應。許多研究也在探討父母如何教導孩子，從與其他小朋友互動中進行學習，而父母如何依據孩子的表現，調整自己的協助策略，稱之為「鷹架」（scaffolding）。

（二）發展與學習觀點

皮亞傑學派的人士認為：「發展乃是學習的先決條件」，但是維高斯基認為學習可以引導發展，亦即經過妥善安排的學習會引發心智的發展，在他的「近側發展區域」（Zone of Proximal Development, ZPD）的觀點中，非常清楚闡述了學習與發展之間的關係。「近側發展區域」主要在區分「兒童自己能夠做的」與「兒童需要協助才能夠做得的」。

1. 「兒童獨自能夠做」的發展層次：他指出兒童自己能夠做的是實際發展的層次。根據這個觀點，實際發展的層次也是智力測驗所測量出的。如此的測驗是重要的，但也嫌不足，兩位孩子或許有相同的實際發展層次，例如：在某標準智力測驗上，解決相同數目的題目。但如果有成人在旁協助指導，或許其中一位孩子可解決十二題以上的題目，但另一位孩子或許只解決了二題或三題，孩子由於大人的幫忙所能做出來的題目是為孩子潛在發展的層次，「實際」與「潛在」的差異，就是維高斯基認為的「近側發展區域」。

2.「兒童在他人協助之下」的發展層次：「兒童在他人協助之下能做什麼」，此觀點是維高斯基和之後蘇聯的心理學家討論的重點。蘇聯心理學家深信文化背景對個人發展的決定性，就此觀點而言，兒童的學習主要來自其周遭環境，而且大部分兒童解決問題是需要由成人協助的。如上例所示，當獨自工作時，兩位孩子表現一樣智力，如果有外來的幫助時，就有所差異，這是因為孩子有不同的「近側發展區域」。

近年來，許多研究者已植基於「近側發展區域」的概念，嘗試去發展評估智力的方法。其共同研究的策略是「測驗—訓練—測驗」的過程。根據這種方法，兒童首先嘗試在一個標準化的智力測驗上去解決一系列問題，而兒童在解決問題的區域上，是由暗示的數目來決定，暗示愈少，區域愈大。此研究已證實了維高斯基的觀點，也就是智力測驗不能提供兒童智力測驗的全貌。智力測驗的分數是與初學的速度與遷移有關，而並非正相關，因為許多孩子來自他人協助的能力，並非智力測驗所能測量出來的。

就後皮亞傑的觀點而言，殷納加奇（Inagaki）認為，後皮亞傑理論不同於皮亞傑理論的觀點主要在於下列三點：(1)學習和發展在不同領域以非常不同的方式發生著，但在特定領域（domain-specific）的限制要比一般領域（domain-general）的限制明顯；(2)後皮亞傑學派的觀點不再視邏輯數學為最重要的，認為讓孩子學習與周遭相關的知識，會使學習變得比較容易些；所以，幼兒在熟悉環境中的表現比在陌生的環境好；(3)後皮亞傑觀點非常重視發展的社會文化背景。在實際的應用上，我們必須協助孩子精緻化他們已經知道的知識，或者幫助他們更深入探索一個或數個領域，並且鼓勵他們與同儕之間互動，以建構自己的知識。在《兒童的心智》一書中，指出皮亞傑低估孩子在某一方面的認知能力；許多後皮亞傑學派的學者也指出，孩子的認知能力比我們想像中的還要好，然而較大兒童或大人的認知能力卻沒有我們想像中的好。

此外，後皮亞傑學派非常重視社會文化因素，認為我們並非只根據個人獨自對自然現象的經歷而建構事實，事實上，我們大都是透過與他人互動的過程而獲得知識。此外，此理論也認為當某個人或某個團體無法完成某件事時，我們只能說他們無法在特定的情境下完成某件特定的事。

貳、心理計量取向

有些學者視認知能力是智力，尤其是心理計量學者，他們使用標準化的心理測驗，以了解兒童在認知能力上的差異。近數十年來，新興的認知心理學派批評以智力測驗來了解孩子的認知能力是有限制的，例如：認知心理學之父奈塞爾（U. Neisser）認為，傳統的智力觀點是：(1)讓人誤解智力是單一的能力；(2)讓人誤解智力是單一的數目字；(3)智力是在虛假情境中所評量出來的能力（王溢嘉，1988，頁 12-13）。新一代的心理學家哈佛大學的葛德納（H. Gardner）、耶魯大學的史坦伯格（R. Sternberg）、賓州大學的巴朗（F. Barron），以人本主義為基點，重新詮釋智力的意義，認為智力的內容是多元的，有如一張代表各種能力的網路。其觀點如下。

一、史坦伯格的智力三元論

1. **生平**：史坦伯格的父母都是猶太人，為了逃避納粹的迫害而到美國。在他小的時候，很怕做智力測驗，因為他太緊張，每次都答不好，甚至在小學六年級時，還被要求做五年級的智力測驗。當時史坦伯格認為自己或許很笨，但還不致於笨到那種程度（王溢嘉，1988）。
2. **智力三元論**：史坦伯格在其代表作《IQ之外：人類智力三元論》（*Beyond IQ: A Triarchic Theory of Human Intelligence*, 1985）一書中指出，智力應包括三個層面，如下所述：

(1) 脈絡性智能（Contextual Intelligence）：脈絡性智能也稱為外在性智能，是指一個人在各種環境下會以不同的方式來使用他的智能，一個聰明的人會將其心智活動導向符合情境的需要；如果不能，則會選擇有利於自己的情境。

(2) 經驗性智能（Experiential Intelligence）：是指一個人在面對新情境時，能夠根據過去的經驗來解決問題。所以，此類型的人不但能夠很快地解決問題，還能夠很快地將這種解決方式類推至其他相似的情境中。

(3) 內在性智能（Internal Intelligence）：是指對問題本質的認識，事先在心裡計畫如何實施，並在過程中予以評估，注意各種訊息的回饋等。

這三種智能並非各自獨立，互不相干，而是糾結在一起的心智活動，像一個「三人執政團」。當一個人遇到問題，想要解決的時候，可能會根據自己過去的經驗，先在心中盤算一番，然後再擬出具體的方法，這就是史坦伯格所認為的智能，或許可以稱為「實用智能」（practical intelligence），是在真實生活中發揮作用的智能（王溢嘉，1988）。

二、葛德納的多元智能理論

1. **生平**：葛德納的父母也是猶太人，也是為了逃避納粹的迫害而到美國。父母知道他是位聰明的孩子，曾讓他接受一個星期的測驗，測驗結束之後，測驗人員告訴他的父母：「你的孩子在各方面都表現不錯，但未來應只適合做書記的工作」（王溢嘉，1988）。自此之後，葛德納對智力測驗抱持著懷疑的態度，他對智力的觀點，主要來自於現代的工商業社會需要不同的人，不僅需要語文及數理邏輯的人，而且也需要擅長空間及處理人際關係能力的人。
2. **多元智能理論**：葛德納在《心靈的結構：多元智能理論》（*Frames of Mind: Theory of Multiple Intelligences*）（Gardner, 1993）一書中，將智能分為七類，並於 1995 年，提出第八項自然觀察者智能。其中有三種屬於「舊愛」，指傳統性智能：即「語文智能、邏輯—數理智能、空間智能」，另五種智能是「新歡」，是指「身體動覺智能、音樂智能、人際智能、內省智能、自然觀察者智能」。

(1) 語文智能（Linguistic Intelligence）：係指對文字、意義、語言及結構，敏感性很強，並能有效運用口語或書寫文字的能力，例如：作家、詩人、律師、編劇家等，都屬於具有這方面能力的人。

(2) 邏輯—數理智能（Logical-Mathematic Intelligence）：係指擅長處理長串推理和組織世界形式和次序的能力，例如：科學家、數學家、物理學家等，都屬於具有這方面能力的人。

(3) 空間智能（Spatial Intelligence）：能正確知覺視覺世界，並根據個人的知覺重新創造或調整世界某一層面的能力。這類型的人具有下列特徵：①從不同的角度看同一物體不會認錯；②物體中的小部分移動或者對調，都可以在想像中完成；③能清楚劃分自己與空間的關係，例如：建築師、飛行員、雕塑家、航海家等，都屬於具有這方面能力的人。

(4) 身體動覺智能（Bodily-Kinesthetic Intelligence）：係指能控制身體的活動與操作物體技巧的能力，例如：舞蹈家、運動員、外科醫師等，都屬於具有這方面能力的人。

(5) 音樂智能（Musical Intelligence）：係指敏於節奏、旋律、音高和音調的能力，例如：作曲家、演奏家、指揮家等，都屬於具有這方面能力的人。

(6) 人際智能（Interpersonal Intelligence）：係指對人與人之間的互動中，能察覺並區分他人情緒、意圖和感覺的能力，例如：政治家、宗教家、推銷員等，都屬於具有這方面能力的人。

(7) 內省智能（Intrapersonal Intelligence）：能清楚地了解自己的優缺點、內在動機與慾望，並能有效處理自己的問題，對自己有自知之明的能力，例如：哲學家、心理治療師、宗教領袖等，都屬於具有這方面能力的人。

(8) 自然觀察者智能（Naturalist Intelligence）：能在充滿自然生態的環境中，具有認識動植物和自然環境的能力，例如：環境生態學家、生物學家、天文學家等，都屬於具有這方面能力的人。

葛德納堅持反對以單一的智力概念來代表人類複雜的智能指標，他認為每個人具有不同的智能，只是強弱不一而已。所以，如果只用單一的能力來判斷一個人，無異是欺騙他們，使他們缺乏了解自己的機會。

參、訊息處理取向

訊息處理取向（Information Processing Approach）是探討個體如何獲得知識的歷程，換句話說，認為個體透過各種感覺器官，如眼睛、耳朵等，獲取各方面的訊息，在訊息成為個人知識之前的一段思考歷程，是注重訊息在輸入與輸出之間，訊息轉化處理的心理歷程（如圖 4-1 所示）。

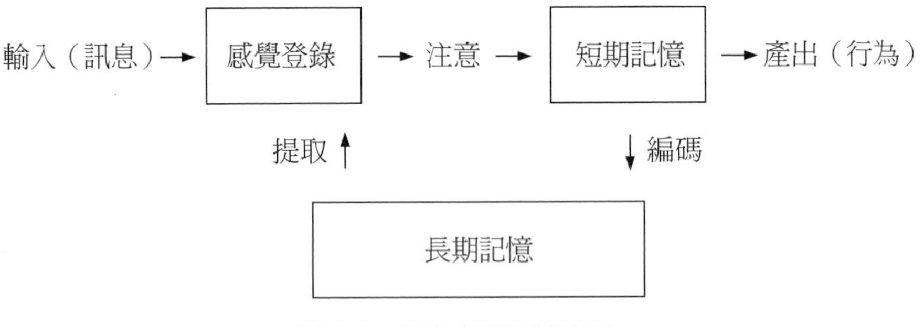

圖 4-1　訊息處理系統簡圖

一、輸入

在日常生活中，我們隨時會接受各種資訊或刺激，在這些刺激中，只有你覺得特別有感觸或是與過去經驗有關的事情，才會特別去注意它，例如：有一天你從火車站出來，車站到處都是人，你應該不會特別去留意任何人，不過，如果其中有一位穿著紅色衣服的人，遠看似乎是自己過去的情人，你才會特別將目光放在其身上，會特別注意這個人。

事實上，個體在感官登錄刺激時，會與個人過去的經驗、需求或個人覺得有意義的事情產生關聯，並引起極短暫的記憶，否則就會遺忘。

二、短期記憶

訊息經過**感官登錄**和**注意**的歷程後，進入短期記憶。這些訊息存留在短期記憶的時間很短，大約只有 10 秒，如果你不再複誦，則會馬上遺忘，例如：你想到戲院看電影，但不知道場次時間，於是你上網查詢戲院的電話，之後你馬上打電話到戲院問電影的時間及場次，問完後，我們再請問你：「**剛剛你撥的戲院電話號碼幾號？**」我想你也應該忘得差不多了，這段期間的進行靠的就是短期記憶之運作。

短期記憶的容量很有限，訊息的保留量大約只有「7 ± 2」個單位，至於真正的容量，還需要看個人對訊息處理的操作型定義。從功能上看，短期記憶屬於工作記憶，主要是將訊息做適當的處理與運作，是個人可意識到訊息的運作區域。不過，訊息在短期記憶中是有可能消失的，原因有二：一為干擾；二為消退：(1)干擾：原因是因有其他訊息的介入，或有兩種以上的訊息發生競用的現象；(2)消退：由於訊息沒有複誦以增加保留的時間，或者訊息未加以利用，因而逐漸消退。其中，複誦的方式有二：(1)**精進性複誦**：目的在使訊息和已知訊息產生關聯，之後，訊息就能很快地傳到長期記憶中；(2)**維持性複誦**：目的在保留訊息，使其有較長的停留時間，並且排除其他訊息。

此外，短期記憶還有另一項特色──「系列位置效應」。在一系列的訊息刺激進入短期記憶後，比較能夠正確回憶的是最前面和最後面的訊息，前者稱為**初始效應**，因為是最先進入短期記憶，也是最有時間加以複誦的；後者稱為**時近效應**，由於它仍然存留在短期記憶中，容易被喚起；至於中段的訊息，回憶效果最差，遺忘的情形也最嚴重。如同我們讀書，書本的前後部分是比較容易記得，中間的部分就比較不容易回想起。

三、長期記憶

長期記憶是以短期記憶為基礎，是一個長期儲存知識訊息的地方。長期記憶是由下列兩種記憶組成。

1. **陳述性記憶**（Declarative Memory）：也稱為事實性知識，係指有關資料性或事實性的知識，例如：人名——「王珮玲」、時間——「八月八日是父親節」、地點——「法國的首都在巴黎」，以及事實經過的陳述方式。
2. **程序性記憶**（Procedural Memory）：這種記憶與活動發生的先後次序有關：(1)在動作技能方面，如學騎腳踏車、學游泳或學鋼琴；(2)在認知方面，如實驗的各種先後步驟、機械操作的先後順序；(3)在知覺方面，係指對於物品形狀、材質的了解等。這類的學習是依一定的程序學習，熟練後可自動化地自記憶中檢索、立即恢復，這種程序性的知識可稱為功能性知識（Functional Knowledge）或實用性知識（Practice Knowledge）（張春興，2006）。

四、提取訊息

係指訊息從長期記憶中被喚取的程度，並選取相關有用的資料到短期記憶中運作，以便與新的訊息發生作用。通常在提取資料時，必須提取資料的線索，這種線索不僅在找資料時有幫助，好的線索也有增強記憶的效果，而線索的有效性視關聯強度及編碼的特定性而定。

1. **關聯強度**：是指線索與過去經驗的相關程度，例如：所提示的線索為「沙漠」，個人所提取的訊息或許是「高溫乾燥」，或許是「撒哈拉大沙漠」，至於其他關聯性較弱資訊，則可能引不起任何回憶。
2. **編碼的特定性**：係指在編碼時，能運用情境編碼的原則，以加強對目標事件的記憶，在編碼時，其情境愈特殊，愈容易被保留下來，以做為日後提取的資料。

總之，皮亞傑理論取向的觀點，認為認知能力是指同化和適應環境的能力，強調兒童發展的相似性，即概念的發展與發展的階段性；心理計量取向的觀點，認為認知能力係指通過智力測驗所反應適應環境的能力；訊息處理取向的觀點，認為認知能力是指處理訊息的能力，強調所有兒童共同的基本歷程。由上可知，皮亞傑理論取向與訊息處理取向都比較偏向理論，主要在確認兒童的基本認知歷程，所以在實際應用上都受到限制。而心理計量取向則比較偏向實用取向，較從標準的心理測驗的評量結果來看幼兒的認知能力，除了認定幼兒智力的差異外，還可了解幼兒在團體的相對地位，具有實際的目的。

第二節　幼兒認知能力評量工具

壹、幼兒認知能力的評量方法

我們可能會在路上看到以下的鏡頭：母子倆從幼兒園回家時，孩子邊走在路上，邊唸著：「1、2、3、4、5……」，這種唱數能力是否可視為幼兒的認知能力之一？在學校，我們常會藉由觀察、口頭詢問、操作遊戲或紙筆測驗，以了解幼兒的數數、數的合成與分解、時間及空間的概念。或是，我們也會觀察幼兒在問題解決的能力，例如：「肚子餓的時候，你怎麼辦？」「迷路的時候，你怎麼辦？」總之，我們會以多種方式了解幼兒的認知能力發展。

貳、幼兒認知能力的評量工具

依據國內目前幼兒認知能力的評量工具，筆者將之分為三類（如表 4-1 所示）：(1)幼兒發展評量表，計有 9 種；(2)幼兒智力量表／測驗，計有 11 種；(3)幼兒心理／學習能力測驗，計有 6 種。詳述如下。

表 4-1　幼兒認知能力的評量工具

一、幼兒發展評量表	適用年齡層
1.嬰幼兒綜合發展測驗（CDIIT）	3～71 個月
2.臺北市學齡前兒童發展檢核表	4 個月～6 歲
3.學前幼兒發展篩選量表（DSP）	2～6 歲
* 4.零歲至六歲兒童發展篩檢量表	0～6 歲
* 5.兒童發展評估表	0～6 歲
* 6.嬰幼兒發展測驗（DDST）	0～6 歲
* 7.學齡前兒童行為發展量表（CCDI）	6 個月～6 歲半
* 8.幼兒發展里程碑	0～6 歲
* 9.零至六歲簡易兒童發展篩檢評估量表	0～6 歲
二、幼兒智力量表／測驗	**適用年齡層**
1.魏氏幼兒智力量表（第四版中文版）（WPPSI-IV）	2歲6個月～7歲11個月
2.托尼非語文智力測驗（第四版中文版）（TONI-4）	4～15 歲 11 個月
3.瑞文氏彩色圖形推理測驗（CPM）	6 歲半～9 歲半
4.綜合心理能力測驗（四至九歲適用版）（CMAS-YC）	4～9 歲
5.學前幼兒認知發展診斷測驗（CDDAP）	2～6 歲
* 6.綜合心理能力測驗（CMAS）	5～14 歲
* 7.綜合性非語文智力測驗（CTONI）	小一～國三
* 8.智能結構學習能力測驗（SOI）	學前～國小三年級
* 9.古賀畫人測驗	3～12 歲
* 10.比西智力量表	3～11 歲
* 11.修訂考夫曼兒童智力測驗	2～6 歲
三、幼兒心理／學習能力測驗	**適用年齡層**
1.學前兒童提早入學能力檢核表	未滿 6 足歲兒童
* 2.修訂學前兒童學習能力測驗（DIAL-R）	2～6 歲
* 3.學校能力測驗	6～8 歲
* 4.幼兒認知能力測驗	5～7 歲
* 5.哥倫比亞心理成熟量表	3～9 歲 11 個月
* 6.修訂基爾文兒童能力測驗	4～8 歲

註：有＊符號者，其詳細資料請參見本書附錄六。

一、幼兒發展評量表

（一）「嬰幼兒綜合發展測驗」（CDIIT）

1. **目的**：評估嬰幼兒在認知、語言、動作、社會和自理能力等各項發展及行為特性。

2. **編修者**：1998 年，教育部委託王天苗、蘇建文、廖華芳、林麗英、鄒國蘇、林世華編製「嬰幼兒綜合發展測驗」（Comprehensive Developmental Inventory for Infants and Toddler, CDIIT）。2004 年，王天苗出版「嬰幼兒綜合發展測驗」指導手冊（修訂版），由國立臺灣師範大學特殊教育中心發行。
3. **內容**：本測驗是國內第一個具備全國性常模且適用於嬰幼兒綜合性發展的標準化測驗工具，廣為各界使用。內容包含篩選及診斷兩種分測驗，在評估幼兒時，可先施以「篩選測驗」，若發現幼兒疑似有問題，再進一步以「診斷測驗」評估。
   (1) 篩選測驗：計有 87 題，包括認知 18 題、語言 16 題、動作 18 題、社會 17 題、自理 18 題。
   (2) 診斷測驗：若發現疑似遲緩情形，再使用診斷題本，進一步診斷嬰幼兒在各發展領域的能力及行為特性。計有 5 個分測驗，343 題，以及記錄嬰幼兒對評量者反應和情緒等 10 項行為特徵的「嬰幼兒行為紀錄表」。
   ①認知能力：包括注意力、知覺辨別、記憶、思考推理，以及概念等五種能力。
   ②語言能力：包括理解和表達能力。

③動作能力：包括肌肉控制、移位和身體協調等三種粗動作發展，以及手操作、視動協調等兩種精細動作發展。

④社會能力：包括人際互動、情感與情緒、自我與責任，以及環境適應等四種能力。

⑤自理能力：包括飲食、穿脫衣服，以及盥洗衛生等三大能力。

4. **信效度及常模：**

(1) 信度：診斷測驗的重測信度在 .90～.99，達顯著；觀察者信度，除了情感與情緒未達顯著，其餘皆達顯著，其內部一致性信度在.75～.99。

(2) 效度：診斷測驗具建構效度，即各項發展分數隨年齡增長而增加，各分測驗與總測驗之相關介於 .96～.99。

(3) 常模：建立年齡分數、Z 分數、百分等級和發展商數。

5. **注意事項**：這份測驗由國人自行編製，並具備良好信效度和常模，使用率極為普遍。不過，需注意的是，評量人員需根據指導手冊之規定施測；至於診斷測驗的評量人員需修習特殊教育診斷或心理測驗評量 3 學分課程，並領有該項評量工具之研習證書方可使用之。

（二）「臺北市學齡前兒童發展檢核表」

1. **目的**：評量 4 個月～6 歲嬰幼兒的各項發展。

2. **編製單位**：由臺北市政府委託專家編製，於 2010 年修訂出版。

3. **內容**：評估幼兒粗大動作、精細動作、語言溝通、認知學習、社會適應、情緒，以及視覺和聽覺能力等 7 項，檢核表除中文版外，也有英文版、日文版、泰文版、印尼文版、越南文版等版本，並依幼兒的年齡分成 13 種年齡層版本，使用者可選擇合適的檢核表：

(1) 4 個月（3 個月 16 天～5 個月 15 天）。

(2) 6 個月（5 個月 16 天～8 個月 15 天）。

(3) 9 個月（8 個月 16 天～11 個月 15 天）。

(4) 1 歲（11 個月 16 天～1 歲 2 個月 15 天）。

(5) 1 歲 3 個月（1 歲 2 個月 16 天～1 歲 5 個月 15 天）。
(6) 1 歲半（1 歲 5 個月 16 天～1 歲 11 個月 15 天）。
(7) 2 歲（1 歲 11 個月 16 天～2 歲 5 個月 15 天）。
(8) 2 歲半（2 歲 5 個月 16 天～2 歲 11 個月 15 天）。
(9) 3 歲（2 歲 11 個月 16 天～3 歲 5 個月 15 天）。
(10) 3 歲半（3 歲 5 個月 16 天～3 歲 11 個月 15 天）。
(11) 4 歲（3 歲 11 個月 16 天～4 歲 11 個月 15 天）。
(12) 5 歲（4 歲 11 個月 16 天～5 歲 11 個月 15 天）。
(13) 6 歲（5 歲 11 個月 16 天～6 歲 11 個月 15 天）。

4. **注意事項：**

(1) 這份檢核表實施簡易，不需花太多時間，也可上網填寫，填寫後上傳，即有評估結果，非常方便。讀者可從網址 https://reurl.cc/5qRVnR 下載，或直接在搜尋網站輸入「臺北市學齡前兒童發展檢核表」的關鍵字，也可找到。

(2) 與本檢核表相似的有衛生福利部國民健康署出版的「0～2 歲兒童發展量表」和「3～6 歲兒童發展量表」，量表分為粗動作、細動作、語言溝通、身邊處理、社會性等四項，幼兒發展都以圖片呈現，淺顯易懂。讀者可進入臺北市早期療育服務網（http://eirrc.health.gov.taipei/），點選「如何觀察孩子」此項目，在各階段發展曲線表中即可看見相關資訊。

（三）「學前幼兒發展篩選量表」（DSP）

1. **目的：**篩選疑似發展遲緩個案，了解各項能力之發展狀況，作為早期療育或特殊教育服務之參考，或是作為學習規劃之介入依據。

2. **編製者：**由孟瑛如、陳雅萍、田仲閔、黃姿慎、簡吟文、彭文松、周文聿、郭虹伶編製的「學前幼兒發展篩選量表」（Developmental Scale for Preschoolers, DSP），於 2020 年 4 月出版。

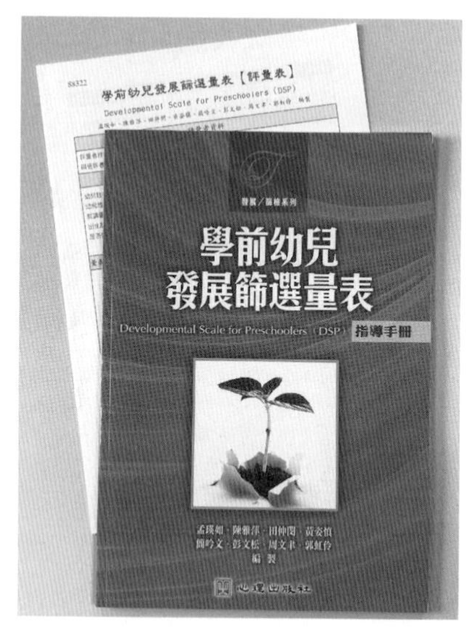

3. **內容**：包含四個分量表：(1)身體動作：以粗大動作、精細動作以及生活自理等面向，評估幼兒的各項身體動作表現；(2)認知：了解幼兒在專注力、記憶能力、蒐集訊息、整理訊息以及解決問題的能力，評估幼兒的認知能力表現；(3)語文：評估幼兒在理解與表達能力上的表現；(4)社會：包含「自我探索與覺察」、「和他人溝通協調」及「尊重自己、他人和環境」三個向度，評估幼兒與人互動的社會能力。
4. **信效度及常模**：取樣臺灣北中南三區共 867 位幼兒，依照年齡分別建立常模。信度方面，全量表之內部一致性α係數為 .91，各分量表內部一致性α係數介於 .64～.92 之間。效度方面，本量表具有良好的內容效度；各分量表與全量表之相關係數介於 .846～.914 之間，具有高度相關；而各分量表之間相關則介於 .597～.885，達到中高度相關；由驗證性因素分析可看到本量表具良好之建構效度。

二、幼兒智力量表／測驗

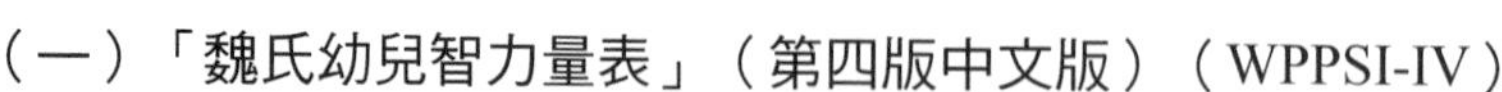

（一）「魏氏幼兒智力量表」（第四版中文版）（WPPSI-IV）

1. **目的**：評估 2 歲 6 個月～7 歲 11 個月的幼兒智力，目的有四：(1)可用於鑑定資優、智能障礙、認知發展遲緩等特殊幼兒的認知強弱項衡鑑工具，其結果可做為研擬臨床治療計畫及決定教育安置和養護方案之指南；(2)可與「適應行為評量系統」（第二版）（Adaptive Behavior Assessment System, 2nd ed., ABAS-II）幼兒版並用，以評量受試者認知功能與適應技能間的關係；(3)可用來評估幼兒學習潛力、預測學業成就，並協助評估學習困難或學習障礙之可能原因；(4)提供神經心理學的評估及使用。

2. **修訂者**：由陳心怡、陳榮華修訂自魏克斯勒（D. Wechsler）所編製的「魏氏幼兒智力量表」（第四版）（Wechsler Preschool and Primary Scale of Intelligence, 4th ed., WPPSI-IV），於 2013 年 5 月出版。
3. **內容**：計有 15 個分測驗，但 2 歲 6 個月～3 歲 11 個月組幼兒，有 8 種分測驗；4～7 歲 11 個月組幼兒，則有 15 種分測驗，如表 4-2 所示。

表 4-2　**兩組年齡層的分測驗**

2 歲 6 個月～3 歲 11 個月組	4～7 歲 11 個月組
1.聽詞指圖*	1.圖形設計*
2.圖形設計*	2.常識*
3.圖畫記憶*	3.矩陣推理*
4.常識*	4.昆蟲尋找*
5.矩陣推理*	5.圖畫記憶*
6.物型配置*	6.類同*
7.動物園*	7.圖畫概念*
8.看圖命名	8.刪除衣物*
	9.動物園*
	10.物型配置*
	11.詞彙
	12.動物替代
	13.理解
	14.聽詞指圖
	15.看圖命名

註：*者屬核心分測驗。

4. **信效度及常模：**
   (1)信度：折半信度為 .86～.96，重測信度（平均重測間隔 27 天）為 .72～.89。
   (2)效度：具良好的建構效度、臨床區辨效度，以及效標關聯效度。
   (3)常模：建立原始分數與量表分數對照表、各分測驗之原始總分與測驗年齡當量對照表，以及全量表智商、五種主要指數分數及四種選擇性指數分數對照表。
5. **注意事項：**施測者必須具有使用個別標準化測驗的經驗，在測驗結果的解釋上，僅能由曾在研究所或其他相關專業訓練裡修過心理評量課程，且具有實務經驗的專業人員擔任。相關資料可輸入關鍵字或至中國行為科學社（http://www.mytest.com.tw）查詢。

（二）「托尼非語文智力測驗」（第四版中文版）（TONI-4）

1. **目的：**評估 4～15 歲 11 個月兒童的智能，作為一般智力評量的工具，測驗資料可做為是否轉介以進一步評量或介入輔導的參考依據。
2. **修訂者：**由林幸台、吳武典、胡心慈、郭靜姿、蔡崇建、王振德修訂自布朗（L. Brown）等人編製的「托尼非語文智力測驗」第四版中文版（Test of Nonverbal Intelligence, 4th ed., TONI-4），於 2016 年 6 月出版。
3. **內容：**本測驗分為幼兒版（4 歲～7 歲 11 個月）與普及版（7 歲 6 個月～15 歲 11 個月）兩種，以非語文之抽象圖形為題型，要求受試者自題目中找出圖形排列規則，完成一系列問題解決程序。普及版與幼兒版各有甲式及乙式兩種題本，互為複本。普及版每式 60 題，幼兒版每式 48 題。題型內容如下：

(1) 簡單配合：所有圖形的形狀屬性均同。

(2) 相似性：圖形的橫列或縱行，和另一橫列或縱行的關聯性相同。該關聯性有以下幾種變化：相等：完全相同的圖形；相加：圖形是因為增加新屬性或圖形而改變；相減：圖形是因為減去一個或多個屬性而改變；改變：圖形中的某一屬性或多個屬性有所改變；漸進：在兩個或多個圖形間有同樣的變化。

(3) 分類：題目中的圖形是標準答案圖形組合的一部分。

(4) 交叉：由橫列和縱行的圖形拼合而成一個新的圖形。

(5) 漸進：在兩個或多個圖形間有同樣的連續變化。

4. **信效度及常模**：

(1) 信度：內部一致性係數幼兒版甲式為 .867、幼兒版乙式為 .828、普及版甲式為 .824、普及版乙式為 .800；普及版甲式重測信度為 .898；普及版複本信度為 .838。

(2) 效度：常模樣本在本測驗之得分均隨年齡增加而穩定遞增；普及版甲式與「國民中學學生基本學力測驗」的相關為 .488，與學業成績的相關均達中低度相關，顯示具有良好之建構效度。

(3) 常模：取全國北、中、南、東四區建立甲式常模 1,389 人，乙式常模 1,369 人的百分等級及離差智商。

5. **注意事項**：施測者在施測時，需注意選擇適合其年齡層的工具。

（三）**「瑞文氏彩色圖形推理測驗」**（CPM）

1. **目的**：評量 6 歲半～9 歲半兒童的推理能力，以推斷其智力發展程度。

2. **修訂者**：由俞筱鈞修訂自瑞芬（J. C. Raven）所編製的「瑞文氏彩色圖形推理測驗」（Colored Progressive Matrices Test, CPM），並於 1994 年出版。

3. **內容**：測驗有甲、乙、丙三組，每組有 12 題，共有 36 題，每一題均以圖案方式呈現，屬非文字測驗，作答採 6 或 8 項中選一的方式，而各組圖形自成一個類型。

4. **信效度及常模**：

   (1) 信度：重測信度（時距四週）為 .59～.83；折半信度為 .76～.90。

   (2) 效度：與「魏氏智力量表」圖畫補充測驗之相關為 .31～.33；與圖形式智力測驗之相關為 .79；與數學成績之相關為 .34～.58。

   (3) 常模：依年齡、性別，建立臺灣地區之百分等級常模。

5. **注意事項**：這份測驗主要在協助了解幼兒的推理能力，以做為初步篩選特殊兒童之智力（視障生除外），也可做為進一步診斷語障生的智力。由於這份測驗所評量的智力只是圖形的推理能力，不能將結果類推至幼兒語文或數學等能力。

（四）「綜合心理能力測驗」（四至九歲適用版）（CMAS-YC）

1. **目的**：本測驗是鑑別 4～9 歲幼兒心理能力（認知能力）的表現，進而決定個別化教育計畫。

2. **編製者**：由林幸台、郭靜姿、蔡崇建、胡心慈、盧雪梅編製「綜合心理能力測驗」（四至九歲適用版）（Comprehensive Mental Abilities Scale for Young Children, CMAS-YC），於 2011 年出版。

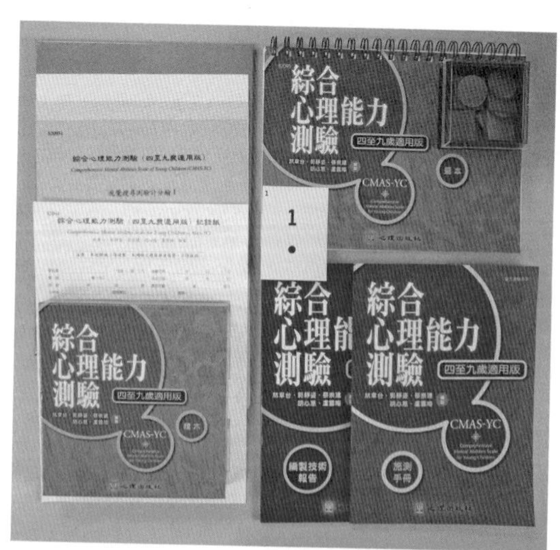

3. **內容**：包括立體設計、語詞概念、圖形比較、語詞記憶、視覺搜尋、數學概

念、視覺記憶、異同比較等八個分測驗，並可得出語文智商、非語文智商與總智商分數，以了解幼兒的各項能力表現。

4. **信效度及常模：**

(1) 信效度：在信度方面，各分測驗之內部一致性係數值介於 .767～.950；間隔 4～6 週之重測信度介於 .57～.77。在效度方面，效標關聯效度以「魏氏幼兒智力量表」為效標，此測驗數學概念與魏氏的算術分數之相關達 .73（$p < .001$），異同比較與魏氏的類同分數相關達 .61（$p < .01$）。因素分析結果顯示，本測驗由語文和非語文兩因素組成，具良好之建構效度。

(2) 常模：依年齡、區域、城鄉、性別與能力於臺灣地區選取具代表性之樣本，共 1,090 人，建立本量表 4～9 歲半之常模。

（五）「學前幼兒認知發展診斷測驗」（CDDAP）

1. **目的：**評估學前階段幼兒智力或認知發展狀態，或是診斷出疑似有認知、情緒或溝通發展遲緩之個案，藉由測驗結果了解幼兒在發展過程中可能出現的弱勢能力，提供診斷發展遲緩幼兒解釋參考之用。

2. **編製者：**由孟瑛如、陳雅萍、田仲閔、黃姿慎、簡吟文、彭文松、周文聿、郭虹伶編製的「學前幼兒認知發展診斷測驗」（Cognition Development Diagnostic Assessment for Preschoolers, CDDAP），於 2020 年 6 月出版。

3. **內容**：包含三個因素，內含九個分測驗：(1)認知因素：包含認知推理、顏色搜尋、圖形搜尋、幾何造型四個分測驗，評估幼兒抽象問題的解決能力；(2)語文因素：包含口語、常識、溝通三個分測驗，評估幼兒在語文方面的理解與表達能力；(3)社會情緒因素：包含情緒認知、情境抉擇與計畫兩個分測驗，評估幼兒在生活情境中的情緒辨識、符合社會規範的基本認知與問題解決能力，以及面對問題獲衝突時找到解決問題的能力。
4. **信效度及常模**：取樣臺灣北中南三區共 850 位幼兒，依照年齡分別建立常模。信度方面，扣除圖形測驗，全測驗之內部一致性 α 係數為 .97，各因素內部一致性 α 係數介於 .77～.96，各分測驗內部一致性 α 係數介於 .74～.91 之間。效度方面，本測驗具有良好的內容效度；各分測驗與全測驗之相關係數介於 .75～.92 之間；各因素與全測驗之相關介於 .93～.95 之間，均達統計上顯著水準；由驗證性因素分析可看到本測驗具良好之建構效度。

三、幼兒心理／學習能力測驗

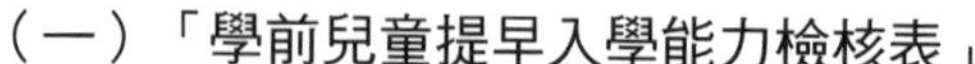

（一）「學前兒童提早入學能力檢核表」

1. **目的**：藉由觀察學前兒童的日常生活表現，評估其「學習能力」及「入學準備度」程度，並協助鑑定人員了解兒童的能力是否適合提早入學。
2. **編製者**：由郭靜姿編製，於 2004 年 3 月出版。
3. **內容**：包括「學習能力」及「入學準備度」兩個部分，其中「學習能力」15 題、「入學準備度」15 題，合計 30 題。另有「整體評估」3 題及補充說明欄，可供家長及老師填寫測驗中未測量到的其他能力因素。
4. **注意事項**：施測人員需具有「政府認可之各級學校輔導教師、學術單位研究人員、醫療或社會服務及心理諮商機構諮商員或具該測驗研習證書者」之資格。

第三節　幼兒認知能力的輔導策略

幼兒的認知發展受到許多因素的影響。就先天因素而言，若孩子有先天的微量腦功能障礙，可能使孩子在學習能力的發展上遠較其他小朋友遲緩；就後天環境而言，可能是因刺激不足，或是生重病、意外傷害所造成。由上可知，影響孩子認知能力的發展原因有許多，但對於因先天生理因素或後天因重病、意外傷害而影響孩子的認知發展，此時往往需要受過特教訓練的老師來協助他們。下列提出提升幼兒思考和問題解決能力的方法，以供參考。

壹、教師應扮演主動積極的角色

在協助幼兒學習能力、思考能力或問題解決能力的過程中，教師應扮演主動積極的角色，布置一個充滿刺激的環境，並在幼兒建構知識的過程中，適時地協助他們，例如：教師可以布置讓幼兒感興趣的學習情境，讓幼兒在情境中能主動學習。此外，也可藉由師生間的相互討論，使幼兒發現探究事物的趣味性；或在幼兒解決問題碰到瓶頸時，能適時地介入幼兒的活動，提供協助，以促進幼兒的學習。所謂的「適時介入協助」幼兒的學習，並非要老師去教孩子，以填鴨的方式灌輸幼兒知識，或主導孩子的學習，而是要在孩子主動學習的過程中，老師觀察到孩子遇到困難無法解決時，就應適時地協助他，引導其從不同的角度來進行思考。

此外，在維高斯基及後皮亞傑的概念中，非常重視社會及文化的背景因素，教師可將此觀點轉化為教學策略，增進幼兒對知識的探索及理解，例如：教師可針對某些現象提出一些問題，讓幼兒說說個人的看法，然後教師再逐項加以補充、統合。這種方式可讓幼兒了解自己某方面的不足，經由與其他幼兒的相互討論，以及教師的統整，幼兒可能就比較不會侷限於自己的看法，又可了解他人不同的觀點。

貳、提供充足的刺激環境，喚起幼兒的好奇心

無論在家或學校，父母或老師應該提供孩子足夠的刺激及廣泛的經驗，讓幼兒盡情探索事物間的關係。因為在幼兒階段，孩子深具好奇心和想像力，對周圍的事物都想要探索和了解。當孩子碰到自己從來沒有看過的東西，或者他們覺得好玩新奇的事物時，常會不自覺地想用手摸一摸、用眼看一看、用鼻聞一聞，以探究竟。父母及老師不必急於告訴孩子該怎麼玩、怎麼做，因為孩子最會做的事就是「玩」，他們會用自己的方法去摸索各種可能的玩法，大人們應尊重他，不要強求他接受你的玩法。

我們在布置情境時，最好能根據教學目標，有計畫設計，在選用布置情境的材料時，除了市面上現成的輔助教具或玩具之外，應儘量選擇孩子熟悉的或是可再利用的事物，例如：在「科學區」的植物方面，可提供下列材料，如掉落的樹葉、放大鏡、玻璃瓶、養樂多瓶、牛奶盒、大小紙盒、水果的子（如西瓜、番石榴、橘子）、各類豆子、肥料、洋芋、蕃薯、鏟子、剪刀、噴霧器、花盆、栽培土、小石子、木炭屑、腐植土、泡棉、各種菜的種子、花的種子、球莖、各種野菜、紀錄表、錫箔紙、黑紙、玻璃板等，讓孩子能主動觀察及發現一些生態現象。

就水方面也可提供下列材料，例如：各種玻璃瓶、勺子、海棉、各種小物件（能浮的與不能浮的）、吸管、肥皂、細鐵絲、沙拉油、方糖、醬油、吸管、導管、滴管、各種形狀的石頭、量杯、電磁爐、燒杯、報紙、筆及紙等，讓孩子在探索的過程中，有充分的時間及空間，去觀察、探索和實驗。不告訴孩子答案是對或錯，讓他們自己發現錯誤，修正自己的觀念，以建構自己的知識；此外，父母及老師也應適時地協助幼兒，但切勿主導孩子的學習。

參、協助幼兒利用感官知覺探索周遭事物

幼兒的學習經驗大都是透過感官的刺激而來的。換句話說，孩子必須能

具體地觸摸到、看到、聽到、聞到，甚至要嚐到，才能具體地將這些感官所接受到的訊息，納入他的認知結構中。讓孩子去摸摸看，他才能感受到「平滑／粗糙／乾的／濕的／冷的／溫的／凹凸不平的／毛毛的／軟軟的」；讓孩子仔細去看，慢慢地他會知覺到「大小／遠近／形狀／顏色／高低」等概念，以比較事物間的差異；讓孩子去聽聽看，他才能了解「悅音／噪音／大聲／小聲／音高／音低」；讓孩子去聞聞看，他才能了解「香香的／臭臭的／刺鼻的味道」；讓孩子去嚐嚐看，他才能了解「甜甜的／鹹鹹的／酸酸的」等之類的東西。有了豐富的感官經驗之後，當孩子看到落葉時，可能就會產生好奇心，為什麼落葉有不同的形狀及顏色？也會對水放在冰箱上層結冰的現象產生懷疑？

教師及父母可利用孩子在戶外活動的時間，導引他們利用感官知覺探索周圍環境的事物，例如：在校園中，老師可帶領他們走一走，讓他們撿拾能引起其興趣的東西。在過程中，可以問孩子的感覺，如「小朋友，把小眼睛閉上，聽聽看，你聽到什麼聲音？」「用手摸摸樹，你感覺像什麼？」「小朋友聞聞看，這味道像什麼？」此外，教室內所提供的新鮮材料，也可以引起孩子的好奇。透過豐富的感官經驗，孩子的好奇心一次又一次地被激發出來，豐富了孩子的生活體驗，無形中也增進他們的認知經驗。

肆、鼓勵幼兒針對感興趣的主題深入探究

就後皮亞傑學派的觀點，他們強調幼兒只要累積相當的知識，這些知識就會成為促進幼兒學習或幫助他們解決問題的資訊。所以，幼兒園的教師應就幼兒感興趣且能夠投入的主題，讓幼兒深入探究，使幼兒成為某一種或某幾個相關領域的專家，而不是一個什麼都會的半調子，例如：對一位在家飼養金魚的幼兒而言，他們不但能熟悉金魚的習性，而且他們比那些從未飼養過任何動植物的幼兒更具有全面概念性的知識，因為這些孩子會以自己飼養金魚的經驗及知識，去推測那些他們從未飼養過的水中動物（Inagaki, 1992）。

渥克曼（Workman）與安基亞諾（Anziano）曾提出以主題發展概念的架構圖，並認為鼓勵幼兒針對他們感興趣的主題深入探究，對他們的學習會較有意義（Workman & Anziano, 1993）。因為概念間的關聯是孩子認識這世界的認知策略，他們在每件事物和他自己的認知架構間，建立起不同的概念，並利用新的方式來了解他所處的環境。因此，以概念為中心發展出來的學習，不僅對孩子的學習有其意義存在，甚至對老師而言，也可以提供課程上無限發展的空間。由於概念與概念之間都可以發生關聯，所以老師可以在觀察孩子的活動中，加入一些概念，使活動的發展更完整，例如：他們提出一個以「石頭」為概念中心的發展圖，如圖 4-2 所示。這種主題概念架構圖是如何開始與進行的，他們提出下列步驟，以供參考。

步驟一　根據孩子的興趣，找出主題，主題本身要具體可行

例如：孩子帶來了他去海邊遊玩所撿回來的石頭，其他小朋友也開始好奇地注意那些石頭，這時老師便可根據小朋友的反應，設計一份以「石頭」為主題的課程。有一次，因為孩子發現學校裡的母狗生了一些小狗，非常興奮與好奇，因此老師們根據孩子的興趣，設計了有關「狗」方面的主題。然而有關主題的選擇時，一定要具體可行，避免太籠統而進行不了，例如：文中作者提出「麵包」、「房子」都是比較適切的主題，但「四季」的主題則太廣泛籠統，需要春、夏、秋、冬全部循環過，對孩子而言，此種經驗比較不容易銜接起來。

步驟二　找出所有可進行的活動

老師根據選出來的主題，以四～五位小朋友為一組，進行討論，找出想到的相關經驗，如此才能使概念的發展既深入且豐富，而且可以無限延伸。活動進行的順利與否，有賴於老師對孩子的觀察，並做適當的修改，否則孩子遇到太難的活動，是很難從當中進行學習的。

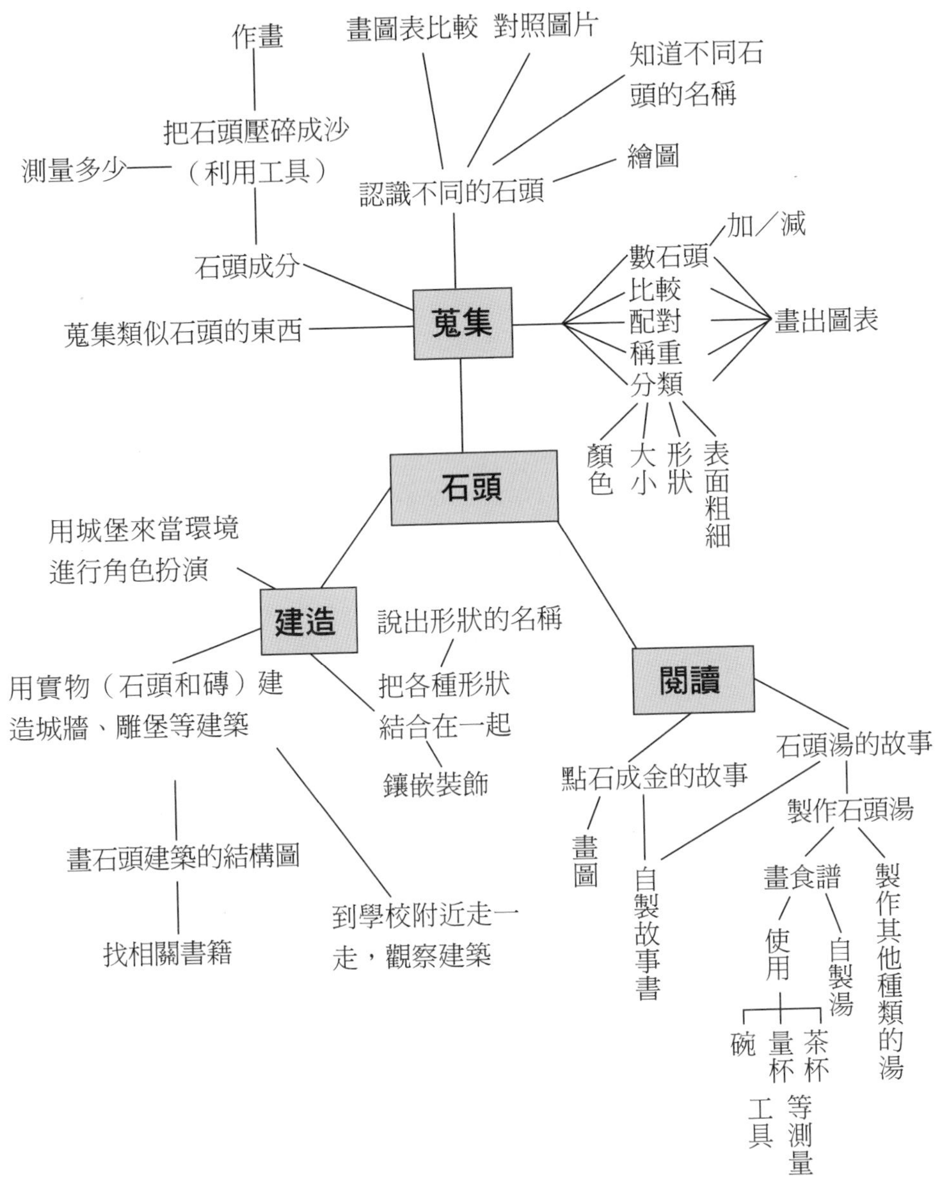

圖 4-2　以「石頭」為主題概念的發展圖

步驟三　就主題相關的活動中，與六大領域的目標相配合

倘若孩子在某些階段無法看出學習效果，就加以修改，或補充孩子所缺乏的經驗，換句話說，老師需視幼兒的學習情形對主題概念發展圖加以修改，以符合幼兒的學習。

伍、協助幼兒發展數、量、形等概念

一、日常生活中的學習

人類生活在自然現象中，是無法摒除數、量、形的概念。日常生活的用品、食物、衣物等，我們都是以 1、2、3、4……等加以計數的。因此在日常生活中，教師應隨時隨地把握情境及機會，引導幼兒比較東西的大小、長短、高低、粗細、遠近、厚薄、輕重、快慢等，以及做一對一的對應、比較東西的多少等。下列提供幾個在生活中教導幼兒數概念的例子，請讀者加以參考。

（一）數觀念

1. 爬樓梯時，讓幼兒一面爬，一面數 1、2、3、4，數一數，一共爬了幾個階梯？他自己是站在第幾個台階上？
2. 讓幼兒學習幫家人擺碗筷，學會一對一的概念。
3. 讓幼兒自己數三顆糖果或餅乾。
4. 班上來了幾個小朋友，有幾個小朋友沒來。

（二）量觀念

1. 讓孩子以手掌量量桌子的長度或椅子的高度，看看桌子及椅子有幾個手掌大。
2. 教幼兒觀察，愈遠的東西看起來愈小，愈近的東西看起來就愈大。

3. 買菜時，讓幼兒比較「白蘿蔔和小黃瓜」或「青菜和紅蘿蔔」的粗細。
4. 全班小朋友一起量身高及體重，比較高矮的不同及體重的輕重。

（三）圖形與空間

1. 吃餅乾時，看看餅乾的形狀，哪些是圓形的餅乾，哪些是方形的餅乾或其他不同的形狀。
2. 讓孩子認識居家附近的地理環境，讓幼兒熟悉前、後、左、右各種商店及各種公共設施等。
3. 看看馬路上不同形狀的招牌，如長方形、正方形、圓形等。

（四）邏輯與關係

1. 帶孩子上超級市場時，讓他知道哪些東西會放在一起，如西瓜、橘子或蕃茄放在一處、餅乾、糖果放另一處，而衛生紙、面紙、肥皂、洗髮用品等，則又放在另一個不同地方，以培養其分類的觀念（依物品的性質分類）。
2. 早上起床要刷牙、洗臉，吃早餐，然後上學（事情發生的先後次序）。
3. 腳踏車踩得愈快，就跑得愈快（因果關係）。
4. 觀察家中東西放置的地方，如客廳中有電視機、沙發、電話等；廚房裡有瓦斯爐、菜刀、冰箱、碗櫃、醬油和香油等；而浴室中有牙刷、牙膏、毛巾、浴缸等（物與物的相互關係）。

二、鼓勵孩子具敏度性，並能結合事物、事件及行爲的關係

卡密（Kamii, 1986）在《學前與幼兒園的數字》（*Number in Preschool & Kindergarten*）一書中提到，有次她去參觀一所幼兒園的某一間教室。當時，她看到有個 6 歲的男孩突然轉動椅子，一不小心，他的手肘弄翻了一盤沙拉，卡密問：「你需不需要我幫你清理乾淨？」這位孩子果決地說：「不！」之後便起身，拿了掃把，準備開始清掃。此時卡密告訴他，這可能

不是一個好主意，因為沙拉可能會弄髒掃把，拿紙巾或許會比較好。卡密想再幫他，孩子仍說：「不要，我想要自己做！」之後，孩子拿了一盒餐巾紙，然後抽取一張張的紙巾，清理了沙拉，並將紙巾揉成一團一團地排列在桌上，邊數邊丟進垃圾桶中。

卡密認為，這過程包含了許多種關係：首先是人與人之間的關係，因卡密為孩子的自治行為所打動；再者是清除桌上的沙拉，此種物體空間也是一種關係性；另外，孩子也學到用特定的東西才能清潔某些物質，因孩子原先未曾想到沙拉的調味汁會弄髒掃把。最後，孩子一面丟紙團，一面數數，這是一個定量的問題。而這種事物關係的發生，是由孩子創造出來的，非外人所能教導的。一般而言，衝突的情境是可以讓孩子把所有事物放在一起，使其發生關係，身為孩子的父母及老師應多鼓勵孩子這方面的行為。

三、當事物對孩子有意義時，應鼓勵其思考事物的數與量

一般而言，孩子對於有意義的東西，無形中都會進行計數或比較數量，例如：過年的紅包袋中的壓歲錢、生日收到的禮物、玩撲克牌的撿紅點、排七，或是打彈珠、玩骰子、自己比妹妹或其他小朋友高等，這些遊戲不僅是數量的概念，甚至已包括數的加法和減法。我們深信孩子能針對他們覺得有趣的和有需要的事情，會自然地發展數的概念，且能靈活運用心智去建構數的概念。所以當事物對孩子有意義時，應該鼓勵孩子們去思考事物的數與量，不應限制之。

四、以解題和思考爲導向

美國教師協會的「課程與評鑑標準」，將數學視為解題的活動與推理，換句話說，學習數概念的目的，在於使孩子能夠運用解決問題的方式和步驟，以了解數學的內容，進而對日常生活的數學問題，有能力地運用策略去解決各種問題。在解題的情境中，孩子是學習的主體，孩子會忙著操作教具、猜測、討論、解釋，並嘗試著建立自己的假設。孩子的思考愈來愈靈

活，反應和理解就愈來愈強，便能進一步深入了解事物之間的相互關係、前後次序、分類集合，以及解決問題等。

五、鼓勵幼兒相互討論、交換意見，以互動方式進行學習

當孩子面對一個問題與其他小朋友不同時，會促使孩子重新再思考問題，或者在爭論中主動修正自己的答案。所以老師在孩子的學習過程中，應避免對正確答案的增強或錯誤答案的糾正，而應鼓勵孩子們之間彼此交換答案，例如：有位孩子說：「2 ＋ 7 ＝ 8 」，老師對這問題的回答，並不是直接去糾正孩子的錯誤，而是問其他孩子：「你們是不是也認為2＋7＝8？」讓幼兒彼此去討論；如果孩子太安靜，或許表示問題對孩子有點難。

六、透過具體操作或具體經驗輔助幼兒學習

皮亞傑曾說：在數學教育裡，我們必須強調行動的角色，特別是幼兒，操弄實物對了解數學是不可缺少的。換句話說，孩子唯有透過對物體的自發行動，才能建構數學的概念。因為孩子透過感官的操弄，去觸摸、去感覺、去摸索，有了親自嘗試的經驗之後，便能將抽象符號概念化，而成為有意義的學習。所以具體實物或教具如同橋樑，對於連結具體與抽象符號之間有很大的助益，孩子可經由做中學，獲得了解，進而獲取知識。

例如：「1 ＋ 3 ＝ 4」，1、3、4 這三個數字對孩子而言，或許沒有意義，不過，如果以巧克力或糖果為例，分別拿出 1 個和 3 個，讓孩子摸到，將巧克力或糖果數一數，並看到這些東西如何變成了 4 個，那麼他們就能清楚，且真正了解「1 ＋ 3 ＝ 4」的意義。

七、提供數、量、形相關的圖畫書

孩子從小就喜歡自己熟悉的圖畫書，目前國內有關數、量、形的圖畫書非常多，例如：《奇妙的三角形》、《長短、高矮和寬窄》、《直線、平行線、垂直線》、《大家來切派》、《小黑點的奇遇》、《小小鳥交朋友》等。

孩子可透過這些圖畫書，學習有關數、量、時間、圖形與空間等方面的概念。

八、以數學活動或教具輔助幼兒數、量、形的學習

國內目前有些現成的教具，可用以輔助幼兒的學習，下列幾種可以在坊間購買得到。

（一）形形色色

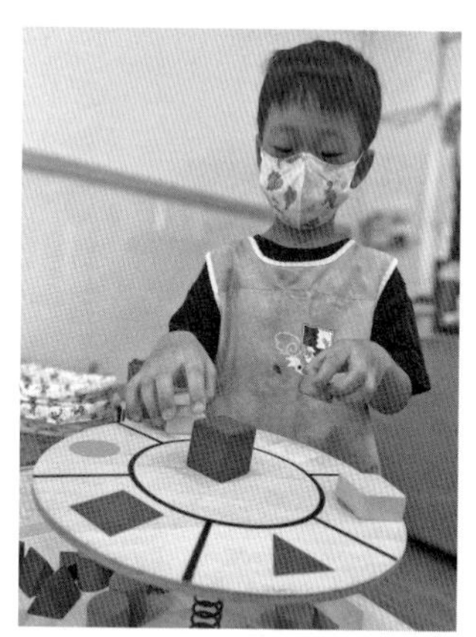

1. 目的：讓幼兒認識顏色及基本幾何圖形，學習依形狀、顏色、大小等特徵進行分類及基本幾何概念，並從推理的過程中建立邏輯觀念。
2. 材料：顏色形狀板108塊，顏色有紅、黃、藍三色；形狀有○、△及□三種；尺寸有大／小二種。
3. 玩法：分類遊戲、接龍遊戲、序列遊戲等。

（二）數字賓果

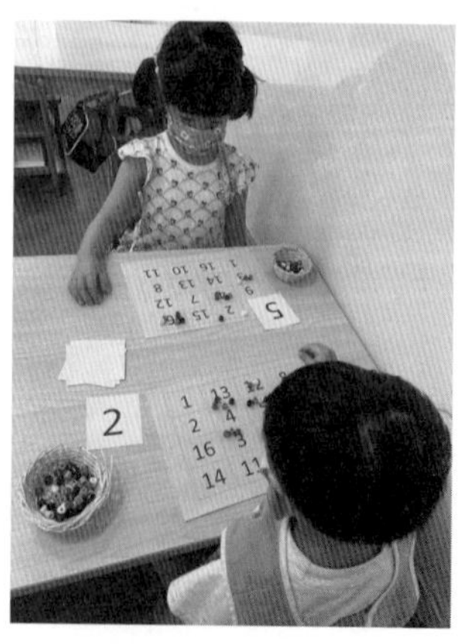

1. 目的：讓幼兒認識數字、學習數字對應以及輪流並遵守遊戲規則。
2. 材料：19公分見方卡片6張、8×8卡片20張、粗砂紙數張、圍棋60個、塑膠袋1個。
3. 玩法：在小組活動時，每個小朋友發給一張賓果卡，老師可抽出一張數字卡，賓果卡上有數字者，可將圍棋放在數字上，誰的賓果卡上最先填滿者，誰就先喊賓果。除了數字賓果之外，還可設計形狀賓果、顏色賓果、文字賓果或圖形賓果。

（三）購物遊戲

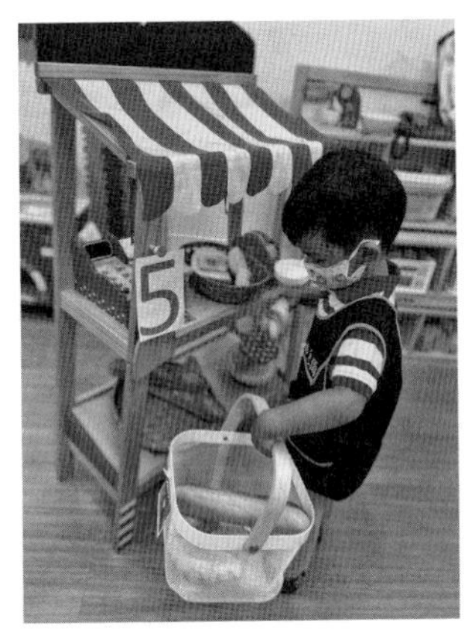

1. 目的：藉由購物方式，認識數字、計數及對應方面的觀念。
2. 材料：數字卡 1～10 一套以及 8 或 10 個袋子。
3. 玩法：把數字卡洗好，分別放入袋中，之後請 8 位小朋友出來，各拿一個袋子，並察看袋中數字卡上的數字。然後，帶著袋子去買東西或找東西，所買的數量與數字卡上的數字要一樣，買完後，請小朋友將袋中的東西一一拿出來，再與數字卡核對是否正確。

陸、根據幼兒認知發展層次，將內容做不同的引導

教師可依幼兒認知發展層次，並依數、量、形等概念進行適齡的引導，如下所示：(1)物體數量形的比較：比較物體的大小、多少、長短、輕重、厚薄、高低等；(2)認識基本圖形：認識正方形、三角形、長方形、圓形等；(3)物體的單位名稱：明白常見物體的數與單位，如一張紙、兩隻狗、三朵花等；(4)順數與倒數：知道 10 以內數字的順序，並知道正數與倒數；(5)方位：認識上下、前後、中間、左右；(6)質量：明瞭同等數量的物品，在形狀改變時，其數量不變；(7)阿拉伯數字：辨認 0 至 10 的阿拉伯數字；(8)時間概念：透過日常生活，對時間感到興趣與關注；知道星期日至星期六的正確說法；(9)結合與分解：了解 10 以內數目的結合與分解，並能在日常生活中應用。

幼兒語言發展評量與輔導

第五章

第一節　幼兒語言能力的發展

壹、幼兒口頭語言的發展

貳、幼兒書面語言的發展

第二節　幼兒語言發展評量工具

壹、幼兒語言發展的評量方法

貳、幼兒語言發展的評量工具

第三節　幼兒語言發展的輔導策略

壹、教師應扮演的角色

貳、布置充滿語言文字的環境

參、讓幼兒在自然情境下主動學習

肆、提供幼兒口語表達的機會

伍、提供團體遊戲的機會

陸、識字活動

個案討論

「哇！哇！」在體能區那邊傳出孩子的哭聲，鄭老師趕快跑過去瞧瞧是否有孩子受傷了。結果老師一看，強強擋住楊語遲的路，強強看到老師來了，一邊哭一邊指著語遲說：「老師，語遲打我，好痛唷！！」老師摸著強強的頭，幫他擦掉眼淚，然後蹲下來輕聲問語遲說：「語遲，你爲什麼打強強，如果他擋住你的路，你可以告訴他，不能用手打人。」此時，只見語遲憤怒的眼神看著強強說：「強強，壞！壞！」就什麼話也說不出來了。

老師在課堂上也發現，語遲在假日分享或團體討論的時候，往往只講兩、三句話就講不下去了，有時候甚至不知道要說什麼。平常語遲與同儕之間言語的互動也非常少，所以其他的小朋友也很少找他一起玩。從楊語遲的例子，我們發現語遲的語言詞彙或表達能力都比一般孩子差，這種情形使得孩子的人際關係受到影響。由上例，我們不得不重視幼兒時期語言的發展。尤其身爲孩子的父母或教師，必須注意孩子在幼兒階段的語言理解與表達的發展，以免影響孩子課業的學習和人際關係的發展。

許多研究也指出，幼兒期是人一生掌握語言最關鍵的時期。曾有一個有關聽障幼兒語言發展的研究發現：「從出生時就接觸手語的幼兒，他們的讀寫能力都比早期沒有手語經驗的孩子好。」其原因在於，這些聽障兒的聽覺與發音器官正逐漸地成熟，而且爸媽會使用手語與他們說話，此過程如同一般孩子學習語言的歷程，因此，這些聽障兒在語言學習的經驗是未受到阻礙的。如果在幼兒階段沒有好好把握語言學習的機會，以後可能就必須花更多的時間學習語言，例如：曾有一研究指出，7 歲的狼小孩被帶回到人類的社會中，開始學說話，雖然經過幾年的訓練，卻只能記住幾個簡單的句子而已。由此可知，幼兒語言發展如果錯過重要時期，其損失是難以彌補的。

第一節　幼兒語言能力的發展

語言是人類表達情感、溝通思想及學習的主要媒介之一，透過語言，個人的學習活動或與他人的互動，才得以全面展開。究竟語言是什麼？事實上，孩子在小時候的啼哭、臉上的各種表情、手勢、圖畫，甚至在成長過程中所學習的讀和寫等，都是語言。

一般而言，語言大致可分為口頭語言（oral language）和書面語言（written language），包括聽、說、讀、寫四種能力；這四種能力相互關聯、相互發展，彼此融為一體。在費德（Field）的一篇文章中，提出了一份口語及書寫能力各個階段的綜合比較，如表 5-1 所示。

表 5-1　**口語能力與書寫能力各階段比較表**

口語能力階段	書寫能力階段
1. 牙牙學語	1. 塗鴉
2. 反覆練習發音	2. 線畫或重複畫
3. 標準語音	3. 文字雛型
4. 語言表達	4. 字的出現及早期簡單的實物文字聯想
5. 創造語法	5. 創造性的文字
6. 成熟語辭	6. 標準文字書寫

資料來源：引自林貴美（1989）。中重度障礙兒童「在家自行教育」措施的探討。載於**中重度障礙兒童在家自行教育輔導彙編**（頁 1-15）。臺北市：國立臺北師範學院特殊教育中心。

壹、幼兒口頭語言的發展

一、語言準備期

語言準備期又稱「先聲時期」，約在 1 歲以前。在這階段，最主要是發音的練習及對他人語言的了解。

1. **哭聲**（crying）：嬰兒最初的語言就是「哭」，起初哭是沒有意義的，後來逐漸成為對環境的一種反射反應，例如：尿片濕了、肚子餓了或身體疼痛等，造成身體上的不舒服，引起生理上的自然反應就是哭。
2. **咕咕發音**（cooling）：嬰兒約一個月左右即開始發出「ㄨㄨ」聲和各種母音，有點像鴿子咕咕的叫聲，通常是吃飽後舒暢安詳的表現。稍後，嬰兒會喜歡與熟悉的人咕咕的「交談」（吳敏而，1995）。
3. **呀呀學語**（babbling）：大約五個月左右，幼兒進入牙牙學語階段，在這階段能連結母音與子音，發出單音節的聲音，例如：「ㄇㄚ」、「ㄅㄚ」、「ㄉㄚ」等單音節的語音，但這些聲音對嬰兒來說毫無意義可言。至第九個月時，幼兒除了重複不同音節的聲音之外，並會重複發聲而形成一連串相同的聲音。呀呀學語的作用主要並不在於兒童通過呀呀學語掌握特殊感覺動作的技能，也不在於能具體地發某個音以便以後使用，而是通過呀呀學語，學會調節和控制發音器官的活動。這是以後真正的語言產生和發展所必需的過程（李丹、劉金花，1990）。

▶ 幼兒期是人一生掌握語言最關鍵的時期

二、語言發展期

關於幼兒的語言發展，以下就語音的發展、語法結構的發展、語意的發展、語用的發展等四部分予以介紹。

（一）語音的發展（Phoneme Development）

「語音」是指語言的聲音，孩子在獲得語音的過程中，並不是被動地去模仿成人的聲音，而是一位主動的學習者。在語音發展到某一時候，孩子把自己的聽覺模式轉成發音的方法，在過程之中，把複雜的單詞簡化到他可以發出的水平。有關幼兒語音的發展，國內相關的研究發現如下：

研究一 王南梅、黃佩妮、黃恂、陳靜文（1984）在〈三歲至六歲學齡前兒童國語語音發展結構〉一文中提到：

1. 3 歲的幼兒有 75%能發出「ㄅ、ㄆ、ㄇ、ㄊ、ㄋ、ㄌ、ㄍ、ㄎ、ㄏ、ㄑ、ㄗ、ㄒ、ㄘ、ㄙ、ㄈ」等音。
2. 4 歲的幼兒能發出「ㄐ」音。
3. 6 歲以後才能學會「ㄓ、ㄔ、ㄕ、ㄖ」等音。

研究二 張正芬、鍾玉梅（1986）在〈學前兒童語言發展量表之修訂及其相關研究〉一文中提到：

1. 3 歲的幼兒有 75% 能發出「ㄅ、ㄆ、ㄇ、ㄉ、ㄊ、ㄋ、ㄌ、ㄍ、ㄎ、ㄏ、ㄑ、ㄒ、ㄓ、ㄔ、ㄗ、ㄒ、ㄘ、ㄙ」等音。
2. 4 歲的幼兒能發出「ㄈ、ㄕ」等音。
3. 6 歲以後才能學會「ㄖ」等音。

研究三 林美秀（1993）在〈學前兒童語言發展能力及其相關因素之研究〉一文中提到：

1. 聲母方面
   (1) 有 90%以上的 3 歲幼兒已可正確發出「ㄅ、ㄆ、ㄇ、ㄋ、ㄌ、ㄍ、ㄎ、ㄏ、ㄐ、ㄑ」等十個音。

(2) 有 90%以上的 3 歲半幼兒已可正確發出「ㄉ」。

(3) 有 90%以上的 4 歲幼兒已可正確發出「ㄒ、ㄗ」。

(4) 有 90%以上的 4 歲半幼兒已可正確發出「ㄊ、ㄘ」。

(5) 有 90%以上的 5 歲幼兒已可正確發出「ㄕ」。

(6) 有 90%以上的 5 歲半幼兒已可正確發出「ㄈ、ㄔ、ㄖ、ㄙ」，除「ㄓ」的音之外，其他的音在 6 歲之前應可以通過。

2. 韻母方面：除「ㄩ」在 3 歲半有 90%通過外，其餘在 3 歲時的通過率均達 90%。

由以上的研究，我們知道幼兒語音發展速率的結果都不相同，可能是因研究年代不同或者可能是因採用的工具不同所致。從以上的研究亦可知，幼兒語音的發展是「塞音」先於「擦音」，「擦音」先於「塞擦音」，至於「舌尖前音」，則先於「舌尖後音」。幼兒在 6 歲左右，所有的語音都已發展完成。

研究四　張顯達、許碧勳（2000）在〈國語輔音聽辨與發音能力之發展研究〉一文中提到：

4～6 歲幼兒的國語輔音聽辨與發音的發展作業分為二個部份：看圖命名、新詞發音與聽辨。「看圖命名」的結果顯示，如果以 75%的通過率為標準，三個年齡組都已掌握測試的 21 個輔音，如果以 90%為指標，只有 4 歲組在「ㄔ、ㄕ、ㄖ」這三個音仍未通過。各年齡組在「新詞發音」的表現比「看圖命名」差，以 90%通過率為標準的話，6 歲組通過「ㄖ」之外的所有項目。在「新詞聽辨」方面，如果以 90%為標準，則 6 歲組通過「ㄓ、ㄗ」之外的所有項目。

（二）語法結構的發展（Syntactical Development）

幼兒語言的發展是由單字句進入雙字句、三字句，並進入完整句與複雜句；而且在敘述一件事或者說故事時，整個發展是由簡而繁，由淺而深。

1. 單字句時期：單字句是指幼兒用一個單詞來表達一個句子的完整意思，

例如：當幼兒說「球」這一單字時，因著情境不同，代表不同的意義。所以孩子的意思可能是「我要那個球球！」「球球不見了！」或「他拿走了我的球球！」等等不同的含意。張欣戊（1991）曾分析四名幼兒學習國語的情形，發現幼兒出現先後次序的情形如下：(1)行動和功能性的語詞；(2)表達東西與動作關係的詞類；(3)表達兩種東西關係的詞類；(4)表達修飾情境的詞。

2. 雙字句與三字句時期：這階段幼兒約在 1 歲半～2 歲，孩子的語言只強調所要表達的重要字，而省略不重要的字眼，如介系詞、連接詞等，例如：1 歲半的幼兒會開始說些「媽媽抱！」「狗狗玩！」「爸爸鞋！」這種表現形式是斷續的，好像成人的電報式文件，又稱「電報語言」。

3. 完整句與複雜句時期：2 歲以後幼兒的話語大部分是完整的，其發展則從無修飾語的簡單句到有修飾語的簡單句，再到複雜句。

   (1) 簡單句：是指句法結構完整的單句，分為沒有修飾語與有修飾語兩種。無修飾語的句子，如「叔叔給妹妹糖！」但 2 歲半的幼兒會開始出現一些簡單的修飾語，如「我也要玩積木！」至幼兒 3 歲半時，其複雜修飾語句的數量增加最快。

   (2) 複雜句：是指由幾個結構相互連結或相互包含的單句所組成，例如：「小朋友看見小鳥就告訴老師！」「哥哥做完功課就看電視！」幼兒在 2 歲半已開始使用此句法，以後逐年增長。

   (3) 複合句：是指由兩個或兩個以上的關聯比較密切的單句所構成的句子。句型又可分為兩階段，第一階段出現比較少對等的連接詞或附屬連接詞，例如：「你給我，我就給你！」第二階段約在幼兒的 4～6 歲，其對等連接詞或附屬連接詞開始出現，並經常使用，但並不完全正確，例如：「他說你可以來，可是要做完事情！」5 歲以後，孩子連接詞的使用也愈來愈複雜。有關幼兒使用連接詞的情形，如表 5-2 所示。

表 5-2　中國幼兒複雜句的發展

階段	特色	例句
內嵌字	1. NP ＋ VP ／ NP ＋ V ＋ S 主詞＋受詞／主詞＋動詞＋句 2. NP ＋ VP ／ S ＋ VP 主詞＋受詞／句＋受詞	聽蟬叫。 我要爬給媽媽看。 這是小阿姨綁的。 不是買給你的。 阿姨唸書好棒啊！
複合句	1. 沒有連接詞 2. 有連接詞 3. 不只一個連接詞	吃完這個蛋糕就吃這個蛋糕。 （如果）是壞人的，我就不穿。 （雖然）他這麼小，還有去上課。 只要姊姊安安靜靜，不要吵就好了。 他說你也可以來，可是要做完事情。 如果萬一喜歡聽 CD 就帶過來。 我喜歡穿鞋子就可以或是穿涼鞋都可以。 如果用塑膠袋弄到的話，也沒有關係，反正不要摸到手就可以。

資料來源：Hsu（1987），引自吳敏而（1998）。語言的發展。載於蘇建文等人，**發展心理學**（頁 221-266）。臺北市：心理。

（三）語意的發展（Semantic Development）

語意是指語言的意義，是幼兒正確使用語言和語言理解的基礎，是幼兒語言發展非常重要的一部分，不過，幼兒對於語意的學習仍受其認知能力發展的影響。幼兒最初學會的字詞是具體的，以名詞居多，動詞較後出現。李丹、劉金花（1990，頁 300-305）於《兒童發展》一書中，提到幼兒在各種詞類的發展，其大致情形如下：

1. 普通名詞：幼兒往往以中等概括水準的詞來稱呼物體，例如：以「狗」稱呼狗，而不用更為概括的「動物」或更為專門的「獵狗」來指稱狗。隨著幼兒知識經驗的累積和抽象能力的發展，他們對日常生活中常用具體名詞的理解更趨完善，但需更長的時間理解抽象名詞的意義。

2. 形容詞
   (1) 從物體特徵的描述到事件情境的描述：幼兒對**顏色詞**出現較早，其順序為：「紅→黑、白、綠、黃→藍→紫、灰→棕」。描述**味覺**詞句出現的次序為：「甜→鹹、苦→酸→辣」。描述**溫度**詞句出現的次序為：「燙→熱、冷→涼」。描述**機體覺**詞句出現的次序為：「痛、飽、餓→癢、饞」。
   (2) 從單一特徵到複雜特徵：如「胖、瘦」，3 歲半能使用前者，4 歲半能使用後者，5 歲才能先後使用。
   (3) 從方言→普通話、口語→書面語言。
   (4) 從形容詞簡單形式→複雜形式。
3. 時間詞：3～6 歲的幼兒先了解今天、昨天、明天→上下午、晚上、上下 X 時→今年、去年、明年。
4. 空間方位詞：幼兒使用空間方位詞的順序為「裡」、「上」、「下」、「後」、「前」、「外」、「中」、「旁」、「左」、「右」，而 3～4 歲的幼兒在這方面的能力發展最快。
5. 指示代名詞：所指的對象是不固定的，需隨語言環境的變換而轉換，而幼兒對「這」、「這邊」、「那」、「那邊」等在各種環境中相對意義的掌握還是有困難的。
6. 人稱代名詞：對「我」的理解最好，「你」次之，「他」最差。
7. 量詞：4、5 歲幼兒最初掌握的是個體量詞，其次為臨時量詞和集合量詞。

（四）語用的發展（Pragmatics Development）

在使用語言交談時，我們必須根據聽者的背景能力、反應和需要，以及當時的環境說出適當的話語；而聽者也必須從說者的語言內容及表情來了解說者所傳達的訊息，幼兒語用的發展是包括「說者」與「聽者」兩方面的技能。

貳、幼兒書面語言的發展

一、書面語言的意義

書面語言是指閱讀和寫字的能力，是幼兒對語言文字的運用過程。3 歲的幼兒知道文字可以傳達訊息，並能說出常見之文字物品，如電話簿、信件，而且知道每件物品的功能。

1. **文字特徵**：幼兒對中國文字概念的形成有下列幾項特徵：(1)中國文字字形獨立；(2)國字是由部首組成的；(3)中文字是一字一音，具有一對一音節與國字對應概念；(4)能分辨文字與圖畫的不同，但無法區分出真國字、非國字與假國字；(5)能從真國字與假國字分辨出非國字。
2. **文字的方向規則**：4 歲以上的幼兒在名字書寫與自由書寫時，已能掌握由左到右、由上到下之文字使用的方向法則（李連珠，1992）。
3. **書寫發展順序**：幼兒書寫中國字的順序為：(1)塗鴉（不可分辨之符號）；(2)假國字（近似國字）；(3)假國字與真國字（正確、傳統國字）之混合；(4)真國字的出現。

二、從萌發觀點談讀寫

在 1900 年代早期，首次出現閱讀準備度的概念，並對「成熟是學習閱讀的先決條件」的看法表示認同，換句話說，幼兒在學習讀寫之前，必須等到他身心成熟。學者葛塞爾（A. Gesell）的自然成熟論也指出，幼兒需要在神經系統或身體動作達到某一種狀態，才能夠從事學習，他相信發展是成熟的結果，神經系統的成熟不僅決定運動技巧的成長，也決定認知技巧的成長，這觀點對當時的教育實施方式有其影響性，但也引起爭論；柯海特（Coltheart）認為，假使教學能影響準備度，有關成熟的概念就顯得奇怪。此外，有些研究顯示，閱讀之前的教學是有助益的。

在 1950 至 1960 年代，許多認知發展研究顯示，幼兒期是認知發展的關鍵期，維高斯基認為，葛賽爾的生物學形式不能解釋人類在不同社會文化中所產生的特殊行為；另外，他對於等待孩子到達某一發展階段的信念也提出懷疑，他認為學習與發展是獨立的，而且成人只是等待孩子成熟的話，就不能發展孩子的潛能。

近代對於幼兒的讀寫觀念，因萌發觀點（emergent perspective）的發展，又有另一種看法。萌發概念認為，讀寫是幼兒在日常生活中發展出來的，幼兒學習讀寫應是一自然的過程。幼兒在未進入學校之前，在日常生活的環境中已經接受了許多語言文字的刺激，尤其是都市孩子，每天看著不同商店的招牌、食物飲料的文字標誌、電視中的文字字幕、家中每天的報章雜誌，或者廣告宣傳單、街名、店名、菜單等。

有研究也指出，未接受正式認字、寫字教學的 3～6 歲幼兒，已逐漸顯示出他們對中國文字的概念和對語言關係的各種假設。所以幼兒接受文字刺激，並主動的假設、驗證、發明和建構有關讀寫的知識，就如同他們學習口語語言一樣是一自然的學習過程，這種早期讀寫能力的發展稱為讀寫萌發（Emergent Literacy）。讀寫萌發的主要觀點如下：

- **幼兒學習書面語言是一個自然的過程**：維高斯基認為，教讀寫最好的方法是當孩子在遊戲情境時，渾然不知他已在學習讀寫的技巧，並認為幼兒在學習書面語言，就如同學習口頭語言似的，是一個自然的發展過程（Vygotsky, 1978）。
- **幼兒是主動的建構者**：幼兒在學習語言的過程中，能夠主動建構語言知識，並能做假設，且能有發明現象，但並非在真空的環境中發展。
- **社會和環境在幼兒語文上扮演重要角色**：維高斯基認為，社會先於個人，所以他非常強調社會歷史觀點（socio-historical perspective），認為不論是發生在個人或人與人之間的一切，必須從社會歷史的架構中去定義其可能性；他也認為兒童不是獨自開創自己的世界，是經由與他人互動而重新創造自己的世界。就此觀點，環境中的文字、個體與個體之間的語言互動，在幼兒語言的學習上具有其影響力。

第二節　幼兒語言發展評量工具

壹、幼兒語言發展的評量方法

對於幼兒語言的發展，我們可以使用多種方法，例如：觀察、標準化測驗、幼兒語料的蒐集（如說故事、假日生活分享）等，來彙集幼兒的語言資料。在各種方法中，主觀的觀察需要靠長期的臨床經驗，才能在短時間之內，判斷孩子語言的發展。對於一般未接受專業訓練，又沒有臨床經驗的老師、家長而言，客觀的觀察、工具的使用是非常重要的，然而，其中有關語言工具，**不僅受限於測驗題目內容的限制，更忽視幼兒說話時的情境脈絡，**無法真正評量幼兒語言的真實能力。為了真正了解幼兒語言的發展，除觀察和測驗的使用外，我們應該在自然的情境下蒐集與評估孩子的語言資料予以分析。目前對於語言資料的分析有敘說分析（narrative analysis）、CLAN 等方法，不過，這種分析方法必須受過專業的訓練。其中 CLAN（Child Language Data Exchange System, CHILDES）是惠特尼（B. M. Whinney）和史諾（C. Snow）所研究開發的幼兒語料交換系統中之代碼 CHAT（Codes for Human Analysis of Transcripts）來轉譯語料和編碼，之後再用 CLAN（Child Language Analysis）電腦軟體做語料的初步分析，可利用數據的方式，客觀比較幼兒的平均語句長度、詞彙量和相異詞彙量。有興趣的讀者可上網 https://childes.talkbank.org/，下載其軟體，查看相關的訊息。

▶ 我們可以藉由說故事及假日生活分享，蒐集幼兒語言資料

貳、幼兒語言發展的評量工具

回顧國內幼兒語言評量工具，目前國內的語言測驗工具大致可分為二類：一為幼兒語言測驗／量表；二為因研究需求編製的幼兒語言評量工具，請參照表 5-3。

一、幼兒語言測驗／量表

（一）「華語兒童理解與表達詞彙測驗」（第二版）（REVT）

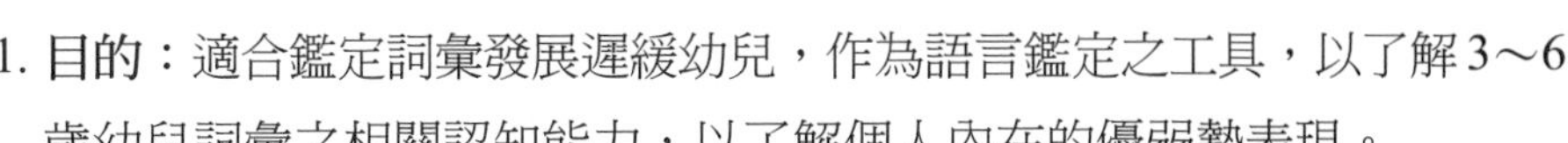

1. **目的**：適合鑑定詞彙發展遲緩幼兒，作為語言鑑定之工具，以了解3～6歲幼兒詞彙之相關認知能力，以了解個人內在的優弱勢表現。

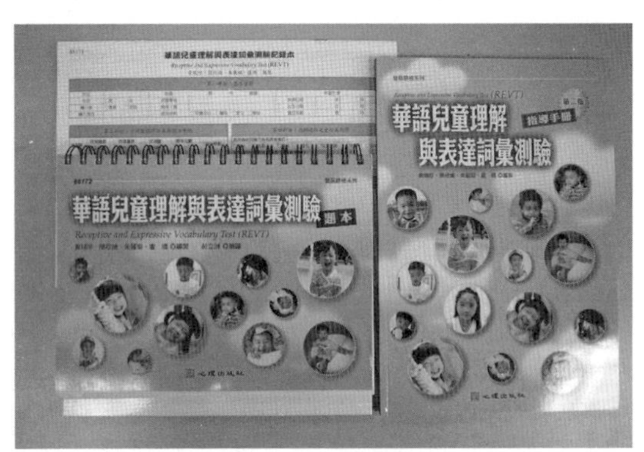

2. **編製者**：由黃瑞珍、簡欣瑜、朱麗璇、盧璐編製「華語兒童理解與表達詞彙測驗」（Receptive and Expressive Vocabulary Test, REVT），於 2010 年出版，2011 年出版第二版。
3. **內容**：黃瑞珍等人參考國內外文獻、了解英語與華語的詞彙發展，以及探討國內外兒童詞彙測驗工具，研究編製而成。測驗分為理解與表達兩大量表，並各自包含命名、歸類、定義、推理等四個分測驗，以評量兒童詞彙能力之表現。第二版除了更正第一版的缺誤之外，另增加典型發展、障礙鑑定與超齡兒童之施測解釋範例各一，內容更為完整。
4. **信效度及常模**：
   (1) 信度：各年齡組全測驗內部一致性信度介於 .80～.96；各年齡組全測驗重測信度介於 .80～.97；各年齡組全測驗評分者間信度介於 .93～ .99。

表 5-3　幼兒語言發展的評量工具

一、幼兒語言測驗／量表	適用年齡層
1.華語兒童理解與表達詞彙測驗（第二版）（REVT）	3～6 歲，或 7 歲以上疑似語言遲緩者
2.華語嬰幼兒溝通發展量表（臺灣版）（MCDI-T）	8～36 個月
3.零歲至三歲華語嬰幼兒溝通及語言篩檢測驗（CLST）	0～3 歲
4.修訂畢保德圖畫詞彙測驗（PPVT-R）	3～12 歲
5.修訂學前兒童語言障礙評量表	3～5 歲 11 個月
6.華語兒童構音與音韻測驗（APTMC）	3～8 歲
＊7.學前幼兒語文評量（網路版）（CLAMP）	3～6 歲
＊8.華語兒童口腔動作檢核表（OMCA）	3～4 歲
＊9.中文色塊測驗（MTT）	3～12 歲
＊10.學前兒童語言能力測驗（PLS）	2 歲 6 個月～5 歲
＊11.兒童口語表達能力測驗	幼兒園～國小四年級
＊12.學前兒童語言能力測驗	2 歲半～6 歲
二、因研究需求編製或修訂的工具	適用年齡層
（一）幼兒語言評量工具	
1.電腦輔助設計修訂畢保德圖畫詞彙測驗	3～12 歲
2.學前幼兒與國小低年級兒童口語語法能力診斷測驗	4～8 歲
3.學前兒童國語聲母構音測驗	學前兒童
（二）幼兒語言發展檢核表	
1.0～3 歲嬰幼兒華語語用發展檢核表	0～3 歲
2.0～3 歲嬰幼兒華語語意發展檢核表	0～3 歲
3.零到三歲嬰幼兒華語句法發展檢核表	0～3 歲

註：有＊符號者，其詳細資料請參見本書附錄七。

(2)效度：本測驗亦提供測量標準誤，來推估個人真正分數的可能落點及出現機率。兒童的得分，皆依年齡增長而增加；身心障礙兒童與典型發展兒童在測驗得分達顯著差異，具良好之建構效度。以「魏氏幼兒智力量表」之語文量表作為效標，發現兩者達顯著相關，具良好的效標關聯效度。

(3)常模：本測驗採分層隨機取樣，依臺灣北、中、南、東與外島各區人口比例共取樣 862 名兒童，建立本量表常模。

（二）「華語嬰幼兒溝通發展量表」（臺灣版）（MCDI-T）

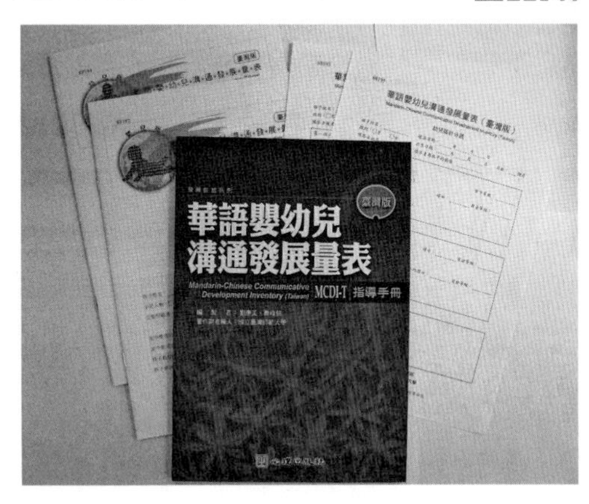

1. **目的**：有二，一為篩檢語言及溝通發展遲緩的嬰幼兒，以便能及早發現、及早治療；二是評估口語或手勢動作等不同面向的溝通能力，以了解 8～36 個月嬰幼兒的優勢與劣勢，提供教育之參考。

2. **編製者**：由劉惠美、曹峰銘以逢森（L. Fenson）等人於 1993 年出版的「溝通發展量表」（Communicative Development Inventory）為架構，大樣本蒐集國內華語嬰幼兒的語言與溝通發展情形，編製成適合國內語言環境的「華語嬰幼兒溝通發展量表」（臺灣版）（Mandarin-Chinese Communicative Development Inventory, Taiwan version, MCDI-T），於 2010 年出版。

3. **內容**：本量表依嬰幼兒的月齡，分為嬰兒版量表與幼兒版量表，是由熟悉嬰幼兒之家長或主要照顧者評量。

(1)嬰兒版量表（適用 8～16 個月），包含：詞彙的使用、溝通手勢和動作。

(2)幼兒版量表（適用 16～36 個月），包含：詞彙的使用、語法的使用。

4. **信效度及常模**：

(1)信度：各主要項目的內部一致性係數介於 .87～.98，隔週再測信度介於 .81～.97，評分者間信度介於 .73～.95，具頗佳的信度。

(2)效度：與實驗室語言測試及 CDIIT 的語言能力分測驗之同時效標關聯效度介於 .55～.92 之間；間隔半年及一年的預測效度則呈現良好的結果，唯對於語言發展快速變化的時期之預測效度較弱。

(3)常模：樣本採分層取樣自全臺各縣市，且各月齡組與性別人數平均，嬰兒版 757 人、幼兒版 1,897 人，總計 2,654 人。

（三）「零歲至三歲華語嬰幼兒溝通及語言篩檢測驗」（CLST）

1. **目的**：快速並簡便的篩選 0～3 歲疑似溝通及語言遲緩之嬰幼兒，了解幼兒語言能力的發展，以利早期發現、早期轉介，並早期鑑定語言發展遲緩之嬰幼兒。

2. **編製者**：由黃瑞珍、李佳妙、黃艾萱、吳佳錦、盧璐編製的「零歲至三歲華語嬰幼兒溝通及語言篩檢測驗」（Communication and Language Screening Test for Birth to Three Chinese-Speaking Infant-Toddlers, CLST），於 2009 年出版。

3. **內容**：編製者參考國內外文獻與相關測驗，重視華語語言學特質，探討華語的特定語音、語意、語法結構，與嬰幼兒語言習得順序編製而成。包括：(1)評估嬰幼兒語言發展階段的紀錄本；(2)零歲至三歲嬰幼兒詞彙調查表；(3)指導手冊：內有 0～3 歲語意、語用、語法里程碑及家長訪談表，以供使用者對照。

4. **信效度及常模：**

(1)信度：各年齡組的重測信度介於 .91～.99，全量表重測信度為 .99；各年齡組的內部一致性介於 .70～.87，全量表內部一致性為 .98；評分者間信度為 .99，以上均顯示本量表具有良好的穩定度。

(2)效度：以嬰幼兒的發展里程碑之發展順序編題，故具有良好的內容效度，並評估身心障礙嬰幼兒與一般嬰幼兒在本測驗之表現，達顯著差異，顯示有良好的建構效度。另外以「嬰幼兒綜合發展測驗」作為效標，進行相關考驗，顯示有良好的同時效度與預測效度。

(3)常模：常模樣本取自臺灣北、中、南、東及外島，共 1,236 名 0～3 歲嬰幼兒建立本測驗常模。

（四）「修訂畢保德圖畫詞彙測驗」（PPVT-R）

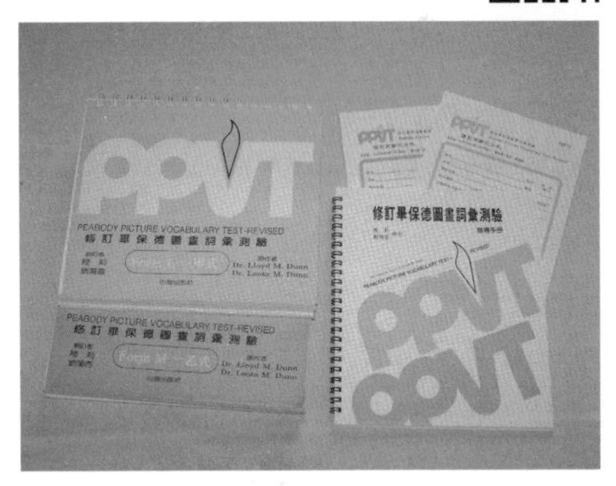

1. **目的**：評量 3～12 歲兒童的聽覺接收與理解詞彙能力，藉以評估其語文能力。

2. **修訂者**：由陸莉、劉鴻香修訂自當恩（L. M. Dunn）等人的「修訂畢保德圖畫詞彙測驗」（Peabody Picture Vocabulary Test, Revised ed., PPVT-R），於 1998 年 4 月出版。

3. **內容**：有甲式和乙式兩個複本，每個複本有 125 題圖畫試題，每題以四幅圖畫呈現在同一頁上，兒童在聆聽詞彙後，指出四張圖片中的一張為答案，是一份非語文的工具。

4. **信效度及常模：**
   (1) 信度：折半信度係數，甲式在.90～.97之間，乙式在.90～.97之間；重測信度，甲式為 .90，乙式為 .84。甲式各年齡組之測量標準誤3.70，乙式為3.66，複本信度為.79。
   (2) 效度：各組平均數成穩定性增加，且各年齡組平均數間有顯著差異，與智力發展理論符合。
   (3) 常模：在1988年建立3～12歲的百分等級及標準分數。
5. **注意事項：**雖然這份測驗常為許多研究者和實務者使用（如宣崇慧，1999；張鑑如、章菁，2002；蕭慧君，2007；顏麗娟，2005），不過，PPVT-R仍有其限制所在，就**內容**而言，**只能評量幼兒語言理解能力，**無法測量幼兒語言表達能力；就**出版年代**而言，雖在1998年再版，由指導手冊可知內容差異不大，且常模建立在1988年，距今已二十幾年；就**效度上**而言，PPVT-R修訂自美國的測驗工具，未能再深入探討國內兒童語意或詞彙的發展，在內容效度的解釋上是有限的；就**文化適切性**而言，仍有些題目及圖片是國內文化不常使用或不常見到的，例如：甲式題本中第123題「圓頂閣」中的圖(3)及圖(4)在臺灣較少見到；乙式題本中的第32題「樹枝」中的圖(1)及圖(2)均不是臺灣常見的蔬菜種類。測驗使用者的資格是：「具有專業資格之心理師、職能治療師、語言治療師、特教老師或具該測驗研習證書者」方可使用。此外，測驗結果可用以篩選特殊學生，但不適宜將結果當為智力的評量結果。

（五）「修訂學前兒童語言障礙評量表」

1. **目的：**能篩選3～5歲11個月幼兒疑似有語言障礙的情形。
2. **修訂者：**由林寶貴、黃玉枝、黃桂君、宣崇慧（2008）修訂這份工具，先前林寶貴、林美秀（1993）也曾編製「學前兒童語言障礙評量表」，雖使用者多，例如：徐庭蘭（2004）、黃惠湘（2005）、謝文禎（2006）、顏麗娟（2005）等，但因測驗編製已久，於是重新修訂。

3. **內容**：有四個分測驗：分測驗一為聲音與語暢；分測驗二為語言理解；分測驗三是表達性詞彙與構音（含詞彙表達、構音、聲調、構音錯誤類型）；分測驗四是口語表達。
4. **信效度**：這份測驗的信效度及其對語言的鑑定度有待未來研究者予以驗證。

（六）「華語兒童構音與音韻測驗」（APTMC）

1. **目的**：適用 3 至 8 歲，或 6 歲以上具有明顯語音異常者。可依施測需求挑選所需分測驗，做為介入前的篩選或廣泛性評估、介入時的形成性或深度評估，以及介入後的總結性評估，提供語言治療師、特教老師進行說華語兒童之語料的蒐集、分析兒童構音錯誤和音韻缺陷、篩選出兒童的構音異常與診斷，以盡早提供兒童語言治療或介入的幫助，讓兒童回歸正常的語言發展軌道。

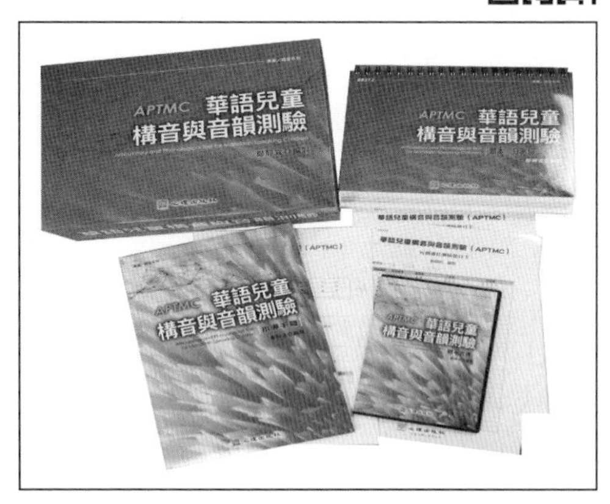

2. **編製者**：由鄭靜宜編製的「華語兒童構音與音韻測驗」（Articulatory and Phonological Test for Mandarin-Speaking Children APTMC），於 2018 年 7 月出版。
3. **內容**：全測驗共包含五個分量表，評估兒童在不同語境中可正確說出 21 個華語聲母的構音能力：詞語構音測驗、語句構音測驗、圖片描述測驗、可刺激性測驗、最小音素對比測驗。

4. **信效度及常模**：取樣臺灣地區北、中、南三區 863 位兒童，依測驗別分別建立年齡常模。信度方面，前三個構音分測驗之重測信度介於 .75～.96，評分者間信度介於 .83～.91，詞語構音測驗之內部一致性 α 係數為 .89。效度方面，以《華語構音／音韻臨床測驗工具》為效標，與詞語構音測驗之相關達 .89，顯示具有良好的同時性效度；前三個構音測驗之聲母正確率相關介於 .73～.84，均達統計上顯著。

二、因研究需求編製或修訂的工具

由於標準化常模參照測驗強調嚴謹的施測過程、相同的指導語、施測者的資格等，都有一定的限制。因為標準化工具要求較為嚴謹，而且工具很少，不見得適用於每位研究者的研究目的，於是許多研究者均依據自己的研究主題，自行編製或修訂相關的語言評量工具，大多的工具都有一定的嚴謹編製過程和信效度。針對這些評量工具，大致可區分為兩類：幼兒語言評量工具和幼兒語言發展檢核表。

（一）幼兒語言評量工具

1. 「**電腦輔助設計修訂畢保德圖畫詞彙測驗**」：李芳宜（2006）修訂的目的是將整個測驗程式化，使測驗可以透過電腦施測與計分，以達到同時施測的可能性，並降低施測人員，如語言治療師的需求。但由於這份測驗電腦化不久，使用者有限。
2. 「**學前幼兒與國小低年級兒童口語語法能力診斷測驗**」：由楊坤堂、張世彗、李水源（2004）編製，目的是在了解 4～8 歲幼兒接受性和表達性口語語法的能力，就測驗的信效度而言，其重測信度為 .75，內容效度介於 .30～.49 之間，都有偏低現象；至於常模的建立，則未說明資料建立的時間。
3. 「**學前兒童國語聲母構音測驗**」：由鄭靜宜（2004）編製，就測驗內容而言，只評估幼兒的音韻（構音）能力；就工具的信效度而言，其

重測信度為 .70，稍為偏低；就文化適切性而言，若幼兒的使用語言是臺語或客語，此測驗有其限制在，宜說明幼兒的母語不是華語，應如何改編成臺語、客語或其他族群的語言（黃瑞珍，2005）。

至於其他如「**學前兒童語言發展量表**」（張正芬、鍾玉梅，1986）、「**修訂國語構音測驗**」（毛連塭，1991）等相關測驗，距今都已二十幾年之久，都已不適用。

（二）幼兒語言發展檢核表

在語言工具之外，有些研究人員希望能發展出一套適用於實務人士的檢核表，讓他們能在短時間內，能評量幼兒的語言發展。有三位研究者，並分別編製 0～3 歲嬰幼兒語用、語意和句法的檢核表。

1. 「**0～3 歲嬰幼兒華語語用發展檢核表**」：曾怡瑄（2005）在「0～3 歲嬰幼兒華語語用發展檢核表編製之研究」中，以結構訪談法訪談 60 位 0～3 歲嬰幼兒的主要照顧者，雖建立信效度，但樣本只有 60 位，宜可再擴大樣本。
2. 「**0～3 歲嬰幼兒華語語意發展檢核表**」：鄭詠嘉（2005）在「0～3 歲嬰幼兒華語語意發展檢核表編製之研究」中，以結構訪談法訪談 50 位主要照顧者，依訪談資料進行考驗和試題分析，做為刪減及調整年齡組的依據。在信度方面，Kappa 係數幾乎都在 .90 以上，在效度方面，內容關聯效度方面與國內外研究大致一致，此外，並根據臨床語言樣本加入華語特性之相關語意題項。有興趣的人員在使用上，需再進一步驗證其信效度，因檢核表編製的研究樣本數太少，可能無法反應出確實的年齡別。
3. 「**零到三歲嬰幼兒華語句法發展檢核表**」：盧台如（2005）在「零到三歲嬰幼兒華語句法發展檢核表編製之研究」中，訪談 30 位主要照顧者，最後依據分析的結果刪除、修改試題或調整試題的年齡組，問題也是研究樣本數太少，會降低研究的外在效度。

第三節　幼兒語言發展的輔導策略

3～6 歲是幼兒語言發展的黃金階段，因此教保服務人員應多注意其語言的發展。維高斯基認為，教讀寫最好的方法是：「當孩子在遊戲情境時，不知道他已在學習讀寫的技巧……類似的情形，當孩子在學說話的時候，他們應同時已在學讀和寫。」根據此段話，他認為書寫語言的發展如同聽說能力，應在自然情境下使用。

壹、教師應扮演的角色

一、教師是位觸動者

教師是一位觸動者，並不是一位被動者，他們必須在教室的情境中，為孩子創造一個真正的情境，並且參與他們的活動。在孩子學習過程中，能適時引導他們根據自己所感興趣去發現問題或解決問題。在這種情形下，老師應能主動創造一個豐富的語文情境，讓幼兒在活動過程中，顯示並產生其「近側發展區域」。

二、教師是位觀察者

身為教師，應是幼兒遊戲或工作時的最佳觀察者，不僅知道幼兒的發展，而且能觀察到幼兒的「近側發展區域」。但是，如果認為老師可以創造或者控制幼兒「近側發展區域」的發展，則是一個錯誤的想法，老師在孩子學習的過程中，無論在室外或者室內，時時刻刻都在觀察孩子，知道在何時需要老師支援他或引導他。倘若老師不是一位成功的幼兒觀察者，不僅會失去幼兒的「近側發展區域」，同時也會失去他們成長和學習的機會。

三、教師是位適時的介入者

最佳的學習所需要的教學是能夠促進和支持幼兒學習，並不是去控制或扭曲幼兒學習。維高斯基所提出的「適時的介入」概念是最佳教學的主要因素。所謂適時的介入，並非在孩子遇到困難時，馬上幫他解決問題，而是導引孩子如何解決自己的問題；換句話說，我們應是「教孩子釣魚，而不是釣魚給他吃」。在幼兒讀寫的學習時，老師介入愈少愈好，在必須介入時，可以用下列方式介入：「問問題」、「提供暗示」、「導引從另一個角度注意事情」、「支持幼兒形成新概念或新基模」；此外，老師必須提供足夠的支持，以協助幼兒開展「近側發展區域」。

四、教師是位釋放者

身為教師者，應該布置一個建構性的情境，讓孩子在學習情境中，嘗試新的事情，去創造、猜測書中的意義，並尋找相關的資訊。

此外，教師本身的態度應具親和力，讓孩子願意親近他，與他說話；老師也應是一位積極主動的溝通者，會主動與一些害羞內向的孩子交談，因為這些孩子有時較缺乏自信，不敢與老師說話，而且與老師互動的機會不像那些語言表達能力較好的孩子頻繁。

貳、布置充滿語言文字的環境

根據「讀寫萌發觀點」，幼兒在口頭語言或書面語言的學習上，應是一自然發展的過程，並認為幼兒對文字所代表的意義遠比其形式感到興趣。所以幼兒若要語言發展得好，其所處的環境非常重要。但如何提供此環境，讓幼兒有識字的機會，最重要在於教師應如何提供一個充滿文字語言的環境，讓孩子在自然情境之下學習語言。下列有些作法，幼教老師可以參考。

一、貼文字標籤在物品上

為了讓幼兒生活在一充滿文字的環境之中，可以在孩子每天視野所及的範圍或接觸的物品貼上文字標籤，例如：

1. 在教室內的桌子、椅子、窗戶、風琴、飲水機、置物櫃等貼上中文的文字標籤。
2. 在常用的文具物品上，如在剪刀、膠水、色紙、彩色筆、蠟筆、圖畫紙等貼上中文的文字。
3. 在孩子的置物櫃、剪貼簿、作品或聯絡簿上寫上孩子的姓名。
4. 在積木區、娃娃家、美勞區、創作區等學習區，都可貼上文字標誌。

二、提供豐富的語言材料

1. **置放各種學習書寫材料**：如蠟筆、彩色筆、粉筆、粉彩筆、白紙、色紙、報紙、廣告紙、複寫紙、雜誌、釘書機、打洞機、迴紋針、夾子、字章、印泥、黑板、剪刀、刀子、膠水、膠帶、用過的信封，或空白的本子等，讓幼兒能隨意地運用這些材料畫畫、塗寫或者剪下報章雜誌上的字。有時孩子在塗寫過程中，可能畫一張畫，然後要你幫他寫字，因為他想送給外公、外婆。這時文字對幼兒而言，已產生意義。
2. **提供豐富的圖書或視聽資訊**：提供豐富且合適的圖書或CD、影片、收音機、錄影機，讓孩子在自動自發的情形下，主動翻閱圖畫書或看影片，所擺設的資料好隨單元而有所更換。

三、製作幼兒簽到表格

在一張海報紙上，畫上表格，如下圖所示，放在每班的教室外面，早上小朋友到學校時，中、小班的幼兒可以在自己的名字底下做個記號或畫個圖案；而大班的幼兒，可以在自己的名字底下「畫」上自己的名字，倘若孩子不想寫，也不要勉強之。

四、張貼兒歌繪製的海報

老師可以將兒歌的內容，寫在海報紙上，在帶兒歌時，老師可以指著一個一個的字，帶孩子先唸幾次，除了讓孩子朗朗上口唸兒歌外，也能了解中國字是由上而下的形式，在此過程中快快樂樂學會識字。

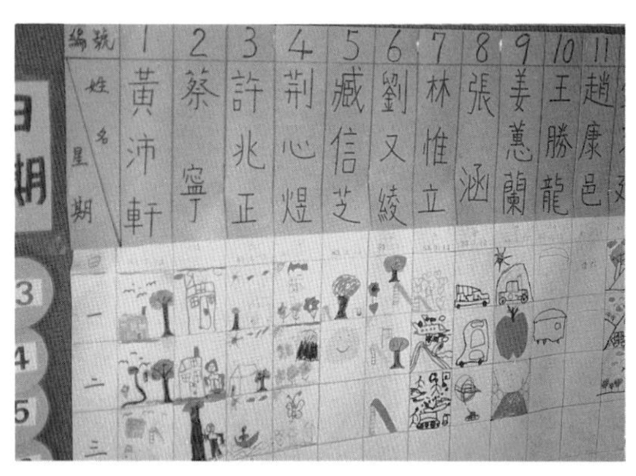

▶ 幼兒在自己名字下「畫」簽到圖

參、讓幼兒在自然情境下主動學習

黃瑞琴（1993）曾問 90 多位曾任職或仍在職的幼兒園老師：「何謂語言教材教法？」請老師根據自己在幼兒園的經驗寫出三個特徵。從老師的回應中，發現他們本身的教法傾向於傳統的正式教學傾向，著重於教幼兒練習一些孤立的讀寫技巧，例如：「唸誦單元兒歌讀本，先讓幼兒將讀本的課文讀熟，然後解說課文意義，再認識字的意義。」或者是「認字卡，先示圖，再舉出文字要幼兒唸幾遍，再反覆，直到幼兒看圖就會認字。」然而老師必須了解，語言教學活動並非獨立教學或者刻意教導，應是讓它自然發生。

在自然發生的情境中所進行，能統整進行聽、說、讀、寫的學習，而非分開獨立學習。在下列日常生活情境中，會自然引發孩子學習讀寫的動機：

- 孩子要求你讀故事給他聽。
- 孩子拿著信件，問你上面寫些什麼？
- 孩子拿著食品的包裝袋，問你上面寫些什麼？
- 孩子希望你告訴他，商店的招牌寫些什麼？
- 孩子希望寫一封信寄給外婆。
- 孩子要你在他的圖畫作品上寫上他的名字。
- 孩子要求大人在圖畫上寫上他想說的話。

例如：浩奇在美勞角畫了三張圖，圖中呈現昨天爸媽帶他去動物園的經驗，他希望把圖中的意思寫出來：(1)首先小龍把他三張圖的情形，說給老師聽；(2)老師根據小龍所講的話，擇要寫下來；(3)老師寫下來之後，再指著剛剛所寫下來的文字，唸給小龍聽；(4)老師可將孩子的圖，加上一張封面，一張封底，即成為一本「自製的圖畫書」。或者孩子在母親節畫了一張卡片，他想在卡片上告訴媽媽：「媽媽，祝您母親節快樂！」老師便可將這些話幫孩子寫在卡片上，並指著這些字，唸給孩子聽。老師可以幫孩子將作品所要表達的意思，寫在作品上，當孩子認為語言可以達到溝通的目的，便有興趣去了解它。此外，還有許多自然情境，孩子會主動發生讀寫，所以在學校或在家裡，除了老師或父母一起陪孩子閱讀之外，應提供豐富多樣的讀寫材料，以觸發孩子進行學習。請參見下頁的圖畫書例子。

肆、提供幼兒口語表達的機會

有些孩子可能除了家人或學校小朋友之外，很少跟其他人說話。教師應在教學情境中設計各種活動，提供幼兒發言或表達的機會。在過程中，老師必須針對孩子的個別差異，例如：(1)不愛說話的孩子；(2)只會說簡單句的孩子；(3)表達能力不錯的孩子等，給予不同的學習機會。通常孩子在壓迫的情境之下，多數不願開口說話，尤其是語言發展較遲緩或害羞內向的孩子，若要他在團體分享時面對一群小朋友說話，可能會造成他的焦慮不安，以致於得到反效果。所以，最好的方式是讓孩子在「遊戲中學習」，藉由溫暖愉快的氣氛，根據他們的興趣，讓孩子主動開口說話。

1. **主動打招呼**：如早上幼兒到學校時，老師可以主動向小朋友問早，小朋友自然而然也學會向老師或其他的同學問好，例如：老師一早看到阿甘上學，可以說：「阿甘早！」讓阿甘也學老師會主動說：「老師早！」因為老師的身教，是孩子最直接學習與模仿的對象。
2. **讓孩子表達對偶發事件的感覺**：如「孩子在學校看到狗媽媽生小狗」、「水缸的金魚死掉了」、「花連感冒了，覺得不舒服」，讓孩子將他所看到的事情或身體狀況，說出他心中快樂或悲傷的感覺。

3. **引導幼兒說出對心愛寵物的想法**：在假日分享或小組討論時，老師對於不愛說話或不會主動表達意見的幼兒可以適時予以引導，例如：「靜靜，老師記得你也有一隻好可愛的小貓咪，你要不要告訴其他小朋友呢？讓他們認識你家的小貓咪好嗎？」或者老師可以幫孩子先起個頭，再讓孩子說下去，例如：「達達有一隻好可愛的皮卡丘，是他生日的時候媽媽送給他的，我們請達達幫我們介紹他的皮卡丘。」由於寵物是孩子的最愛，也是孩子身邊最熟悉的東西，會引起他的興趣。此外，對於只說簡單句的幼兒，儘量示範連接詞的使用，例如：「所以」、「但是」、「然後」、「和」、「或」等。

4. **利用布偶演戲**：一般孩子對於以布偶來進行角色扮演都感到非常有趣，特別是對於比較害羞內向的幼兒。以布偶演戲，孩子比較敢表達他內在的感覺，且提供幼兒豐富的對話機會。老師若能在教室的一角放一個偶台和幾個玩偶，或許可以看到一位孩子或數個孩子拿著布偶自得其樂地表演，或吱吱喳喳地你一言我一語，說著某一個故事，不僅能提供幼兒語言表達的機會，且豐富幼兒的想像力。

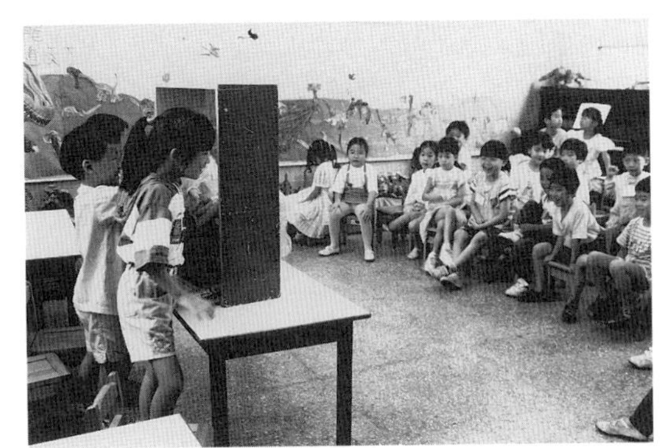

▶ 幼兒利用布偶進行角色扮演

伍、提供團體遊戲的機會

一、「聽」的遊戲

1. 「聽聽看」遊戲：請小朋友安靜下來，閉上眼睛，聆聽周遭所發出來的聲音，並請他們說出來，如風聲、粉筆掉下的聲音、樹葉聲等。
2. 「猜猜看」遊戲：老師可錄下日常生活中的聲音，如老師及孩子的說話聲、小貓或小狗的叫聲、車子或摩托車啟動的聲音、電扇和喇叭的聲音等，讓孩子猜猜是由什麼東西發出來的聲音。
3. 「邊說邊做」遊戲：老師可以邊說邊做，讓幼兒在聽的過程中，也看到字所顯現出來的意義，如老師的動作或肢體動作所呈現的事物。

二、「傳聲筒」遊戲

由老師將一個指示告訴第一個小朋友：「請你原地轉兩圈，蹲下，再站起來。」之後，再由第一個小朋友把指令傳給第二個小朋友，直至傳到最後一個小朋友，並請他做出該指令動作。

三、「故事接龍」遊戲

幼兒根據日常生活經驗及想像力，由一位小朋友先做一故事開頭，例如馬小九說：「昨天，媽媽帶我去外婆家。」然後再由第二位小朋友繼續接下去，讓幼兒能自由地發揮其語言的想像空間及練習語言表達的能力。在過程中，孩子的任何表達或者語言的長或短，都無所謂，因為在此過程中，孩子事實上也在向語言表達能力不錯的小朋友學習。

四、「發音」遊戲

大人可就注音符號中，隨口唸出有趣好玩的字音，例如：「ㄇㄇㄇ，ㄇㄧㄇㄧㄇㄧ」、「ㄎㄎㄎ，ㄎㄨㄎㄨㄎㄨ」等，讓幼兒跟隨著唸出。大人也可讓孩子自行發音，大人跟著唸，在過程中，大人的發音需要正確。

五、「我喜歡」的遊戲

讓孩子圍成一圈，老師在帶此遊戲時，可以先說：「我喜歡小狗！」之後，由另外一位小朋友說：「我喜歡吃冰淇淋！」然後再由下一位小朋友說他喜歡的事物。

陸、識字活動

下列有一些幼兒園中常進行的識字活動，但我們希望老師不是把它當成一個課程在教，希望老師能秉持聽、說、讀、寫的統整原則，讓孩子在好奇、感興趣的情形中快樂學習。

1. **家長通知單**：老師可以指著通知單上的文字，一個一個唸給孩子聽，因為他們對於要帶給爸媽看的單子會感到興趣。如果有時間，老師甚至可將通知單做成大張海報紙，告訴孩子上面寫著：「怡蘭的爸媽，您們好！我們將於 2013 年 4 月 4 日在幼兒園舉辦園遊會……。」讓孩子知道通知單上的意思，回家後，並能與爸媽聊聊園遊會的事宜。
2. **文字的演變**：如「人」、「鳥」、「子」等找出一些幼兒常看到的文字，根據文字的演變，讓孩子在欣賞由實物演變成文字的過程，認識國字。
3. **剪字活動**：老師平時可蒐集一些報章雜誌或者廣告紙，字體不要太小，讓幼兒從這些資料上剪下所認識的文字，並將這些文字貼在自己的本子上。若幼兒語言能力佳，可以鼓勵幼兒拼成有意義的一段話或者一小段故事，大人可在旁觀看。
4. **蓋字遊戲**：目前坊間有一些現成的文字印章，小朋友非常喜歡玩蓋字遊戲。除了這些現成的小章之外，老師也可以用肥皂或馬鈴薯之類的東西，讓孩子把它挖成較大的字型，再玩蓋字遊戲。在過程中，孩子可對中國字的造型，有較深刻的體認。

5. **兒歌活動**：兒歌本身可增進孩子的識字能力，以下舉幾首兒歌為例。

「信兒寫好郵筒寄
平信寫好綠筒寄
限時紅筒肚裡擠
綠衣郵差忙收起
按址送到各家裡
郵差先生感謝你」

「噹噹噹快讓路
滅火救人別耽誤
消防隊員來幫忙
雲梯救人噴水柱
消防隊員真辛苦
不怕危險我佩服」

6. **文字賓果**：使用厚紙卡做成數張母卡（如下圖所示），將字形相似或者同一部首的字，放在母卡上，但每一張母卡上的文字都不同，再將母卡上所曾經出現的文字做成子卡。可將子卡放入一個袋中，由老師或小朋友抽一張子卡，看誰的母卡上的字全部放滿，誰就賓果。這些教具也可讓孩子玩文字配對遊戲。

注	沫	沁
河	溶	沽
洐	泳	淚

滋	法	淋
河	濱	渴
汪	溪	江

汨	游	淋
漬	油	渴
沃	洗	滿

▶ 文字賓果母卡

7. **文字接龍**：老師事先準備書寫兩個字的文字卡（如下圖所示），讓孩子每人抽取數張牌，讓孩子根據文字卡的最後一字接字，誰先把手中的牌先接完，誰就贏。

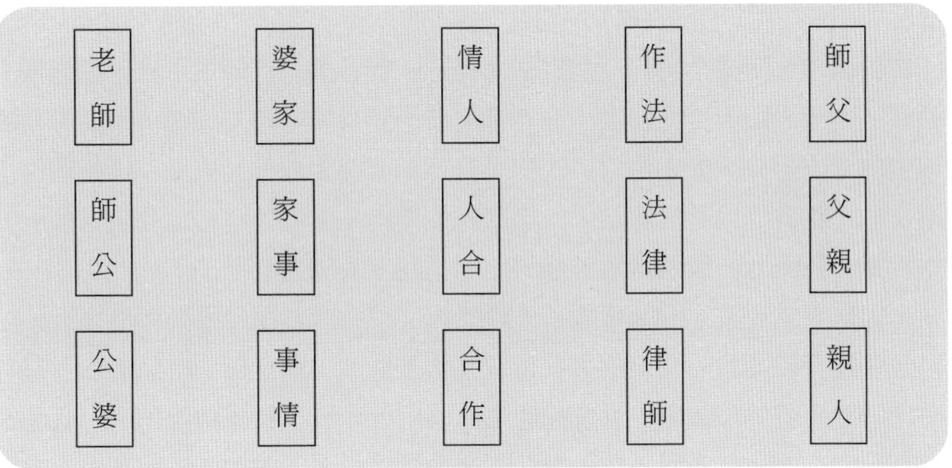

▶ 文字接龍的文字卡

壹、幼兒基本資料

楊口吉，5 歲小男生，是家中的獨子。爸爸是一位職業軍人，在個性方面比較一板一眼，不苟言笑；他希望把孩子訓練成一位男子漢，所以平常對口吉的要求十分嚴謹，希望口吉的所有行為能照著他的話去做。媽媽個性溫柔文靜，平常比較不愛講話，一切以先生作主；她心裡也知道先生管孩子管得太嚴，但認為一切是為孩子好，所以也就不太放在心上了。

口吉平常在家，因為媽媽不愛說話，又沒有其他兄弟姊妹與他聊天，所以幾乎沒有說話的對象及機會；爸爸又非常嚴肅，因此每次有話要告訴爸爸時，一看到爸爸那張臉，就會把想要講的話吞到肚子裡不敢說出來，有時嚴重到有口吃的現象產生。有一次口吉在學校獲得老師的讚賞，興奮地想告訴爸爸，沒想到一急的情形之下說成：「爸……爸……我……老師……」爸爸很嚴厲的說：「有什麼事快說，不要我……我……的。」聽到爸爸的話，口吉就不敢把話繼續講下去。

在幼兒園中，開學的前幾個星期，老師以為口吉不愛說話，是因為他對這個環境感到陌生，一切還在適應的階段。所以平常老師儘量鼓勵孩子說說話，當他不想說話時，老師也不會為難他，例如：老師在假日生活報告中，請他分享時，口吉常會呆在那兒不說話，這時老師不會勉強他，通常會請他先休息一下。不過，從開學以來，老師不僅發現口吉的說話能力比其他小朋友慢之外，甚至發現他說話時會結結巴巴。此外，老師也觀察到，其他小朋友因為口吉不太會說話，就不找他一起玩耍，如有一次坐在鄰座的張多樺帶了一個新玩具到學校來，就和口吉聊起他的玩具，但口吉都不講話，張多樺覺得很無趣，就找了另一個小朋友，兩人聊著聊著就玩起來了。由於這種情形常發生，所以老師常常看到口吉獨自在玩，他的朋友也就愈來愈少。

貳、口吉在語言量表的評估結果

一、教師在幼兒園的觀察與紀錄

教師在幼兒園中長期觀察記錄口吉語言的發展，發現口吉的語言能力不僅受到父母的影響，更缺乏刺激，在發展上的確較其他小朋友慢。下列是老師摘要平日對口吉的觀察與紀錄：

1. 不會引發話題與人交談，常一人靜默在一旁。
2. 在日常生活中的對話有問題，使得有些小朋友不知如何與他聊天，他也無法與其他小朋友順利地進行對話。
3. 不能完全說出合乎語法的句子，常會忽略連接詞，或毫無語言的邏輯可言。
4. 說話時會有重複、結巴的現象發生。
5. 不會順暢地用語言表達出他所想要的東西或事情。
6. 不會流暢地唸一首兒歌或說一個簡單的故事。
7. 不會按物件的特性描述其特徵，例如：紅色的大卡車。

在老師的觀察中，認為口吉的語言理解沒問題，其最主要的問題在於口語表達的能力。

二、標準化工具的評量

老師也試著以一份標準化的「學前兒童語言發展量表」評量孩子，以做為進一步了解孩子的參考。由於此量表是一個個別化的評量工具，包括：(1)語言理解能力；(2)口語表達能力。在評量過程中，須注意孩子答題時的精神狀態、答題的意願如何，如果孩子不想答，不要強迫他；此外，孩子答錯了，是否他真的不會，還是有其他的想法，這些都必須注意。由結果得知，孩子在「語言理解能力」方面還不錯，但在「語言表達能力」就比較差，在 27 題中大部分都不會表達。例如：

1. **兩物同點**：問「請你告訴我，貓和狗有什麼地方一樣？」口吉不說話，之後，再問：「牠們哪裡一樣？」還是不答；其他問題也是答不出。
2. **聲母構音**：讓口吉跟著主試者說，但他在聲母方面的表現，有待加強。例如：

   (1)（ㄅ）寶貝　不要　皮包

   (2)（ㄆ）普遍　盼望　打破

   (3)（ㄇ）眉毛　貓咪　白馬

   (4)（ㄋ）奶奶　男生　水泥

   (5)（ㄉ）丟掉　答應　老大
3. **造句**：提供口吉兩個常見的名詞，請他造句，他還是不會回答。
4. **情況處理**：此部分問口吉一些問題的解決方式，其問題類似：「你肚子餓的時候，怎麼辦？」「你迷路的時候，怎麼辦？」等等之類的問題，而口吉的表現有待加強。

三、與口吉的爸媽相談

老師也覺得有必要將口吉的發展與爸媽相談，希望他們能在家做相關的配合。在會談過程中，老師發現口吉的媽媽都安靜地待在一旁，幾乎都是爸爸在說話，而且他的話語非常具權威性，對孩子期望也很高。

參、如何因材施教

一、調整與孩子互動方式

由老師的觀察及評量得知，口吉在語言表達上的問題，主要來自家庭語言互動機會較少，以及與爸爸權威的教養方式有關，使得他在語言表達能力上受到限制。這種情形不僅影響口吉的人際關係，也導致在學校的適應問題。我們建議爸媽應儘量開口與孩子聊天或問問學校的情形，不僅可了解孩子在學校的情形，並增進親子關係；最重要的是，讓口吉有說話的機會，並能表達自己的看法。至於爸爸方面，在面對孩子時，能放下軍人的身段，能以父親的身分和藹地與孩子說話。

二、恢復說話的信心

事實上，口吉的語言理解能力還不錯，但在表達上有些膽怯，時間一久，他在這方面的進展就比較慢。所以對他切勿責罵，相對地，應該要溫和地與之談話，並且要儘量鼓勵他、讚美他，讓口吉對自己恢復信心。不過，最重要的是要提供口吉說話機會，剛開始時，不要要求口吉太多，只要稍有進步，就稱讚他，讓他對自己有信心；之後，再慢慢增加機會或難度，讓他慢慢地恢復說話的信心，並增進語言的表達能力。

三、練習發音

1. **練習吹氣**：在練習吹氣過程中，可訓練孩子控制他的呼吸、嘴巴及舌頭。這項活動可由大人先示範之，例如：用吸管吹泡泡、吹乒乓球、吹羽毛或蠟燭及樹葉等。
2. **唸兒歌**：第一首兒歌可讓孩子練習「ㄚ」的音；第二首兒歌可讓孩子練習「ㄢ」的音，還有其他的兒歌都可訓練孩子的發音。

「金瓜瓜 銀瓜瓜
院裡瓜棚結瓜瓜
牆上落下一個瓜
打著小娃娃
娃娃叫媽媽
媽媽抱娃娃
娃娃罵瓜瓜
瓜瓜笑娃娃」

「有個孩子叫半半
起床已經七點半
鞋子穿一半
臉兒洗一半
早飯吃一半
課本帶一半
上學路上半半跑
光著一只小腳板」

四、說出合乎語法的句子

要讓孩子說出合乎語法的句子，可讓孩子先從述說自己的資料開始，例如：在學校小組團體中，老師可用玩偶做自我介紹，接著問小朋友名字，有時也可以故意說：「你叫陳口吉。」讓孩子予以糾正：「不是啦，我叫楊口吉。」在家裡，爸媽也可以請口吉做簡單的自我介紹，並將這段對話錄音下來，例如：爸媽可以問口吉：「你叫什麼名字？」「你最喜歡什麼玩具？」「你最喜歡吃什麼？」等，逐漸增長談話的時間；此外，也可由幼兒來問，由爸媽回答。

五、學會說出物體的特徵

爸媽或老師可以根據物品的形狀、大小、顏色、用途、質材等，做詳細的描述，然後請幼兒針對此物品猜出其名稱，之後，也可以請幼兒對某一物品做一描述，讓其他人來猜，例如：在神秘袋中放一些物品或者水果等，讓幼兒猜猜紙袋中的東西是什麼？例如：我們在袋內放置四種水果，然後我們請口吉伸手進去抓一種水果，再請口吉依據他的感覺，猜猜看是哪一種水果，如果他猜不出來，我們可以說出這種水果的特徵：「它是黃色的」、「長長的」、「是水果」，讓口吉依水果特徵，猜猜是哪種水果，可以將猜對的東西送給他，以資鼓勵。

六、培養解決問題能力

爸媽或老師可以提出一些日常生活會碰到的問題，請孩子回答，例如：「迷路了，你怎麼辦？」「跌倒的時候，你怎麼辦？」「爸媽不在家，肚子餓的時候，怎麼辦？」等。此外，當口吉真正碰到問題時，大人們不要馬上幫他解決，看看孩子如何處理，如孩子把牛奶翻倒了，可讓孩子試著學會處理自己的事。此外，在學校的情境中，可以拿出一些問題情境的圖片，例如：「玩玩具時，把玩具弄壞了，怎麼辦？」「停電了，怎麼辦？」「東西掉了，怎麼辦？」等，讓孩子敘述圖片中的情形，並讓口吉及其他小朋友來討論這些事情的解決方法。

幼兒社會行為發展評量與輔導

第六章

第一節　幼兒社會行為的發展

壹、幼兒社會行為的意義
貳、幼兒社會行為的發展
參、幼兒社會行為的範疇

第二節　幼兒社會行為評量工具

壹、幼兒社會行為的評量方法
貳、幼兒社會行為的評量工具

第三節　幼兒社會行為的輔導策略

壹、利社會行為方面
貳、性別角色方面
參、攻擊行為方面
肆、社會能力方面

個案討論

施歡從幼兒園回家後，告訴媽媽説：「媽媽，我明天再也不要到學校去了！」媽媽問：「歡歡，已經上了幾天的學，爲什麼明天不想上學？妳平常不是很喜歡到學校去和小朋友一起玩的嗎？」這時歡歡表現一副鬱鬱寡歡的樣子，什麼話都不説，媽媽以爲她不舒服，就沒有繼續問下去，讓她提早上床睡覺；隔天媽媽讓施歡在家休息一天。

但是又過了一天，施歡還是不想去上學，媽媽這才發現事情不太對勁，想與學校老師聯絡，了解事情的眞正原因。恰好這時老師也打電話來給歡歡的媽媽，想了解歡歡是否身體不舒服，或者因爲其他原因沒去上學。老師與媽媽討論的結果，發現施歡不想到學校的原因是：施歡在家中是獨生女，父母非常疼愛她，凡是她要的東西，沒有不給她的，所以養成她非常任性的個性；在幼兒園中，老師觀察到歡歡喜歡霸占玩具，也不願與其他小朋友一起分享，使得其他小朋友也漸漸地不喜歡跟她一起玩，歡歡在學校沒有了朋友，所以她才不喜歡上學。

由施歡的情形，我們了解到一個人的社會行為必須發展成熟，才能與他人和睦相處，獲得良好的人際關係，並在團體中為他人所接受。但在人與人的互動過程中，孩子如何與他人建立良好的人際關係，是孩子未來適應的指標。在以往的家庭中，孩子人數多，因此很早就學會如何與他人分享，或者學習輪流等待等等之類的事情。然而在目前的社會，家庭的子女人數愈來愈少，最普遍的現象是只有一至二個孩子，形成所謂的「四二一」，即一個孩子上面有爸媽兩人，再上面有祖父母和外祖父母；換句話說，一個孩子同時有六個大人在疼他。在孩子社會化的過程中，或許會養成孩子比較自我中心、比較任性，凡事比較不會去考慮到他人的感受，於是便可能會培養出驕縱的一代。所以，為了孩子未來人格發展及未來生活適應著想，如何評估孩子社會行為的發展，並根據評估結果，予以適當的協助，是件刻不容緩之事。

第一節 幼兒社會行為的發展

壹、幼兒社會行為的意義

所謂社會行為，就狹義而言，是指一個人與他人相處時所表現的行為；就廣義而言，是指孩子從出生開始，就不斷地與社會環境發生互動，不僅影響他人，也受他人影響，產生人與人在生理或心理上的交互作用。《張氏心理學辭典》一書對社會行為的定義如下：「(1)受他人或團體的影響而發生的行為；(2)受到社會所節制的行為；(3)意圖影響他人或團體所表現的行為；(4)義同團體行為。由以上的社會行為定義可知，認為人是生活在團體中，不僅自己影響他人，也受他人的影響，在彼此影響的情形下，形成個人的社會行為」（張春興，2006）。

在幼兒成長的歷程中，孩子的生活習慣、社會行為、思考方式與道德行為等，往往會受到周圍人群及社會文化的影響，逐漸由一位「自然人」變成一位「社會人」。吳燕和認為，在東方社會中，比較重視集體主義、強調權威，父母花大部分的精力在管教孩子的任性行為，使得幼兒在社會化過程中，總是在依賴權威與爭取獨立自由之間掙扎；相對地，在西方社會中，比較強調個人主義及獨立性，使得孩子在成長歷程中，其社會化行為就比較獨立自主。由此可知，無論東方社會或西方社會，孩子的社會行為深深地受本身文化的影響，因此，孩子的社會行為模式是有差異的。

依照布朗菲布列（Bronfenbrenner, 1979, 1989）提出的生態系統理論之說法，兒童所處環境中最重要及最早接觸的兩個系統就是家庭與學校。在社會化過程中，父母是孩子最先接觸的人，隨著年齡增長，生活範圍擴大，孩子開始接觸家庭以外的世界，如學校和其他的社會組織，並接觸更多同年齡的朋友，孩子的行為也愈受同年齡層同儕的影響。

在同儕的團體生活中，孩子的行為必須符合社會的標準，或是同儕之間所能接受的社會行為模式；換句話說，他們的行為表現必須為社會所接受，才能適應未來的社會生活，進而發展出良好的人格特質。倘若幼兒的社會行為不成熟，例如：任性、自我中心、不合群、霸道或富攻擊性，往往在團體中不受歡迎，在人際關係方面缺乏良好的適應，各種需求滿足的機會也較少，也易形成孩子情緒上的困擾或其他不良的社會適應問題。

貳、幼兒社會行為的發展

剛出生的嬰兒沒有社會行為，只要其生理上獲得滿足，這些需要由誰來供給都無所謂，但二個月後，當他聽到人的聲音，他就會轉身。在第二個月～第三個月時，已開始辨認人與物，了解人的存在而喜歡接近人，當爸媽在身旁時，他會感到滿足；但爸媽離開時，就會有分離焦慮，感到不安，甚至嚎啕大哭，孩子真正的社會行為即由此開始。至於 3～6 歲幼兒的社會行為發展，如下所述。

一、3 歲幼兒

3 歲幼兒能夠和二個以上的幼兒一起玩耍，不過，這時期大部分的幼兒仍處於自我中心，對「人」、「我」的社會關係不是十分清楚，常會與其他幼兒發生爭執、打架或搶玩具之類的事情。在行為上，幼兒常想要自己做事情，但有力不從心的感覺，導致他們會有情緒不穩定、內心充滿矛盾的現象。這時候，孩子的社群行為開始發展，為了使幼兒有良好的社會發展，父母應讓孩子有機會與其他幼兒接觸，最好的方法就是送他們到幼兒園，或者也可以找鄰近的幼兒一起玩耍（游淑芬譯，1987）。

二、4 歲幼兒

4 歲幼兒可用「衝出束縛」來形容他們。在群性的發展上，不像以前一心想取悅父母和遵守命令。這時，他們會有違抗父母的命令或不守規矩的行為出現，例如：不聽父母的話，按照自己的方式做事、打人或破壞東西等之類的行為。此外，他們敢向別人挑戰，會自覺去做自己認為應該做的事，例如：男孩子模仿父親的男性工作及職業、女孩子模仿母親的女性工作和職業。4 歲的幼兒具有控制能力及分辨是非的能力，也特別喜歡他人的注意，有客人造訪時，會顯得特別雀躍，喜歡為人服務。

三、5 歲幼兒

5 歲幼兒有比較愉快和平穩的情緒，適應力也比以前強，他認識自我，也認識他人，內心充滿友愛。但 5 歲的幼兒並不是很會交際的年齡，如果可以自由選擇的話，在陌生環境中，他常是沉靜內向的，或許他會與平日最要好的小朋友談話，但不像 4 歲時，樂意結交新朋友，所以有團體活動時，事前最好有時間先做一些「暖身運動」，活動方能順利進行（陳怡蓁譯，1987）。

四、6 歲幼兒

6 歲幼兒頗有獨立性與自主性，但自尊心強不願受人批評、指責或責罰，情緒強烈，顯示出強烈的反抗性。有典型的自我，過分的自信，容易和別人發生糾紛（林柳君譯，1986）。

我們都知道，幼兒的生活是以遊戲為主，從他們遊戲的情形，就可以了解幼兒的社會化過程。在兒童心理學家巴頓（Parten, 1932）的觀察研究中，幼兒 2～5 歲之間的遊戲方式會隨著年齡而改變，是從自己一個人玩逐漸進入與同年齡幼兒一起玩的階段，對象也從大人轉向同年齡的幼兒，並相繼出現六種類型：

1. 無所事事／不參與行為（unoccupied behavior）：幼兒只是有一時的興趣去觀看某些事情，如果沒有好玩的事情，會自己坐在某個角落看著教室或者無所事事地閒晃著。約出現在 2 歲左右。

2. **獨自遊戲**（solitary play）：幼兒只是一個人玩，而不在意其他人在做什麼，並無與人交談或有社會互動的行為。約出現在 2～2.5 歲左右。
3. **旁觀者行為**（onlooker）：幼兒在旁觀看其他小朋友玩遊戲，且對他們說話及提建議，但並不參加他們的遊戲。約出現在 2.5 歲左右。
4. **平行遊戲**（parallel play）：幼兒所玩的玩具與其他小朋友一樣，但是會以自己的意思來玩玩具，不是與其他小朋友一起玩，沒有任何合作行為的發生，但彼此之間會有一些不相關或沒有連貫的交談。約出現在 2.5～3 歲左右。
5. **聯合遊戲／分享遊戲**（associated play）：幼兒能夠與其他小朋友一起玩，在遊戲的活動中，會與其他小朋友交換玩具，並彼此討論他們的遊戲，但幼兒各有自己的遊戲主題，彼此並不參與彼此的遊戲，並無共同目標。約出現在 3.5～4.5 歲左右。
6. **合作遊戲**（cooperative play）：指數人參加有結構的遊戲，每個人分擔角色，按規則進行。其中，彼此的角色分明，且有互惠或互補的行動，以達成同一目標。約出現在 4.5 歲左右。

由幼兒遊戲的型態中，我們可以了解幼兒社會行為的發展。在幼兒早期，還在自我為中心的階段，通常是獨自遊戲，隨著年齡增長，慢慢發展出群性的活動，由不參與行為發展至合作或組織的補充遊戲。

3 歲以後的幼兒，大部分的孩子已進入幼兒園就讀，開始接觸家庭以外的世界，社會活動範圍逐漸擴大，在學校中認識其他小朋友，社交圈子不再限於自己家中的環境。此時，幼兒必須在團體中學會遵守團體的規範和原則，與他人共同分享玩具、輪流及等待等行為。事實上，我們深知，與未曾有入學經驗的孩子相比，到幼兒園就讀的孩子是有較多的機會與其他小朋友互動，能學會如何與他人相處、如何解決人際問題，並增進社交技巧的機會；相對地，未能到幼兒園就讀的孩子，受限於與家人或附近的小孩遊玩，這些孩子在社交技巧的增進就比較有限。

參、幼兒社會行為的範疇

學齡前期是社會行為發展相當重要的階段之一，而社會行為發展的範疇非常廣泛，對幼兒而言，許多研究大多著重在下列四個領域：(1)利社會行為（Prosocial Behavior）；(2)性別角色發展（Sex Role Development）；(3)攻擊性行為（Aggressive Behavior）；(4)社會能力（Social Competence）。下列針對這四個範疇予以詳述。

一、利社會行爲

4 歲的何好與其他小朋友分享自己的心愛玩具；5 歲的施善會扶起跌倒在地的柔柔；6 歲的楊仁會協助老師將色紙發給其他小朋友。顯然，從這三位孩子的行為上，我們看到孩子的分享、幫助及服務他人的行為，這就是利社會行為（Prosocial Behavior）。

（一）意義

▶ 小朋友彼此分享玩機器人的喜悅

所謂利社會行為，就是做出有利於他人的行為，表現正向的社會行為，例如：分享、輪流、合作、給予、幫助，以及照顧他人等都是，不論其動機是否包含利他的成分，或需要自我犧牲，這樣的行為均可視為利社會行為。如果孩子還處在以自己為中心，不能從他人的立場來看事情，比較不可能有利社會行為出現；換句話說，孩子須先具有同理心，能夠「**人同此心，心同此理**」，設身處地站在他人的立場，設身處地的體會當事人的感受，才會有利社會行為。

（二）不同理論取向

利社會行為到底是天生？後天學習而來的？是人格特質？或是一種反應型態？不同理論有不同觀點，如下所述：

1. 心理分析論（Psychoanalytic Theory）：弗洛依德（S. Freud）認為，一個未經社會化過程的個體，是以**本我**為中心，追求生理的滿足，是屬於快樂主義傾向，但如何由自我為中心轉變成利他傾向的人？事實上，孩子可從環境中向重要他人學習，學習成人社會中所期待的態度和行為，即為「**認同作用**」。此外，心理分析論認為，幼兒學會利社會行為的原因在於幼兒的思想、行為與理想的自我一致時，自我受到獎勵所形成的。
2. 認知發展論（Cognitive-Development Theory）：學者認為幼兒雖有利社會行為，但不普遍的原因在於幼兒尚未學到認知的能力與技巧。
   (1) 認知結構的改變：弗雷耳（J. H. Flavell）認為，隨著個體的成熟，孩子的角色取替能力也隨之發展，此時，孩子比較能從他人的立場來看事情，同時也能了解他人內在的感覺，慢慢發展出利他的社會行為。
   (2) 道德層次的提升：皮亞傑認為，孩子在 5 歲之前是屬於「無律期」（Anomous Stage），在認知的發展上不能顧到人我之間的關係，且不能按照團體的規範去判斷是非。隨著年齡成長，孩子的認知漸漸進入「他律期」（Heteronomous Stage），漸漸會服從大人權威，對其規定深信不疑，只看行為後果，而不問動機。最後才進到「自律期」（Autonomous Stage），此時比較能從他人的角度思考事情，對是非善惡的問題，可以有獨立自主的判斷。
3. 社會學習論（Social-Learning Theory）：孩子在成長的過程中，不論是在家庭、學校或社會，成人都會教導孩子應該去幫助他人，而孩子學習幫助行為主要是經由增強和模仿來達成。

(1) 觀察學習：孩子在成長過程中，會觀察他人因為行為的表現受到鼓勵或懲罰時，他同時也學到如何表現適切的行為，並抑制不適當的行為。

(2) 增強學習：從獎賞的觀點，孩子的行為因符合預期的社會標準，如孩子因為幫助他人得到獎賞，這種行為因而獲得增強，自然得以保留，下次有同樣情形發生時，孩子也會出現同樣的行為。

有些研究證實：利社會行為是日常生活的一部分，甚至在幼兒身上都可發現他們助人的行為，吳玉梅（2006）曾觀察幼兒的利社會行為，其中以幫助行為最多，其次為分享行為、給與行為和安慰行為。國外史特利爾、魏爾金及魯希頓（1979）等人曾觀察 3～5 歲的幼兒在大學附設學前兒童中心裡嬉戲的情形。他們發現，每一幼兒平均在一個鐘頭之內，會從事 15 次助人行為，這些行為包括：給予另一個小孩玩具、安慰彆扭的玩伴，或是幫助老師等（引自黃安邦編譯，1986）。

二、性別角色發展

4 歲的郝男與 3 歲的郝女是兄妹倆，他們常常一起到幼兒園，一起吃飯、一起洗澡、一起睡覺。有一天在洗澡時，哥哥站著尿尿，妹妹想要學哥哥站著尿尿，但媽媽告訴她：「妳是女生，應該蹲著尿尿。」妹妹問：「為什麼？」由上述情境，我們了解孩子基本上對自己的性別角色不是十分清楚，那麼性別角色是什麼？

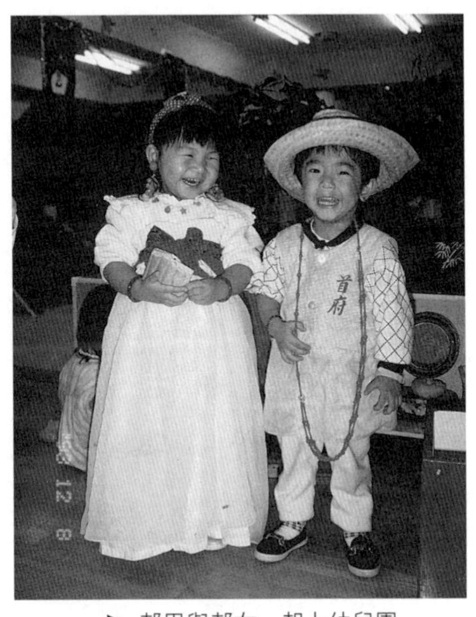

▶ 郝男與郝女一起上幼兒園

（一）意義

性別角色（Sex Role）是指在某一社會文化傳統中，眾所公認男性（或女性）應有的行為，是經由社會行為組型來界定，包括內在的態度、觀念，以及外顯的言行、服裝等。不過，性別角色的觀念隨時代而變遷，所謂男女有別，在現代社會的差別程度已不若往昔明顯（張春興，2006）。

（二）理論

1. 生物社會論（Biosocial Theory）：曼倪（J. Money）與艾哈特（A. Ehrhardt）於 1972 年認為，由於基因的染色體（男性有 Y 染色體）和荷爾蒙分泌的不同，形成兩性之間的差異，至其成長過程，父母及其他人也可能會因為其外在生殖器之因，對男女幼兒會有不同的教養方式，進而影響其性別角色的發展。換句話說，他們認為幼兒性別角色的發展是受生物和社會交互作用而來。至於男女孩的性別角色發展也受到不同的文化影響，例如：在西方文化裡，多數人認為「理性的男人」、「感性的女人」，然而有些地方卻非如此，如在 Arapesh 部落，男女性都被視為感性的，而這都會影響男女孩的行為發展模式。另外，兩位學者也指出，18 個月～3 歲之間是建立性別認定的關鍵期（Schaffer, 2009）。
2. 心理分析論（Psychoanalytic Theory）：弗洛依德（S. Freud）認為，形成性別角色認同的原因是在幼兒性器期時，男孩將母親當成情愛的對象，而產生戀母情結，希望取代父親的角色，並視父親為競爭對象；但因閹割的恐懼，孩子壓抑了對父親／母親的情結，男孩開始認同自己的父親，女孩則認同自己的母親，因而形成其性別角色的觀念。
3. 社會學習論（Social-Learning Theory）：班度拉（A. Bandura）認為，性別角色的形成是來自於孩子觀察、模仿自己的父母、手足、同年齡的小孩，或是受到媒體的影響；同時，父母也會透過不同的方法來教導自己的孩子，增強其符合社會許可的性別行為，例如：男孩要表現出勇敢、自信的行為特徵，女孩則是文靜、乖巧，父母可能會給予讚賞，無形中會增強孩子性別行為的繼續發生。

4. 認知發展論（Cognitive-Developmental Theory）：郭爾保（L. Kolberg）認為，幼兒的性別角色概念是依其認知程度而來。他提出三個階段，如下所述：
   (1) 性別認同期（Basic Gender Identity）：約在 3 歲時，孩子能說出自己是男生或是女生，但是還不能了解性別是一個不可能改變的事實。事實上，父母或其他人早已認定幼兒是一位男孩或女孩，並且會經常提醒孩子：「妳是女生，不要像男生那麼野！」或「你是男生，你為什麼會喜歡洋娃娃？」並鼓勵孩子從事與性別相同的活動，但不鼓勵孩子有泛性別的活動。
   (2) 性別穩定時期（Gender Stability）：約在幼兒 3～5 歲左右，孩子會知道自己長大之後還是同一性別，例如：男孩長大後必然成為男人，女孩長大後必然成為女人。一旦幼兒知道自己的性別，並認同自己的性別，他們就會開始找尋性別差異的相關訊息，並努力表現出符合其性別的角色行為。
   (3) 性別恆常期（Gender Consistency）：約在幼兒 5～7 歲左右，孩子能了解一個人的性別不因外表的改變，而有所不同，例如：蘇格蘭的男人穿裙子，孩子仍認為他們是男人，或有著短髮的女人，孩子也仍認為他們是女人。此外，孩子會進而想像自己的未來，即男孩成為男人，女孩成為女人。這時，他們會開始尋求性別更多的訊息及更多相同性別的模範行為，以確定自己具有某一性別的特質。

5. 性別基模理論（Gender Schema Theory）：馬丁（C. L. Martin）與哈維森（C. F. Halverson）認為，因幼兒已建立基本的性別認定，並將這些訊息融入其性別基模中，他們會依文化中所界定的男生和女生的性別角色，對外來訊息加以編碼和記憶，並忘記不符合編碼的訊息，或者將其轉化成符合性別的基模，以期更符合社會文化的期待，例如：他們會將卡車、工程師、勇敢歸屬於男性，將娃娃、護士、乖巧歸屬於女性；此基模一旦建立後，會影響幼兒處理性別的訊息。

（三）性別差異影響因素

1. 生物學觀點：父母和其他社會媒介會依據孩子生殖器的外觀，開始塑造孩子的性別。因此，孩子在了解自己的身體類型時，同時學會男生和女生應有的行為，並開始建立性別角色的認同。
2. 社會環境的觀點：在臺灣社會早期，若婦女產下男嬰，滿月時，這戶人家就會送油飯、紅蛋或紅龜粿給親人或左鄰右舍，以示慶賀；若是女嬰，就沒有任何示意。此外，如果男孩活潑好動，家人會認為理所當然，假使是女孩活潑好動，家人或許認為女生應該斯文點，要有「女孩子」樣；同樣地，家人會認為男孩應有「男孩子」樣。以上的情形，是整個社會無形中賦予「男生」及「女生」的行為規範，在社會過程中，幼兒需學會並扮演好社會所期許的男性化及女性化角色。

由上可知，無論是生物社會論、心理分析論、社會認和論、認知發展論，或是性別基模理論，對性別角色的看法都有所不同，但不可否認的是，父母在孩子性別社會化的過程中，扮演著重要的角色。

三、攻擊性行爲

阿武是個健壯的小男生，每次看到喜歡的玩具時，就想占為己有，例如：有次阿武看到阿文在玩恐龍玩具，他也想玩，就一句話也不說，從阿文身上將玩具搶過來，於是兩人開始發生爭執，搶來搶去。其實，在積木區中，也常可看到阿武演出全武行，所以幾乎天天有小孩來告狀：「老師，阿武搶我的玩具！！」「老師，阿武推倒我的積木，又打我！！」在幼兒園中，孩子為了爭玩具或者撞到對方，常吵了起來，無論是口語或身體上的傷害，都是屬於攻擊性行為（aggressive behavior）。

（一）意義

所謂攻擊，是以敵意的行動傷害別人或破壞物體的一切作為。就初生的嬰兒而言，並不會表現出有意傷害他人的攻擊行為，縱使一個學步兒粗魯地搶另一個孩子手中的玩具時，他所想要的只是玩具，而非想傷害或支配他人；至於 2 歲半或 3 歲以後的孩子，則常出現打、踢、咬、扔沙子等行為，顯示攻擊的年紀已經來到（黃慧真譯，1990）。

（二）理論

1. 生物本能論（Instinct Theories）：此派學者認為，攻擊是一種天生的本能，例如：弗洛依德（S. Freud）認為，人都有追求生及死的本能；羅藍茲（K. Lorenz）認為，人和動物一樣，具有對抗同種生物的戰鬥本能，此即為攻擊。不過，此觀點無法解釋為何有些社會的人種會比其他社會的人種更具攻擊性，且此觀點也忽視了人類的學習能力。
2. 學習論（Learning Theories）：達拉德等人（Dollard, Doob, Miller, Mowrer, & Sears, 1939）提出挫折—攻擊假設（Frustration-Aggressive Hypothesis）的學習論，並認為挫折會造成某種形式的攻擊，而攻擊是起源於某種形式的挫折。在人類活動時，當他們遭遇到阻撓，會自然而然地產生傷害他人的攻擊反應。不過，有學者認為，並不是所有人一遇到挫折，就會產生攻擊的行為反應。另外，班度拉（A. Bandura）認為，幼兒可以透過學習模仿他人的行為而學會攻擊，或者孩子的攻擊行為會受到正增強，而持續保留。
3. 社會訊息處理理論（Social Information-Processing Theory）：道奇（K. A. Dodge）認為，個人對挫折或生氣的反應會因為訊息的處理或解釋的不同而有所差異，所以孩子會根據過去的經驗及當時的情境等來處理當時的事件，然而，幼兒的攻擊行為是因為在處理過程中發生偏差時所產生的。

（三）攻擊的方式

可分為直接、間接和替代攻擊，如下所述。

1. 直接攻擊

(1) 身體的攻擊：推人、拉人、打人或踢人等行為。

(2) 口語的攻擊：威脅或罵人等行為。

(3) 破壞財物：弄壞他人的玩具或其所有物等行為。

(4) 以物品攻擊他人：如拿玩具丟人或拿積木打人等行為。

2. 間接攻擊：向第三者訴說，以報復侵犯者，或者是破壞對另一方具有重要意義的東西。

3. 替代式的攻擊：攻擊沒有生命的物體或者攻擊另一個人。

由上可知，對於攻擊的看法，有的學者從生物本能的觀點，有的分別從挫折—攻擊、社會學習及社會訊息處理的角度來解釋攻擊，但綜合各家說法，任何試圖傷害他人的行為皆可視為攻擊。

四、社會能力

近年來，東西方學者探討幼兒社會能力的研究頗多。不過，對於社會能力（Social Competence）一詞的定義，因牽涉價值判斷，各人立論不同，定義就有紛歧，無一個定論，以下詳述之。

1. **是種人格特質**：學者認為社會能力是溫暖、合作、樂於分享、熱心、同情、忠誠、善良和順從等人格特質，此觀點偏向個人人格傾向。

2. **是種適應能力**：學者認為社會能力是包括個人對家庭、學校和社會的適應能力。

3. **是種人際互動的能力**：學者認為社會能力應包括：(1)兒童對環境刺激的反應；(2)社會的有效性，係指孩子與他人互動的能力，他人是指父母、兄弟姊妹、同儕團體和其他成人等，是個人有效知覺人際互動與個人的社會角色，包括：人際互動的次數、自我概念和認知技巧等。

4. **是指幼兒的各種行為**：學者認為社會能力是指幼兒是否能夠以有效的方法結交朋友、是否具有語言運用的能力、是否能夠主動發起及接受正向的活動，以及處理情感的社交技巧能力。

▶ 小方與小安姊妹兩人的互動是種社會能力的表現

綜合上述，學者專家對社會能力的定義，因觀點立論不同，價值判斷不同，對社會能力的定義也就不同，有的學者視社會能力是人格特質，有的則認為社會能力是適應能力或人際互動能力，更有學者認為社會能力是涵蓋一切的能力。

第二節　幼兒社會行為評量工具

壹、幼兒社會行為的評量方法

除了可以用量表和訪談評量幼兒的社會行為外，我們也可以在教室中觀察幼兒與其他小朋友的互動情況。至於評量方面，最好由不同的人評估，但結果可能會出現一致和不一致的現象，一致的可能原因是：(1)不同人在相同情境下，評量同一幼兒；(2)在不同情境中，觀察相似的行為；不一致的可能原因是：(1)並不是每個評量者都有足夠的時間觀察幼兒；(2)因為不同評量者期望水準不一，如父母的觀察重點在合作和適應力，教師是問題解決能力，其他幼兒則是主動和玩遊戲技巧。

貳、幼兒社會行為的評量工具

國內有關幼兒社會行為的評量工具，大多來自研究生因撰寫論文的需要，修訂自國外量表或依據相關理論予以編製。下列依社會行為研究的四個領域予以介紹：(1)利社會行為；(2)性別角色發展；(3)攻擊行為；(4)社會能力，如表 6-1 所示。

表 6-1　幼兒社會行為的評量工具

一、利社會行為量表	適用年齡層
1. 兒童角色取替能力測驗	幼兒園兒童
＊2. 學前兒童利社會行為觀察表	幼兒
二、性別角色發展量表	適用年齡層
1. 性別角色態度量表	幼兒
2. 中國兒童性別角色發展量表	幼兒
＊3. 兒童性別角色教養態度量表（CRSRAS）	父母
＊4. 性別特質問卷（BSRI）	父母
三、攻擊行為量表	適用年齡層
1. 幼兒攻擊行為觀察	幼兒
＊2. 學前兒童攻擊行為觀察表	學前兒童
四、社會能力量表	適用年齡層
1. 照片式社交評量法	幼兒
2. 幼兒人際問題解決能力測驗	幼兒
3. 兒童對友伴行為歸因與反應問卷	幼兒
4. 友誼概念問卷	幼兒
＊5. 阿肯巴克實證衡鑑系統（ASEBA）	1 歲 6 個月～18 歲
＊6. 加州學前兒童社會能力量表	幼兒

註：有＊符號者，其詳細資料請參見本書附錄八。

一、利社會行爲量表

目前的研究大多採觀察法，以了解幼兒的利社會行為；此外，在這部分，筆者將「兒童角色取替能力測驗」歸屬於利社會行為的原因是，角色取替雖是幼兒的認知能力應用於社會情境中，但角色取替本身應屬於社會性，是種社會認知能力。

（一）「兒童角色取替能力測驗」

1. **目的**：了解幼兒在取替他人觀點的能力，以及協調不同人的觀點，以了解不同年齡幼兒社會認知結構的變化情形，並釐析自我中心與離中化概念。
2. **修訂者**：由潘慧玲以薛爾曼（Selman, 1980）所建構的概念性角色取替發展層級為理論架構，並參考薛爾曼和柏因（Selman & Byrne, 1974）的論點，予以修訂而成（潘慧玲，1993a，1993b）。
3. **內容**：
   (1) 知覺性角色取替能力測驗：包括四部分：① 180 度與 90 度不同方位之測試；② 180 度遠近關係之測試；③ 180 度左右關係之測試；④ 180 度遠近左右關係之測試。
   (2) 概念性角色取替能力測驗：以「小貓爬樹」的故事，已知幼兒對故事的了解，並附圖片，且將幼兒的回應分為五種：①層級零：能知覺故事中人物的情緒狀態；②層級一：能區分自己與他人的觀點；③ 層級二：能從第二者的觀點反觀自己的想法與行為；④層級三：能由第三者的觀點做一個公平的旁觀者；⑤層級四：能考慮到一個群體或社會體系間的相互關係。
4. **注意事項**：有興趣於角色取替能力主題的研究者，在使用這份工具時，應針對內容再予以修訂。

二、性別角色發展量表

關於相關量表，下列介紹四種，其中「性別角色態度量表」、「中國兒童性別角色發展量表」是由研究人員訪談幼兒，以了解幼兒的性別角色觀點，至於「兒童性別角色教養態度量表」和「性別特質問卷」則是由家長填寫，以了解父母本身性別角色的觀念。有些量表已經有些年代了，但至2013年，卻未見較新的評量工具出現，此有待研究者持續努力。

（一）「性別角色態度量表」

1. **目的**：評估幼兒對性別的了解與態度。
2. **編製者**：由黃玉梅（1989）依論文需要編製，除參考李然堯（1983）的「中國兒童性別角色發展量表」外，並參考相關理論及其他量表。
3. **內容**：黃玉梅（1989）根據四次題目的擬訂與修正，編選出 69 項題目，每項都有照片做為輔助，照片中只有象徵性事物，並無男性或女性之暗示；其中，因為人格特質不易以照片呈現，所以沒有照片輔助說明。內容計分下列四個項目，如表 6-2 所示。
   (1) 玩具與遊戲活動：如刀槍玩具、戰車、挖土機、抓小蟲等。
   (2) 人格特質：如有力氣、好帥、冒險、溫柔、愛漂亮等。
   (3) 職業：如司機、消防人員、軍人、美容師、播音員等。
   (4) 家務工作角色：如搬重物、打掃房間、照顧嬰兒、管教小孩等。
4. **信度**：以 16 位幼兒間隔二週的重測信度分別為：玩具與遊戲活動為 .58、人格特質為 .45、職業為 .77、家務工作角色為 .62，總分為 .75。
5. **注意事項**：由於 69 項題目對於幼兒而言，題數太多，可能會導致幼兒在實施過程中的不耐煩或不專注，所以，使用者可以考慮將題目減少，並增加實驗情境的效果。不過，測驗是在十幾年前編製的，未來有興趣的研究者，須重新加以修訂為宜。

表 6-2　「性別角色態度量表」之項目

一、玩具與遊戲	二、人格特質	三、職業	四、家務工作
1. 刀槍玩具	1. 有力氣	1. 司機	1. 搬重物
2. 戰車	2. 好帥	2. 消防人員	2. 保護家人安全
3. 挖土機	3. 冒險	3. 軍人	3. 修理東西
4. 木匠工具	4. 勇敢	4. 郵差	4. 燙洗衣服
5. 卡車玩具	5. 愛打架	5. 建築工人	5. 打掃房間
6. 警車	6. 愛說髒話	6. 護士	6. 照顧嬰兒
7. 抓小蟲	7. 動作粗魯	7. 幼教老師	7. 賺錢養家
8. 髮夾	8. 破壞東西	8. 保姆	8. 擦地板
9. 耳環	9. 撒嬌	9. 秘書	9. 管教小孩
10. 化妝用品	10. 溫柔	10. 美容師	
11. 洋娃娃	11. 愛漂亮	11. 播音員	
12. 縫紉用具	12. 安慰別人	12. 作業員	
13. 煮飯用具	13. 愛哭	13. 店員	
14. 打毛衣	14. 依賴別人	14. 服務員	
15. 故事書	15. 長舌話多	15. 醫生	
16. 積木	16. 喜歡尖叫		
17. 玩偶	17. 聽話		
18. 橡皮筋	18. 善良		
19. 小鋼琴	19. 體貼		
20. 扮家家酒	20. 有愛心		
21. 紙牌	21. 黏人		
	22. 好可愛		
	23. 害羞		
	24. 喜歡運動		

（二）「中國兒童性別角色發展量表」

1. **目的**：評估幼兒性別角色的發展。

2. **編製者**：由李然堯（1983）根據開放式問題，請數位家中有 2～5 歲幼兒的父母及數位幼兒園老師，列出男、女幼兒常玩的玩具、最喜歡的工作及人格特質，並從幼兒的讀物中挑出常見的玩具、最喜歡的工作及人格特質；並根據楊國樞〈五百五十七個中文人格特質形容詞之好惡度、意義度及熟悉度〉（楊國樞，1971）及〈小學與初中學生自我概念的發展及其相關因素〉（楊國樞，1972）等文的資料，編製而成。

3. **內容**：包含「玩具」、「工作」、「人格特質」三項，並請兒童讀物插畫家，將題目以圖畫呈現，每幅 6 × 6.5 公分，然後將男性化與女性化項目，排列組合於一張八開大的白報紙上。「玩具」和「工作」都以圖形表示，並畫有主角人物，畫中為男性施測男幼兒，女性施測女幼兒。例題如圖 6-1 所示。

   (1) 玩具方面：有五項屬於男性化玩具，如「刀、槍」、「卡車」、「木匠工具」、「挖土機」、「警車」；有 5 項屬於女性化玩具，如「洋娃娃」、「裁縫工具」、「化粧用品」、「煮飯用具」、「音樂盒」。

   (2) 工作方面：有五項屬於男性化工作，如「挖土機駕駛」、「工程車司機」、「木工」、「飛機駕駛」、「警察」；有 5 項屬於女性化工作，如「保母」、「護士」、「店員」、「洗衣服」、「裁縫」。

   (3) 人格特質：有五項屬於男性化人格特質，如「愛打架的」、「有力氣的」、「勇敢的」、「調皮的」、「愛好運動的」；有 5 項屬於女性化人格特質，如「愛哭的」、「害羞的」、「愛漂亮的」、「愛乾淨的」、「聽話的」等語辭表示。

圖 6-1　**餵幼兒吃飯的情境圖片**

資料來源：黃玉梅（1989）。**兒童讀物對兒童性別角色態度之影響研究**（未出版之碩士論文）。中國文化大學，臺北市。

4. **信度**：以 42 名幼兒為對象，間隔兩個星期，其重測信度：①玩具量表為 .22～.73；②工具量表為 .47～.76；③人格特質量表為 .38～.74。
5. **注意事項**：這份量表是李然堯於 1983 年所編製，距離現在已有二十多年的時間，必須予以修訂。不過，筆者介紹這份量表的原因是，讓讀者可以了解國內首份幼兒性別角色是如何編製出來，有何限制，後來的研究者，如黃玉梅（1989）等人如何依這份量表，予以修訂。

三、攻擊行爲量表

國內對於幼兒攻擊行為的研究，大多採取在情境中予以觀察。

（一）「幼兒攻擊行為觀察」

1. **目的**：了解幼兒攻擊行為出現的情形。
2. **編製者**：由陳湘筑（2002）以自然情境參與，並以「觀察」、「錄音」、「訪談」、「文件蒐集」等方式，進行資料蒐集中班幼兒攻擊行為所編製。
3. **內容**：陳湘筑依據蒐集的資料，分析出歸納幼兒的攻擊行為，主要有下列三種形式：

(1)肢體攻擊：中班幼兒已出現拍打、踢、搶、捶、推、抓髮，以及以物打人之動作。

(2)口語攻擊：可分為「以代名詞罵人」、「以一連串字句訓人」，以及「嘲笑」等三種類型。

(3)情感孤立：中班幼兒已會利用同儕團體的力量去孤立他人的友誼範圍，造成他人的情緒傷害。

此外，陳湘筑也發現在下列情境中，幼兒容易出現攻擊行為：(1)課程中工具的分配不均與使用不當；(2)排隊時，常因爭著排第一位而發生攻擊；用完點心時的等待空檔，很容易因無所事事而打鬧與爭執；自由活動時，常因不願分享玩具而出現攻擊行為；(3)當新的玩具出現時，幼兒很容易因爭奪玩具而有攻擊行為，或隊伍有新的排法出現時，也會因搞不清楚狀況而有爭吵、推打之狀況發生。

4. **注意事項**：這份資料是陳湘筑進入幼兒園教室情境中，以不同的方式所蒐集的資料，由於這份資料是近幾年觀察幼兒攻擊行為予以整理的，未來有興趣研究這項議題者，可以參考該論文。

四、社會能力量表

（一）「照片式社交評量法」

1. **目的**：評估幼兒的人際關係及其在同儕中的地位，以判斷個人在團體中的人際吸引或受排斥的情形。
2. **修訂者**：由莫瑞諾（Moreno）於 1934 年所創，請受試者根據特定的問題，寫下最喜歡及最不喜歡在一起的玩伴名字，此後由 McCandless 與 Marshall（1957）發展出適合幼兒的「照片式社交評量法」（Sociometic Method Photography）。
3. **內容**：評量幼兒的社會行為，大多由成人觀察或填寫問卷的方法了解孩子的行為，幾乎很少由幼兒的角度了解同儕之間的關係，而「照片式社交評量法」是藉由幼兒口中了解同儕關係的方法之一。由於幼兒

▶ 全班幼兒半身照片，以利幼兒指認自己及辨認其他小朋友

年紀小，對於「人」與「名字」的配對可能會有誤差，因此是讓幼兒看著照片，指出他喜歡與不喜歡一起玩的朋友。下列為其詳細流程。

(1)照片的拍攝：以一個班級為單位，幫班上每位幼兒拍攝個人的半身照片。為避免照片背景及幼兒臉上表情的影響，例如：笑臉或哭臉，會影響幼兒選擇朋友的判斷，因此拍攝時，以純一色為背景，如教室的白牆壁，並要求幼兒以最自然的表情提供拍攝。

(2)照片的處理：照片沖洗後，可將孩子的照片張貼在一張大海報紙上，並在每一張照片下寫上孩子的姓名及座號，並張貼在教室中。

(3)照片的置放：在教室中尋找一適當的地方，置放幼兒照片的海報紙，並鼓勵幼兒利用自由時間去看看海報上其他小朋友的照片。

(4)照片置放時間：照片置放教室四天以後，就可以進行施測。

(5)施測場所：以個別訪談方式，且在一不易受到干擾的場合進行。

(6)施測流程：施測時，可將全班幼兒照片以隨機方式排列在桌面上，或將張貼照片的海報紙呈現在孩子面前。之後，施測者就指任一張照片：「你知道這位小朋友叫什麼名字嗎？」以及「小朋友，請你

指出劉德華的照片是哪一張？」孩子在辨認其他幼兒的照片無誤之後，再問幼兒：「這些照片中的小朋友都是你班上的小朋友。請你找找看，你在哪裡？」研究者再次確認幼兒能辨認自己的照片後，再問他：「請你告訴阿姨，在這些小朋友中，你最喜歡跟哪三位小朋友一起玩？」在孩子指出每一位幼兒的照片時，並同時問：「為什麼你喜歡跟他一起玩？」大部分的幼兒在回應上都無問題，但有些孩子無法馬上做決定時，主試者須耐心地鼓勵孩子慢慢想，之後，再問幼兒第二個問題：「請你告訴阿姨，在這些小朋友中，你最不喜歡跟哪三位小朋友一起玩？」

4. 計分方法：依Coie與Dodge（1988）的同儕地位指標，如表 6-3 所示，將幼兒區分為：(1)「受歡迎組」；(2)「被拒絕組」；(3)「被疏忽組」；(4)「受爭論組」；(5)「一般組」等五組。其計算方式是：凡被提名一次「喜歡」者給一分 （此即為正向分數），被提名一次「不喜歡」者給一分（此即為負向分數）。研究者可將（喜歡的標準分數）+（不喜歡的標準分數）＝社會影響力，將（喜歡的標準分數）－（不喜歡的標準分數）＝社會偏好度；並根據如表 6-3 的分類指標，將幼兒分為五組（實際記分方式可以參考本章的個案）。

表 6-3　Coie 與 Dodge 五種友伴地位指標

同儕地位	標準分數（Z 分數）			
	喜歡	不喜歡	社會影響力	社會偏好度
受歡迎組	大於 0	小於 0		大於＋ 1
被拒絕組	小於 0	大於 0		小於－ 1
被疏忽組	小於 0	小於 0	小於－ 1	
受爭論組	大於 0	大於 0	大於＋ 1	
一般組	——	——	界於 1 與－ 1 之間	界於 1 與－ 1 之間

5. **信度**：蔣惠珍（1985）以 160 位幼兒為樣本，三週後 4～5 歲及 5～6 歲的社會影響力及社會偏好度分別為 .77、.84、.80 及 .82。

6. **注意事項**：

(1)施測者在過程中，可能會遇到下列問題，即「孩子提名喜歡與不喜歡的小朋友會有重複的現象」、「孩子提名喜歡與不喜歡的小朋友會超過三人或不足三人」、「孩子對於喜歡與不喜歡的小朋友，說不出為何喜歡／不喜歡他們」等現象，當遇到這類問題時，施測者必須有耐心地讓孩子重新提名或讓孩子等會兒或隔天再做。

(2)雖然 Coie 和 Dodge 將幼兒分為五組，但實際在計分和分類時，有些幼兒是無法分組的，因此筆者建議將其列為第六組：「其他組」。

（二）「幼兒人際問題解決能力測驗」

1. **目的**：評量幼兒的人際問題解決策略以及替代思考的流暢性及變通性。

2. **修訂者**：由章淑婷（1989）根據蘇而（Shure）等人於 1974 年的「幼兒人際問題解決能力測驗」（Preschool Interpersonal Problem Solving, PIPS）以及如斌（Rubin, 1988）的「修訂社會問題解決能力測驗」（The Social Problem Solving Test, Revised ed., SPST-R）修訂而成。

3. **內容**：

(1)研究者除引用原測驗之「獲得物體」及「結交朋友」兩個問題情境之外，並從文獻和徵詢五位幼教老師，蒐集幼兒經常面臨的人際問題。計有七個情境，包括：①結交朋友；②參與遊戲；③邀請朋友；④引起注意；⑤停止他人的妨礙行動；⑥尋求協助；⑦獲得物體。此外，測驗也設計故事體及圖卡（如圖 6-2 所示），以利幼兒容易了解人際問題的情境。

圖 6-2　「阿欣表達他想參加跳繩故事」的圖卡

資料來源：章淑婷（1989）。**幼兒人際問題解決能力與其同儕關係之研究**（未出版之碩士論文）。國立臺灣師範大學，臺北市。

(2) 施測過程：測驗係採個別晤談，每一個問題情境的故事主角有不同的名字，例如：第五個故事情境「參與遊戲」，其敘述方式如下：「這是阿新（阿欣），這三個人是小明（小敏）、小雄（小容）、小傑（小玲），他們三個人都跟你一樣，都是 5 歲的男（女）生。小明（小敏）、小雄（小容）、小傑（小玲），他們三個人正在玩什麼呀？」（等受試者反應）「對，是很好玩的跳繩遊戲！阿新（阿欣）也很想能參加他們的跳繩遊戲。你想，阿新（阿欣）要對他們三個人怎麼做或怎麼說，他們才會讓他參加他們的跳繩遊戲？」請幼兒回答其解決策略，每一問題情境有三次反應的機會。

(3) 計分方式：人際問題解決策略分 6 個類型及 20 個策略項目，如表 6-4 所示。根據幼兒對每一個問題情境所提出的解決策略，予以分類並計分，每反應其中一項目，則給予一分。

4. **信效度：**

(1) 信度：此測驗的重測信度為 .42～.71；評分者信度為 .84～.94。

表 6-4　幼兒人際問題解決策略分類表

類型	項目
1.利社會策略	(1)要求；(2)有禮貌的；(3)利他、分享；(4)等待；(5)公平、輪流；(6)計畫將來；(7)商借
2.爭論性策略	(1)自我中心、直接命令及批評式的表達；(2)身體、語言的攻擊強迫、搶奪；(3)威脅；(4)破壞物體
3.訴諸權威者	(1)訴求父母；(2)訴求老師；(3)訴求其他者
4.利誘哄騙策略	利誘哄騙
5.情感性策略	情感性的表達
6.放棄或轉移目標	轉移或放棄目標

(2) 效度：此測驗以「幼兒社會行為量表」求取相關係數，做為考證的依據，其相關係數流暢性為 .275，變通性為 .236。

5. **注意事項**：此量表係章淑婷為其論文〈幼兒人際問題解決能力與其同儕關係之研究〉所修訂，可做為編製類似量表的參考。

（三）「兒童對友伴行為歸因與反應問卷」

1. **目的**：評量幼兒對於人際事件的歸因與自己將會採取反應之情形。
2. **編製者**：由許淑琴（1990）參考道吉（Dodge, 1980）在其研究中所用假設情境之故事，再根據研究者觀察兒童在學校中經常可能發生在友伴之間，由友伴引發負向或不愉快結果之人際問題情境編製而成。
3. **內容**：問卷計有九個假設情境，分別是：(1)兒童眼睛被水槍噴到；(2)被撞跌倒受傷；(3)被球丟到頭；(4)鉛筆盒被撞掉；(5)牛奶被撞翻潑到衣服；(6)手帕被踩髒；(7)積木被撞倒；(8)故事書被撕破；(9)玩具被拿走。每一問題情境繪製一張配合該情境，產生負向後果但友伴意圖不明的圖片。

4. **信度**：重測信度方面，對兒童友伴行為歸因在 .02～.60，對兒童友伴行為反應在 .05～.62；評分者信度在 .72～.97。
5. **注意事項**：這份量表是許淑琴因論文〈高低攻擊性兒童對友伴行為歸因與反應差異之研究〉中的友伴行為歸因與反應此變項所設計，可做為編製類似研究量表的參考。

（四）「友誼概念問卷」

1. **目的**：主要評估幼兒對於選擇好朋友的動機、標準及期望。
2. **編製者**：由陳玲玲（1991）參考多位學者的開放式問題編製而成。
3. **內容**：從社會認知的角度及幼兒發展的觀點，分為：(1)兒童友誼概念類別分析；(2)兒童友誼概念階段分析。如表 6-5 及 6-6 所示，若兒童反應內容只包含一個階段，例如：「我們常常一起玩玩具」，這句話為階段 0。如果兒童反應不只包含於一個階段的特徵，依其主要反應為主要階段，其次要反應為次要階段，採複合階段評定法。

表 6-5　兒童友誼概念類別分析

類　型	內　容	例　句
1.外在特徵	指兒童提及好朋友的身體特徵或擁有物做為選擇好朋友的依據	「她很漂亮啊！」
2.聯合活動	指兒童提及其與好朋友的共同活動或依地理位置的接近做為選擇好朋友的依據	「他會和我玩！」
3.欽慕	指兒童提及因好朋友具有一些美德、優點或成就，故選擇其做為好朋友	「他很乖！」
4.情感性	指兒童提及其與好朋友相處時的樂趣或有情緒的表露	「我和他在一起很快樂」
5.利他行為	指兒童提及其好朋友有幫忙、分享及合作的具體行為，故選擇其做為好朋友	「他會幫助我」
6.親密性	指兒童提及其好朋友給予精神上的支持、信任等親密行為，故選擇其做為好朋友	「他會把心事告訴我」
7.其他	指兒童的答案無法歸為上述六類時，則為此類	「我們已認識很久」

表 6-6　兒童友誼概念階段分析

階段		內容	說明
階段〇	暫時的玩伴	以物質、身體特徵和地理位置接近為友誼基礎	「他就住在我家附近」
階段一	單向的支持	認為好朋友是可以滿足自己的要求，知道自己喜惡的人	「每次我向他借玩具，他都會答應」
階段二	雙向的公平合作	認為好朋友以雙方為考慮的條件，可以滿足彼此的需求興趣	「我們常常一起玩遊戲」
階段三	親密互享的關係	好朋友意味著互相支持，分享苦樂等	「當我們難過時，會互相安慰」
階段四	自主性的相互依賴	尊重好朋友在依賴與自主兩方面的需要	「他是我的好朋友，但是他也可以交其他的好朋友」

4. **信效度**：評分者信度類別分析為 .76，階段分析為 .82。
5. **注意事項**：這份問卷係為陳玲玲因論文〈兒童友伴選擇、友誼概念與友誼知覺之相關研究〉需要而編製的，問卷中的題目係以問題情境為主，以了解幼兒友誼概念的發展。

第三節　幼兒社會行為的輔導策略

幼兒的社會行為，除了會受其本身氣質、語言、智力和情緒等因素影響外，也深受家庭、學校和社會環境的影響。此外，大社會環境的文化背景、風俗習慣、社會活動及大眾傳播等，也都會影響幼兒社會行為的發展。在「幼兒園教保活動課程大綱」（教育部，2017）中，對於社會領域的觀點是比較著重於幫助幼兒與自己、與他人、與週遭生活環境建立密切的互動。至於幼兒的利社會行為、性別角色、攻擊行為、社會能力等四方面，提供父母或教師具體的方法，如下所述。

壹、利社會行為方面

一、父母和教師應以身作則

父母或老師往往是孩子最直接的模仿對象，所以，他們的任何行為都會成為幼兒行為的一部分。而父母和老師在日常生活中，協助他人、照顧他人或與人分享等現象，都能夠成為孩子行為的典範。筆者記得以前鄰居中，有一對夫妻好善樂施，經常幫助一些左鄰右舍的老人，因為這些老人家的孩子都在外工作，很少回家。所以他們多年來，常邀這些老人與他們共渡週末，甚至在清理自家環境時，也會順便打掃附近的公共區域。他們的孩子從小耳濡目染父母的行為，無形中也成為自己行為的一部分，所以他們的孩子常獲老師的稱讚，認為其極富同情心、樂於助人和照顧別人等。

二、提供學習利社會行爲的機會

1. **提供相關影片或圖書**：教師在校或父母在家，可播放一些利社會行為的影片或相關的書籍給孩子，讓孩子在觀看中，能夠學會幫助他人、與人分享等行為。
2. **以戲劇表演呈現**：根據班上所觀察到的一些常出現的利社會行為，例如：「小朋友在戶外活動時，不小心跌倒受傷了，應該怎麼辦？」「小朋友身體不舒服，應該怎麼辦？」以類似的相關行為為議題，將之改編為戲劇，並藉由表演的方式，讓幼兒來體會；之後，並讓小朋友予以討論如何處理這件事，並分享彼此的經驗。
3. **故事的選擇**：選擇合適的故事，例如：「黑羊白羊過橋」、「孔融讓梨」、「司馬光救人」，或是爸媽、老師可依時事或自編相關的故事，與孩子分享。
4. **從團體活動學習**：學校可進行相關的活動，例如：「兩人三腳」、「瞎子背瘸子」、「支援前線」、「拔河」、「合作畫」、「作品分享」及「大掃除活動」等，都可培養幼兒互助合作的精神及分享的行為。

5. **週末分享活動**：幼兒園可在週六下午，舉辦舊玩具或舊書的分享與交流活動，或者若有小朋友生日，也可舉辦慶生會，與大家分享快樂。我們常可在學校看到有些媽媽手提著一盒蛋糕或乖乖桶，讓班上的幼兒分享其他孩子生日的喜悅。
6. **當小幫手**：讓幼兒每日輪流當小幫手，為其他小朋友服務，例如：幫忙發點心、協助舀菜或桌子的清潔等工作。
7. **小天使或守護神遊戲**：每位小朋友都是另一位小朋友的小天使或守護神，讓孩子在活動中學會在背後默默去關心他人、幫助他人。
8. **參加公益活動**：老師或父母可計畫帶孩子參觀一些公益活動，例如：幫助殘障人士或老人的一些活動，從過程中學習如何體恤與幫助他人。

貳、性別角色方面

在傳統農業社會，女性的角色是為人妻、為人母，男性的角色是出外工作賺錢養家。然而時代已漸改變，依靠體力的工作已大量為自動化機械所取代，況且小家庭結構的發展，也不再容許夫妻角色過於分化，因此許多婦女紛紛投入就業市場，這種異於傳統的角色，帶動男性或女性人格特質的改變。所以在現代社會，不論是男生或女生都應具有整合的性格，在面對外來的壓力時，能夠表現出男性化的獨立自主而不屈服，在需要表現女性化的溫和親切的情境中，也能從容自在地應付。

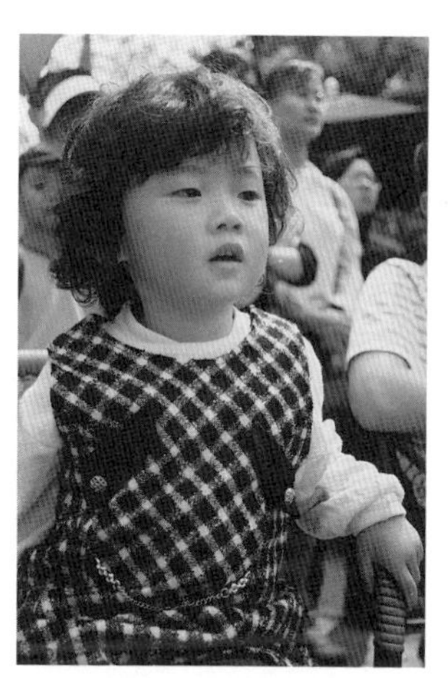

▶ 不應因孩子的性別界定其未來工作的方向

一、父母和教師應有彈性的職業觀

在幾乎是男人天下的政治界，你們知道英國前首相柴契爾夫人為什麼成為政治領袖嗎？原因在於，柴契爾夫人的父親是一家雜貨店商人兼傳教士，平常對政治活動和公共事務非常熱中，商店的一角落常是她父親和朋友高談闊論的地方，她則是一名忠實的聽眾，常在旁邊聽他們高談闊論。她在 9 歲以後，常跟父親外出聽演講，在父親太忙，無法去聽時，她父親就會要她去聽，回家後再轉述給他聽；之後，她父親開始投入地方政界，並向女兒解釋自己在政場上的發展過程。從小作父親的就激發女兒參與公共事務的興趣，並告訴他女兒：「不要因為朋友做什麼，你就要做什麼，自己應可決定做什麼。」

筆者曾問學生：「你／妳們認為醫生、律師、董事長、警官、工程師、工人等工作，是男人的工作，還是女人的工作？」學生回應：「是男人的工作！」再問：「你／妳們認為秘書、護士、幼教老師、店員等工作，是男人的工作，還是女人的工作？」學生則回應：「是女人的工作！」從學生的回應中，我們發現在大多數人的觀念中，仍有刻板的性別角色觀念存在。不過，有一些證據顯示：一個人若能表現出突破刻板性別角色的行為時，常會為他／她贏得額外的好評，尤其是當女性在傳統的男性工作上表現優異時，她可能會被認為比同樣成功的男性更為優秀，例如：美國第一位女太空人莎莉・賴德（Sally Ride），處在如此男性化的領域裡，她的獨特表現使得她的性別格外突出。至於玩娃娃的小男孩吳季剛，卻在美國第一夫人蜜雪兒・歐巴馬（Michelle Obama）穿上他設計的服裝後，引起國際的注目。其實，他從 5 歲開始，就對新娘禮服百看不厭，他的媽媽每個星期都會依著他的要求，帶他到臺北市各個婚紗禮服店的櫥窗前，讓他細細的看，並且畫下禮服的樣子。他喜歡玩娃娃，他的媽媽和阿姨就到處去幫他買，結帳的時候還要想辦法避免店員用奇怪的口氣說：「怎麼是小男生要買的呀？」

由上可知，在柴契爾夫人、莎莉・賴德和吳季剛的例子中，身為父母和教師應有彈性的職業觀，讓孩子根據自己的潛能及性向興趣，找尋適合自己未來的職業，不因孩子的性別因素而受到限制。

二、不以刻板的性別角色教養孩子

我們常聽父母說：「你是男孩子，不准哭！」或者「你是女孩子，不要那麼野！」「女生念那麼多書幹嘛，趕快找個好老公嫁了！」由以上這些話語，無形中已限制兩性性別角色的發展。為了避免造成刻板性別角色的發展，父母在家應注意下列事項：

1. **讓孩子輪流做家事**：家長在家不要限定女孩就應該洗碗、拖地等，而男孩就應負責修理電器或做園藝的工作，除非孩子特別有興趣且專精這方面的工作，否則應該讓男生和女生輪流做清潔及修理方面的工作。
2. **選擇中性色彩的物品**：當一對夫妻為他們即將來到世上的孩子選購衣物時，若已知寶寶是女生時，你猜他們會買什麼顏色的衣物？不錯，就是「粉紅色系的衣物」；若孩子是男生，則會幫他買「粉藍色系的衣物」。事實上，在幫孩子購買衣物時，我們就以顏色刻板化了男女生的角色，所以在孩子還小的時候，我們應幫他（她）選擇中性顏色，如黃色系的衣物。
3. **不要對女孩過度保護或讓男孩做不必要的冒險**：在日常生活中或者大眾傳播媒體中，我們常可看到一些畫面是：「男孩常拿一些蟑螂或蚯蚓來嚇女生，常可看到女生被嚇得哇哇大叫！！」但是女孩真的比較膽小害怕，需要別人保護，而男孩真的都比較勇敢嗎？這是後天環境學來的，還是真的有男女差異？

　　有一研究，讓2～6歲的小孩進入下列情境：(1)接近一條蛇；(2)靠近一條大狗；(3)走過高懸的木板條；(4)進入一條暗巷拿球；(5)到穿著怪異、身體不動之陌生人旁邊的椅子上拿玩具；(6)獨自待在一個陌生的房間內。研究者計算害怕人數的百分比，並無性別差異。所以男人果眞表現比女人勇敢，有相當成分是自我壓抑負面情緒的結果。（李美枝，1987）

事實上有研究指出，男性在測謊測驗的分數高於女性，亦即男性自我防衛傾向比較強，男性也比較不會表現膽小的樣子，因為這樣不符合男性角色的形象。所以，事實上女孩需要保護或男孩的冒險是在社會化過程中學習而來的，我們應給予男生或女生有練習獨立自主的機會。

三、應慎選不具刻板性別角色的讀物

有研究指出，幼兒如果閱讀具有刻板角色的讀物一段時間後，孩子的性別態度會趨向刻板化。所以，當父母或老師為孩子購買圖畫繪本時，對於撰寫內容和繪圖應特別留意。不過，就目前坊間的圖畫繪本，大多具刻板性別角色，例如：「白雪公主」、「101 忠狗」、「美女與野獸」等，其內容幾乎都是男性的角色是勇敢的、是冒險的等，女生的角色是柔弱的、依順的等。

在此情況下，父母或老師可以鼓勵孩子，試著體會將故事中男、女角色互換時的結果及其趣味性，例如：將「白雪公主」改成「白雪王子」，並讓女孩將白雪王子救醒。此外，也可提供與刻板性別角色相左的繪本，例如：《威廉的洋娃娃》、《紙袋公主》、《紅公雞》和《灰王子》等，或許可激發幼兒不同的性別觀點。

四、提供幼兒學習性別角色的活動

1. **單元活動**：在「各行各業」單元活動中，當老師介紹各行業的人時，盡可能同時包括男、女人員，例如：警察人員，除介紹男警察之外，必須同時介紹女警察，或介紹醫生時，也需讓孩子知道有男醫生外，也有女醫生。必要時，如果孩子的媽媽是醫生時，可請其協助，請她至學校向小朋友介紹自己的工作。
2. **學習區**：在幼托園所中，我們常看到一個畫面，就是「男生不是在積木區，就是科學區，女生不是在娃娃家，就是在烹飪區」；當有這種現象時，老師可以鼓勵這些小男生到娃娃家看看；倘若小女生每次都選娃娃家時，也可以鼓勵她們選擇積木區或自然區。

3. **玩具或教具色彩的選擇**：在分發材料或玩具物品時，老師不能有暗示性的性別設定，例如：男生發藍色，女生發紅色。所以，當我們在為孩子選擇物品顏色時，不應以顏色來限定兩性，應讓孩子有自主性，選擇自己喜歡的顏色。
4. **角色扮演活動**：提供多種角色，例如：秘書、老師、警察或廚師等，讓幼兒自由扮演各種角色，不干預其性別角色，之後，可讓孩子對各種角色加以討論。

參、攻擊行為方面

一、避免以體罰制止孩子的行爲

父母和教師有時對孩子某些不乖的行為會施予體罰，例如：打屁股或打手，並且認為這是制止不適當行為的有效方法之一；殊不知，它可能會產生反效果。因為大人往往是孩子模仿的對象及增強的來源，如果父母和教師採用體罰的方式以抑制孩子的攻擊性行為，孩子同時也模仿學會以肢體動作來抑制攻擊行為。

在家庭暴力中，幼兒常是受害者，因他們比較瘦弱，不可能施以報復，然而，與較少受懲罰的孩子相比，這些孩子更具攻擊性。這些孩子在家為了避免被懲罰，比較不會毆打自己的兄弟姊妹，然而非常不幸地，這些因不乖受到愈重懲罰的孩子，在外面則愈具攻擊性。這種情形解釋了孩子會模仿父母和教師的攻擊行為，當這些孩子對所處的情境能控制時，便會模仿父母和教師加諸在他身上的行為，以攻擊的方式來處理衝突事情。由上可知，身為大人在處理孩子不適當行為時，宜儘量避免以懲罰方式制止孩子的行為。

二、避免孩子接觸暴力性影片

許多社會心理學理論都認為，觀看電視或電影的暴力節目，會增加孩子的攻擊傾向。班度拉（A. Bandura）及同事曾讓兩組兒童觀察兩個情境：第一組兒童觀察一名大人在組合樂高玩具，無視於充氣玩偶的存在；第二組兒童則觀察一名大人在組合樂高玩具，約一分鐘之後，他走向塑膠充氣的玩偶，打它、踢它，以木棒敲打它，同時口中不斷地喊著：「打倒你！」「正中鼻樑！」「砰！」等話語，持續了九分鐘。隔了一段時間之後，讓這兩組幼兒受到挫折，並讓他們單獨留在一間放有玩具及一個三呎高的充氣玩偶的房間二十分鐘，並觀察他們的行為。結果顯示，對觀察成人攻擊玩偶的這組兒童而言，他們已在無形之中模仿了大人的行為，會用木棒打玩偶或以手毆打、以腳踢玩偶。

這項實驗反應出，當孩子經由觀察他人的攻擊行為，會學習該特殊的行為反應；此外，如果兒童面對的情境與成人發生行為的情境相類似時，兒童也會不自覺地出現該種行為。但是，這種行為類化的情形如何，他會不會攻擊兄弟姊妹或其他小朋友，較無法確定，但可以確信的一點是，孩子會比以前更容易攻擊其他物品；換句話說，兒童經由模仿學習的過程，會表現出更多的攻擊性行為。所以，父母及教師應謹慎地幫孩子選擇適當的影片，避免孩子有接觸暴力影片的機會，至於電視播出具有暴力的卡通影片，父母應盡可能不讓孩子觀看，倘若孩子堅持要看時，則父母應陪同一起觀看，並適時做說明。

三、提供幼兒宣洩情緒的活動

弗洛依德（S. Freud）認為，當人們有攻擊情緒時，從事攻擊行為可以降低其情緒反應強度，並能減少他再表現攻擊行為，這種過程稱為宣洩。而教師在校可以提供下列活動，讓幼兒有宣洩情緒的機會。

1. **體能活動**：在體能活動時間，教師儘量讓幼兒從事攀爬、跑跳、翻滾等之類的活動，以發洩其過度的體力與精力。

2. **丟沙包**：在體能區，老師可以在牆上，依孩子高度畫一類似射飛鏢的圓圖形，沿圓圖形的牆底下放一個盒子，讓孩子把沙包丟向牆上的圓圈，除了可讓其發洩之外，尚可培養其手眼協調的功能。
3. **丟水球**：找一紙箱，根據孩子高度，在紙箱上挖一個洞，洞內放一個桶子，在孩子情緒不佳時，可丟丟水球，以宣洩其攻擊情緒。
4. **撕紙**：教師可蒐集一些不要的廣告紙或廢棄的紙，甚至報紙，讓孩子覺得想打人或不高興時，試著去撕撕紙；撕完之後，讓孩子揉成一團球，放在遊戲區，當棒球使用。
5. **丟保齡球**：教師可蒐集一些保特瓶當保齡球，並以孩子情緒不佳時所揉成的球當丟擲的球，讓孩子在擲球的過程中，發洩其情緒。
6. **繪畫或玩陶土**：對於有些攻擊傾向較高的孩子而言，有時以上的活動無法協助宣洩其情緒，減少攻擊行為的發生，此時，可由專業人員進行所謂的藝術治療（Art Therapy）或遊戲治療（Play Therapy），來探討孩子內在的真正問題原因。讓孩子在畫畫、玩陶土或遊戲過程中，由專業人員予以輔導。

此外，也可讓幼兒以擦玻璃或打拳擊袋的方式等，宣洩其情緒，但在園中應有固定場所，孩子隨時可以到這些地方，宣洩其攻擊情緒。

肆、社會能力方面

許多研究指出，在孩子的同儕關係中，社會能力扮演了重要的角色，影響孩子在團體中的社會地位。有研究指出，在同儕中較受歡迎的孩子，其社會能力較具社會技巧，能與不同的友伴互動、具結交朋友的知識、具同理心、能從他人的角度思考事情；相對地，不受歡迎的孩子，則不擅長社交技巧、較自我中心、較無同情心與同理心。而有關孩子社會能力的培養，除了父母的教養方式之外，學校中社會技巧的訓練或進行角色扮演活動都有助於孩子社會能力的增進。

一、父母應採民主式的教養方式

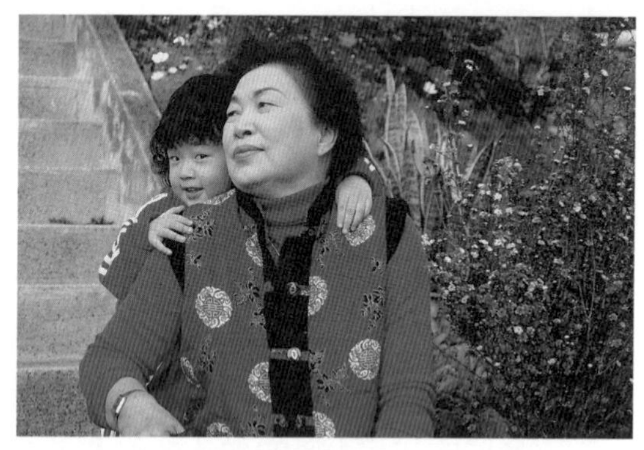
▶ 媽媽的民主教養有助於幼兒自信的建立

許多研究都證實，父母的教養方式會影響幼兒的社會能力：(1)獨裁式父母的教養方式，可能會試圖控制孩子的行為，使他們服從規矩；如果孩子未能達到標準，父母會懲罰他們，因此這些孩子比較不容易相信他人，且較畏縮；(2)放任的父母不參與也不干涉孩子的行為，一切由孩子自己做決定，但孩子自控力會較低，探索行為也較少；(3)採民主式教養的父母，會試圖合理的引導孩子的行動，必要時會施予堅定的控制，並鼓勵交換意見，尊重孩子的決定，但在維持標準的態度上較堅定，子女確知自己是被愛的，知道父母的要求，並對他們有安全感，這些孩子在學前階段中是屬於最有自信、最自立、自我肯定、好探索、能幹的一群（黃慧真譯，1990）。

二、教導適宜的社會技巧

社會技巧對幼兒人際關係的建立是重要的，而有關社會技巧的訓練，在實徵研究中證實具有正向效果。有關社會技巧的教導，有下列方法：

（一）提供楷模

楷模的來源可考慮多樣化，例如：除了以成人為楷模對象之外，也可以用布偶、影片或書籍楷模皆可。就布偶方面，在布偶的表演中，可以呈現問題情境，以布偶相互討論，以減少直接的威脅感，而幼兒也會認同劇中的布偶主角，以之為學習楷模，並增進其正向行為。

（二）促進關聯的活動

1. 活動名稱：認識你。
2. 目的：幫助幼兒更了解團體成員的存在和其特徵，以達到社會接觸。
3. 活動：利用時間訪問班上幼兒，將訪問內容錄音下來，並問孩子下列問題：「你喜歡什麼顏色？」「你喜歡吃什麼東西？」「你喜歡什麼玩具？」等，之後，讓孩子猜猜受訪者是誰？讓其他小朋友能更認識這個孩子。

（三）促進解決衝突與合作的活動

1. 活動名稱：不夠怎麼辦？
2. 目的：幫助幼兒在衝突中協調紛爭。
3. 活動：
   (1) 老師在活動中提供某樣不易分配給全體的東西，製造衝突讓團體來解決。
   (2) 告訴孩子在某樣東西給他們之前，有個問題需要解決，然後把東西拿出來，說：「我想給你們這些東西，但現在有個問題。這個問題是什麼？」等孩子把問題說出來（不夠分配），請他們想想解決的方法。
   (3) 帶領孩子討論分配這些東西的方法，不要加入你的解決方式，只是嘗試讓孩子們自己發現一個大家都同意的方法。儘量讓每個人的意見獲得討論，並鼓勵他們自己做決定，指出並討論無可避免的意見紛歧情形。如果不能找到一個解決方法，老師可以提供建議讓孩子們討論（呂翠夏譯，1988）。

（四）角色扮演

▶ 社會技巧對幼兒人際關係的建立是重要的

教師可將孩子經常遇到的人際問題解決情境，例如：「我想要小安安做我的好朋友，但是我不知道怎麼告訴他？」「我想要跟他們一起玩，可是我不知道如何說？」「每次小武都要搶我的玩具，很討厭。」「我想要玩他的機器人，但是我不知道怎樣向他說。」讓幼兒進行角色扮演，並讓幼兒討論解決問題的方式，澄清孩子處理問題的方式，並讓孩子在討論過程中，學會正確的行為方式。

壹、幼兒基本資料

韋小寶，幼兒園大班，爸爸在貿易公司工作，媽媽在銀行工作，家中獨子。他的個性非常好動，常跑來跑去，無法安安靜靜地坐著吃一頓飯。最近常有些小朋友跑來告狀：「老師，韋小寶打我！」「老師，韋小寶撞我！」老師自己也觀察到韋小寶常一個人自己玩，沒有其他小朋友跟他一起玩耍。

經過老師仔細觀察發現，韋小寶很喜歡團體生活，也喜歡跟其他小朋友一起玩，但是因為方法使用不當，導致別的小朋友不喜歡與他一起玩，甚至討厭他，例如：小寶喜歡婷婷，想跟她一起玩，他為了表示友好的態度，常常用力抱婷婷，或者拉她的頭髮，讓婷婷覺得非常不舒服，不想和他一起玩。又有一次，小寶把他最心愛的玩具車帶到幼兒園來，想與其他小朋友一起分享，可是正當王大憨在玩時，他又把玩具車搶回去，說：「不對，不對，不是這樣玩的！」於是小寶就一個人玩了起來，大家一看他捨不得把玩具借給別人玩，自然而然就不想跟他一起玩。

貳、「照片式社交評量法」評估結果

為了進一步了解孩子在班上的人際同儕關係，以及其他小朋友對他的接納度，教師做了「照片式社交評量法」，希望由小朋友的回答中更客觀地知道這位小朋友的同儕地位。小寶班上有 27 位小朋友，評量結果如表 6-7 和表 6-8 所示，小寶是 15 號，在班上沒有小朋友提出喜歡與他一起玩，但卻有 22 位小朋友不喜歡與他一起玩，算出的喜歡次數標準分數（Z 分數）是 -1.10，不喜歡次數標準分數是 4.15，社會影響力是 2.75，社會偏好度是 -5.25，根據這些資料，發現韋小寶的同儕地位屬於被拒絕組。

以下資料由臺北市立教育大學兒童發展研究所研究生李伊珮小姐撰寫及處理，謝謝她提供下列資料！

表 6-7　同儕評量及提名紀錄表（一）

	1	2	3	4	5	6	7	8	9	10	11	12	13	14	15	16	17	18	19	20	21	22	23	24	25	26	27
1									✚					☆	✚	☆	☆					✚					
2				☆		☆					☆				✚				✚		✚						
3				☆		☆				☆			✚		✚			✚									
4		☆					☆		✚				☆					✚					✚				
5							☆	☆							✚						✚					☆	✚
6				☆					✚		☆		☆		✚			✚									
7									✚	☆		☆			✚				✚	☆							
8	☆													☆	✚	☆			✚			✚					
9	☆													☆	✚	☆						✚			✚		
10			☆				☆					✚			✚					☆		✚					
11		☆				☆			☆						✚						✚		✚				
12				☆		☆							☆		✚				✚			✚					
13				☆		☆				☆					✚						✚	✚					
14											✚	✚			✚	☆									☆		☆
15		☆	☆											✚		✚	✚									☆	
16	☆					☆			✚						✚		☆					✚					
17	☆								✚					☆	✚	☆			✚								
18	☆													☆	✚	☆			✚			✚					
19	☆								✚			✚			✚	☆	☆										
20						✚	☆	☆					✚		✚											☆	
21	✚								☆			✚			✚		☆								☆		
22	☆			☆					✚			✚				☆								✚			
23															✚		☆	☆							☆		
24							☆		✚	☆								✚					✚		☆		
25	☆	✚										✚		☆		☆			✚								
26					☆										✚	☆						☆					
27	☆											✚		☆	✚				✚							☆	

註：☆喜歡；✚不喜歡。

表 6-8　同儕評量及提名紀錄表（二）

	1	2	3	4	5	6	7	8	9	10	11	12	13	14	15	16	17	18	19	20	21	22	23	24	25	26	27
喜歡次數	9	3	2	6	1	6	5	2	2	4	2	1	3	7	0	10	5	1	0	2	0	1	0	0	4	4	1
不喜歡次數	1	1	0	0	0	1	0	0	9	0	1	7	2	1	22	1	1	4	8	0	4	8	3	1	1	0	1
喜歡Z分數	2.21	0	-0.37	1.10	-0.74	1.10	0.74	-0.37	-0.37	0.37	-0.37	-0.74	0	1.47	-1.10	2.57	0.74	-0.74	-1.10	-0.37	-1.10	-0.74	-1.10	-1.10	0.37	0.37	-0.74
不喜歡Z分數	-0.40	-0.40	-0.62	-0.62	-0.62	-0.40	-0.62	-0.62	1.33	-0.62	-0.40	0.90	-0.18	-0.40	4.15	-0.40	-0.40	0.25	1.12	-0.62	0.25	1.12	0.03	-0.40	-0.40	-0.62	-0.40
社會影響力	1.81	-0.40	-0.99	0.48	-1.36	0.70	0.12	-0.99	0.96	-0.25	-0.77	0.16	-0.18	1.07	2.75	2.17	0.34	-0.49	0.02	-0.99	-0.85	0.38	-1.07	-1.50	-0.03	-0.25	-1.14
社會偏好度	2.61	0.40	0.25	1.72	-0.12	1.50	1.36	0.25	-1.70	0.99	0.03	-1.64	0.18	1.87	-5.25	2.97	1.14	-0.99	-2.22	0.25	-1.35	-1.86	-1.13	-0.70	0.77	0.99	-0.34
同儕地位	1	5	5	1	3	1	1	5	2	5	5	2	5	1	2	1	1	5	2	5	2	2	2	3	5	5	3

註：1.受歡迎組；2.被拒絕組；3.被忽視組；4.受爭論組；5.一般組。

計算過程：

1. **喜歡次數累加和**：計算每位孩子被喜歡的次數。

   第 1 位孩子：提名喜歡他（✰）有 9 位。

   第 2 位孩子：提名喜歡他（✰）有 3 位。

   第 3 位孩子：提名喜歡他（✰）有 2 位。

   第 4 位孩子：提名喜歡他（✰）有 6 位。

   其他孩子被喜歡的次數累加和，依此類推。

2. **不喜歡次數累加和**：計算每位孩子被不喜歡的次數。

   第 1 位孩子：提名不喜歡他（✚）有 1 位。

   第 2 位孩子：提名不喜歡他（✚）有 1 位。

   第 3 位孩子：提名不喜歡他（✚）有 0 位。

   第 4 位孩子：提名不喜歡他（✚）有 0 位。

   其他孩子被不喜歡的次數累加和，依此類推。

3. **喜歡次數標準分數（Z 分數）的計算**

$$SD=\sqrt{\frac{\Sigma X^2-\frac{(\Sigma X)^2}{N}}{N}} \qquad Z=\frac{X-\overline{X}}{SD}$$

(1) $\Sigma X = 9+3+2+6+1+6+5+2+2+4+2+1+3+7$
$+0+10+5+1+0+2+0+1+0+0+4+4+1=81$

(2) $M=\frac{\Sigma X}{N}=\frac{81}{27}=3$

(3) $\Sigma X^2=(9)^2+(3)^2+(2)^2+(6)^2+(1)^2+(6)^2+(5)^2+(2)^2+(2)^2+(4)^2+(2)^2$
$+(1)^2+(3)^3+(7)^2+(0)^2+(10)^2+(5)^2+(1)^2+(0)^2+(2)^2+(0)^2+(1)^2+$
$(0)^2+(0)^2+(4)^2+(4)^2+(1)^2=443$

(4) $SD=\sqrt{\frac{443-\frac{(81)^2}{27}}{27}}=2.72$

(5) 第 1 位幼兒喜歡次數的標準分數：

$$Z_1=\frac{9-3}{2.72}=2.21$$

(6) 其他幼兒的喜歡次數的標準分數，依次類推：

$Z_1=2.21$　$Z_2=0$　$Z_3=-0.37$　$Z_4=1.10$

$Z_5=0.74$　$Z_6=1.10$　$Z_7=0.74$　$Z_8=-0.37$

$Z_9=-0.37$　$Z_{10}=-0.37$　$Z_{11}=0.37$　$Z_{12}=-0.74$

$Z_{13}=0$　$Z_{14}=-1.47$　$Z_{15}=-1.10$　$Z_{16}=2.57$

$Z_{17}=0.74$　$Z_{18}=-0.74$　$Z_{19}=-1.10$　$Z_{20}=0.37$

$Z_{21}=-1.10$　$Z_{22}=-0.74$　$Z_{23}=-1.10$　$Z_{24}=-0.10$

$Z_{25}=0.37$　$Z_{26}=0.37$　$Z_{27}=-0.74$

4. 不喜歡次數標準分數（Z 分數）的計算

(1) $\Sigma X=1+1+0+0+0+1+0+0+9+0+1+7+2+1+22+1+1+4+8+0+4+8+3+1+1+0+1=77$

(2) $M=\frac{\Sigma X}{N}=\frac{77}{27}=2.85$

(3) $\Sigma X^2=(1)^2+(1)^2+(0)^2+(0)^2+(0)^2+(1)^2+(0)^2+(0)^2+(9)^2+(0)^2+(1)^2+(7)^2+(2)^2+(1)^2+(22)^2+(1)^2+(1)^2+(4)^2+(8)^2+(0)^2+(4)^2+(8)^2+(3)^2+(1)^2+(1)^2+(0)^2+(1)^2=797$

(4) $SD=\sqrt{\frac{797-\frac{(77)^2}{27}}{27}}=4.62$

(5) 第 1 位幼兒不喜歡次數的標準分數：

$$Z_1=\frac{1-2.85}{4.62}=-0.4$$

(6) 其他幼兒的喜歡次數的標準分數，依次類推：

$Z_1=-0.40$　$Z_2=-0.40$　$Z_3=-0.62$　$Z_4=-0.62$

$Z_5=-0.62$　$Z_6=-0.40$　$Z_7=-0.62$　$Z_8=-0.62$

$Z_9 = 1.33$　$Z_{10} = -0.62$　$Z_{11} = -0.40$　$Z_{12} = 0.90$

$Z_{13} = -0.18$　$Z_{14} = -0.40$　$Z_{15} = 4.15$　$Z_{16} = -0.40$

$Z_{17} = -0.40$　$Z_{18} = 0.25$　$Z_{19} = 1.12$　$Z_{20} = -0.62$

$Z_{21} = 0.25$　$Z_{22} = 1.12$　$Z_{23} = 0.03$　$Z_{24} = -0.40$

$Z_{25} = -0.40$　$Z_{26} = -0.62$　$Z_{27} = -0.40$

5. 社會影響力＝喜歡次數標準分數＋不喜歡次數標準分數

$Z_1 = (2.21) + (-0.40) = 1.81$

$Z_2 = (0) + (-0.40) = -0.40$

$Z_3 = (-0.37) + (-0.62) = -0.99$

$Z_5 = (-0.74) + (-0.62) = -1.36$

$Z_6 = (1.10) + (-0.40) = 0.7$

$Z_7 = (0.74) + (-0.62) = 0.12$

$Z_8 = (-0.37) + (-0.62) = -0.99$

$Z_9 = (-0.37) + (1.33) = 0.96$

$Z_{10} = (0.37) + (-0.62) = -0.25$

$Z_{11} = (-0.37) + (-0.4) = -0.77$

$Z_{12} = (-0.74) + (0.9) = 0.16$

$Z_{13} = (0) + (-0.18) = -0.18$

$Z_{14} = (1.47) + (-0.40) = 1.07$

$Z_{15} = (-1.10) + (4.15) = 2.75$

$Z_{16} = (2.57) + (-0.40) = 2.17$

$Z_{17} = (0.74) + (-0.40) = 0.34$

$Z_{18} = (-0.74) + (0.25) = -0.49$

$Z_{19} = (-1.10) + (1.12) = 0.02$

$Z_{20} = (-0.37) + (-0.62) = -0.99$

$Z_{21} = (-1.10) + (2.5) = -0.85$

$Z_{22} = (-0.74) + (1.12) = 0.38$

$Z_{23} = (-1.10) + (0.03) = -1.07$

$Z_{24} = (-1.10) + (-0.40) = -1.5$

$Z_{25} = (0.37) + (-0.40) = -0.03$

$Z_{26} = (0.37) + (-0.62) = -1.25$

$Z_{27} = (-0.74) + (-0.40) = -1.14$

6. 社會偏好度＝喜歡次數標準分數－不喜歡次數標準分數

$Z_1 = (2.21) - (-0.40) = 2.61$

$Z_2 = (0) - (-0.40) = 0.40$

$Z_3 = (-0.37) - (-0.62) = 0.25$

$Z_4 = (1.10) - (-0.62) = 1.72$

$Z_5 = (-0.74) - (-0.62) = -0.12$

$Z_6 = (1.10) - (-0.40) = 1.5$

$Z_7 = (0.74) - (-0.62) = 1.36$

$Z_8 = (-0.37) - (-0.62) = -0.25$

$Z_9 = (-0.37) - (1.33) = -1.7$

$Z_{10} = (0.37) - (-0.62) = -0.99$

$Z_{11} = (-0.37) - (-0.4) = -0.03$

$Z_{12} = (-0.74) - (0.9) = -1.64$

$Z_{13} = (0) - (-0.18) = 0.18$

$Z_{14} = (1.47) - (-0.40) = 1.87$

$Z_{15} = (-1.10) - (4.15) = -5.25$

$Z_{16} = (2.57) - (-0.40) = 2.97$

$Z_{17} = (0.74) - (-0.40) = 1.14$

$Z_{18} = (-0.74) - (0.25) = -0.99$

$Z_{19} = (-1.10) - (1.12) = -2.22$

$Z_{20} = (-0.37) - (-0.62) = 0.25$

$Z_{21} = (-1.10) - (2.5) = -1.35$

$Z_{22} = (-0.74) - (1.12) = -1.86$

$Z_{23} = (-1.10) - (0.03) = -1.13$

$Z_{24} = (-1.10) - (-0.40) = -0.7$

$Z_{25} = (0.37) - (-0.40) = 0.77$

$Z_{26} = (0.37) - (-0.62) = 0.99$

$Z_{27} = (-0.74) - (-0.40) = -0.34$

7. 幼兒的同儕地位

根據所算出喜歡及不喜歡的標準分數和社會影響力、社會偏好度，查表 6-9、6-10、6-11 及圖 6-3，可以查出每位幼兒的同儕地位。

表 6-9　五種同儕地位分類標準

同儕地位	標　準　分　數			
	喜　歡	不喜歡	社會影響力	社會偏好度
受歡迎組	大於 0	小於 0		大於＋1
被拒絕組	小於 0	大於 0		小於－1
被忽視組	小於 0	小於 0	小於－1	
受爭論組	大於 0	大於 0	大於＋1	
一般組			界於＋1～－1 之間	界於＋1～－1 之間

表 6-10　同儕地位提名表

	1	2	3	4	5	6	7	8	9	10	11	12	13	14	15	16	17	18	19	20	21	22	23	24	25	26	27
喜歡Z分數	2.21	0	-0.37	1.10	-0.74	1.10	0.74	-0.37	-0.37	0.37	-0.37	-0.74	0	1.47	-1.10	2.57	0.74	-0.74	-1.10	-0.37	-1.10	-0.74	-1.10	-1.10	0.37	0.37	-0.74
不喜歡Z分數	-0.40	-0.40	-0.62	-0.62	-0.62	-0.40	-0.62	-0.62	1.33	-0.62	-0.40	0.90	-0.18	-0.40	4.15	-0.40	-0.40	0.25	1.12	-0.62	0.25	1.12	0.03	-0.40	-0.40	-0.62	-0.40
社會影響力	1.81	-0.40	-0.99	0.48	-1.36	0.70	0.12	-0.99	0.96	-0.25	-0.77	0.16	-0.18	1.07	2.75	2.17	0.34	-0.49	0.02	-0.99	-0.85	0.38	-1.07	-1.50	-0.03	-0.25	-1.14
社會偏好度	2.61	0.40	0.25	1.72	-0.12	1.50	1.36	0.25	-1.70	0.99	0.03	-1.64	0.18	1.87	-5.25	2.97	1.14	-0.99	-2.22	0.25	-1.35	-1.86	-1.13	-0.70	0.77	0.99	-0.34
同儕地位	1	5	5	1	3	1	1	5	2	5	5	2	5	1	2	1	1	5	2	5	2	2	2	3	5	5	3

註：1 受歡迎組；2 被拒絕組；3 被忽視組；4 受爭論組 ；5 一般組。

1 號：受歡迎組　2 號：一般組　3 號：一般組　4 號：受歡迎組　5 號：被忽視組　6 號：受歡迎組
7 號：受歡迎組　8 號：一般組　9 號：被拒絕組　10 號：一般組　11 號：一般組　12 號：被拒絕組
13 號：一般組　14 號：受歡迎組　15 號：被拒絕組　16 號：受歡迎組　17 號：受歡迎組　18 號：一般組
19 號：被拒絕組　20 號：一般組　21 號：被拒絕組　22 號：被拒絕組　23 號：被拒絕組　24 號：被忽視組
25 號：一般組　26 號：一般組　27 號：被忽視組

表 6-11　班上幼兒提名喜歡及不喜歡的原因

	喜歡的號碼及原因	不喜歡的號碼及原因	被選喜歡的原因	被選不喜歡的原因	同儕地位	老師的觀點
1	16：他是我的好朋友，陪我玩 17：我們常常一起玩 14：一起工作	15：他會打我 22：會破壞我玩的東西 9：會一直抓我	8. 吃飯坐一起，一起做方案 9. 他很酷 16.他會跟我玩 17.他喜歡我（他玩我的電動就喜歡我） 18.會陪我玩 19.每天都跟我玩 22.我跟他坐 25.他很好，幫人做東西 27.他跟我玩很久	21. 做積木很快	1	朱：✰ 14、16、17 ✖ 15 黃：✰17、14、6、16 ✖ 15 呂：✰16、17、14、6 ✖ 12
2	4：她常常陪我玩 6：有時候她喜歡跟我在一起 11：她吃飯一直要跟我坐	19：流鼻涕都不擦很噁心 21：欺負別人 15：剛來的時候會跑來跑去	4. 她會跟我玩賽跑的遊戲 11.就是很喜歡 15.我不會打她，不會欺負她	25.常喜歡管人家	5	朱：✰4、7、8 ✖ 黃：✰4、7 ✖15 呂：✰3、4、11 ✖12
3	6：她會跟我玩 10：她會跟我玩 4：有時候她跟我選一樣的區	18：不想說（堅持） 15：每天都唱一樣的歌 13：吃飯都會一直跟我講話	10.中班沒有好朋友，她跟我做好朋友 15.她不會用力搖搖頭		5	朱：✰16、2、4 ✖15 黃：✰16 ✖15、9 呂：✰2、4、16 ✖15
4	2：她會跟我玩賽跑的遊戲 7：跟我玩辦家家酒，分享秘密 13：刷牙時做好笑的事	18：常常推我 9：他很皮 23：因為他不找好朋友玩	2. 她常常陪我玩 12.她很溫柔 13.會玩我頭髮，愛耍我 22.一起吃飯		1	朱：✰2、10、11 ✖ 黃：✰2、13、10、22 ✖ 呂：✰2、11 ✖
5	8：她很漂亮 7：會跟我做好朋友，跟我玩 26：很漂亮	15：每次都會打人 27：有時會罵人 21：有位子不過去會跑來擠	26.很漂亮		3	朱：✰4、6、7、10 ✖15、18、19 黃：✰1、17 ✖15 呂：✰1、16、13 ✖

表 6-11　班上幼兒提名喜歡及不喜歡的原因（續）

	喜歡的號碼及原因	不喜歡的號碼及原因	被選喜歡的原因	被選不喜歡的原因	同儕地位	老師的觀點
6	4：常跟我玩 11：每次跟我開玩笑 13：每天跟我玩搔癢遊戲	9：他會追我 18：他會在廁所遇到我 15：會跟我開玩笑	2. 有時候她喜歡跟我在一起 3. 她會跟我玩 12.她頭髮長長的 13.吃飯常常跟我坐	20.不跟我做朋友，吃飯很慢	1	朱：☆13、2、1、16 ✖15 黃：☆1、16、13、8 ✖15、12 呂：☆1、16、13 ✖15
7	12：她會分享她的玩具 20：她都會幫助我 10：沒人跟我玩時會跟我玩	9：他都會打我 15：他會打我 19：上課時，他會用我	4. 跟我玩辦家家酒，分享秘密 5. 跟我做好朋友，跟我玩 10.是我的好朋友 20.她願意跟我做朋友 24. 她會給我玩玩具		1	朱：☆10、8、13 ✖15 黃：☆2、6、8、10、12 ✖15 呂：☆10、8 ✖15
8	13：跟我玩（有時會吵架） 1：吃飯坐一起，一起做方案 12：會跟我玩	15：很壞，會撞人 19：上課不專心會被老師罵 22：管大班小朋友	20.不知道 5.她很漂亮		5	朱：☆7、10、4、2 ✖15 黃：☆1、2、7、10、13 ✖12、15 呂：☆7、6、10、13 ✖15
9	1：他很酷 16：他很聰明 14：他常常陪我玩	15：上課不坐好，一直說話 22：一直吵我 25：他不跟我玩	11.他很可愛 21.他有繩子	1. 會一直抓我 4. 他很皮 6. 他會追我 7. 他都會打我 16.破壞彈珠台 17.不知道 19.搗蛋 24.他一直盯著我走	2	朱：☆14、1、16 ✖15、21 黃：☆ ✖15、21 呂：☆14、16、17 ✖
10	7：是我的好朋友 3：中班沒有好朋友，她跟我做好朋友 20：我想跟她玩，她就跟我玩	15：拿我的手套跟牙杯 22：他會跟我聊天 12：中班戶外教學時一直追我	3. 她會跟我玩 7. 沒人跟我玩時會跟我玩 13.常常對我好，帶玩具會讓我玩 24.她把貼紙給我看		5	朱：☆4、7、8、13 ✖15、21 黃：☆7、8、16、11、12 ✖ 呂：☆7、8 ✖12
11	6：她會陪我玩 9：他很可愛 2：就是很喜歡	15：會打人 21：會用剪刀剪別人 23：不知道	2. 她吃飯一直要跟我坐 6. 每次跟我開玩笑	14.不知道	5	朱：☆4、8、7 ✖13、15 黃：☆4 ✖15 呂：☆2、3、4 ✖12

表 6-11　班上幼兒提名喜歡及不喜歡的原因（續）

	喜歡的號碼及原因	不喜歡的號碼及原因	被選喜歡的原因	被選不喜歡的原因	同儕地位	老師的觀點
12	13：她很漂亮 6：她頭髮長長的 4：她很溫柔	19：常常吐（吃到黃色水果時） 22：愛耍寶 15：會叫來叫去、吵來吵去	7. 她會分享她的玩具 8. 會跟我玩	10.中班戶外教學時一直追我 14.不喜歡她，不知道 19.她會用壞玩具 21.用破我的擦布 22.用小湯匙吃很慢 25.她都不坐好 27.有時候會打我	2	朱：☆13、10、6 ✖15、9、22 黃：☆6、7、4 ✖15、22 呂：☆2、7、8 ✖15
13	10：常常對我好，帶玩具會讓我玩 4：會玩我頭髮，愛耍我 6：吃飯常常跟我坐	21：吃飯會噴口水 22：吃飯會一直跟我玩 15：畫畫時會在旁邊轉來轉去	4. 刷牙時做好笑的事 6. 每天跟我玩搔癢遊戲 8. 跟我玩（有時會吵架） 12.她很漂亮	3. 吃飯都會一直跟我講話 20.吃飯一直聊天、吃很慢	5	朱：☆6、10、12 ✖15、22 黃：☆6、7、4 ✖15、22 呂：☆2、7、8 ✖15
14	16：常常跟我玩 25：每天都跟我一起看書 27（原本選 4）：每天一起玩玩具	12：不喜歡她，不知道 11：不知道 15：不想送	1. 一起工作 9. 他常常陪我玩 17.他以前常跟我玩彈珠台 25.會幫我用東西（開櫃子） 27.會借我玩具	15.用拳頭打我的背	1	朱：☆1、16、17 ✖15 黃：☆25、19、16 ✖15 呂：☆15、4、1、17、27 ✖
15	2：我不會打她，不會欺負她 3：她不會用力搖搖頭 26：我不會打她	14：用拳頭打我的背 17：踩我的腳（2隻） 16：踩我的腳（右腳）		1. 他會打我 2. 剛來的時候會跑來跑去 3. 每天都唱一樣的歌 6. 會跟我開玩笑 8. 很壞、會撞人 9. 上課不坐好、一直說話 10.拿我的手套跟牙杯 12.會叫來叫去、吵來吵去 13.畫畫時會在旁邊轉來轉去 17.他讓老師生氣（亂跑） 18.有時候很調皮 20.不知道	2	朱：☆26、24、4 ✖6、16、7、21 黃：☆26、27 ✖7、25、1、16 呂：☆26、14 ✖6

表 6-11　班上幼兒提名喜歡及不喜歡的原因（續）

	喜歡的號碼及原因	不喜歡的號碼及原因	被選喜歡的原因	被選不喜歡的原因	同儕地位	老師的觀點
16	1：他會跟我玩 6：我會跟他玩 17：會跟他玩彈珠	9：破壞彈珠台 22：拿比我多的彈珠 15：他會打我	1. 他是我的好朋友，陪我玩 9. 他很聽明 14.常常跟我玩 17.他睡在我隔壁 22.我喜歡跟他坐 26.比較好，他美麗	15.踩我的腳（右腳）	1	朱：☆3、17、14、1 ✖15、22 黃：☆6、1、17 ✖15、19、21 呂：☆1、17 ✖15
17	1：他喜歡我（他玩我的電動就喜歡我） 14：他以前常跟我玩彈珠台 16：他睡在我隔壁	9：不知道 15：他讓老師生氣（亂跑） 19：他把彈珠台軌道翻倒	1. 我們常常一起玩 16.會跟他玩彈珠 19.每天都跟我玩 21.吃最快 23.不知道	15.踩我的腳（2隻）	1	朱：☆16、14、1 ✖15、22、21 黃：☆6、22、1、16、19 ✖15 呂：☆1、16、14 ✖
18	1：會陪我玩 14：會陪我玩 16：有時會跟我玩	15：有時候很調皮 19：擦布太少 22：擦布太少	23. 不知道	3. 不想說（堅持） 4. 常常推我 6. 他會在廁所遇到我 24.他跟我背後走	5	朱：☆16、17、1、14 ✖15、21 黃：☆16、17、19 ✖15、5 呂：☆25、14 ✖15
19	（有些小孩不認得） 1：每天都跟我玩 17：每天都跟我玩 16：每天都跟我玩	15：一直撞我、打我 9：搗蛋 12：用破我的擦布		2. 流鼻涕都不擦，很噁心 7. 上課時，他會用我 8. 上課不專心會被老師罵 12.常常吐（吃到黃色水果時） 17.他把彈珠台軌道翻倒 25.跑來跑去，很壞 27.他不跟我玩	2	朱：☆16 ✖15 黃：☆1、17、16 ✖15 呂：☆20 ✖15
20	（有些小孩不認得） 7：她願意跟我做朋友 8：不知道 26：不知道（不知她名字）	6：不跟我做朋友，吃飯很慢 15：不知道 13：吃飯一直聊天、吃很慢	7. 她都會幫助我 10.我想跟她玩，她就跟我玩		5	朱：☆7、8、2 ✖15 黃：☆6、7 ✖15、13 呂：☆7 ✖12
21	17：吃最快 9：他有繩子 25：他比較好	1：做積木很快 15：很皮 12：她會用壞玩具		2. 欺負別人 5. 有位子不過去會跑來擠 11.會用剪刀剪別人 13.吃飯會噴口水	2	朱：☆16、1、17、14 ✖15、22 黃：☆5、1、16、17、19 ☆15、22 呂：✖16、1、19 ☆ 15

表 6-11　班上幼兒提名喜歡及不喜歡的原因（續）

	喜歡的號碼及原因	不喜歡的號碼及原因	被選喜歡的原因	被選不喜歡的原因	同儕地位	老師的觀點
22	16：我喜歡跟他坐 1：我跟他坐 4：一起吃飯	9：吃飯很慢 12：用小湯匙吃很慢 24：吃很慢	26.他也漂亮	1. 會破壞我玩的東西 8. 管大班小朋友 9. 一直吵我 10.他會跟我聊天 12.愛耍寶 13.吃飯會一直跟我玩 16.拿比我多的彈珠	2	朱：☆16、14、17 ✖15 黃：☆1、4、16、17 ✖15 呂：☆23、26、21、 ✖25
23	18：不知道 17：不知道 25：不知道	15：不知道 ～選不出來～ ～選不出來～		4. 因為他不找好朋友玩 11.不知道 24.他開櫃子一直生氣	2	朱：☆26、25、27 ✖15 黃：☆26、14 ✖15 呂：☆26、22 ✖15
24	7：她會給我玩玩具 10：她把貼紙給我看 25：他跟我一起玩貓熊書包	9：他一直盯著我走 18：他跟我背後走 23：他開櫃子一直生氣		24.吃很慢	3	朱：☆10、24、 ✖15、12 黃：☆6、12 ✖21、15 呂：☆26、16 ✖15
25	（有些小孩不認得） 16：他很好，會跟我玩 14：會幫我用東西（開櫃子） 1：他很好、幫人做東西	19：跑來跑去、很壞 12：他都不坐好 2：常喜歡管人家	14.每天都跟我一起看書 21.他比較好 23.不知道 24.他跟我一起玩貓熊書包	9. 他不跟我玩	5	朱：☆16、24、26 ✖15 黃：☆14、26、16 ✖15、5 呂：☆23、27、26 ✖12
26	5：很漂亮 16：比較好，他美麗 22：他也漂亮	15：他每天都很兇 ～選不出來～ ～選不出來～	5. 很漂亮 15.我不會打她 20.不知道 27.她每次都跟我玩		5	朱：☆27、23 ✖15、13 黃：☆23、27、7、20 ✖15 呂：☆23 ✖12、15
27	1：他跟我玩很久 14：會借我玩具 26：她每次都跟我玩	12：有時候會打我 19：他不跟我玩 15：每天都打我	14.每天一起玩玩具	5. 有時會罵人	3	朱：☆14、25、16 ✖15 黃：☆26、4 ✖15、19、12 呂：☆14 ✖15

註：☆為喜歡、✖為不喜歡。

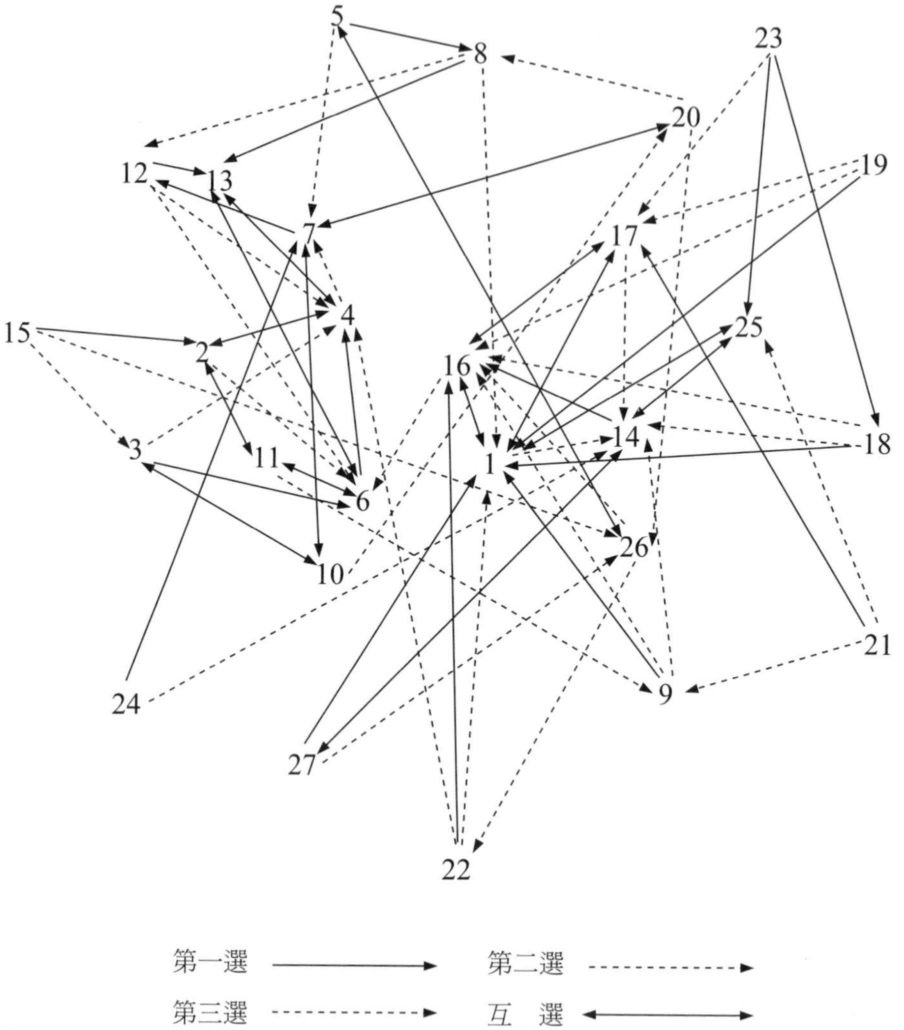

第一選 ——→　　第二選 - - - →

第三選 - - - →　　互　選 ←——→

圖 6-4　飛象班社會關係圖（27 人）

參、父母和教師如何根據孩子的社會行為予以輔導

韋小寶人際關係不佳的原因，可能在於不知道用什麼方法與其他的孩子相處或玩耍，以下提供一些建議，以促進孩子的社交行為。

一、教導孩子適當的表達方式

老師除了可替韋小寶向婷婷解釋：「其實韋小寶不是故意要拉你的頭髮，因為妳的頭髮長得很漂亮，他想摸摸看，但不小心，就拉得太用力，希望婷婷能原諒他。」另一方面，老師也要求韋小寶向婷婷道歉。

二、進行角色扮演

在學校中老師可透過角色扮演或戲劇表演的方式，讓孩子在表演過程中，學會正確的社交技巧，以及如何正確適當地表達內在的感受。

三、學習當小主人

父母在孩子生日的時候，幫他辦生日宴會，邀請班上的小朋友一起到家中來做客，讓孩子扮演小主人，學習如何接待小朋友，以及如何與其他小朋友相處。

四、試著發掘孩子的才能，請他指導其他小朋友

讓孩子在指導別的小朋友的過程中，學會與他人相處之道，並恢復自己的信心。

五、設計團體遊戲

教師宜設計團體遊戲，讓韋小寶學會如何與其他小朋友做身體接觸。

1. **合作遊戲：**設計需要兩人或多人合作才能夠完成的遊戲，例如：兩人三腳、拔河比賽或合作畫等。

2. **肢體接觸遊戲：**設計小朋友彼此間身體接觸的機會，例如：「磁鐵吸吸吸」等活動。
3. **優點大轟炸：**讓每個孩子說出其他小朋友的優點，從優點大轟炸活動中，讓韋小寶可以更加肯定自我，也較能受到他人的重視。
4. **「大家來分享」：**教師可嘗試設計，孩子把自己心愛的玩具帶到學校來，可以請韋小寶介紹他的玩具及玩法，再請其他小朋友想想看，提出其他的玩法，然後再共同分享。

幼兒學習評量

第七章

幼兒學習評量，包括：起始評量、形成性評量和總結性評量。由圖 7-1 可知，在學期初，教保服務人員會觀察幼兒在日常生活的表現，以及在主題和學習區的學習，評估幼兒在進行學習之初的起始經驗和能力，是為起始評量。至學期中，進行不同的學習活動後的一段時間評估幼兒的學習，是為形成性評量。依評量結果，進行教學的介入與鷹架，再評量幼兒的學習，「評量」與「教學」是一持續不斷的、交錯的循環過程。至學期末，歸納整理幼兒多次形成性評量，綜合幼兒整體的學習狀況，是為總結性評量。

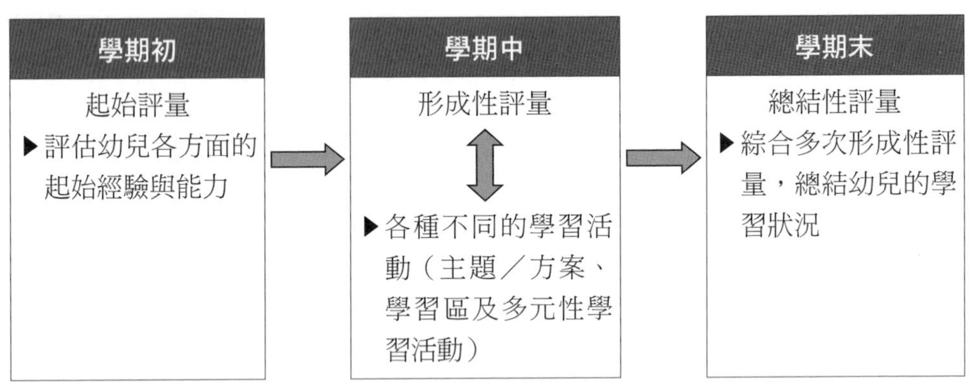

圖 7-1　**起始評量、形成性評量和總結性評量的關係流程圖**

第一節　起始評量

起始評量是幼兒在入園之前或是開學之初時進行評估，其目的是要了解幼兒的起始能力，以做為了解幼兒發展、課程設計或教學分組的參考依據。但如何進行起始評量呢？教保服務人員可從下列四個方面評估幼兒的起始能力：(1)日常生活的起始評量：以使用抹布擦拭桌子、假日生活分享、跳繩動作為例說明評量方式；(2)主題／方案的起始評量：老師提供素材、觀察幼兒的探索經驗，並討論和統整幼兒的問題與方向；(3)學習區的起始評量：以美勞區、扮演區為例，進行起始能力評估；(4)評量表的起始評量：以幼兒基本能力評量表進行勾選式的評估。

壹、日常生活的起始評量

在開學初，教保服務人員可從日常生活作息、假日生活分享，或是平常的運動情形，即可了解幼兒各方面的起始能力，下列僅就使用抹布擦拭桌子、假日生活分享和跳繩三項詳細說明。

一、使用抹布擦拭桌子

開學初，在幼兒用餐的能力習慣建立後，進而希望孩子能開始學習進行餐後的整理，例如：抹布的清洗及擰乾、桌子擦拭及抹布的擺放等。教保服務人員會透過引導與示範，讓幼兒具備這方面的能力。有關幼兒使用抹布擦拭桌子的情形，可參見表 7-1 慧蓮老師對於班上幼兒**小潔**起始能力的觀察紀錄。

表 7-1　小潔使用抹布擦拭桌子的觀察紀錄表

小潔吃完飯後，會主動去拿抹布，她雖然會先將抹布沾溼水之後擰乾，不過她在擰抹布時，兩隻手的手腕沒有轉動，比較像是擠水的動作，抹布沒有擰得很乾。之後，她在擦拭桌子時，會依照老師教的動作，先把抹布打開，雙手放在上面，從桌子的邊邊開始由上而下，每個角落都有擦到，遇到飯粒，也會先把飯粒包起來，丟到垃圾桶，再去洗抹布放回去。整個擦桌子的流程，她都執行得很好，只是擰乾抹布的動作還不是很協調，相信只要**小潔**多練習，就會愈來愈熟練，愈能擰乾抹布及整理餐桌。

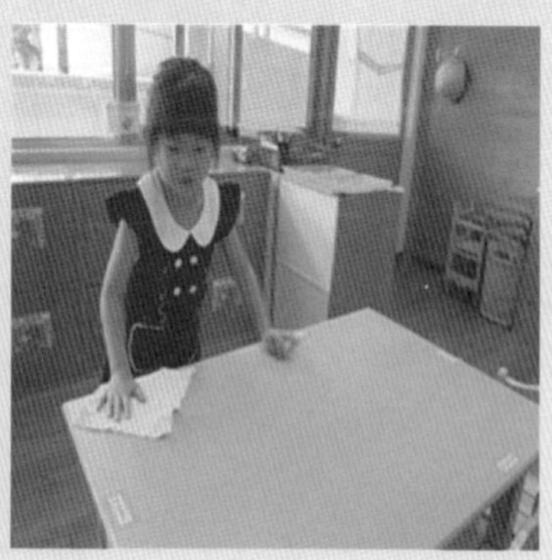

資料來源：曾慧蓮老師提供

二、假日生活分享

幼兒的假日生活分享常是幼兒園在週一早上主要的活動，孩子們分享著週末與家人出遊的情形，有時會將週末的生活點點滴滴畫下來，再向教保服務人員或其他幼兒敘說他的假日生活。由孩子的分享過程中，可以了解其圖像表達和語文表達能力。表 7-2 是慧蓮老師分別記錄**小玉**和**小海**的假日生活分享敘說，從表中可看出幼兒兩項起始能力：(1)口語表達：**小玉**只能簡單說與誰去做了什麼，但是**小海**除了會說與誰去哪裡，也能說出所做的事情和感受，不過語句較為簡單，內容不完整；(2)圖像表達：**小玉**的表現技法簡單，雖然她提到在家玩坐火車的遊戲，但無法從圖像看出；至於**小海**的表現技法比較細膩，已能使用側面表現人物，表示其有良好的認知能力。

表 7-2　小玉和小海的「假日生活畫與話」

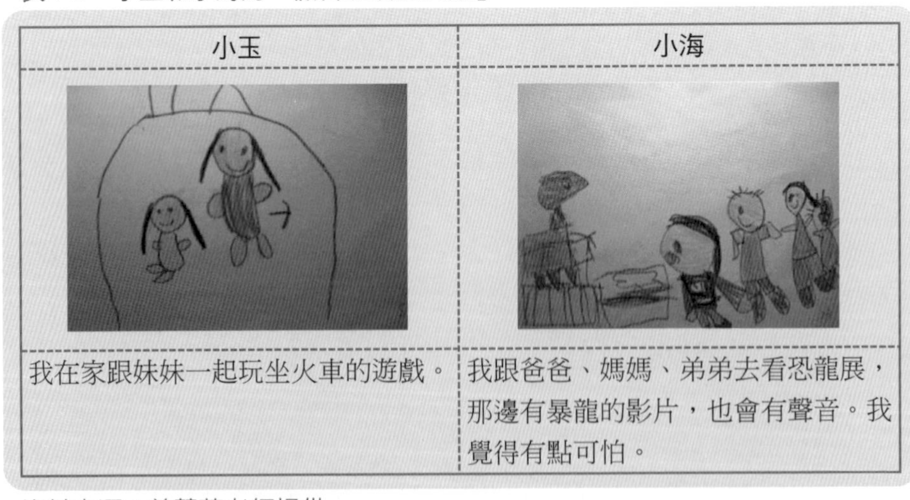

小玉	小海
（圖）	（圖）
我在家跟妹妹一起玩坐火車的遊戲。	我跟爸爸、媽媽、弟弟去看恐龍展，那邊有暴龍的影片，也會有聲音。我覺得有點可怕。

資料來源：曾慧蓮老師提供

三、跳繩動作

跳繩是臺北市立南海實驗幼兒園大班的主要挑戰運動。在正式練習之前，慧蓮老師會先了解每位孩子的跳繩經驗與能力，並錄下孩子第一次跳繩的樣子，再播放給他們看，目的是讓孩子發現自己的問題，也觀察會跳繩的人的姿勢與動作。慧蓮老師觀察到**小欣**跳繩的起始能力，如表 7-3 所示。

表 7-3　小欣跳繩起始評量的觀察紀錄表

班上的**小欣**完全沒有跳繩的經驗，老師觀察到**小欣**的準備動作，雖然一開始會將手臂向下張開放在腰部的兩邊，但是一開始甩繩的時候，兩隻手就會彎曲向上舉甩動，因此繩子容易卡在頭上，還有甩繩子與跳的動作同時進行，因此也會踩到繩子而跳不過去。	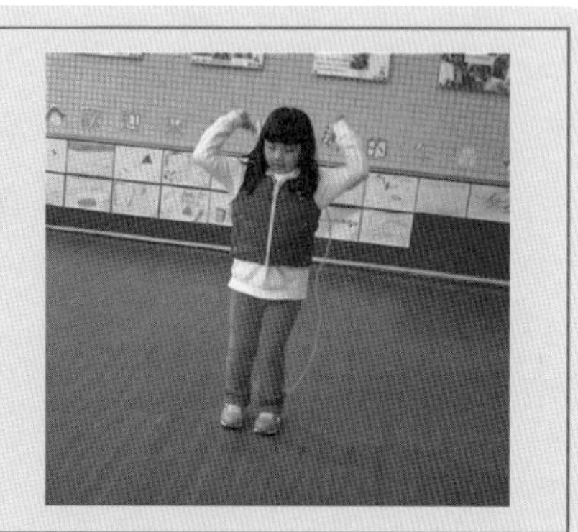

資料來源：曾慧蓮老師提供

雖然慧蓮老師已透過語言與動作引導**小欣**正確的跳繩方法，但是她尚未能完全理解，因此再藉由播放她跳繩的影片，讓她實際看見自己的問題。**小欣**近來在練習時已能漸漸地掌握技巧，但仍未能掌握「跳」的時機點，協調性也不夠，需要時間多練習，才能學會連續跳的動作。

貳、主題／方案的起始評量

在主題／方案確定後，教保服務人員可以透過幼兒的具體操作體驗、問答、圖像表徵等方式以了解孩子的起始經驗為何？以慧蓮老師的【陀螺】方案為例，她的作法及說明如下。

一、提供素材

在教室的學習區中，慧蓮老師提供許多與陀螺有關的素材，例如：積木區有各種不同的陀螺、美勞區有製作陀螺的書與素材、圖書區也有陀螺的繪本，提供這些素材的想法就是先讓孩子對此素材有大量探索的經驗。

二、觀察幼兒的探索經驗

當幼兒進行陀螺的探索時，慧蓮老師隨時觀察記錄幼兒的表現和遇到的問題，因為這些經驗與問題，都將成為未來探究的問題與方向，如她看到孩子對於陀螺的興趣，但是他們仍不清楚為何陀螺轉不起來等等的問題（註：右方三張照片由曾慧蓮老師提供）。

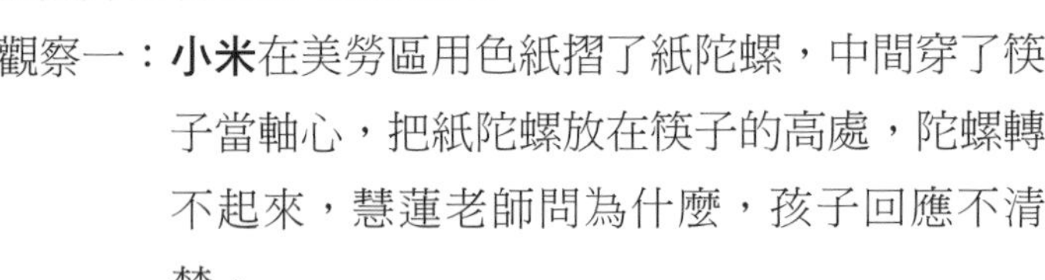

觀察一：**小米**在美勞區用色紙摺了紙陀螺，中間穿了筷子當軸心，把紙陀螺放在筷子的高處，陀螺轉不起來，慧蓮老師問為什麼，孩子回應不清楚。

觀察二：**小紅**在玩小陀螺時，不太會使用手指讓陀螺轉動。

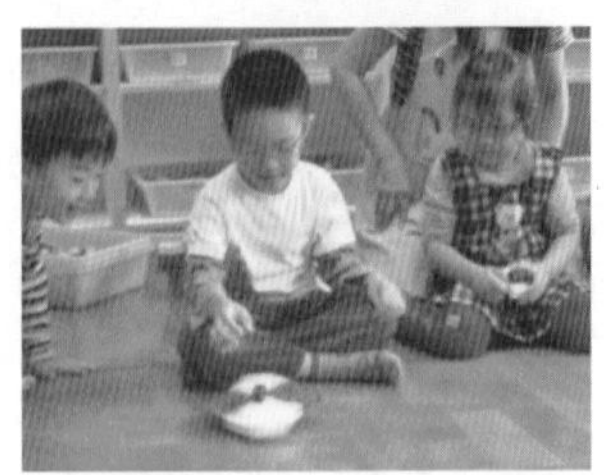

觀察三：**小傑**在積木區用積木自組陀螺，引起很多幼兒的好奇與興趣，紛紛加入陀螺探索活動。

三、討論和統整幼兒的問題與方向

在孩子有了對陀螺大量探索的經驗之後，不僅是慧蓮老師觀察到幼兒的問題，幼兒本身也累積了一些對陀螺的經驗與問題，這時，慧蓮老師會透過團體討論，營造與凝聚大家對於陀螺的共同問題，與接下來要探索的方向。

參、學習區的起始評量

一、美勞區

如何從學習區觀察幼兒的起始能力？慧蓮老師的作法是，當她在介紹美勞區的使用規則與工具時，她會引導幼兒使用剪刀，並觀察幼兒拿握剪刀、使用剪刀，以及使用膠水黏貼紙張的能力。再由幼兒的剪貼動作中，觀察幼兒的「精細動作」；從拼貼作品與敘說中，看幼兒的「想像與創造能力」。她的作法及步驟如下（如圖 7-2 所示）：

步驟 1：請幼兒將一張色紙先對摺，再對摺。

步驟 2：請幼兒用剪刀按照摺線剪成四張紙條。

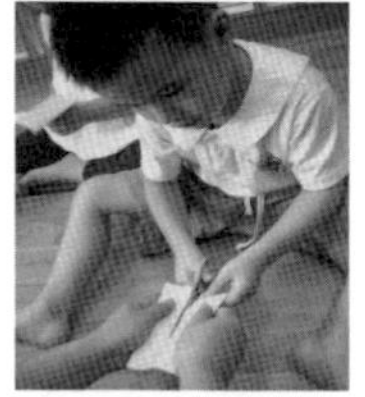

步驟 3：與其他幼兒交換不同顏色的紙條。

步驟 4：利用這些紙條做創意的拼貼，也可選擇其他素材，以增加其豐富性。

步驟 5：請幼兒說說他們的作品名稱和內容。

圖 7-2　幼兒對摺及剪貼色紙的過程

資料來源：曾慧蓮老師提供

從步驟1、2及4可以評量幼兒「精細動作」的發展及協調性，例如：是否能敏捷地完成動作？至於步驟 5，可以評量幼兒的「想像與創造能力」，例如：素材使用是否具多樣性？是否具獨特性？同時，在幼兒敘說其作品時，可以了解幼兒的「表達溝通能力」，例如：表達的想法是否豐富？表現的技法是否細膩？是否能看出想法？

二、扮演區

學期初，幼兒最喜歡進入扮演區，不過，觀察的重點為何？要觀察幼兒哪些起始能力？慧蓮老師認為，從幼兒自由扮演歷程中，可以觀察其表達溝通與想像創造的能力。在表達溝通上，可觀察幼兒是否會與他人對談互動？是否能與他人商量，調整想法或作法？在想像創造上，幼兒是否會與他人互動扮演？內容是否有獨特性？道具的使用是否有不同的玩法，或從具象到象徵性的想像？有了具體的目標，觀察幼兒行為時才會聚焦有方向。（註：以下二張照片及內文由曾慧蓮老師提供）

觀察一：**小彥**穿上廚師衣服後，拿了幾種不同蔬菜模型，放到鍋裡拿著鍋鏟不斷拌炒。把炒好的菜請老師吃，又笑笑地回去繼續炒菜。他可能因為剛進入新環境，所以只跟老師互動，扮演內容較一般，道具使用無變化。

觀察二：**小玟**用娃娃家的布，邀請其他孩子當客人，自己當美髮師。她先把布當成圍裙，然後再拿一塊布，圍在客人身上當剪頭髮用的圍巾。並拿「益智區」的積木幫客人捲頭髮，會問客人要綁什麼髮型，還會給建議，說綁辮子比較好看。後來客人說要

當新娘，她也找了紗布綁在客人頭上當成頭紗。所以從扮演中可以看到**小玟**會主動找他人互動扮演，會將積木想像是髮捲。

肆、評量表的起始評量

一、依幼兒發展能力設計的評量表

有些幼兒園會依幼兒的發展能力設計評量表，例如：蘇愛秋老師曾設計「兒童發展測驗紀錄表」，在孩子入學前，請家長填寫，內容有：(1)粗動作；(2)精細動作及適應能力；(3)語言；(4)身邊處理及社會性，如表 7-4 所示。依評估結果，讓家長和老師了解孩子的發展，期望孩子在入園前，已會扣鈕扣、擤鼻涕或便後處理等自理能力，若尚未具備，她會要求爸媽要事先在家裡訓練孩子這些基本能力再入學。

二、依幼兒基本能力設計的評量表

有些幼兒園的教保服務人員會依據園內小、中、大班應該具備的基本能力設計評量表格，通常他們認為某些能力在小班升到中班之際應該要具備，或是中班升到大班時都需要學會的能力。如果期初是在「需要練習」的階段，至期末時，多數的項目都應達到「通過」的階段。

大班幼兒基本能力評量表，如表 7-5 所示（大班、中班和小班的評量表檔案請見本書附錄九），在生活自理能力上，大班幼兒是「能自己盛飯」，中班幼兒「用餐後會收拾桌面」，小班幼兒是「能正確的以手握持湯匙吃東西」。小班幼兒在入園之初，若尚未能以手握持湯匙吃東西，在進入中班之前，應要具備這項能力。此評量表有五個領域的能力：(1)生活自理能力；(2)語文能力；(3)身體動作能力；(4)社會情緒能力；(5)認知（常識、自然、數學）能力，每一能力都有十個小項目，這些項目是筆者多年前輔導臺北市私立聖約翰幼兒園，依據小、中、大班幼兒的發展與其應具備的關鍵能力，與當時的老師相互討論出來的。如果教保服務人員想建立這種期初和期末的評量時，應依據幼兒的特性再深入討論，以建立自己的評量表。

表 7-4　兒童發展測驗紀錄表

姓名：　　　　性別：　　出生：　　年　　月　　日　實足年齡：		
測驗項目	測驗結果	備　註
一、粗動作		
1.以單腳平穩地站立十秒鐘		
2.能單腳跳		
3.以腳跟與腳趾相接向前走直線		
4.以腳趾與腳跟相接倒退走直線		
5.能接住反彈起來的球		
二、精細動作及適應能力		
1.能在二條線中挑出較長者		
2.照樣式畫四方形（□）		
3.模仿畫三角形（△）		4 歲組不測
4.照樣式畫＋		
5.畫出身體的三部分		
6.照樣式搭門		
7.雙腳交替上下樓梯		
三、語言		
1.如何解決問題（冷、熱、餓）		
2.了解三個前置詞（方向概念）		
3.指認三種顏色		
四、身體處理及社會性		
1.以筷子夾葡萄乾		
2.很容易和母親分開		
3.自己扣鈕扣		
4.在別人指導下自己能穿脫衣服、襪子		
5.不需指導會自己穿脫衣服、襪子		
6.解拉鍊		
7.自己擤鼻涕		
8.便後處理方式		

表 7-5　大班幼兒基本能力評量表

生活自理能力	入門	良好	精通
1. 能自己盛飯。			
2. 用完餐會協助清理教室。			
3. 會擰乾抹布。			
4. 能自行整理服裝儀容。			
5. 會自己穿脫有釦子的衣服。			
6. 會將衣物摺疊整齊。			
7. 會自己整理工作櫃。			
8. 能自己更換衣服（流汗或弄髒時）。			
9. 會主動把鼻水或鼻涕擦乾淨。			
10. 如廁後會將屁股擦拭乾淨。			
語文能力	**入門**	**良好**	**精通**
1. 能專心聆聽故事 15 分鐘。			
2. 能轉述師長或父母交代的事。			
3. 能用完整的句子說出活動內容。			
4. 能獨自說完一個故事。			
5. 會介紹自己的作品。			
6. 能完成 4 張圖卡的看圖說故事。			
7. 能了解日常生活中常用的符號（如 🚭）。			
8. 會從書籍中找尋所需的資料。			
9. 能邊指國字邊唸兒歌。			
10. 能仿畫「人、木、田、工」。			
身體動作能力	**入門**	**良好**	**精通**
1. 能畫出 [- - - - - - -] 中的虛線。			
2. 會將 10 張以上摺好的衛生紙疊整齊。			
3. 會將小型物黏貼在作品上。			
4. 會用剪刀剪波浪線～。			

表 7-5　大班幼兒基本能力評量表（續）

身體動作能力	入門	良好	精通
5. 會用繩子打出一個以上的結。			
6. 能做出「星期歌」中的肢體動作。			
7. 會雙手拿東西上下園內的樓梯。			
8. 能在 6.3 秒內完成 20 公尺跑步。			
9. 能兩腳同時離地向前跳躍。			
10. 能單腳平穩站立 15 秒鐘。			
社會情緒能力	入門	良好	精通
1. 會接納並尊重他人。			
2. 能夠與別人分工合作，完成共同目標。			
3. 會主動與他人打招呼。			
4. 能表達對別人的關心與協助。			
5. 能主動用口語與平和方式解決衝突。			
6. 能主動遵守團體規範。			
7. 能了解行為的對錯，並表現合宜的行為。			
8. 能愛惜公物。			
9. 能對周遭的人事物表達感謝。			
10. 能做垃圾分類與資源回收。			
認知（常識、自然、數學）能力	入門	良好	精通
1. 能說出自己的生日（月及日）。			
2. 能認識時鐘的整點。			
3. 能分辨左右。			
4. 會辨認 1 元、5 元、10 元、50 元的錢幣。			
5. 能分辨昨天、今天及明天的概念。			
6. 能認讀 1～30。			
7. 會唱數 1～50。			
8. 能做 1～20 的數量配對。			
9. 能有 10 以內合成及分解的概念。			
10. 會拼 30 片的拼圖。			

第二節　形成性評量

形成性評量是指在課程進行過程中，老師蒐集幼兒的資料，並分析評斷孩子是否達到預期的學習成效。《幼兒園教保活動課程：幼兒學習評量手冊》中提及，形成性評量的目的有三：(1)知道幼兒的學習是否因著課程的進行而有所進步；(2)教學者透過此種即時評量的結果檢視自己的教學，即時改進或調整新的課程以促進幼兒朝課程目標邁進；(3)教學者透過此種即時評量的結果覺察學習者在課程過程中的學習需求，即時給予幼兒回饋或調整課程或教學（廖鳳瑞、張靜文，2019，頁18）。形成性評量不僅適用於主題（單元／方案）課程，例行性活動、學習區活動或是全園性活動亦可依其特定之學習目標規劃形成性評量項目。

下列分兩類說明形成性評量的實施方式：(1)主題／方案的形成性評量；(2)學習區的形成性評量。

壹、主題／方案的形成性評量

關於主題／方案的形成性評量之實施，老師們會有不同的想法及呈現方式，下列介紹兩位老師的執行方式：(1)臺北市立南海實驗幼兒園曾慧蓮老師在【吹泡泡】方案中的形成性評量；(2)臺北市立東門國小附設幼兒園王薇涵老師和趙娸珮老師在【小天鵝美食家】和【小小說書人】方案中的形成性評量。

一、【吹泡泡】方案[1]

慧蓮老師的形成性評量之作法有下列歷程：(1)主題的產生：在學習區中，老師提供吹泡泡的素材，引發幼兒持續探索的興趣；(2)起始能力的了

1 此部分的圖、表、照片均由曾慧蓮老師提供。

解：在孩子自由探索泡泡的過程中，記錄幼兒的起始能力；(3)課程的規劃：在了解孩子的起始能力後，師生間共同凝聚要探究的方向；(4)形成性評量的進行：在方案的活動中，若幼兒的表現未達目標時，老師需介入幼兒的學習，並進行觀察評量，以確認幼兒的學習狀況。在過程中，「教學和評量」是相互進行的，是一個循環過程。

（一）主題的產生

當孩子在進行各學習區的探索時，慧蓮老師觀察到他們特別熱衷於科學區中的吹泡泡。她發現孩子對於如何吹出泡泡，以及使用什麼材料與工具來吹出泡泡，產生很大的認知衝突，因此引發了孩子持續探究的好奇心與興趣，【吹泡泡】方案因而產生。

（二）起始能力的了解

雖然【吹泡泡】方案已經產生，但慧蓮老師必須再了解孩子在此方案的起始能力。她的作法是：「不會給予任何提示或引導，主要目的是觀察孩子自由探索吹泡泡的素材、工具時， 他們對於吹泡泡的最原始想法是什麼？並將孩子探究的發現與想法記錄下來」。表 7-6 呈現**小恩**、**小華**、**小澄**三位幼兒在【吹泡泡】方案的起始經驗，由此可以看出三位幼兒分別使用不同的材料，例如：**小恩**使用洗手乳、**小華**分別使用洗碗精和沐浴乳、**小澄**使用茶籽粉，並嘗試使用不同的方法，例如：在杯底挖洞、使用像喇叭型的工具，或是用有洞洞的玩具試著吹泡泡，結果發現三位幼兒都吹不出泡泡。這是三位幼兒在【吹泡泡】方案中的起始能力。

（三）課程的規劃

在討論的過程中發現，多數幼兒對於自己吹不出泡泡的原因並沒有覺察，只因為看到他人可以吹出來，自己卻不行，所以就一直換泡泡水的材料，或是換吹泡泡的工具。當慧蓮老師問他們為什麼吹不出來，他們卻說不

表 7-6　吹泡泡的起始能力

	**小恩**在美勞角找了一個杯子，在杯底挖了一個洞，她是在書上學習到的方法，沾了自己用洗手乳調製出來的泡泡水，但是吹不出來，然後看到別人用了一個像喇叭型的工具可以吹出泡泡，也拿了一個相同的工具，但沾了泡泡水還是吹不出來，最後又找了吸管，成功吹出泡泡。 **小恩**最後將探究的發現與想法記錄下來時，她跟老師說有人用玩具吹得出泡泡，我也用一樣的東西，但是吹不出來，我不知道為什麼。
	**小華**一開始用洗碗精做了泡泡水，然後先拿了益智區有洞洞的玩具來吹泡泡，有吹出一點泡泡，但是泡泡一下子就破掉了。接著**小華**換了沐浴乳做成泡泡水，又陸續找了很多不同有洞的玩具來吹泡泡，有些有成功有些沒有成功。**小華**跟老師說，吹不出泡泡的原因可能是自己吹得太用力了，他想要研究吹一個不會破的泡泡。
	**小澄**用洗碗的茶籽粉做了泡泡水，然後模仿別人用紙杯在底部挖洞當成吹泡泡的工具，但是沒有成功，後來又去益智區找了有洞的玩具，還是沒有成功。接著他去用洗手乳調成泡泡水，用有洞的玩具又試了一次，這次成功了，**小澄**跟老師說他有發現原來是茶籽粉的關係，因為都沒有泡泡。

出原因，更沒有發現可能也是跟自己吹泡泡的方式有關。於是師生間一起討論吹泡泡的情形，引發並凝聚共同要探究的問題與方向，例如：「吹不出泡泡的可能原因？」「如何吹出一顆不會破的泡泡？」「可以用什麼工具吹出泡泡？」經過充分討論後，運用他們探究的經驗與引發的問題，並延伸出孩子想要探究的方向而形成主題網，如圖 7-3 所示。如果孩子在探索過程中，有不同的發現，老師也可以視孩子的經驗再調整原先的主題網。

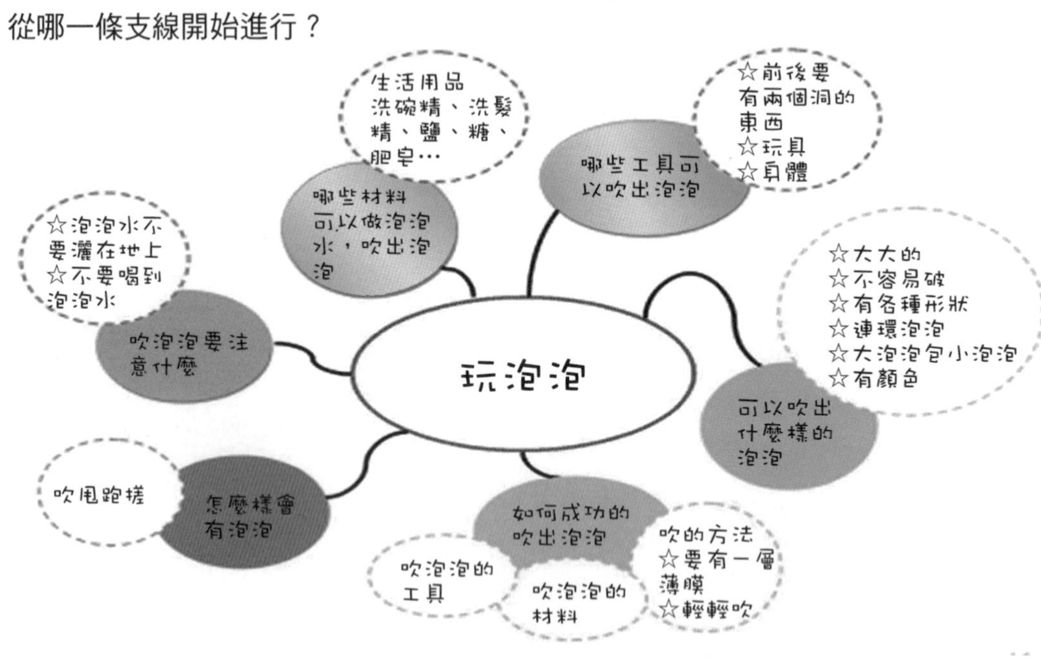

圖 7-3　玩泡泡的主題網

（四）形成性評量的進行

在【吹泡泡】方案進行時，慧蓮老師即開始進行形成性評量。下列說明「哪些材料可以吹出泡泡的探究歷程」和「哪些工具可以拿來吹泡泡的探究歷程」之形成性評量歷程。

1.哪些材料可以吹出泡泡的探究歷程

(1)了解幼兒的起始能力

【吹泡泡】方案的主題網形成後，孩子們想要從吹泡泡的材料開始探究。慧蓮老師請他們先思考：「哪些材料可以用來吹泡泡？」以了解他們的起始能力。孩子們說了很多，例如：洗髮精、洗碗精、洗衣粉、牙膏等，於是她請孩子將這些東西帶到幼兒園，如圖 7-4 所示。慧蓮老師再請孩子預測哪些材料可以吹出泡泡？哪些不行？為什麼？並用圖像記錄下來，其主要目的是觀察和評量他們對吹泡泡材料的概念，如圖 7-5 所示。

圖 7-4　幼兒認為可以吹出泡泡的材料

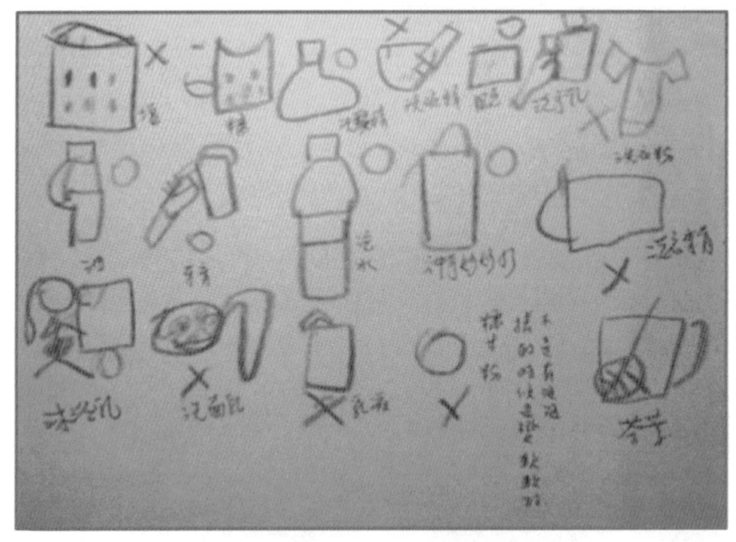

圖 7-5　幼兒預測可以吹出泡泡的材料

(2)提供幼兒動手試試看的經驗

孩子對於吹泡泡材料有相關的概念後，慧蓮老師控制好泡泡水的比例，並提供相同的吸管，請每位幼兒試試看：「哪些材料可以吹出泡泡？哪些不行？與自己預測的有何差異？」並在紀錄紙上面圈選可以吹出泡泡的材料，如圖 7-6 所示。圖中孩子以圖像表徵畫出各種吹泡泡材料，也在吹泡泡後在紀錄紙上圈選出何種材料可以吹出泡泡。

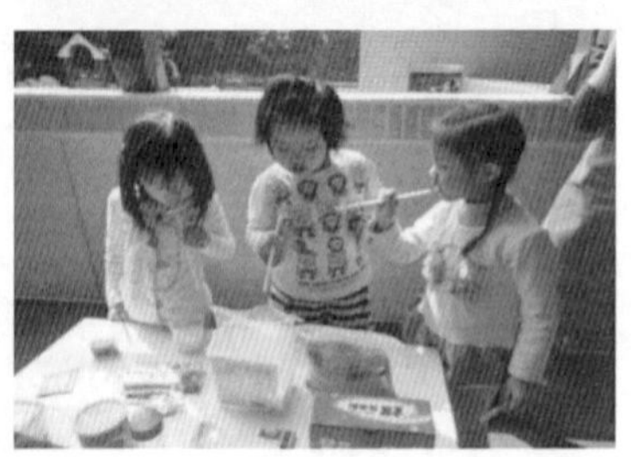

圖 7-6　試試看哪一種材料可以吹出泡泡

(3)看不懂圖像紀錄

不過，當孩子要在自己的圖畫紀錄表上進行圈選，以預測「哪種材料能吹出泡泡」和「哪種材料不能吹出泡泡」時，卻發現看不懂自己畫的圖像，這是因為圖像不夠具體明確，看不懂圖像紀錄是洗手乳或是洗髮精，如圖 7-7 所示。

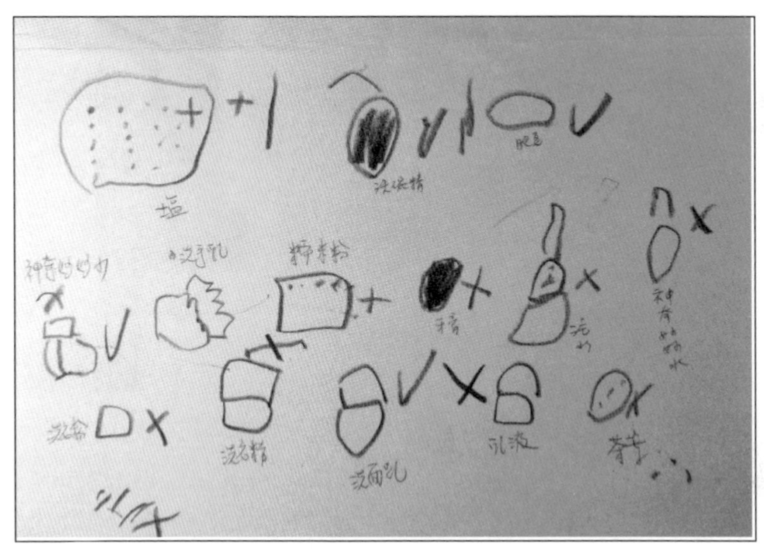

圖 7-7　幼兒看不懂自己畫的紀錄表

(4)如何清楚做圖像紀錄

慧蓮老師也觀察到孩子看不懂自己所畫的圖像，例如：**小如**畫的「洗手乳」和「沐浴乳」都用長方形的圖像，無法分辨。不過，老師將此發現放在心上，並未說出來，而是試著讓孩子說出原因，並討論圖像紀錄應如何具體化並可以區辨。經過討論後，**小杰**在洗潔劑旁加上手部的圖示，以代表「洗手乳」；在一個人的頭上畫泡泡，就表示那是「洗髮乳」，如圖 7-8 所示。

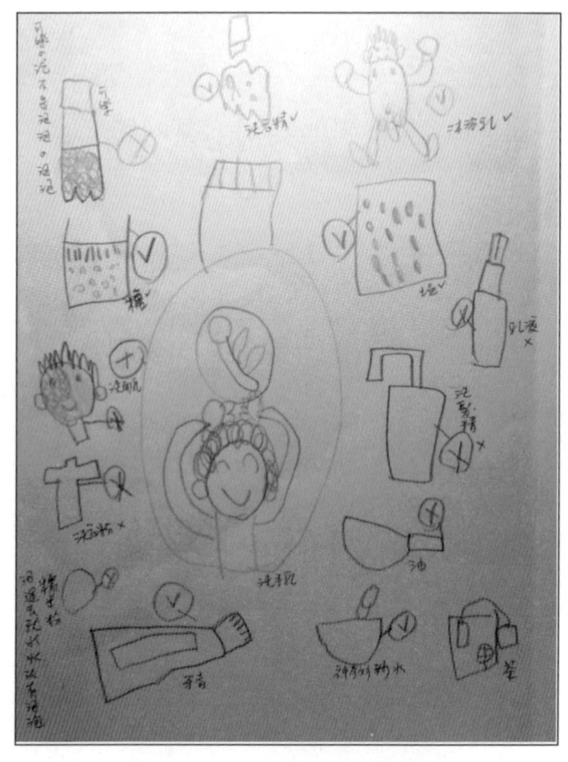

圖 7-8　比較清楚的紀錄表

(5)比較實驗前後想法的不同

在孩子動手試試看的經驗中，慧蓮老師請孩子說說實驗的結果，並透過相互討論分享，以了解孩子在實驗前後的想法是否有差異，例如**小華**說：「我發現汽水不可以吹出泡泡，但是之前卻認為可以，因為汽水有泡泡，還有牙膏本來認為可以吹出泡泡，可是今天試了也是沒有辦法吹出泡泡。」但**小恩**說：「可是我有用牙膏吹出泡泡。」**小華**感到疑惑，接著說：「可能是我不會吹……。」

從**小華**和**小恩**的話語中可以了解，孩子除了會對自己前後想法不同之處感到疑惑外，也會比較與他人想法的差異之處，並進一步思考其原因為何。

為什麼要請幼兒記錄呢？對慧蓮老師而言，就是在觀察評量他們對吹泡泡材料的概念；但對孩子而言，能清楚比較自己對於吹泡泡材料前後想法的差異，例如：**小傑**認為洗面乳可以吹出泡泡，但實驗之後，卻無法吹出泡泡。

(6)請會吹泡泡的幼兒示範

孩子從實驗結果發現，為何相同的材料，有人吹得出泡泡，有人卻是無法吹出泡泡。孩子們討論思考出，吹不出泡泡的原因可能是吹得太用力，或是吹得太輕。因此，他們請比較會吹泡泡的幼兒出來示範，教大家要怎麼吹泡泡。經過會吹泡泡的孩子示範後，孩子也慢慢地學到一些技巧。

幼兒們在掌握吹泡泡的要點後，接下來就請能吹出泡泡跟不能吹出泡泡的幼兒一起出來，針對有疑問的材料再試試看。在重新試驗當中，**小華**再對牙膏做了一次試驗，他運用吹泡泡的技巧，然後輕輕的吹，果然就吹出泡泡了。

(7)統整經驗回顧歷程

最後，幼兒們把可以吹出泡泡的材料統整在一起，不能吹出泡泡的放在一起，並下了一個暫時性的結論：糯米粉／綠茶／鹽／糖／汽水／茶籽粉／乳液／洗衣粉不可以吹出泡泡，其他都可以。至於吹出泡泡的技巧是不能一直攪拌泡泡水，因為水面會產生很多泡泡，就不容易吹出泡泡；泡泡上面也要有一層保護膜，如果沒有保護膜，就不能吹出泡泡；吸管要拿平，不可以向上或向下，且要輕輕吹、慢慢吹，不能用力吹。

上述有關每位幼兒在吹泡泡後，在紀錄紙上圈選出何種材料可以吹出泡泡，或是幼兒能清楚比較自己對於吹泡泡材料前後想法的差異，或是統整吹出泡泡的材料和工具等，都是形成性評量。

2.哪些工具可以拿來吹泡泡的探究歷程

從「吹泡泡材料」到「吹泡泡工具」的探究，這兩個歷程其實是雷同的，慧蓮老師會觀察幼兒是否能將吹泡泡材料的舊經驗，轉移運用到吹泡泡的工具上。

(1)了解起始能力

慧蓮老師想了解幼兒對於吹泡泡工具的想法，於是請孩子從家裡或從教室找出可以吹泡泡的工具，並讓他們說說對於這些工具的想法是什麼？（如圖 7-9 所示）

圖 7-9　幼兒探索吹泡泡的工具

淑娟：有很多洞洞的玩具沒有辦法吹出泡泡，因爲它的洞洞太小了。

冠冠：洞不是圓的，也不能吹出泡泡。

小傑：漏斗應該不可以吹出泡泡，因爲一邊大一邊小。~)怡樺：叉子應該不能吹出泡泡，因爲洞沒有連起來。

嘉苑：T 形水管接頭有兩個洞，應該可以同時吹出兩個泡泡。

玉梅：用△形狀吹泡泡，可能會有△的泡泡。

(2)提供幼兒動手試試看的經驗

在幼兒對於吹泡泡的工具有想法後，慧蓮老師接著控制好泡泡水的比例，然後讓幼兒動手試試看。孩子找出的工具也是包羅萬象，例如：漏杓、大小吸管、小籃子、豆豆板、不同形狀鏤空的套子等，想要試著吹出泡泡來。

(3)比較實驗前後想法的不同

在孩子動手試試看的經驗中，慧蓮老師請孩子說說實驗的結果，並透過相互討論分享，以了解孩子在實驗前後的想法是否有差異，例如：

小勳：我本來以爲漏杓不能吹出泡泡。後來發現可以吹出來，吹出來是很多顆在一起的泡泡，跟小籃子和豆豆板吹出來一樣，因爲他們都有很多小洞洞，而且都是黏在一起的。

小恩：一開始我覺得小籃子不行，因爲會被卡住，我試了原來可以。我也試了打蛋器，可以吹出泡泡，有很多小洞洞可以吹出像葡萄的泡泡，會飛走。如果發現不行吹的東西，就要去試試看，又不行，自己想想看，再去試。叉子不行，因爲洞洞有缺口。所以我用手比一個V，也是一樣吹不出泡泡。

小依：如果用◯、△、愛心形狀的手，還是吹出圓形，不同形狀還是吹圓形的。我本來以爲會吹出不同形狀的泡泡。

(4)吹泡泡工具的發現

孩子在吹泡泡工具的歷程中，發現：「吹泡泡的工具上面有很多洞洞連在一起，吹出的泡泡都像葡萄串一樣，所以工具一定要有洞，但是如果洞洞被擋住或是有缺口的，就吹不出泡泡了。」「手乾乾的碰泡泡，泡泡容易破；手濕濕的碰泡泡，泡泡不容易破。」由上述的發現，慧蓮老師根據這次的觀察後，決定繼續延伸幼兒的經驗，讓課程得以不斷連貫與深入（如圖 7-10 所示）。

圖 7-10　幼兒使用不同的工具吹出泡泡

(5)提供幼兒學習評量給家長

在整個歷程，慧蓮老師不斷地進行觀察與評量孩子的表現，進一步提供經驗，也再次觀察評量孩子表現後再提供經驗，經過不斷循環的歷程後，可以看見幼兒能力的提升。同時，慧蓮老師也會固定約 2 至 3 週，待主題進行一小段落後，提供「幼兒學習評量表」給家長，以了解幼兒的學習狀況（如表 7-7 所示），此即是形成性評量。

表 7-7　小澄的學習評量表

認知／美感／語文	方案活動：【吹泡泡】
 	**【哪些材料可以吹出泡泡】** 　　幼兒最常運用吸管來吹泡泡，但是日常生活中有沒有其他物品也可以拿來吹泡泡呢？幼兒找了很多他們認為可以吹出泡泡的工具來試驗。在試驗之前，**小澄**因為有先前的經驗，所以說要先想想看，這些物品當中有哪些可以吹出泡泡。 　　**小澄**的想法是只要是有洞的東西，應該都可以吹出泡泡，結果真的如此。但是工具當中有一支叉子，一開始他認為可以吹出泡泡，經過實驗之後，他發現叉子是無法吹出泡泡的，他自己會思考原因，他觀察了叉子之後說，因為叉子的洞沒有連起來，所以泡泡水就會流掉了，他不只觀察力很敏銳，而且也表達得很清楚喔！
	【歸納統整：這些工具可以吹出什麼樣的泡泡】 　　老師提供的工具，都是經過思考的，有些工具是有共通性的，**小澄**探索完之後，不需要老師提醒，他自己就可以開始歸納統整經驗，他說：「不同的洞吹出的泡泡不太一樣，大的洞可以吹出大泡泡，小的洞吹出小泡泡。方形的洞吹出來的泡泡還是圓形的。有很多洞連在一起的工具吹出來的泡泡像一串葡萄如：蒼蠅拍。另一個有很多洞的玩具吹出來也是相同的泡泡樣式。」老師問：「教室中還有什麼東西也可以吹出葡萄串的泡泡？」**小澄**說：「有很多洞的籃子。」可見他可以從這一個觀點，歸納出只要是有很多洞連在一起的工具，就可以吹出葡萄串的泡泡，並且運用自己的經驗去類推了喔！

二、【小天鵝美食家】和【小小說書人】方案[2]

薇涵老師的形成性評量之作法是依據《幼兒園教保活動課程手冊》（幸曼玲等人，2018）的形成性評量步驟，從方案中涉及的概念中，挑選**重複**經驗到的**重要**指標，做為方案的核心概念。下列介紹其上、下學期的【小天鵝美食家】和【小小說書人】方案之形成性評量。

（一）【小天鵝美食家】方案

圖 7-11 是【小天鵝美食家】方案的主題網，再從表 7-10 可知，第 1 欄告知在此方案中的主要概念有三：(1)欣賞美食的感受；(2)美食怎麼來的？(3)美食家來下廚；第 2 欄為該概念下對應課綱的重要學習指標；第 3 欄是該學習指標在方案中的哪個探究活動重複經驗，也是形成性評量項目；第 4 欄則是老師在該探究經驗中所評量的重點。

【小天鵝美食家】方案依表 7-8 列出「形成性評量項目」，再依領域呈現每一位幼兒在方案的學習表現。在方案中涉及的領域是美感、認知、社會、語文、身體動作與健康。班上 30 位幼兒表現的資料都來自老師日常運用照片紀錄或是教師週誌筆記的觀察現象，或是從方案紀錄單所蒐集到的個別幼兒想法，再進行評量。

2 此部分的圖、表、照片均由王薇涵老師提供。

圖 7-11　【小天鵝美食家】方案的主題網

表 7-8　【小天鵝美食家】方案的形成性評量表

主要概念	重要的學習指標	形成性評量項目	老師評量重點
欣賞美食的感受	美-中大-1-2-1 探索生活環境中事物的色彩、形體、質地的美，感受其中的差異	在品嚐食物時，能探索色彩、形體、質地的美，感受其中的差異。	觀察幼兒品嚐沒吃過的食材時，能否運用五官感受食材的口味及特色。
	語-中-2-3-1 敘說時表達對某項經驗的觀點或感受	敘述品嚐食物的經驗時，表達其觀點或感受。	觀察幼兒在分享紀錄單上的品嚐經驗時，能否清楚表達自己的觀點或感受。

表 7-8 【小天鵝美食家】方案的形成性評量表（續）

主要概念	重要的學習指標	形成性評量項目	老師評量重點
美食怎麼來的？	認-中大-2-3-2 與他人討論生活物件特徵間的關係	在蒐集「適合天鵝班的料理」時，能與他人討論該料理與天鵝班喜好口感間的關係。	從幼兒的紀錄單中，觀察在蒐集「適合天鵝班的料理」時，能否與他人討論該料理與天鵝班喜好口感間的關係。
	語-中大-2-5-2 運用自創圖像符號標示空間、物件或記錄行動	在記錄製作泡芙的食材、工具、步驟時，能運用自創圖像符號標示空間、物件或記錄行動。	從幼兒的購買食材紀錄單，以及小組合作紀錄畫中，觀察能否運用自創圖像符號標示空間、製作泡芙的食材、工具、步驟。
美食家來下廚	身-中大-2-2-1 敏捷使用各種素材、工具或器材	在製作泡芙時，能敏捷使用各種工具、器材或處理食材。	觀察幼兒在製作泡芙的過程中，能否敏捷使用各種工具、器材或處理食材。
	社-中-2-2-3 依據活動的程序與他人共同進行活動 社-大-2-2-3 考量自己與他人的能力和興趣，和他人分工合作	1. 在介紹步驟時，能清楚活動程序；製作泡芙時，能依據活動程序與他人共同製作料理。或能考量自己與他人的能力和興趣，和他人分工合作。	1. 觀察幼兒在介紹步驟時，能否清楚活動程序，及製作泡芙的過程中，能否依據活動的程序與他人共同製作料理。或能考量自己與他人的能力和興趣，和他人分工合作。
	認-中-3-1-1 參與討論解決問題的可能方法並實際執行 認-大-3-1-1 與同伴討論解決問題的方法，並與他人合作實際執行	2. 參與討論解決製作泡芙時遇到問題的可能方法並實際執行。或能與他人合作實際執行。	2. 觀察幼兒在製作泡芙的過程中，能否參與討論解決製作泡芙時遇到問題的可能方法並實際執行。或能與他人合作實際執行。

1.美感領域

主要概念一「欣賞美食的感受」的重要學習指標之一是「美-中大-1-2-1 探索生活環境中事物的色彩、形體、質地的美，感受其中的差異」，其形成性評量內容是：「在品嚐食物時，能探索色彩、形體、質地的美，感受其中的差異」。老師的評量重點是：「觀察幼兒品嚐沒吃過的食材時，能否運用五官感受食材的口味及特色」。

由圖 7-12 可知，在活動進行時，老師觀察**昕芮**在品嚐各種食物後的觀察紀錄是：「對於沒吃過的食材（包含杏仁、腰果、核桃、肉桂、黑糖、杏鮑菇、迷迭香、藍莓乾、葡萄乾、煉乳），**昕芮**能夠勇於嚐試，在品嚐之後能說出並比較每項食材的感受，以及其中喜歡與不喜歡的食材和其原因。」

圖 7-12　昕芮與其他幼兒正在品嚐食物

2.認知領域

主要概念二「美食怎麼來的？」的重要學習指標之一是「認-中大-2-3-2 與他人討論生活物件特徵間的關係」，其形成性評量內容是：「在蒐集『適合天鵝班的料理』時，能與他人討論該料理與天鵝班喜好口感間的關係」。老師的評量重點是：「從幼兒的紀錄單中，觀察在蒐集『適合天鵝班的料理』時，能否與他人討論該料理與天鵝班喜好口感間的關係」。

圖 7-13 是班級在方案初期，從品嚐美食開始，蒐集班上幼兒喜好的食材、口味和感受，例如：大家喜歡的食材有草莓、蘿蔔、肉鬆、黑糖等，喜歡的口味及感受則有甜甜的、冰冰涼涼的、軟軟的、有喜歡的顏色和造型等。有了品嚐美食的經驗後，老師接續鼓勵幼兒依據蒐集到的班級喜好，從語文區的食譜書籍中，尋找適合天鵝班的料理。

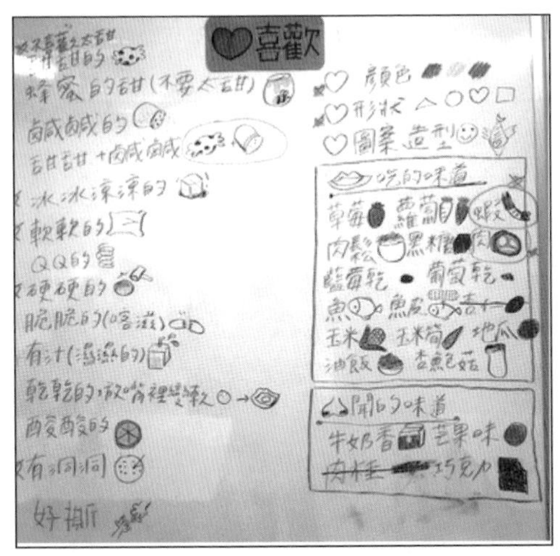

圖 7-13　班上幼兒喜歡的食材、口味和感受紀錄單

由圖7-14可知，**昕芮**在蒐集適合天鵝班的料理時，所挑選的是「香草冰淇淋」。**昕芮**認為此料理適合天鵝班的喜好原因為：「因為它是白色的，我喜歡白色的。裡面有加冰塊，小天鵝喜歡冰冰涼涼。因為它的盒子很漂亮，它上面有加黑黑的東西，白色上面加了黑點比較好看。」老師對於**昕芮**的觀察紀錄是：「**昕芮**能說出選擇料理香草冰淇淋的原因，挑選的原因中同時包含**昕芮**自己的部分（喜歡白色）和天鵝班的二項喜好：冰冰涼涼、盒子漂亮，可以注意到**昕芮**進行選擇時能夠兼顧團體喜好進行挑選。」

3.認知和社會領域

主要概念三「美食家來下廚」的兩個重要學習指標為：「認-中-3-1-1 參與討論解決問題的可能方法並實際執行」和「社-中-2-2-3 依據活動的程序與他人共同進行活動」，其形成性評量內容是：認知領域「參與討論解決製作泡芙時遇到問題的可能方法並實際執行。或能與他人合作實際執行」和社會領域「在介紹步驟時，能清楚活動程序；製作泡芙時，能依據活動程序與他人共同製作料理。或能考量自己與他人的能力和興趣，和他人分工合作」。

※方案紀錄單-小天鵝美食家　　18天鵝班 108.11.13

姓名：呂昕芮

家長簽名：

我覺得小天鵝會喜歡的料理是…

香草冰淇淋

冰冰的、甜甜的、滑滑的，
一放進嘴裡，就瞬間融化…
好吃到讓人流口水的冰淇淋，
想不想自己動手做做看呢？
沒有冰淇淋製冰機，
也可以用手工做出來喔。

香草冰淇淋。因為它是白色的，我喜歡白色。裡面有加冰塊，小天鵝喜歡冰冰涼涼。因為它的盒子很漂亮，它上面有加黑黑的東西，白色上面加了黑點比較好看。

圖 7-14　蒐集適合班級料理的紀錄單

老師的評量重點是：認知領域「觀察幼兒在製作泡芙的過程中，能否參與討論解決製作泡芙時遇到問題的可能方法並實際執行。或能與他人合作實際執行」和社會領域「觀察幼兒在介紹步驟時，能否清楚活動程序，及製作泡芙的過程中，能否依據活動的程序與他人共同製作料理。或能考量自己與他人的能力和興趣，和他人分工合作」。

由圖7-15可知，**昕芮**在認知和社會領域的形成性評量，老師的觀察紀錄是：「**昕芮**能說出製作泡芙中的程序，例如：把蛋恢復室溫、蛋白蛋黃分開、放奶油，而關於要用刮刀、攪到奶油看不見等更細緻的步驟，則在引導後能說出。在製作的過程中，昕芮能按照步驟主動與他人共同製作泡芙，並相互幫忙；小組遇到問題時，能試想可能方法並執行。」

圖 7-15　昕芮能說出製作泡芙中的程序及與他人共同製作泡芙

4.語文領域

主要概念一「欣賞美食的感受」的重要學習指標之一是「語-中-2-3-1 敘說時表達對某項經驗的觀點或感受」，其形成性評量內容是：「敘述品嚐食物的經驗時，表達其觀點或感受」。老師的評量重點是：「觀察幼兒在分享紀錄單上的品嚐經驗時，能否清楚表達自己的觀點或感受」。

由圖 7-16 可見**昕芮**品嚐不同料理的紀錄單，老師的觀察紀錄是：「**昕芮**在分享紀錄單上的品嚐經驗時，能主動根據料理的食材外觀和口感，說出每項料理中至少一個喜歡（有殼、QQ 的、甜甜的、有汁、魚皮）與不喜歡（殼、玉米芯、魚刺）的地方，經過追問，為什麼文蛤的殼同時喜歡又不喜歡呢？**昕芮**確認了自己不喜歡的是食材中有不能吃的地方。」

主要概念二「美食怎麼來的？」的重要學習指標之一是「語-中大-2-5-2 運用自創圖像符號標示空間、物件或記錄行動」，其形成性評量內容是：「在記錄製作泡芙的食材、工具、步驟時，能運用自創圖像符號標示空間、物件或記錄行動」。老師的評量重點是：「從幼兒的購買食材紀錄單，以及小組合作紀錄畫中，觀察能否運用自創圖像符號標示空間、製作泡芙的食材、工具、步驟」。

我吃的食物是	喜歡的地方	不喜歡的地方	裡面有…(成分)
 文蛤	有殼.QQ的	殼不能吃	蛋白質.維生素等。
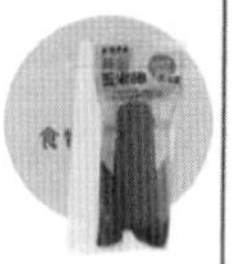	甜甜的.有汁	有芯不能吃	水份.糖.維生素。澱粉。
	魚皮好吃.	有刺.	DHA.蛋白質.礦物質..

圖 7-16　昕芮品嚐不同料理的紀錄單

由圖7-17可知，老師的觀察紀錄是：「**昕芮**在記錄需購買食材後的口述中，能大致理解可運用『圓圈』框起『食材』與『份量』，使紀錄更清楚，但實際記錄時並未運用，而是運用箭頭符號。在小組記錄時，**昕芮**能運用自創圖像記錄步驟，並依小組的共識，運用外框及數字，清楚分隔每個不同的步驟。」

圖 7-17　昕芮描述「清楚記錄的方法」和記錄料理步驟

5.身體動作與健康領域

主要概念三「美食家來下廚」的重要學習指標其中兩個為：「身-中大-2-2-1 敏捷使用各種素材、工具或器材」，其形成性評量內容是：「在製作泡芙時，能敏捷使用各種工具、器材或處理食材」。老師的評量重點是：「觀察幼兒在製作泡芙的過程中，能否敏捷使用各種工具、器材或處理食材」。

由圖 7-18 可知，在**昕芮**與小組合作製作泡芙過程中，老師的觀察紀錄是：「**昕芮**在幾次的製作泡芙經驗中，已能敏捷使用各種製作泡芙所需的工具與器材，也能以適當的方式處理食材，並願意主動幫忙。」

圖 7-18　昕芮與小組合作製作泡芙

老師在進行形成性評量時，可將蒐集到的資料與評量內容，整理後運用照片及文字敘述呈現在評量中的「個別幼兒表現」欄位。而依《幼兒園教保活動課程手冊》（幸曼玲等人，2018）呈現的示例，「個別幼兒表現」若以表格勾選的呈現方式，則如表 7-9 所示。

（二）【小小說書人】方案

【小小說書人】方案的形成性評量也運用上述相同的方式進行。從表 7-10 可知，在此方案中的主要概念有三：(1)欣賞天鵝班的故事；(2)好故事的樣子；(3)小天鵝來說書，第 2 欄至第 4 欄則同樣依序為該概念下對應的重要學習指標、重複經驗的探究活動，以及老師的評量重點。

表 7-9　以表格呈現的【小天鵝美食家】形成性評量表

領域	評量內容	個別幼兒表現		
		熟練	發展中	加油
美感	在品嚐食物時，能探索色彩、形體、質地的美，感受其中的差異			
認知	在蒐集「適合天鵝班的料理」時，能與他人討論該料理與天鵝班喜好口感間的關係			
	參與討論解決製作泡芙時遇到問題的可能方法並實際執行。或能與他人合作實際執行			
社會	在介紹步驟時，能清楚活動程序；製作泡芙時，能依據活動程序與他人共同製作料理。或能考量自己與他人的能力和興趣，和他人分工合作			
語文	敘述品嚐食物的經驗時，表達其觀點或感受			
	在記錄製作泡芙的食材、工具、步驟時，能運用自創圖像符號標示空間、物件或記錄行動			
身體動作與健康	在製作泡芙時，能敏捷使用各種工具、器材或處理食材			

【小小說書人】方案依表 7-10 列出「形成性評量項目」，再依領域呈現每一位幼兒在方案的學習表現。在方案中涉及的領域是語文、美感、社會、認知，其中也有方案探究經驗為跨兩個領域的評量。班上 30 位幼兒的表現資料，除了同上述來自於老師從照片、週誌筆記下的觀察現象，以及方案紀錄單外，還有許多重要的經驗來自於小書創作，因此幼兒的小書創作與計畫也成為評量的重要資料。

表 7-10　【小小說書人】方案的形成性評量表

主要概念	重要的學習指標	形成性評量項目	老師評量重點
欣賞天鵝班的故事	語-小-1-5-2 理解故事的角色 語-中-1-5-2 理解故事的角色與情節 語-大-1-5-2 理解故事的角色、情節與主題	在欣賞《三隻小豬》系列故事時，能理解故事的角色與情節或主題	在欣賞《三隻小豬》系列故事時，能說出喜歡的故事角色、特點及其喜歡的原因
	社-中大-1-5-2 覺察不同性別的人可以有多元的職業及角色活動	欣賞《動物方城市》電影時，能覺察不同性別的人可以有多元的職業及角色活動	在討論《動物方城市》電影時，能說出影片中不同性別的角色其多元的職業及角色活動
好故事的樣子	認-小-2-3-1 依據生活物件的特性與功能歸類 認-中大-2-3-1 依據特徵為生活物件分類並命名	在分類「符合好故事的條件」時，能依據條件特徵為好故事條件分類並命名	在分類「符合好故事的條件」時，能依據條件特徵為好故事條件分類出六項好故事概念並命名
	認-小-3-1-1 探索解決問題的可能方法 認-中-3-1-1 參與討論解決問題的可能方法並實際執行 認-大-3-1-1 與同伴討論解決問題的方法，並與他人合作實際執行	在分享第一本「豬與狼」的改編故事後，能根據討論解決問題的可能方法並實際執行	從幼兒「調整第一次創作小書」紀錄單中，能否根據他人建議列出需解決的問題

表 7-10　【小小說書人】方案的形成性評量表（續）

主要概念	重要的學習指標	形成性評量項目	老師評量重點
小天鵝來說書	語-小-2-6-1 描述故事的主要角色 語-中-2-6-1 描述故事角色間的對話與情節 語-大-2-6-1 說出、畫出或演出敘事文本的不同結局	從第一本「豬與狼」的改編故事中，能描述故事角色間的對話與情節或改編結局	從第一本「豬與狼」的改編故事中，能否描述故事角色間的對話與情節或改編結局
	語-小-2-7-1 重述故事 語-中-2-7-1 編創情節連貫的故事 語-大-2-7-2 創作圖畫書	1. 在第二本自創故事中，能編創情節連貫的故事或符合「好故事的樣子」進行創作	1. 在第二本自創故事中，能否編創情節連貫的故事或符合「好故事的樣子」進行創作
	美-中大-2-2-2 運用線條、形狀或色彩，進行創作 美-小-2-2-2 運用線條、形狀或色彩表現想法，並命名或賦予意義	2. 第二本自創故事的「故事外面」設計，能運用線條、形狀或色彩，進行創作	2. 第二本自創故事的「故事外面」設計，能否運用線條、形狀或色彩，進行創作

1.語文領域

主要概念一「欣賞天鵝班的故事」的重要學習指標之一是「語-大-1-5-2理解故事的角色、情節與主題」，其形成性評量內容是：「在欣賞《三隻小豬》系列故事時，能理解故事的角色與情節或主題」。老師的評量重點是：「在欣賞《三隻小豬》系列故事時，能說出喜歡的故事角色、特點及其喜歡的原因」。

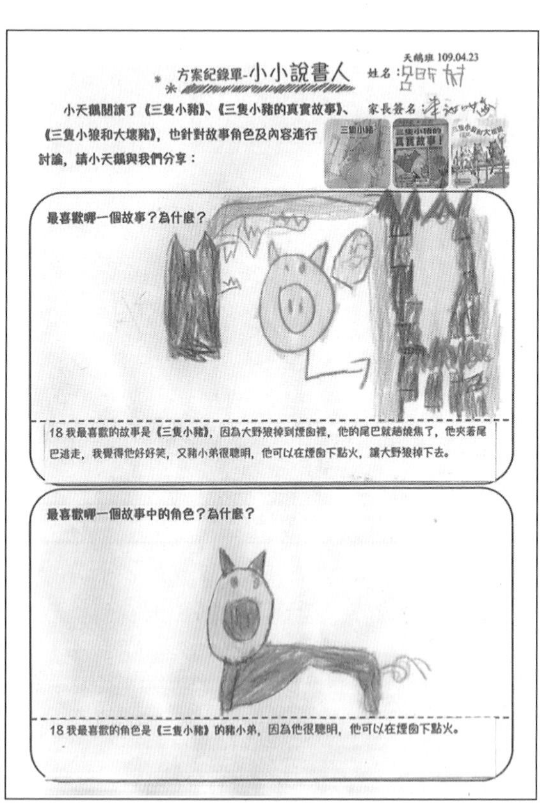

天鵝班 109.04.23

方案紀錄單-小小說書人　姓名：

小天鵝閱讀了《三隻小豬》、《三隻小豬的真實故事》、《三隻小狼和大壞豬》，也針對故事角色及內容進行討論，請小天鵝與我們分享：　家長簽名：

最喜歡哪一個故事？為什麼？

18 我最喜歡的故事是《三隻小豬》，因為大野狼掉到煙囪裡，他的尾巴就被燒焦了，他夾著尾巴逃走，我覺得他好好笑，又豬小弟很聰明，他可以在煙囪下點火，讓大野狼掉下去。

最喜歡哪一個故事中的角色？為什麼？

18 我最喜歡的角色是《三隻小豬》的豬小弟，因為他很聰明，他可以在煙囪下點火。

圖 7-19　昕芮分享故事內容及角色的喜好紀錄單

由圖7-19可知，在活動進行時，老師觀察**昕芮**的觀察紀錄是：「討論《三隻小豬》故事系列內容和比較系列故事中的主角狼與豬時，**昕芮**能主動說出系列故事中最喜歡的故事為《三隻小豬》和其中最喜歡的角色「豬小弟」。說明喜歡的原因時，**昕芮**能根據該故事的結局、角色個性說出喜歡的原因和個人感受（最大野狼掉到煙囪，尾巴燒焦後逃走好好笑、豬小弟很聰明，可以在煙囪下點火）。」

主要概念三「小天鵝來說書」的重要學習指標之一是「語-大-2-6-1說出、畫出或演出敘事文本的不同結局」，其形成性評量內容是：「從第一本『豬與狼』的改編故事中，能描述故事角色間的對話與情節或改編結局」。老師的評量重點是：「從第一本『豬與狼』的改編故事中，能否描述故事角色間的對話與情節或改編結局」。

由圖7-20可知，在活動進行時，老師觀察**昕芮**的觀察紀錄是：「**昕芮**將《三隻小豬》的故事改編為《大野狼跟豬做好朋友》，從以下擷取的故事畫面中，可看見**昕芮**在故事裡為角色設計許多對話，或是運用話語表達角色的心裡想法；情節的部分，雖部分故事背景與原版故事類似，但角色的互動方式與結局則有所改編。」

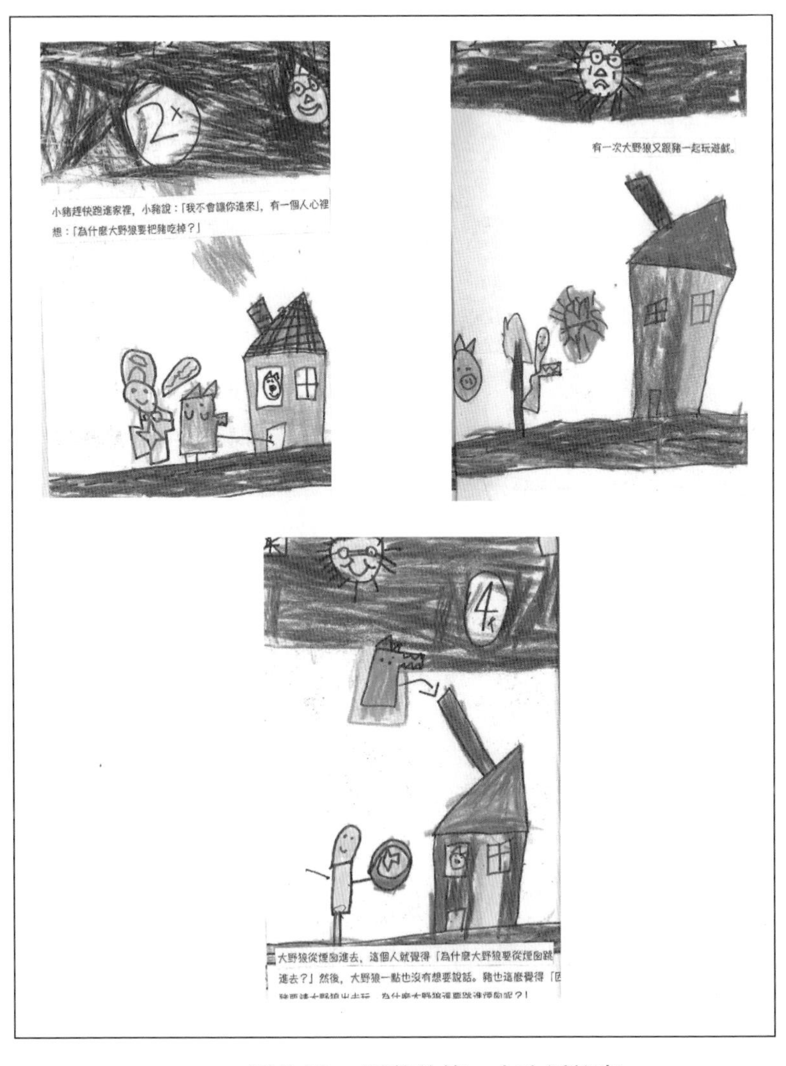

圖 7-20　昕芮的第一本改編故事

2.語文與美感領域

主要概念三「小天鵝來說書」的兩個重要學習指標是「語-大-2-7-2 創作圖畫書」和「美-中大-2-2-2 運用線條、形狀或色彩，進行創作」，其形成性評量內容是：語文領域「在第二本自創故事中，能編創情節連貫的故事或符合『好故事的樣子』進行創作」，其中「好故事的樣子」是指班級在欣賞天鵝班的故事，幼兒共同歸納出來的「好故事特徵」，而美感領域「第二本自創故事的『故事外面』設計，能運用線條、形狀或色彩，進行創作」，其中「故事外面」是指書名、封面、封底與蝴蝶頁的設計。老師的評量重點分別為：語文領域「在第二本自創故事中，能否編創情節連貫的故事或符合『好故事的樣子』進行創作」和美感領域「第二本自創故事的『故事外面』設計，能否運用線條、形狀或色彩，進行創作」。

由圖 7-21～圖 7-24 可知，在活動進行時，老師觀察**昕芮**的觀察紀錄是：「**昕芮**的第二本自創故事《娸娸老師和薇薇老師做朋友》，可看見**昕芮**能依照計畫完成故事創作，也具備編創連貫故事內容的能力。與第一本改編故事相較，**昕芮**在「故事內容」上增加了更多的故事情節、過程和故事轉折處；「角色」部分可確切辨認出主角、主角個性（喜歡交朋友），「圖畫」也清楚呈現主角的外貌特徵（眼鏡、長髮、包頭）。在『故事外面』部分，**昕芮**在封面和封底設計上分別呈現兩位主角樣貌，且蝴蝶頁與書名皆與故事內容相關。」

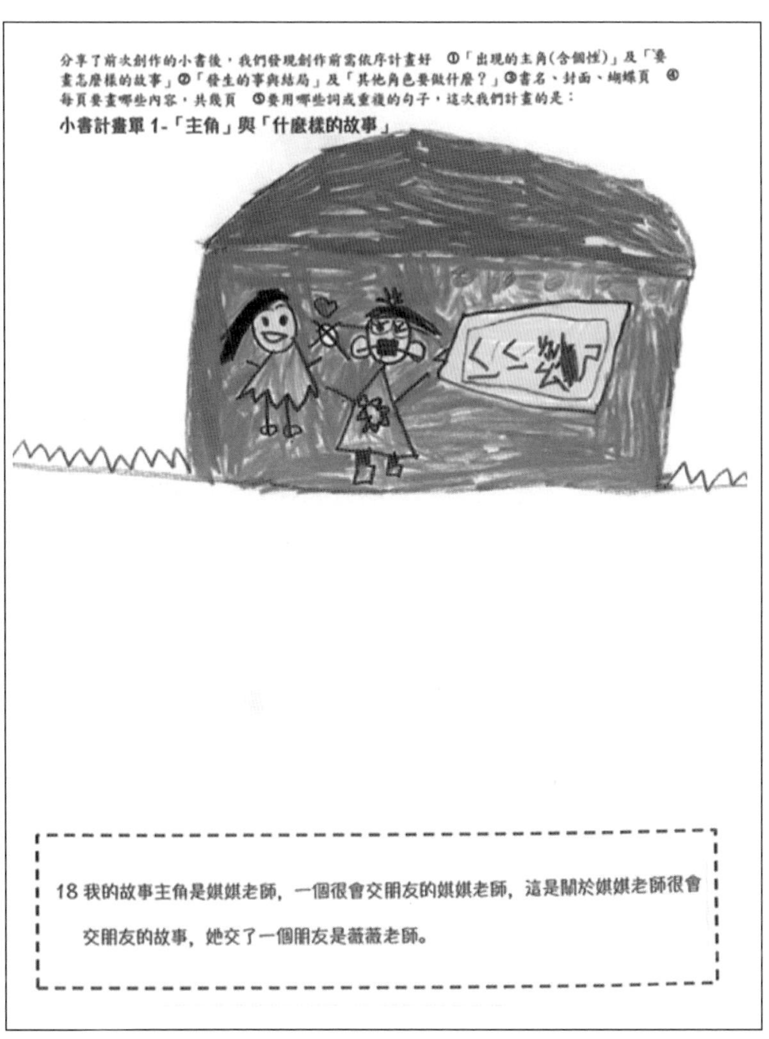

分享了前次創作的小書後，我們發現創作前需依序計畫好 ①「出現的主角(含個性)」及「要畫怎麼樣的故事」②「發生的事與結局」及「其他角色要做什麼？」③書名、封面、蝴蝶頁 ④每頁要畫哪些內容，共幾頁 ⑤要用哪些詞或重複的句子，這次我們計畫的是：

小書計畫單 1-「主角」與「什麼樣的故事」

18 我的故事主角是娸娸老師，一個很會交朋友的娸娸老師，這是關於娸娸老師很會交朋友的故事，她交了一個朋友是薇薇老師。

圖 7-21　昕芮的故事計畫 1：「主角」、「什麼樣的故事」

小書計畫單 2-「發生的事與結局」與「其他角色要做什麼？」

18 很會交朋友的娸娸老師，交到薇薇老師當朋友的故事。

1. 娸娸老師和薇薇老師很喜歡一起玩。
2. 她們每天都會一起玩桌遊。
3. 娸娸老師有一天看到一個人，就是薇薇老師，她想跟她當好朋友。
4. 有一天，娸娸老師看到薇薇老師跌倒了，她帶她去保健室。
5. 結局：她們一起回家。她們長大後就一起去結婚。

圖 7-22　昕芮的故事計畫 2：「發生的事」、「其他角色」

圖 7-23　昕芮的故事計畫 3：「封面」、「封底」、「蝴蝶頁」

圖 7-24　昕芮的故事計畫 4：每一頁的故事內容

3.社會領域

主要概念一「欣賞天鵝班的故事」的重要學習指標之一是「社-中大-1-5-2 覺察不同性別的人可以有多元的職業及角色活動」，其形成性評量內容是：「欣賞《動物方城市》電影時，能覺察不同性別的人可以有多元的職業及角色活動」。老師的評量重點為：「在討論《動物方城市》電影時，能說出影片中不同性別的角色其多元的職業及角色活動」。

圖 7-25　欣賞電影《動物方城市》

由圖 7-25 可知，在活動進行時，老師觀察**昕芮**的觀察紀錄是：「分析《動物方城市》電影角色特性時，昕芮能說出影片中特定角色的個性、職業與困境間的關係（兔子太小太弱不適合當警察、狐狸很狡猾可疑）。在引導下，昕芮能察覺每一種動物不一定要表現出大家想的樣子，只要努力，每個人都有機會成為自己想成為的樣子，例如：兔子可以聰明、狡猾，雖太小但不弱，可以想辦法抓到壞人。」

4.認知領域

主要概念一「好故事的樣子」的重要學習指標之一是「認-中大-2-3-1 依據特徵為生活物件分類並命名」，其形成性評量內容是：「在分類『符合好故事的條件』時，能依據條件特徵為好故事條件分類並命名」。老師的評量重點為：「在分類『符合好故事的條件』時，能依據條件特徵為好故事條件分類出六項好故事概念並命名」。

由圖7-26可知，在活動進行時，老師觀察**昕芮**的觀察紀錄是：「**昕芮**在分類『符合好故事的條件』時，雖較少主動表達分類的方式，但在老師的邀請下能依據條件特徵分類，並理解『故事內容』、『角色』、『圖畫』、『故事外面』、『詞』、『頁數』等六個類別的概念」。

圖7-26　分類「符合好故事的條件」

主要概念一「好故事的樣子」的重要學習指標之一是「認-大-3-1-1與同伴討論解決問題的方法，並與他人合作實際執行」，其形成性評量內容是：「在分享第一本『豬與狼』的改編故事後，能根據討論解決問題的可能方法並實際執行」。老師的評量重點為：「從幼兒『調整第一次創作小書』紀錄單中，能否根據他人建議列出需解決的問題」。

由圖7-27可知，在活動進行時，老師觀察**昕芮**的觀察紀錄是：「分享時，台下的幼兒針對**昕芮**的第一本『豬與狼』改編故事提出建議，從**昕芮**的紀錄單中，可看見**昕芮**能記下需調整的地方，包含『角色不知道要做什麼』、『角色數量變化』以及『圖畫一致性』等。」

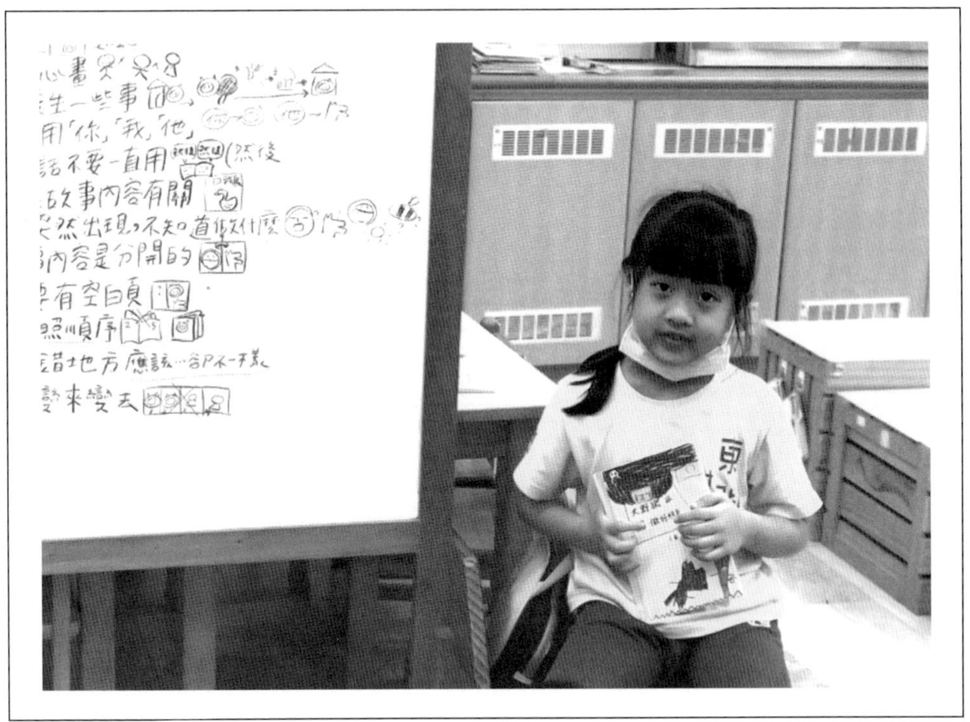

圖 7-27　昕芮分享自己的小書，以及根據大家的建議所記錄之調整重點

天鵝班 109.06.04

方案紀錄單-小小說書人

姓名：

家長簽名：

向大家分享完我創作的故事後，我發現

我的故事調整這些地方後會更好看：

18.

1.角色不知道要做什麼。

2.不要房子一下畫一樣的，一下畫不一樣的。

3.角色不要一下多一下少。

4.不要一下沒塗顏色，一下有塗顏色。

圖 7-27　昕芮分享自己的小書，以及根據大家的建議所記錄之調整重點（續）

在【小小說書人】方案中，老師同樣在進行形成性評量時，將蒐集到的資料與評量內容，整理後運用照片及文字敘述呈現在評量中的「個別幼兒表現」欄位。而依《幼兒園教保活動課程手冊》（幸曼玲等人，2018）呈現的示例，「個別幼兒表現」若以表格勾選的呈現方式，則如表 7-11 所示。

表 7-11　以表格呈現的【小小說書人】形成性評量表

領域	評量內容	個別幼兒表現		
		成熟	發展中	加油
語文	在欣賞《三隻小豬》系列故事時，能理解故事的角色與情節或主題			
	從第一本「豬與狼」的改編故事中，能描述故事角色間的對話與情節或改編結局			
	在第二本自創故事中，能編創情節連貫的故事或符合「好故事的樣子」進行創作			
美感	第二本自創故事的「故事外面」設計，能運用線條、形狀或色彩，進行創作			
社會	欣賞《動物方城市》電影時，能覺察不同性別的人可以有多元的職業及角色活動			
認知	在分類「符合好故事的條件」時，能依據條件特徵為好故事條件分類並命名			
	在分享第一本「豬與狼」的改編故事後，能根據討論解決問題的可能方法並實際執行			

貳、學習區的形成性評量

關於學習區的形成性評量之實施，老師們通常會有不同的想法及作法，下列介紹兩種形式：(1)描述性的形成性評量：是以文字描述幼兒在學習區的學習歷程；(2)量化的評量表：是以評量表進行的。

一、描述性的形成性評量

下列介紹兩所幼兒園老師的執行方式：(1)類型一：慧蓮老師的學習區評量；(2) 類型二：陳美雲、姚怡安、馬松美三位老師的學習區評量。

（一）類型一

慧蓮老師以軼事觀察記錄幼兒的學習，步驟如下所述：

1. **先規劃學習區**：在規劃各個學習區時，她會先思考要提供幼兒哪些經驗，以及預計培養哪些能力，再放置相關素材，例如：在科學區，老師想要培養幼兒的科學探究能力，就會提供各種不同的科學小活動海報，讓幼兒看圖操作，並從實際體驗操作中，去預測、驗證與思考。
2. **心中要放置觀察評量的面向**：在教學歷程中，慧蓮老師希望孩子能夠從活動的探索過程中先預測實驗結果，形成假設，並說出原因，透過再次的實驗操作，比對前後想法的異同，形成自己的想法與推測，這是老師預計要觀察評量的重點。
3. **適時鷹架式的介入**：在幼兒探索時，慧蓮老師會在一旁提問，引導幼兒進行深入的探究，例如：「想想看為什麼會這樣？」「怎麼知道自己的想法對不對？」「如果跟自己的想法不一樣時要怎麼辦？」「你的發現是什麼？怎麼修正會更好？」等，可引發幼兒深入探究的問題。
4. **幼兒畫下探索的發現**：探究活動結束後，慧蓮老師會請幼兒畫下在活動中的發現，也會透過問問題以了解幼兒的學習狀況，並請他們記錄在學習單上，例如：在科學區進行「紙花開」的活動時，老師會先引導幼兒思考：「猜猜看花瓣多的，還是花瓣少的，花開得比較快？為什麼？」之後讓幼兒動手操作實驗，實驗後，也會問幼兒你觀察到什麼，與自己的想法是否一樣？為什麼？還有什麼新發現？最後，將幼兒的想法與發現統整記錄在學習單，如表 7-12 所示。

表 7-12　**小蔚在科學區探究的觀察紀錄**

臺北市立南海實驗幼兒園學習區紀錄表	
小蔚想要了解花瓣多還是花瓣少的紙花開得比較快？在實驗前**小蔚**說：「我覺得花瓣多的花開得比較快，因為花瓣多的花葉子比較小，水會比較快跑到紙的每一個地方，所以比較快打開。」結果他的發現，與自己的想法一樣，他覺得非常開心，後來他還發現使用另外一種紙花開得更快。我問他：「為什麼？」他摸摸兩種紙說：「這一種紙比較厚，比較薄的紙花開得比較快。」老師又拿了另一種更厚的紙，請他想想看，他說這種紙更厚，應該更慢開花。從紀錄當中可以看到**小蔚**除了能具體說出自己的想法之外，也能從比較當中發現花瓣多寡與紙的厚薄都會影響花開的速度。	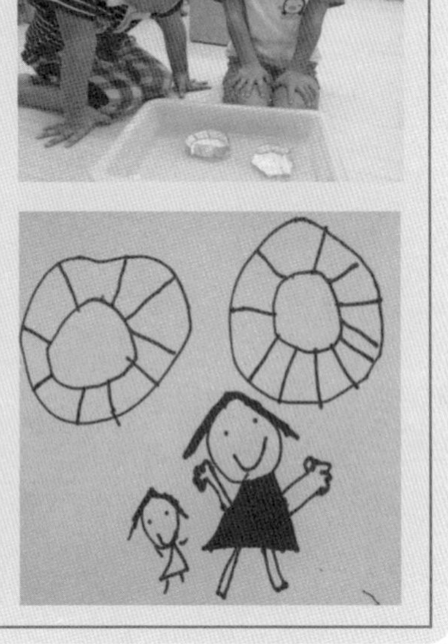

資料來源：曾慧蓮老師提供

（二）類型二

臺北市立龍山國小附設幼兒園陳美雲、姚怡安、馬松美三位老師在小班的班上設立了小博士區、小畫家區、小演員區、萬事通區、建築師區等五區。表 7-13 是他們所記錄的幼兒平時在各學習區中的學習狀況。至期末時，老師也會幫每位幼兒整理出學習區的總評量，請見本章的總結性評量。

表 7-13　昱廷、霖霖、葳霓的學習區觀察表

小博士	**昱廷**最近翻閱汽車小百科的時候，總會指著某一頁說，這是我爸爸的車喔。老師一開始其實沒有放在心上，因為孩子都會選自己喜歡的車啊。只是，在多聽幾次後，發現**昱廷**真的每次都找出同一頁耶。不是隨便翻就隨便選。老師：「你怎麼知道這是爸爸的車啊？」**昱廷**：「這就是我爸爸的車。」老師：「因為顏色一樣嗎？你從哪裡看出來的呢？」**昱廷**指著車子的品牌說：「看這裡啊。」而且還能清楚說出車子的牌子。
建築師	除了蓋馬路，孩子偶爾也會有特別的突發奇想。**霖霖**：「老師你看，這是我做的火箭。」老師：「哇～你用了哪些形狀做火箭啊？」**霖霖**一邊指著積木一邊說：「有兩個三角形在這裡、兩個長方形。」老師：「那你的火箭要飛去月球嗎？」**霖霖**：「沒有欸，要飛去墾丁，從臺北飛去墾丁。」老師：「從臺北飛去墾丁，坐飛機就好啦。」**霖霖**：「因為坐火箭更快啊！」
萬事通	從**葳霓**的作品中看得出來她已經進入整理訊息的階段囉，不是漫無目的的串珠，她有開始嘗試型式的排列，以紅黃綠三色為主，不過順序尚未固定下來。但能做到這樣已經很厲害。  

資料來源：陳美雲、姚怡安、馬松美老師提供

二、量化的學習區評量表

有些幼兒園的學習區會採用量化表格，並附上相關文字敘述，對於現場忙碌的教保服務人員來說，也是可以參考的方法之一。如下所述。

（一）第一類學習區評量表

漢菊德園長曾設計「幼兒學習分析紀錄表」，以探究幼兒在學習區的學習，如表 7-14 所示。在表中，老師可依觀察到的幼兒的語言、認知、社會情緒、大動作、精細動作進行簡要的紀錄，至於幼兒的相關行為，只要在空欄中填入數字即可，例如：1 代表溝通，2 是重組合，3 是綜合，4 是觀察等，可減少老師記錄的時間。

表 7-14　第一類學習區評量表

姓名：傳家						
活動階段：語言＿＿ 認知＿＿ 社會情緒＿＿ 大動作＿＿ 精細動作＿＿			週：			
日期	**學習區**	**紀實（參考右列要點）**	**相關行為**			
3.15	益智區	迷宮／看到傳家一來，就罵他笨，令傳家相當生氣。	9	21	5	
3.16	圖書區	今天有點定不下心，走路聲音也大了點，還蠻合作的。	14	22		
3.17	體能區	與雷萬自稱玩打壞蛋的遊戲。	20	17	9	
3.23	娃娃家	肢體動作頗大，又愛告狀，嗯！表現不佳。	13	21		
3.24	美勞區	電話／能將電話延伸到別的活動。	2	12	18	19
4.12	探索區	怪頭娃娃／種仔放太多，掉了一地在地上，一顆一顆地撿起來。	12	18	9	22
4.13	體能區	投籃運動，傳家把球做各種玩法。	18	12	22	
4.14	美勞區	校園寫生／仔細觀察了一會兒，選定地點，才開始畫，除了	18	12	22	
		將所看到的景色畫下之後，還加上自己的想像在裡面。	16	14	4	
說明：以上相關行為以代號註明 活動階段：開始 S＿＿＿ 中程 M＿＿＿ 完成 F＿＿＿ 設計者：漢菊德						

（右列要點）
1 溝通
2.重組合
3.綜合
4.觀察
5.預想
6.關係領悟
7.預、算
8.類、比
9.問題解決
10.時空感
11.平衡感
12.操作性
13.移動性
14.專注
15.獨立
16.嘗試性
17.喜愛
18.創造性
19.計畫性
20.合作
21.分享
22.守規則

資料來源：曾慧蓮老師、林娟伶老師提供

表 7-14 中的第一項是慧蓮老師和娟伶老師在 3 月 15 日於益智區對**傳家**所做的紀錄：「迷宮／看到傳家一來，就罵他笨，令傳家相當生氣。」其相關行為是9、21、5，表示幼兒能夠自己解決問題、與他人分享，以及對活動具有預想的行為。其他以此類推。

（二）第二類學習區評量表

此種評量表是老師配合單元設計學習區的評量項目，如表7-15中，配合單元「線的遊戲」設計了幾個評量項目，都強調評量幼兒的情意能力，原因是幼兒情緒在非常穩定的情況下，其認知能力會自然而然地展開。

表 7-15　第二類學習區評量表

評　量　項　目	
生活學習區 日期	主題：長長短短的線 1.能自主選擇喜歡的活動參與……（☆） 2.能以正確的方法操作用具……（☆） 3.會主動收拾整理……（☆）
科學區 日期	主題：線線線，變變變 1.能自主的選擇一至兩項活動……（☆） 2.能專注於操作活動中……（☆） 3.會主動收拾整理使用過的工具、材料……（☆）
語文區 日期	主題：請你跟我這樣做 1.能認真地練習運筆……（☆） 2.能依指示完成兩種活動……（◎） 3.能安靜地學習……（☆）
工作區 日期	主題：美麗的線 1.能使用工具、材料進行創作……（☆） 2.喜歡參與活動……（☆） 3.能主動收拾使用過的用品……（◎）
評量方式	符號表示：（☆）表示優良　（◎）表示良好 （○）表示尚可　（△）尚需加強 各區評量空白處，教師可用文字敘述幼兒的發展與學習狀況

（三）第三類學習區評量表

除了有描述的觀察紀錄外，也可透過選擇學習區的次數，來了解幼兒喜歡或不喜歡哪些學習區。從表 7-16 可知，幼兒至積木角和娃娃家各 3 次，美勞角 1 次，益智角、語文角和科學角是 0 次。老師可藉由此統計結果來思考變化角落的素材或方式，以吸引幼兒至這些角落探索。

表 7-16　第三類學習區評量表

記錄日期	學習角	觀察紀錄
2013.4.10	積木角	用各種形狀的木頭積木加上螺絲組合工具椅，敲敲打打，和阿寶一起完成。
2013.4.12	美勞角	和阿福一起拿黏土工具，把培樂土揉搓切成小方塊，再將一塊塊黏土圈在小盤子四周。
2013.4.13	娃娃家	抱著米妮寶寶，將櫃子打開找奶瓶，餵米妮喝牛奶；將桌巾鋪地上，花和食物放上面，準備野餐。
2013.4.15	娃娃家	當媽媽煮菜給小孩吃，琇如生病躺在床上，姿庭又變成護士，先聽診，再幫她打針，量脈博，餵藥後對病人說：「吃過藥可以出院了！！」
2013.4.20	積木角	和雅燭一同教衣凡認識積木的顏色，再組合車子軌道，玩火車及蓋城堡。
2013.4.22	積木角	將電光快車俠的基地軌道鋪設好，放車子在上面行駛，再收起給陳揮玩，和雅燭一同搭城堡。
2013.4.23	娃娃家	當小嬰兒，泡在水中洗澡，再至娃娃床上睡覺，默默及諾諾陪他睡在一起，照顧嬰兒！！

角落	積木角	娃娃家	美勞角	益智角	語文角	科學角
次數	3	3	1	0	0	0

老師簽名：＿＿＿＿＿＿＿＿　家長簽名：＿＿＿＿＿＿＿＿

第三節　總結性評量

總結性評量是老師在教學一段期間後，綜合評估幼兒的學習狀況。但各園作法不一，下列依主題／方案、學習區、新課綱和量化的評量表等予以說明。

壹、主題／方案的評量

一個主題／方案進行的時間往往長達一個學期，中間約 2～3 週會進行一次形成性評量，再依據數個形成性評量，做最後的總結性評量。表7-17是慧蓮老師依據**小翰**對於【甲蟲】方案數次的形成性評量，所整理歸納的總結性評量，包括「甲蟲的外型與特徵」、「甲蟲愛吃什麼」、「肢體表徵」和「語言表徵」。

表 7-17　小翰在甲蟲方案的總結性評量

圖畫及作品表徵

第一次　　第二次　　第三次　　第四次

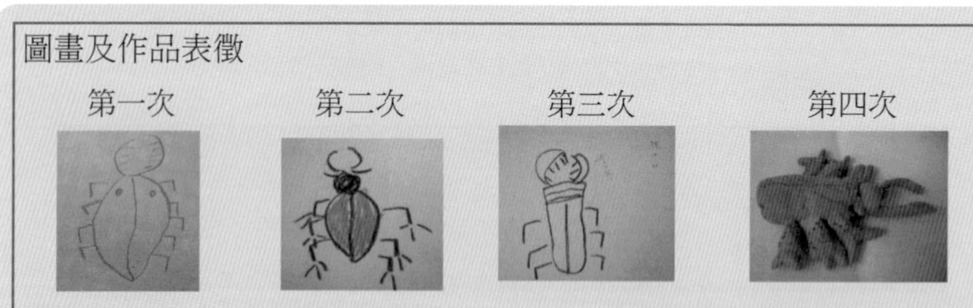

【甲蟲的外型與特徵】

方案一開始，老師為了解幼兒對鍬形蟲的起始概念為何，因此讓幼兒先畫下他們所認知的甲蟲長相為何，及甲蟲愛吃什麼。從**小翰**第一次所畫的甲蟲來看，尚沒有昆蟲的基本概念，如六隻腳，因為腳的數目不對。另外，眼睛長在背上，線條也都很簡單。不過經過了一段時間的探究之後，他觀察的面向變廣了也變得比較仔細，知道要觀察的重點為何。每一次的觀察紀錄都有進步，這也代表**小翰**的觀察力提升了。

到最後一次，他已經可以將甲蟲的外型與特徵用黏土做出細膩的描繪。不僅腳的數目對了，同時也能將腳的鉤子做出，身體也可以做出三節。

表 7-17　小翰在甲蟲方案的總結性評量（續）

<table>
<tr><td>【甲蟲愛吃什麼】
一開始，小翰會說出甲蟲愛吃果凍，但是老師問他怎麼知道的，他說是聽別人說的，而非自己親自觀察而來的。經由多次的預測及實際操作觀察後，他發現甲蟲不只愛吃果凍，只要有水分的食物他都喜歡吃，如水梨，他說因為自己有看到水梨上面有甲蟲啃食的痕跡。所以這次他所獲得的知識不再是聽別人說，而是透過親身的經驗統整而來的。</td></tr>
<tr><td>甲蟲的各種姿態
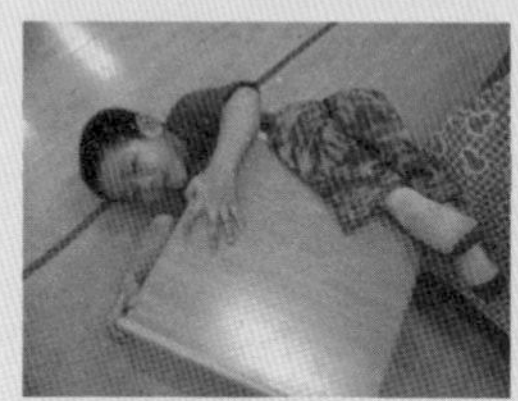  
【肢體表徵】
除了運用圖像表徵之外，小翰也會運用肢體表現出甲蟲攀在樹上，還有打鬥，以及與別人合作表現甲蟲的樣態，栩栩如生，由此也可以看見小翰對甲蟲的了解確實仔細多了。
【語言表徵】
方案結束的時候，老師請大家說說看自己學到了什麼，小翰說他知道甲蟲有六隻腳，腳上面有刺刺的，這樣才可以爬在樹上不會掉下來。老師問他怎麼知道呢？他說因為他在抓甲蟲的時候，牠的腳就會黏在他的身上。另外之前他認為有角就是甲蟲，但是現在他可以比較正確說出甲蟲就是身上有硬殼、有六隻腳、有大顎，還會指出書上還有哪些昆蟲也是屬於甲蟲類喔！</td></tr>
</table>

資料來源：曾慧蓮老師提供

貳、學習區的評量

老師可依幼兒在學習區的次數，以及對素材的探索或與他人的合作互動，以了解幼兒能力的發展，例如：陳美雲、姚怡安和馬松美等三位教保服務人員，期末時給家長一份幼兒在小博士區、小畫家區、小演員區、萬事通區、建築師區等五個學習區的使用比率和能力的展現紀錄，如表 7-18 所示。從表中可知**馥安**和**婧洵**最常去小畫家區，都樂於嘗試不同的素材進行創作。不過，**馥安**較少去萬事通區，**婧洵**則是小博士區。

表 7-18　**馥安和婧洵對學習區使用比率和能力的展現**

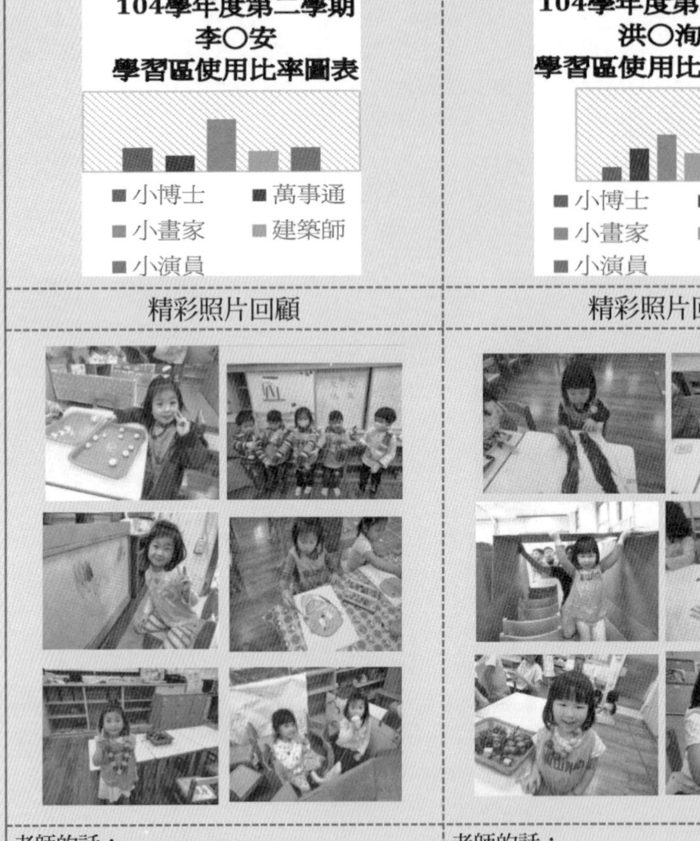

精彩照片回顧	精彩照片回顧
老師的話： 從學習區使用比率的圖表中，可以看出**馥安**真的很喜歡小畫家。雖然會和其他幼兒一起在小博士看書閒聊，也會在建築師搭建積木。但是最常選擇的學習區就是小畫家了，樂於嘗試各種素材創作，尤其是黏土，手部動作靈活，從一開始單純的搓圓、壓平等基本技巧，到後來能綜合運用抓、握、揉、捏的等動作，做出精細的作品。不管是在小畫家串花朵，或是在萬事通串珠，都可以看出**馥安**對序列已經略具概念囉。	**老師的話：** 從學習區使用比率的圖表，可以看出**婧洵**雖然也會到建築師建構積木或是到小演員扮演，但**婧洵**特別喜歡到萬事通跟小畫家發揮她的創意。**婧洵**在萬事通操作教具時，可以觀察到她對於數字、大小、形狀、顏色的概念良好。一邊切蔬果，偶爾也會兼差開起餐廳，一邊外送。在小畫家也會利用不同的素材創作，不管是用蠟筆、水彩作畫，或是利用剪貼、撕貼等，**婧洵**都很樂於嘗試，最近還迷上在小博士寫字。

資料來源：陳美雲老師、馬松美老師、姚怡安老師提供

參、新課綱的評量

新課綱的建議作法有二：一是依六大核心素養自編總結性評量項目；二是使用「幼兒園幼兒學習評量指標及評分指引（草案）」，進一步的資料可再查詢《幼兒園教保活動課程手冊》（下冊）（幸曼玲等人，2018）一書。

一、參考六大核心素養自編總結性評量項目

新課綱的總結性評量有三次：第一次在學期初（10 月）；第二次在學期末（隔年 2 月）；第三次在學年末（隔年 5 月）。表 7-19 是一參考表格，教保服務人員可依六大核心素養建構評量項目，再彙整成幼兒總結性評量表，計有三次。但是現場教保服務人員可能只會在學年末給予一次的總結性評量，例如：慧蓮老師在學年末時，依課綱六大核心素養綜合評估**小千**的各種能力。由表 7-20 中，可知想像創造和表達溝通是**小千**的優勢能力，自主管理則是需要精進的能力。表 7-21 則是**宸宇**的總結性評量，另可參考《幼兒園

表 7-19　幼兒園自編總結性評量表（參考表格）

幼兒姓名：		評量日期		
幼兒年齡／班別：		第一學期初：　年　月　日		
教學者姓名：		第一學期末：　年　月　日 學　年　末：　年　月　日		
核心素養	總結性評量項目（舉例）	第一學期初	第一學期末	學年末
覺知辨識				
表達溝通				
關懷合作				
推理賞析				
想像創造				
自主管理				

資料來源：幸曼玲、楊金寶、柯華葳、丘嘉慧、蔡敏玲、金瑞芝、…廖鳳瑞（2018）。**幼兒園教保活動課程手冊**（下冊）（頁 64）。臺中市：教育部國民及學前教育署。

表 7-20　小千的總結性評量

1. 想像創造：

小千在每一次的創作與表現，他都有自己獨特的想法，創作時，其肢體動作非常流暢，過程中也會結合其他素材一起表演。

2. 表達溝通：

小千善於運用語言表達自己的想法，尤其說明其藝術作品時，他可以解說得非常具體明確，也可看出其豐富的想像力，不過，其作品的內容與線條的處理，都非常簡單，可再提升其視覺藝術的豐富性和精緻度。建議家長平常可帶孩子去經驗各種可能的活動後，再讓他試著用圖像表徵或使用不同的素材創作其經驗和感受。

3. 自主管理：

小千的協調及控制小肌肉部分也尚有進步的空間，家長可以透過其他精細動作的練習，提升其精細能力，例如平常要讓他自行綁鞋帶、解扣鈕扣、拉拉鍊、使用抹布擦桌子，或使用夾子夾衣服，或是揉麵團等等都可以增強其小肌肉的協調與控制。

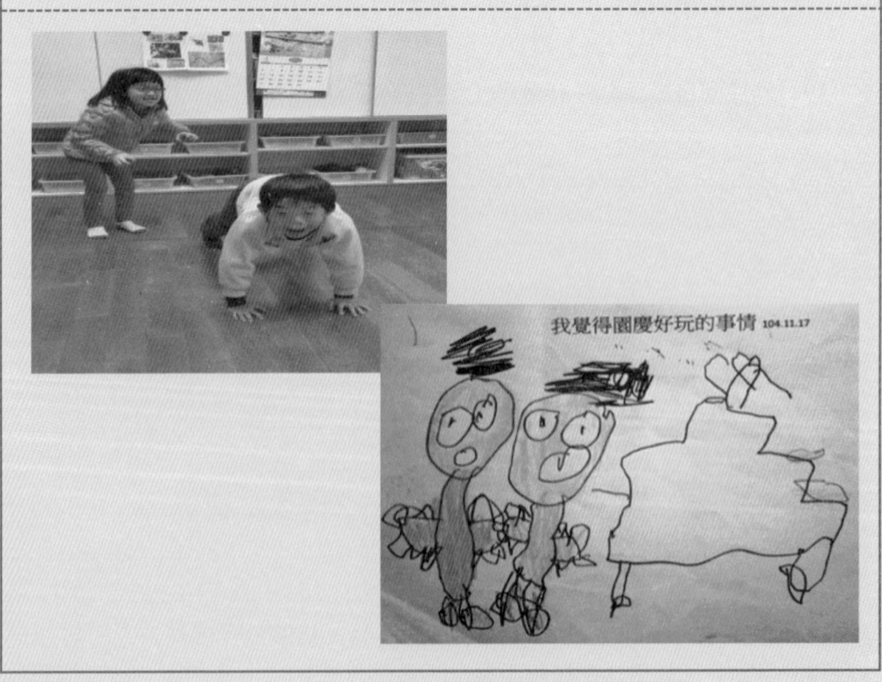

教保活動課程手冊》（下冊）（幸曼玲等人，2018）一書第 68～69 頁的總結性評量指標列表。

表 7-21　宸宇的總結性評量

核心素養	總結性評量項目
覺知辨識	觀察力敏銳的**宸宇**，喜愛探索周遭事物，對於有經歷過的活動可清楚表達經過，對生活規則及活動規則的訂定理由也很清楚，但遵守與執行上則需要再多練習。
表達溝通	喜愛分享、願意表達的**宸宇**，在團討中很願意提出想法，跟同伴間也會閒聊假日出遊的趣事，更是能將經驗過的活動用圖像符號的方式記錄下來，在寒假分享時曾用圖示記錄他們搭車上太平山的經過。 
關懷合作	**宸宇**會關懷適應較不好的同儕，甚至願意幫助其他孩子，但因為在教室內他的年紀比較小，幫助他人的機會不多，但看見有需要幫助的同儕都會主動去協助喔！
推理賞析	學習區裡的益智區，**宸宇**能依據部分線索找出之間的關係，並進行遊戲，在分享創作時，**宸宇**也總是不吝嗇的給予回應，甚至說出他人的創作優點。 
想像創作	**宸宇**在組合建構上有很多的想像創作表現，利用 Lasy 積木組裝出電話、吸塵器、槍跟武器，扮演著警察、武士，擺出許多超酷的動作，扮演時也會想像情境與故事喔！  ▶ Lasy 積木假裝是電話 　▶ 用軌道木板假裝在彈吉他
自主管理	**宸宇**的大小肌肉能力在同年齡上來說相當的不錯，尤其是大肌肉的協調性更是好，但是在安全維護上則需要再多練習，往往因為動作太過於敏捷與快速，而造成自己與他人的危險。

二、參考「幼兒園幼兒學習評量指標及評分指引（草案）」

「幼兒園幼兒學習評量指標及評分指引（草案）」計有 29 條，每一條指標都有四個等級，在評量的判斷上需要花很多時間了解和分析。對於評量指標的使用，建議可以先從一個自己比較能夠掌握的核心素養開始進行練習，如果還覺得困難，就先從一個核心素養的其中一個評量指標練習亦可。

慧蓮老師以六大核心素養的「自主管理」中之「有良好的健康習慣，能進行個人自理及環境清潔」的評量指標為例，她的作法和紀錄如下：

1. 慧蓮老師從幼兒喝水、用餐等生活自理行為，開始有計畫的蒐集幼兒在這部分的表現，並運用表格，記錄下來。
2. 詳細閱讀學習指標的評分指引。
3. 判斷幼兒的表現落在哪一個等級。
4. 不能依一次的紀錄就斷定幼兒的等級：慧蓮老師會蒐集多次資料，再做最後的判斷。從第一次評量看到幼兒的起始能力，接著要回到各領域課程目標與學習指標中，設計課程提供經驗，提升幼兒的能力，例如：老師觀察到**小可**吃完飯會主動拿抹布擦自己的桌面，但是飯粒沒有擦乾淨；會自動洗碗、刷牙並將物品整理好。從**小可**的表現來看，她能進行個人的生活自理行為，但尚不確實，所以能力落在等級 2，如表 7-22、圖 7-28 所示。
5. 選擇適當學習指標設計課程：教保服務人員可從新課綱的【社 2-1　發展自我概念身體動作】、【身 1-2　模仿操作各種器材的動作】及【身 2-2　熟悉各種用具的操作動作建立生活自理技能】，選擇適當的學習指標，設計課程，提升幼兒在自主管理的能力。
6. 不可用評量指標來設計課程：課程是動態的，評量也是動態的，老師在課程實施中看到幼兒的表現後，要思索再提供什麼經驗，然後透過實際體驗操作，再觀察幼兒的表現，再提供經驗，幼兒的能力將在這一個不斷循環的歷程當中，逐漸累積與提升。

表 7-22　小可在自主管理學習評量指標的表現等級

核心素養	學習評量指標	個別幼兒表現等級			
		1	2	3	4
自主管理	有良好健康習慣，能進行個人自理及環境清潔	在引導下，進行個人的生活自理行為。	能進行個人的生活自理行為，但尚不確實。	能確實地完成個人的生活自理行為，但周遭環境的清潔整理尚不確實。	能確實地完成個人自理行為及周遭環境的清潔整理。

圖 7-28　觀察幼兒進行個人自理及環境清潔

若想要嘗試使用學習評量指標進行評量，可使用表 7-23，每次觀察一個能力、一個指標。使用此表重要的是教保服務人員對於 1、2、3、4 四個等級的內涵要很清楚，才有辦法判斷幼兒的行為是屬於哪一個等級。

表 7-23　全班使用學習評量指標進行評量

關懷合作
評量指標：1.能理解他人之需求，表現利社會行為　　教師：
園所：臺北市立南海實驗幼兒園　　班級：1-5

幼兒	日期	觀察紀錄	計分等級			
			1	2	3	4
1	3／5	小動在收玩具時，小凌跑過去要幫小動收，小動很生氣說，我要自己收，你不要幫我。	V			
2				V		
3					V	
…				V		

資料來源：曾慧蓮老師提供

肆、量化的評量表

一、漢菊德園長的作法

「幼兒發展與學習評量表」是前臺北市立南海實驗幼兒園漢菊德園長所設計的，內容計有自我觀念、社會情緒及社會性發展等七個項目，於學期結束前了解幼兒整體的學習情形，如表 7-24 所示。

1. 自我觀念與自我認識：主要了解孩子的基本認知、重要他人關係、我的興趣、我的願望、我的優點、自我接納、我的認同、自我信心、鏡中的我，以及概念化的自我等。
2. 情意學習意願及主動性：主要了解幼兒是否對有興趣的事物會提出問題或是會主動專注投入活動等。
3. 感官與認知發展：主要了解幼兒是否能聽音找出發音器或是能說出顏色和形狀等。

表 7-24　**「幼兒發展與學習評量表」**

臺北市立南海實驗幼兒園____學年度幼兒發展評量　班級____幼兒姓名______

每階段評量請註明日期					
項目	1	說　明	初	中	末
自我觀念與自我認識	1-1	會介紹自己，說出姓名。			
	1-2	知道自己的性別。			
	1-3	知道自己的興趣、愛好。			
	1-4	在工作中表現出信心。			
	1-5	知道別人為什麼誇讚自己。			
	1-6	知道並接受自己身體的形象或特徵。			
	1-7	知道身體的感覺、心情。			

項目	2	說　明	初	中	末
情意學習意願及主動性	2-1	對有興趣的事物會提出問題。			
	2-2	會主動專注投入活動。			
	2-3	從事活動有始有終。			
	2-4	做事果斷不遲疑。			
	2-5	遇到挫折時不輕易放棄，有耐心。			
	2-6	對自己的要求高，喜歡挑戰困難。			
	2-7	工作與討論，放心大膽的嘗試或發表。			
	2-8	主動認錯，願意改正。			

項目	3	說　明	初	中	末
感官與認知發展	3-1	能僅靠觸摸說出物件的形狀一名稱。			
	3-2	聽音找出發音器。			
	3-3	能說出顏色：紅—黃—藍—綠—黑—紫—其他—。			

項目	3	說　明	初	中	末
感官與認知發展	3-4	能說出形狀：△— □—○—其他— 。			
	3-5	能做出分類的活動：色彩—形狀—大小—數量—物品功用—。			
	3-6	能了解事情的先後，如聽指示：先……再……。			
	3-7	能在觀察活動中比較異同，如植物的生長型態。			
	3-8	在節奏、認知或肢體活動中能正確反應快慢。			
	3-9	會數數到□10；□20；□30 以上。			
	3-10	會在 5 之內以加法計算。			

項目	4	說　明	初	中	末
社會情緒合作態度	4-1	主動和別人分享玩具、用品等。			
	4-2	和同伴一起完成工作。			
	4-3	主動、積極地幫助別人。			
	4-4	工作過程中願意等待輪流。			
	4-5	在合作工作中不炫耀自己。			
	4-6	能在眾人面前表達自己的想法和感覺。			
	4-7	工作或討論中接納不同的意見。			
	4-8	必要時會向別人求助。			
	4-9	主動遵守團體規則。			
	4-10	情緒平穩會控制情緒。			
	4-11	會體會出別人的感覺而表示同理或同情。			

表 7-24 **「幼兒發展與學習評量表」（續）**

項目	4	說　明	初	中	末
	4-12	對朋友寬容，原諒別人之錯。			
	4-13	廣泛的交朋友。			
	4-14	清楚知道班級作息並配合活動進行。			
	4-15	愛惜環境及物品。			

項目	5	說　明	初	中	末
語彙及溝通能力發展	5-1	說話清晰。			
	5-2	正確回答別人的話。			
	5-3	能複述一個故事、夢、新聞、兒歌等。			
	5-4	能看圖說故事。			
	5-5	語詞豐富。			
	5-6	語詞、語法使用正確。			
	5-7	能在自然情境中使用簡單母語與人對話。			
	5-8	能回答「為什麼？」會反問「為什麼？」。			

項目	6	說　明	初	中	末
大小動作發展	6-1	走平衡木或走線條等動作平穩。			
	6-2	能準確地向指定方向投沙包或球等。			
	6-3	能雙腳齊跳____。能單腳跳____。			
	6-4	跑步，運動動作協調。			
	6-5	和別人遊戲，協調配合好。			
	6-6	剪、撕、貼、畫，動作正確自如。			

項目	6	說　明	初	中	末
大小動作發展	6-7	能有效、正確的使用湯匙、叉子、筷子。			

項目	7	說　明	初	中	末
生活自理	7-1	自行刷牙—梳理—穿衣—扣鈕扣—繫鞋帶。			
	7-2	自行洗臉—大小便處理。			
	7-3	自行收拾、整理物品、用具，保持整齊。			
	7-4	衛生習慣良好，會保持清潔。			
	7-5	生活有條理，記住例行的及大人交代的事。			
	7-6	生活步調能配合別人。			
	7-7	工作與討論，放心大膽的嘗試或發表。			
	7-8	主動認錯，願意改正。			

期初評量說明	
期中評量說明	
期末評量說明	

註：評量符號：以幼兒是否達成發展之任務為原則。「☆」代表達到現階段發展；「○」代表正在學習中；「△」代表剛開始學習；「×」代表未評量。

4. 社會情緒合作態度：主要了解幼兒是否會主動與他人分享玩具、用品等。
5. 語彙及溝通能力發展：主要了解幼兒說話是否清晰或是能否正確回答別人的話等。
6. 大小動作發展：主要了解幼兒是否能平穩地走平衡木或走線等。
7. 生活自理：主要了解幼兒能否自行刷牙、梳理、穿衣等。

二、蘇愛秋老師的作法

「生活與學習情況評量表」是前政大附幼蘇愛秋園長所設計，目的是希望家長能藉由這份量表了解孩子在大小肌肉、語文、藝術、認知和社會化等能力的發展情形，以了解幼兒是屬於「入門」、「良好」和「精通」等三項的何種層次，參見表 7-25 及表 7-26。雖然此量表已不再使用，但仍有其參考價值，以下以大班的評量內容為例說明如下：

1. 大肌肉發展能力：包括能單腳站立平穩十五秒鐘以上、能用單腳跳十下以上、會爬竿到頂端等七小項。
2. 小肌肉發展能力：包括會剪直線、曲線，中間不斷、會自己穿脫衣服、會操作釘書機、打洞機，以及會操作縫工、編織等精細動作等七小項。
3. 閱讀與語文能力：包括能區別五種以上的聲音、認識自己及十個以上同伴的名字、能清楚地描述自己的生活經驗等八小項。
4. 藝術：(1)美勞：包括能大膽作畫，配色有創意、能運用黏土、空盒等作立體創作等七小項；(2)音樂戲劇：包括能安靜欣賞一首曲子、能跟隨音樂唱完整首曲子，並配合動作、生動活潑，以及跟隨音樂玩節奏樂器，有節奏感等六小項。
5. 認知發展（數量和解決問題的能力）：包括能認識時鐘上長短針的指示、能區辨時間和價值觀關係、從世界地圖中找出中華民國的地理位置。

表 7-25　「生活與學習情況評量表」（大班）

項目	評量內容	學習狀況		
		入門	良好	精通
大肌肉發展能力（大動作發展）	1. 能單腳站立平穩十五秒鐘以上。			
	2. 能用單腳跳十下以上。			
	3. 能在平衡台上向前走、後退走。			
	4. 會爬竿到頂端。			
	5. 會吊單桿靜止十五秒以上。			
	6. 能接住不同位置擲過來的球（如胸前、左右側等）。			
	7. 能做前滾翻連續兩個以上。			
小肌肉發展能力（精細動作發展）	1. 會利用筷子用餐、運用自如。			
	2. 能完成三十片以上的拼圖。			
	3. 會剪直線、曲線，中間不斷。			
	4. 會自己穿脫衣服。			
	5. 會操作釘書機、打洞機。			
	6. 會複製數字 0～9，方向正確。			
	7. 會操作縫工、編織等精細動作。			
閱讀與語文能力	1. 能區別五種以上的聲音。			
	2. 認識自己及十個以上同伴的名字（文字）。			
	3. 能清楚地描述自己的生活經驗。			
	4. 能用手指指認文字唸兒歌。			
	5. 能依成人的簡單描述猜出謎底。			
	6. 能將四張以上不相關圖片，聯想並敘述成一件故事。			
	7. 能分辨故事內容的因果關係。			
	8. 能複述故事大意並表演。			
	9. 能說出簡單文字所代表的意義。			
	10. 能用單字說成一句有意義的話。			
藝術（美勞）	1. 能大膽作畫，配色有創意。			
	2. 能運用黏土、空盒等作立體創作。			
	3. 會使用各種美勞材料及多種畫筆。			
	4. 會自製連環圖。			
	5. 能參與集體創作，想像力豐富。			
	6. 能參與沙池裝排，有創意。			
	7. 有鑑賞作品的能力。			

表 7-25　「生活與學習情況評量表」（大班）（續）

項目	評量內容	學習狀況		
		入門	良好	精通
藝術（音樂戲劇）	1. 能安靜欣賞一首曲子。			
	2. 能跟隨音樂唱完整首曲子，並配合動作、生動活潑。			
	3. 跟隨音樂玩節奏樂器，有節奏感。			
	4. 能聽音樂作各種表情，有創意、生動活潑。			
	5. 能更稱職地扮演家家酒中的角色。			
	6. 能主動參與故事表演，表情生動。			
認知發展（數量和解決問題的能力）	1. 能認識時鐘上長短針的指示。			
	2. 能區辨時間關係：(1)早上／中午／晚上；(2)昨天／今天／明天。			
	3. 能區辨價值關係：(1)好／壞；(2)喜／悲；(3)錯／對；(4)喜歡／不喜歡。			
	4. 能指認三原色及紫色、咖啡、橘、黑、白、灰。			
	5. 能區辨不同形狀○、□、長方形、半圓形、◇。			
	6. 從世界地圖中找出中華民國的地理位置。			
	7. 認識十五公分刻度，會測量長度、寬度。			
	8. 能指認並說出常見的交通標誌。			
	9. 能將物件分組，使每組有相等的數目。			
	10. 能將兩個集合的數目合併，算出總數。			
	11. 能了解 10 以內個數的實質意義。			
	12. 能依照簡單食譜的步驟與量，完成烹飪活動。			
社會化能力（情緒、人際關係、自助能力）	1. 對褒獎與批評具有敏感度，反應適度。			
	2. 對師長及朋友有禮貌，會自動說早、謝謝、對不起等用語。			
	3. 能專心傾聽同儕與成人說話。			
	4. 能輕鬆愉快的與成人交談。			
	5. 能尊重別人的所有權。			
	6. 能和同儕輪流與分享，和睦相處。			
	7. 能將用過的器材放回原處。			
	8. 遇有挫折會自動尋求解決辦法。			
	9. 能認真完成同伴或師長指定的任務。			
	10. 能主動參與工作及遊戲。			
	11. 能參與團體討論，並踴躍發言，態度大方。			
	12. 能對多種的活動持有相當的注意力（二十分鐘以上）。			
	13. 能自評並接受成人的評量建議而改進自己的行為。			

註：本表的引用已獲蘇愛秋老師的同意。

表 7-26　「生活與學習情況評量表」（中班）

項目	評量內容	學習狀況		
		入門	良好	精通
大肌肉發展能力（大動作發展）	1. 能單腳站立平穩十秒鐘以上。			
	2. 能在平衡台上向前走。			
	3. 立定將球擲出五公尺遠以上。			
	4. 能接住三步外丟過來的球。			
	5. 雙手吊單桿維持十秒以上。			
	6. 能拍皮球三下以上。			
	7. 能做前滾翻且動作靈活。			
小肌肉發展能力（精細動作發展）	1. 會壓、揉、搓、捏黏土。			
	2. 能完成二十片以上的拼圖。			
	3. 會用剪刀剪直線。			
	4. 會沿著兩條曲線的空間內畫線。			
	5. 會仿畫圓形、正方形及菱形。			
	6. 能扣鈕扣、拉拉鏈。			
	7. 會用小鑷子夾小豆子。			
語文（區辨與表達能力）	1. 能區辨兩位以上同伴說話的聲音。			
	2. 除認識自己名字以外，還認識五位以上同學名字（文字部分）。			
	3. 能說出自己的生日月份。			
	4. 提供因果關係會使用「因為」、「所以」。			
	5. 能按照三個以上指示完成任務。			
	6. 能依照物件的特性描述其特徵。			
	7. 能流暢地唸唱童謠。			
	8. 能用語言來要求他所想要的東西。			
藝術（美勞）	1. 能耐心一次完成一項作品。			
	2. 能說明圖畫中的意思。			
	3. 能與同伴合作畫畫或共同做立體造型。			
	4. 能用紙摺出三種以上的造型。			
	5. 能用黏土創造出具體的造型。			
	6. 能大膽配色、使用各種塗色。			
	7. 能勇於嘗試各種不同材料從事美術活動。			

表 7-26　「生活與學習情況評量表」（中班）（續）

項目	評量內容	學習狀況		
		入門	良好	精通
藝術（音樂戲劇）	1. 能區別三種以上不同的聲音。			
	2. 能安靜欣賞一首曲子。			
	3. 能跟隨節奏的快慢拍手。			
	4. 能分辨音域的高、低、輕、重。			
	5. 能參與韻律活動、動作活潑。			
	6. 能獨唱三首歌謠以上、拍子掌握準確。			
	7. 能模仿故事中動物的動作特徵。			
	8. 能玩扮家家酒的各種角色。			
認知發展（數量和解決問題的能力）	1. 能區辨不同形狀：○、□、△。			
	2. 能區辨不同尺寸物件：大、小、長、短。			
	3. 能依物件的重量、高度、分類、輕重高矮。			
	4. 能指出三原色「紅、藍、黃」。			
	5. 能了解部分與整個的關係。			
	6. 能指認空間關係：遠／近、內／外、前／後、左／右。			
	7. 有相反推論的概念（如：黑—白、粗—細、寬—窄等）。			
	8. 能計算五件以上的實物。			
	9. 能演示一對一的概念。			
	10. 能指認 1 元、5 元、10 元硬幣面額。			
	11. 能說出 5 以內數量的關係。			
社會化能力（情緒、人際關係、自助能力）	1. 能專心傾聽同儕或成人說話。			
	2. 能對他人表示同情的舉動。			
	3. 能與同儕友善接觸。			
	4. 能與同伴輪流和分享。			
	5. 能將使用後的玩具歸回原位。			
	6. 能照顧自己的所屬物件。			
	7. 能自己穿脫衣服、鞋、襪。			
	8. 能尊重別人的所有權。			
	9. 能從事同一活動 10～15 分鐘。			
	10. 能完成大部分的自發性活動計畫。			
	11. 能參與同伴的合作遊戲。			
	12. 能接受建議，改進自己的行為。			

註：本表的引用已獲蘇愛秋老師的同意。

6. 社會化能力（情緒、人際關係、自助能力）：包括對褒獎與批評具有敏感度，反應適度、對師長及朋友有禮貌，會自動說早、謝謝、對不起等用語，以及能專心傾聽同儕與成人說話等十三小項。

三、余芸湘修女的作法

余芸湘修女在蒙氏幼兒園服務期間，教學上藉著蒙特梭利豐富多元的教育素材，讓幼兒自由選擇自主學習，培養獨立自信的人格。依蒙氏教具發展評量表，再依實際彈性修改量表，以協助教保服務人員檢核教學，並了解幼兒的學習是否達其目標。其編製的蒙氏量表有五項，部分資料如表 7-27 所示，詳細資料請參見本書附錄十。

1. 日常生活教育：包括(1)坐下、站起；(2)搬運；(3)開關；(3)各種不同的鎖；(4)捲、鋪地毯；(5)拼、拆方塊地毯；(6)摺紙；(7)摺布；(8)清理灑溢物；(9)掃碎屑；(10)轉開、蓋合瓶子等項目。
2. 感官、音樂教具：包括(1)帶插座圓柱體；(2)粉紅塔；(3)棕色梯；(4)長棒；(5)色板；(6)平面幾何嵌圖櫥；(7)建構三角形；(8)彩色圓柱體等項目。
3. 數概念：包括(1)10 以內的認識；(2)1,000 以內的認識；(3)換算遊戲；(4)加法；(5)銀行遊戲；(6)減法；(7)乘法；(8)除法；(9)分數等項目。
4. 語文教育：包括(1)豐富詞彙活動；(2)口語表達能力；(3)聲音遊戲；(4)注音符號；(5)金屬嵌圖板；(6)注音符號砂紙；(7)大拼音盒等項目。
5. 科學文化教育：包括(1)歷史；(2)時間；(3)地理；(4)地球儀；(5)地形；(6)地理拼圖；(7)各洲圖片；(8)國家名稱；(9)地圖製作等項目。

表 7-27　蒙特梭利教育操作評量表

一、日常生活教育

項目	已提示	熟練	延伸創意
坐下、站起			
搬運			
1.椅子			
2.桌子			
3.物品			
4.托盤			
5.水果籃			
6.咖啡杯			
7.一個玻璃杯			
8.兩個玻璃杯			
9.四個玻璃杯			
10.持有花的瓶子			
11.持地毯行走			
12.持水桶行走			
13.持盆景行走			
開關			
1.抽屜			
2.盒子			
3.門			
4.窗			
各種不同的鎖			
捲、鋪地毯			
拼、拆方塊地毯			
摺紙			
摺布			
清理灑溢物			
1.豆、穀類			
2.沙			
3.水			
掃碎屑			
掃地			
轉開、蓋合瓶子			
轉螺絲			
用螺絲起子			

項目	已提示	熟練	延伸創意
倒			
1.基本練習			
2.豆、穀類			
3.沙			
4.互倒水			
5.倒入數個杯子			
海棉擠水			
擦灰			
刷地毯			
擦亮銅器			
洗桌子			
洗抹布、方巾			
給花換水			
基本剪工			
剪曲線			
剪圖形			
剪圖案			
基本貼工			
貼多種圖形			
創意貼工			
摺紙			
摺布			
摺一種紙工			
摺多種紙工			
點熄蠟燭			
準備餐桌			
服務餐桌			
收拾餐桌			
照顧植物			
穿圍兜			
洗手			
切水果			
切蔬菜			
削蔬果			

《幼兒成長檔案》的電子化

第八章

由於科技的進步，老師如何將一本厚厚的《幼兒成長檔案》電子化，讓家長能有系統地看見孩子在幼兒園的發展與學習，並能永久保存這份檔案，是本章之主要目的。本章的《幼兒成長檔案》包括「幼兒發展檔案」和「幼兒學習檔案」兩個部分，可以同時看見孩子的發展和學習的資料。本章有四節：第一節說明《幼兒成長檔案》的意義與價值；第二節說明《幼兒成長檔案》的內容；第三節說明《幼兒成長檔案》行事曆的擬定；第四節說明《幼兒成長檔案》電子化，並介紹三所幼兒園老師製作的電子檔。本書亦提供 6 份幼兒園的檔案，讀者可看到整本《幼兒成長檔案》的彩色電子檔，請參見本書附錄十一至十六。

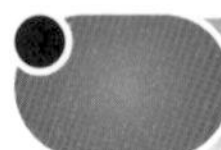

第一節　《幼兒成長檔案》的意義與價值

壹、建置《幼兒成長檔案》的意義

「我的孩子整天都在幼兒園玩，他們到底都在學什麼？」

「老師怎麼都沒教孩子學ㄅㄆㄇ、ABC 或是寫字……？」

家長常有疑惑，孩子到底在幼兒園學些什麼？老師如何讓家長能清楚孩子在幼兒園的發展和學習狀況？目前的作法除了透過親師雙方口頭和書面的溝通之外，有些老師會將幼兒的活動照片或影片放在幼兒園的官網、Facebook 或 Line 群組上，讓家長可以隨時點入，看看孩子在幼兒園的學習狀況。但這些訊息非常多元，家長是無法有系統地知道孩子在「身體動作與健康」、「認知」、「語文」、「社會」、「情緒」和「美感」等領域的發展和學習的變化歷程。因此，建構一份有計畫、有系統的《幼兒成長檔案》，是老師可以向家長說明幼兒在幼兒園發展和學習的重要媒介物。

一本有計畫和有系統的《幼兒成長檔案》，是能夠深入敘說孩子在幼兒園的生命故事。它是師生之間在一段時間內，有計畫和有系統地共同蒐集、挑選出孩子個人和團體的作品，並由老師深入的分析和詮釋幼兒的作品。在**個人作品**上，例如：由圖 8-1 可知，在**楷謙**（4 歲）的一系列畫作中，可以看出他平常對於「車子」的觀察、熱愛和獨特興趣。至於在圖 8-2 中，可以看見**智傑**（6 歲）在「獅子與小男孩的冒險記」這本自製繪本中的創造力和邏輯能力，該繪本共有 28 頁，本文僅截取前 12 頁。從兩位幼兒的個人作品中，可以看見孩子的興趣和創造潛能。

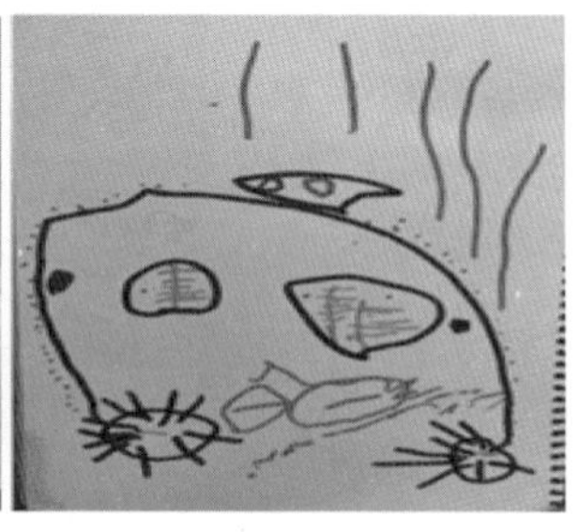

圖 8-1　楷謙的車子系列作品

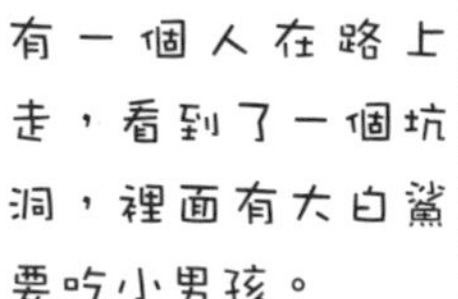 有一個人在路上走，看到了一個坑洞，裡面有大白鯊要吃小男孩。	獅子跳過去，救起了小男孩，小男孩就「ㄨ　……」一聲。	大獅子載著小男孩去一個地方，有一個大巨人擋住他們的路。	大巨人說：「來唷！」小男孩說「嘻嘻！」他在想：「我有一個大恐龍寵物，可以追大巨人，大巨人就會跑走了。」

圖 8-2　智傑自畫「獅子與小男孩的冒險記」繪本

小男孩就叫恐龍出來，恐龍就跟大巨人打仗，但是大巨人不怕恐龍，恐龍很怕大巨人。然後獅子就跳到大巨人手上。	接下來恐龍去打大巨人，牠噴火，把大巨人的臉燒黑。後來恐龍有臭味，小男孩就被燻得頭昏眼花。	後來大巨人發火了，就把恐龍搬起來，恐龍就「哇哇叫」，獅子跳下來找小男孩。	大巨人把恐龍丟到山裡去，獅子和小男孩就偷溜走，突然有一隻眼鏡蛇跑出來想吃大巨人，但是大巨人太大了，牠就不想吃了，結果就吃了兩個蛋。
	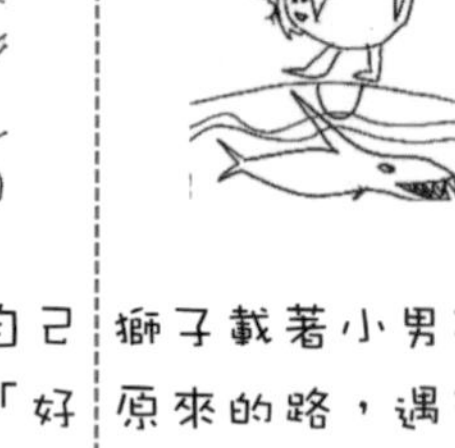		
後來大巨人聞自己的臭腳丫說：「好臭哦！」這時候，獅子和小男孩已經跑走了。	獅子載著小男孩回原來的路，遇到了兩隻蛇。小男孩拿劍刺牠們，他們不知道原本的鯊魚還在等著吃他們。	鯊魚從坑洞中衝出來，蛇、獅子和小男孩都被吃掉了。	鯊魚吞了他們，小男孩跟獅子講：現在要怎麼出去呢？

圖 8-2　智傑自畫「獅子與小男孩的冒險記」繪本（續）

除了個人作品外，也可以看見孩子與其他幼兒合作的團體作品。圖 8-3 是大班**睿豪**、**友樹**、**采潔**三位幼兒共同合作建構出的作品，他們使用鴨舌板及幾根粗細長短不同的木棍，共同合作搭建的「達文西拱橋」。橋的建構是獨自一人較難以達成的工作，必須是數人合作，從拱橋可以看見三位幼兒的思考和操作能力。圖 8-4 的「懷恩堂」畫作是**宇睿**、**鈺宸**、**詠文**、**唯凱**、**昱安**、**梓倫**六位幼兒共同創作出的童詩，另一張清真寺的童詩，也是其他幼兒們的共同創作，由此可以看見孩子的語文表達和美感能力的展現。

圖 8-3　三位幼兒共同合作搭建的達文西拱橋

圖 8-4　幼兒們共同創作的童詩

貳、建置《幼兒成長檔案》的價值

一本有計畫和有系統的《幼兒成長檔案》，對於幼兒、老師、家長和幼兒園等四方面都有其重要的價值，原因如下。

一、幼兒方面

檔案中有孩子自己挑選的作品，能有機會聽其敘說出挑選某一張作品時的心中想法與當時的脈絡，例如：右圖是大班**瑋彤**挑選的畫作「放煙火」，他說：「我最喜歡的作品是放煙火，因為煙火很漂亮而且是圓圓的煙火，是和阿嬤一起看到的，在晚上的時候。」從幼兒敘說中，孩子想要選擇這張作品的最重要原因是和阿嬤一起做的事，是與他的生命經驗有關，是有溫度的。或許等他長大，再回顧他所挑選出的作品，可能感受會特別深刻。

右圖是大班**友樹**挑選的畫作，他說：「我最喜歡這一張有房子的畫，這間房子很大，而且房子裡面有媽媽，上面還有飛機跟直升機可以載我！直升機上面一片一片的會轉很快，還有梯子可以讓我爬到直升機上面飛！」，從幼兒的敘說中，可以看出孩子的想像力。從瑋彤和友樹挑選的作品中，都有他們自我的生命意義，我們應尊重幼兒有自我選擇作品的能力和權力，老師應提供這樣的機會，因為孩子是有自主能力，並能敘說其作品的內容脈絡。

二、老師方面

（一）反思和調整自我的教學

檔案內容提供老師了解班上每位幼兒的發展和學習現況，讓老師能評估和反思自己的教學，以做為檢討或調整課程規劃的依據，使教學能夠更貼近幼兒真正的發展和需求，例如：在第七章的【吹泡泡】方案中，老師依據幼兒畫出工具的圖像表徵中，發現孩子都使用同一種工具吹泡泡，吹出的泡泡無太多變化，因此老師調整自己的教學，在學習區中提供不同的吹泡泡工具，並再觀察孩子的探索與學習。

（二）與家長溝通的重要媒介

老師可利用「家長日」、「學校日」、課後留園時間或是其他親師方便的時間，有計畫地**藉由檔案向家長說明孩子在幼兒園的發展與學習狀況**（如右圖所示），以達到雙向溝通的目的，讓他們能更清楚檔案資料，這樣的作法遠比在學期末或是學年末單方面將檔案交給家長的單向溝通更有其意義和價值。

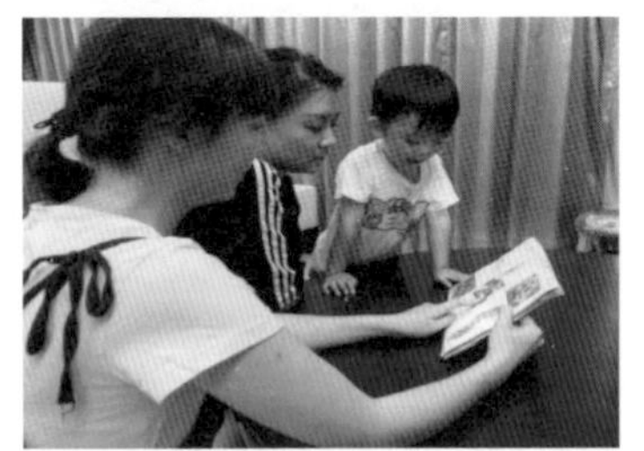

三、家長方面

家長通常在期末或學年末，才會收到孩子帶回一本厚厚的學習檔案，檔案內是放置孩子在學期間的各種學習單、幼兒園週報、親子共讀單，或是孩子的照片，只是一大堆資料的彙集，家長無法從中看見孩子的發展與學習歷程。該學習檔案可能美其名只有「檔案」，卻未見「評量」。但是，一本有計畫和有系統的檔案，可以提供家長能清楚具體地看見幼兒在「身體動作與健康」、「認知」、「語文」、「社會」、「情緒」和「美感」等領域的發展和學習的變化歷程。因此，提供有計畫、有系統的檔案內容，並且是由師生間共同討論和挑選出的作品，以電子化整理成的檔案，不僅有美感，家長也容易保存，如圖 8-5 所示，這是每本電子化檔案的封面設計示例。

圖 8-5　《幼兒成長檔案》的「封面」設計示例

四、幼兒園方面

幼兒園可依據老師製作的《幼兒成長檔案》，了解老師的教學與評量品質，並依據檔案內容，適時提供老師們專業成長的機會，以建立幼兒園整體的教學與評量之專業形象。

第二節 《幼兒成長檔案》的內容

一本《幼兒成長檔案》的內容可包括下列項目：(1)目錄；(2)給爸媽的話；(3)關於我／幼兒的基本資料；(4)幼兒發展歷程紀錄；(5)幼兒學習歷程紀錄；(6)親子共讀單；(7)幼兒自我挑選的作品。下列就上述資料做內容說明外，並輔以各種電子化版面做為參考。

壹、目錄

為了能讓家長和老師清楚了解《幼兒成長檔案》的內容，目錄的呈現是有其必要性。圖 8-6 是老師製作的各類型目錄：8-6A 的目錄包括我的秘密小檔案、起始評量、畫中有話、學習區挑戰紀錄、方案歷程表現、總結性評量；圖 8-6B 的目錄包括基本資料、學習紀錄、我的作品。老師的想法互異，呈現的目錄電子版面也具變化，更具美感。

貳、給爸媽的話

為了讓家長拿到《幼兒成長檔案》後，能清楚了解這本檔案的內容，老師會寫出「給爸媽的話」。在圖 8-7 中，太陽班老師告訴家長說，這份成長檔案記錄著孩子一學期的發展與學習，包括兩個部分：一是【我的成長紀錄】，可以了解孩子在身體動作、認知、語言等方面的發展；另一部分是【我的學習檔案】，可以看見孩子在主題活動、班級互動中的學習歷程。內容非常豐富多元，並告知家長應多給孩子學習機會，孩子就會擁有更多的成長空間及更棒的表現。

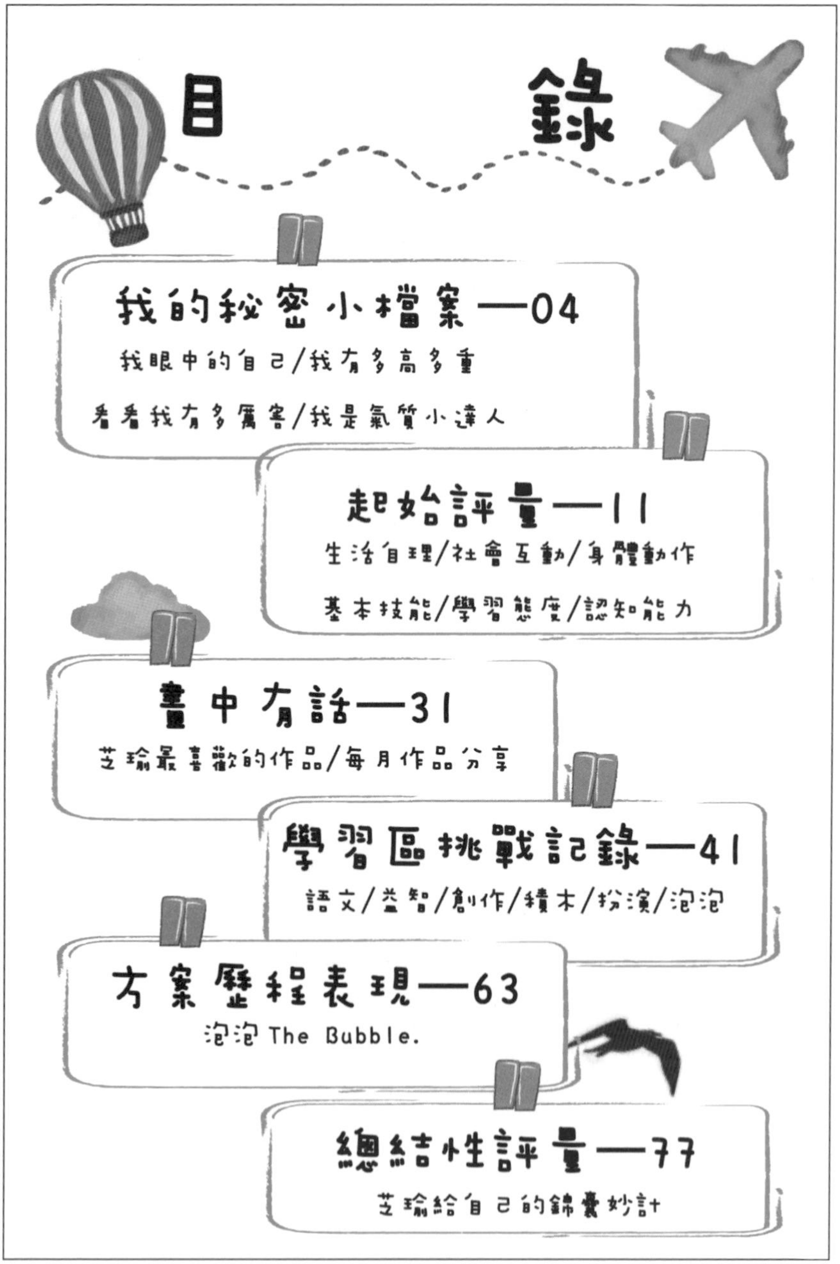

目錄

圖 8-6A 各類型編排的「目錄」版面

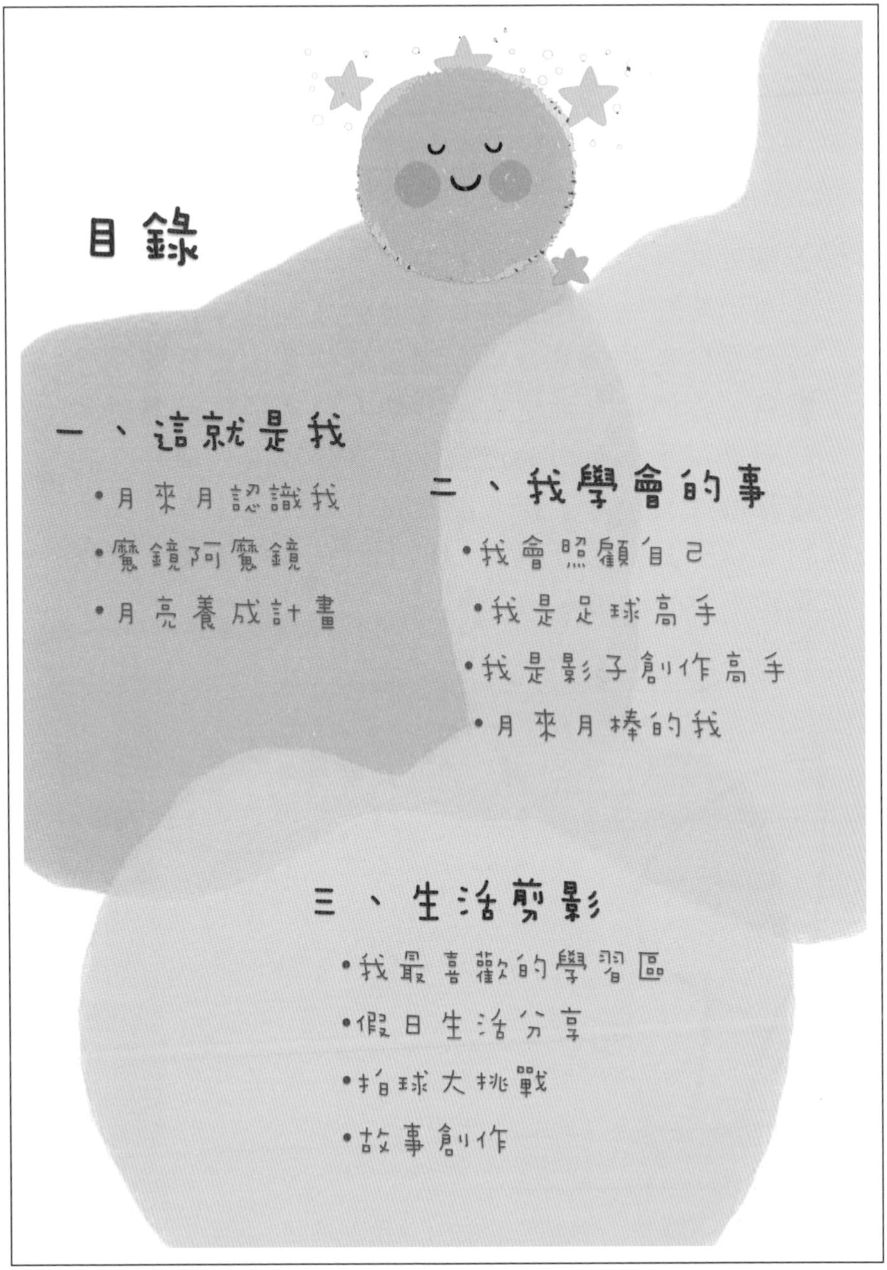

目錄

一、這就是我
- 月來月認識我
- 魔鏡阿魔鏡
- 月亮養成計畫

二、我學會的事
- 我會照顧自己
- 我是足球高手
- 我是影子創作高手
- 月來月棒的我

三、生活剪影
- 我最喜歡的學習區
- 假日生活分享
- 拍球大挑戰
- 故事創作

圖 8-6B 各類型編排的「目錄」版面

太陽班老師說

太陽班的爸爸媽媽們您們好～

當你們看到這本檔案時，寶貝們又經過了一個學期的學習與成長，累積十分豐富的繪畫、創作及學習歷程，我們從中挑選出最具個人特色的作品與照片，記錄著孩子多面向的成長，主要分成兩大部分：在【我的成長紀錄】裡，著重孩子的發展；在【我的學習檔案】中，可以看見孩子們在主題活動、班級互動中學習的過程與評量。

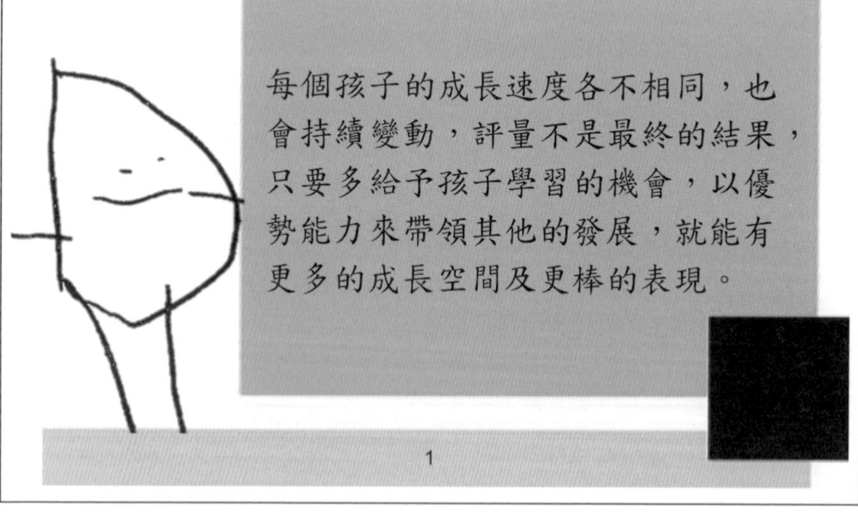

圖 8-7　各類型編排的「給爸媽的話」版面

參、關於我／幼兒的基本資料

檔案中的「關於我」，其實是幼兒個人的基本資料。老師可以在開學初時，讓孩子進行自我介紹，例如：讓孩子說說「我的家人」、「我最喜歡吃的東西」、「我最喜歡的顏色」、「我最喜歡吃的水果」、「我最喜歡的顏色」、「我最喜歡玩的玩具」、「我最愛看的卡通」、「我最棒的地方」、「我最害怕的事」等，以了解孩子平常喜歡和不喜歡的事情。

從圖 8-8A 可知，**邱禹福**：「最喜歡的食物是肉鬆、豆棗、白飯、粥。最喜歡的動物是全部的動物都喜歡。最喜歡的顏色是外面是黑色裡面是綠色的。最喜歡的老師是余淑媛、方芯琦老師。」圖 8-8B 是**曾誠勛**認為他個人：「沒有特別喜歡的顏色、喜歡吃冰淇淋、會自己綁鞋帶和穿褲子。好朋友們有 1 號黃宸軒，因為他會跟我一起玩積木；2 號盧宥瀚，因為我們是好朋友，會一起玩怪盜的遊戲；13 號林根興，因為他會幫忙我組裝。」他覺得他在大家眼中的樣子是：活潑愛玩、很有想法、體育能力很強、值得託付、參與力很高、與同儕相處融洽，以及具領導力。

我是誰？我阿福！

期初　　　　　　　　　　期末

我的名字：邱禹福

我的生日：103年12月27日

我喜歡的食物：肉鬆、豆棗、白飯、粥

我喜歡的動物：全部的動物都喜歡

我喜歡的顏色：外面是黑色裡面是綠色的

我的老師：余淑媛、方芯琦老師

2

圖 8-8A　各類型編排的「關於我」版面

圖 8-8B　各類型編排的「關於我」版面

肆、幼兒發展歷程紀錄

幼兒的發展是持續性的，相隔一段時間後，比較能看見孩子在身體動作、認知能力、語文能力等的變化。因此，老師必須要有計畫的蒐集資料，並在期初、期末和學年末各蒐集一次，或是在期初和學年末蒐集孩子的發展資料。詳細資料請見本書第一章。

（一）身體動作發展

1.身高、體重和 BMI 值

幼兒園每學期至少要幫幼兒量一次身高和體重，依這兩項資料算出 BMI 值，以了解幼兒是「過重」、「過輕」或「適中」。但目前有些幼兒園的作法只是記錄兩學期的身高和體重資料，並沒有與同年齡、同性別的孩子做比較，無法實際了解孩子的發展。建議老師可下載全國的常模圖，並將孩子的身高、體重標示在上面，讓家長可以清楚了解孩子與全國其他同年齡幼兒的比較，例如：圖 8-9 的「我的成長紀錄」中，呈現孩子學期初、學期末和學年末三次的身高 105.4、106.8、110.2 公分（三次的體重為 17.5、18.9、19.2 公斤），從三次數字可以看出孩子有長高和變重，但與常模中的其他孩子相比，其百分比偏低，家長應協助其多運動，以利身高和體重的成長。

2.體適能

依「教育部體育署體適能網站」的定義，體適能是身體適應生活與環境的綜合能力。體適能較好的人在日常生活中從事運動時，都有較佳的活力及適應力。「臺北市幼兒體適能網站」可評估幼兒的柔軟度、平衡性、肌耐力和爆發力，但目前只有大班幼兒的常模，因此若是大班的資料，即可與全國同年齡幼兒相比較。由圖 8-10 可知，幼兒上下學期在坐姿體前彎、閉眼單足立、仰臥起坐、立定跳遠的變化。

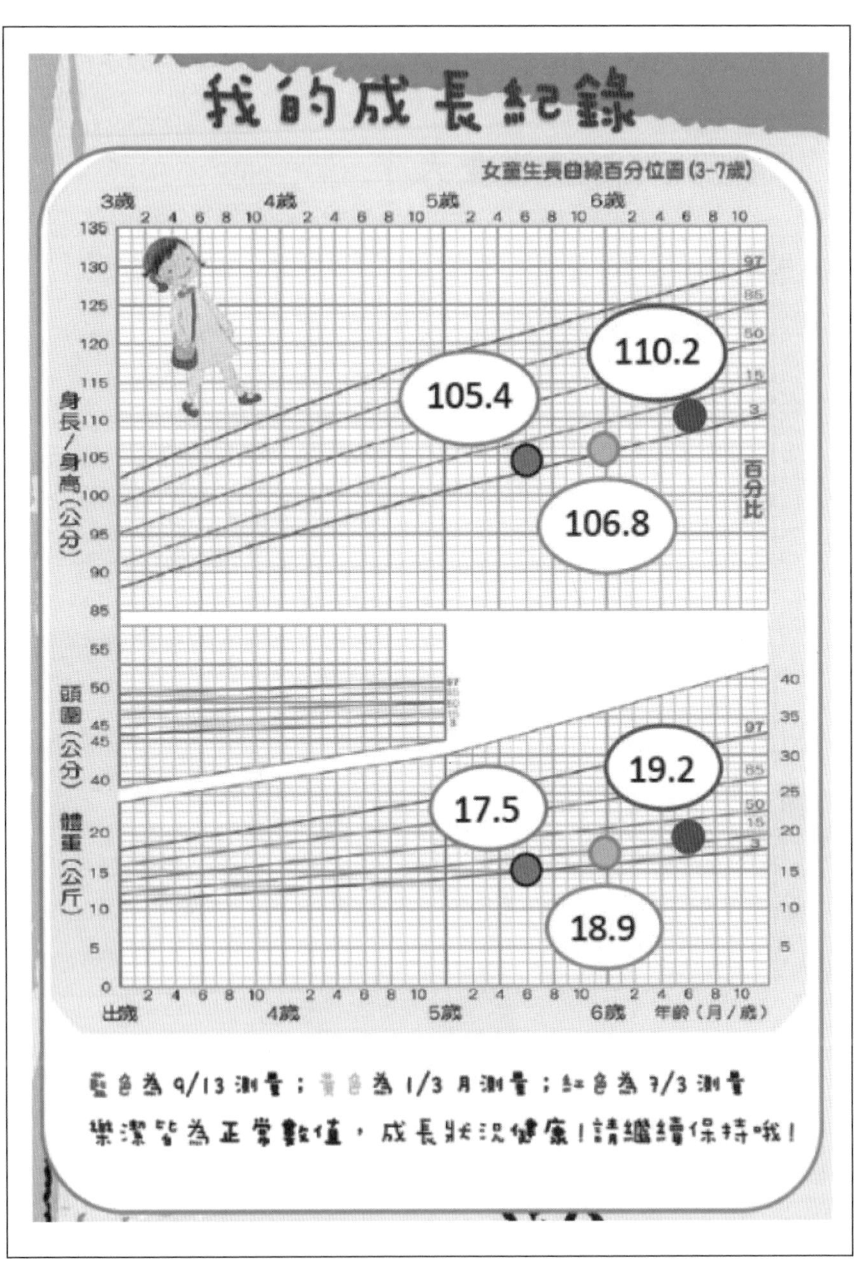

圖 8-9 與同年齡常模比較的身高和體重曲線圖

我長大了

禹福各項體適能測驗：

閉眼單足立(秒)	立定跳遠(公分)
4"10	80
坐姿體前彎(公分)	吊單槓(秒)
38	28"13

中班幼兒各項體適能測驗平均值：

閉眼單足立(秒)	立定跳遠(公分)
4"28	85.82
坐姿體前彎(公分)	吊單槓(秒)
34	45"96

這是身高體重常模，提供給爸爸媽媽參考～

6

圖 8-10　各類型編排的「體適能」版面

（二）認知能力發展

從孩子畫自己的圖像中，就能清楚了解幼兒認知能力的發展，例如：孩子已是大班，他的圖畫應呈現樣式前期的「自畫像」。一般老師會讓孩子在期初和期末／學年末，各畫一張「自畫像」，例如：圖 8-11 是**宇軒**在期初和期末的二張自畫像，由此可以看見幼兒的成長。

圖 8-11　宇軒的「畫自己」

（三）語文能力發展

有關幼兒語文能力的發展，老師可從幼兒每天的「日記畫」、「心情畫」或是「假日生活分享畫」中，聽聽他如何敘說他的畫，例如：從期初與期末的「畫與話」，不僅可以了解幼兒的生活經驗外，並可知其語言能力的發展。從圖 8-12 的「假日分享作品」中，**宇軒**說：「我跟爸爸、弟弟、媽媽一起去海邊，我們玩水，還有玩沙，爸爸在蓋沙堡，可是那些沙子太溼了，就黏在水桶上，我跟弟弟一起用水槍把水吸起來，我用水槍噴爸爸的腳，因為爸爸穿短褲，所以沒被噴濕，我覺得很好玩。」至於圖 8-12 的「我的作品集」中，**堂琳**說：「我跟我爸爸媽媽一起去八里騎腳踏車，我是喜歡騎腳踏車，而且我也喜歡跟我妹妹一起騎腳踏車。」她描述與爸媽去八里騎腳踏車，並敘說騎腳踏車是他最喜歡的事，但細節上，**宇軒**的描述較**堂琳**多。

圖 8-12　各類型編排的「假日生活分享」

（四）幼兒氣質

在一班 30 位孩子當中，有的孩子精力旺盛，有的孩子外向大方，有的孩子春風滿面，有的孩子臉臭臭的，有的孩子會主動打招呼，但有的孩子看起來非常害羞內向。這是孩子天生的個性，而不是故意坐不住、臉臭臭或是害羞內向，因此教師可以評估孩子的氣質。幼兒的氣質評量結果折線圖，如圖 8-13 所示。本書另提供「幼兒氣質教養小偏方」，完整版請見本書附錄三。

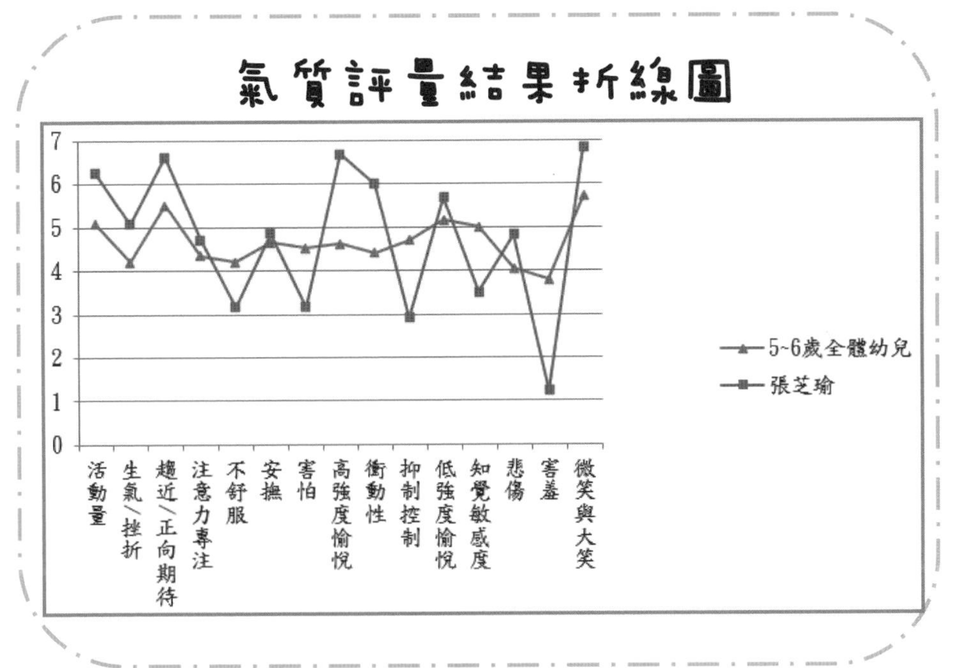

圖 8-13　氣質評量結果折線圖

伍、幼兒學習歷程紀錄

幼兒學習評量，包括：起始評量、形成性評量和總結性評量。在開學之初，老師可從幼兒每天的例行性活動和學習區素材的使用，進行觀察和評估。一個月後，約 10 月初，可了解幼兒的起始能力，並依此規劃課程。在課程進行中，老師可有計畫性地蒐集幼兒的學習歷程資料，進行形成性評量。最後，在學期末和學年末，也就是隔年的 1 月和 6 月底，則進行總結性評量。詳細資料請參見本書第一章和第七章。

（一）起始評量

在開學之初，老師可從幼兒每天的例行性活動和學習區進行起始能力的觀察和評量，例如：開學第一天，即可評估幼兒與父母的分離焦慮情緒，及其調節自我情緒的能力；進教室前脫鞋、進教室後穿脫衣服、放置書包至工作櫃整理，以及活動後的玩具收拾等；午餐時間的餐具使用、餐後的刷牙和洗碗、使用抹布擦拭桌子、午睡起來後的棉被整理和如廁等相關問題。

從圖8-14的「生活高手」中可以知道，**宇軒**能完成：「個人自我東西的擺放與整理，手帕夾的使用……也都知道進教室的第一件事情是要放水壺與整理背包的東西，在學校有三次的用餐時間，碗的擺放、如何拿碗、有禮貌的說聲謝謝、用餐後的洗碗、刷牙、收拾碗，甚至洗抹布和擦桌子全都自己來……。」在這份資料中，老師已評估幼兒的生活自理能力。

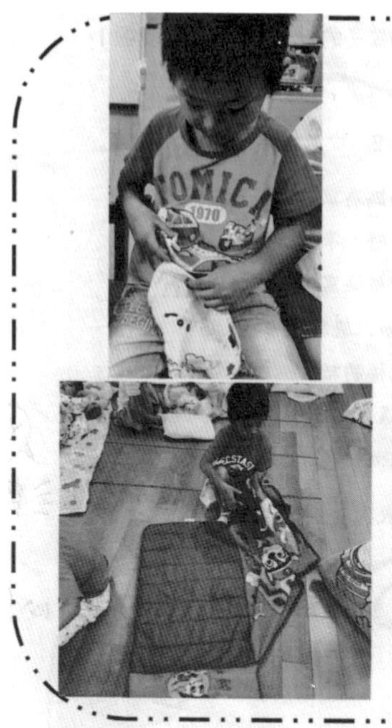

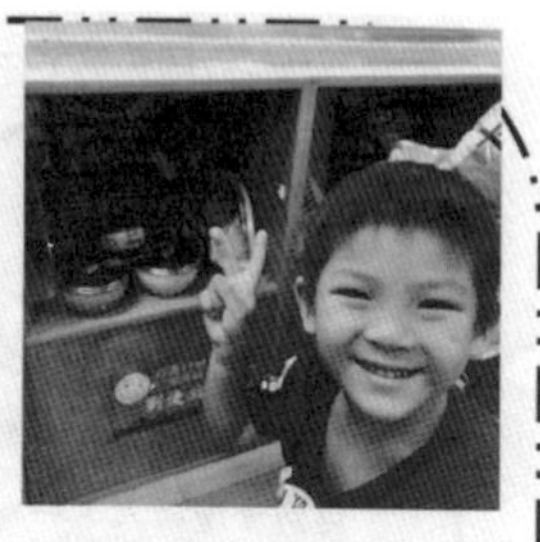

生活高手：我可以自己完成

宇軒進入團體生活，將近三週囉!在班上老師會鼓勵孩子多喝水、提醒孩子洗手以及洗手的正確方式，希望孩子有良好的健康習慣，能進行個人生活自理及環境照顧。

開學的第一個月，老師透過引導與實際操作的方式，從進教室開始都是學習，放鞋子時的開關鞋櫃，進教室後的工作櫃整理與歸位，宇軒能自己完成個人物品的擺放與整理，手帕夾的使用，每天來上學時，也都知道進教室的第一件事情是要放水壺與整理背包的東西，在學校有三次的用餐時間，碗的擺放，如何拿碗，有禮貌的說謝謝，用餐後的洗碗、刷牙，收拾碗。甚至，洗抹布和擦桌子，全都自己來，年紀雖小，自己的東西自己整理，不假手於他人，這是培養幼兒的自理能力。

請幫宇軒掌聲鼓勵與熱情的擁抱，你長大了！真棒！

圖 8-14　宇軒生活自理的起始評量

圖 8-15A 和圖 8-15B 則是老師同時採用評量表和照片說明**芝瑜**的起始評量，除了從評量表的勾選了解**芝瑜**的能力，並輔以照片詮釋之。在圖 8-15A 的評量表中，基本技能的學習目標有 8 項，例如：「正確使用剪刀剪直線。」測驗日期有 2 次，分別在 9 月和 12 月，其評量結果以 1（完全協助）、2（經常協助）、3（偶爾協助）、4（獨力完成）呈現之。在備註欄中也將基本技能的評量結果做一摘述：「能夠正確使用剪刀剪直線、方形及圓形。基本幾何圖形經練習後已有進步。」圖 8-15B 則以照片輔助說明，例如：**芝瑜**在 9 月使用剪刀是「能在座位上，以紙轉剪刀不轉的方式，安全使用剪刀剪出大概形狀」，到了 12 月時，則「能正確使用剪刀剪下完整形狀（方形、三角形、圓形）後，拼貼組合成作品」。

基本能力評量—基本技能

學習目標		測驗日期	評量結果				備註
			1 完全協助	2 經常協助	3 偶爾協助	4 獨力完成	
基本技能	1 能認出自己的名字	108/09/11				V	能夠正確使用剪刀剪直線、方形及圓形。基本幾何圖形經練習後已有進步。
		108/12/20				V	
	2 正確使用剪刀剪直線	108/09/11			V		
		108/12/20				V	
	3 正確使用剪刀剪方形	108/09/11			V		
		108/12/20				V	
	4 正確使用剪刀剪圓形	108/09/11			V		
		108/12/20				V	
	5 能將紙正確對摺壓平	108/09/11			V		
		108/12/20				V	
	6 能畫出基本幾何圖形	108/09/11		V			
		108/12/20			V		
	7 能組合、拆解積木	108/09/11			V		
		108/12/20			V		
	8 握筆姿勢正確	108/09/11		V			
		108/12/20			V		

圖 8-15A　芝瑜基本能力的起始評量

基本能力評量－基本技能

第一次基本能力評量（108年9月）

能在座位上，以紙轉剪刀不轉的方式，安全使用剪刀剪出大概形狀

第二次基本能力評量（108年12月）

能正確使用剪刀剪下完整形狀（方形、三角形、圓形）後，拼貼組合成作品

第一次基本能力評量（108年9月）

在示範下，能慢慢將將色紙角對角、邊對邊的對摺壓平

第二次基本能力評量（108年12月）

能看著摺紙書，依照步驟，摺出作品（蝴蝶）

圖 8-15B　芝瑜基本能力的起始評量

（二）形成性評量

形成性評量是在方案／主題開始進行一段時間後，了解孩子的學習是否因課程進行而有進步的狀況。圖 8-16 呈現的是**昕芮**在【小天鵝美食家】方案的形成性評量，圖中呈現出：「**昕芮**能說出製作泡芙中的程序，例如：把蛋恢復室溫、蛋白蛋黃分開、放奶油，而關於要用刮刀、攪到奶油看不見等更細緻的步驟，則在引導後能說出。……」由此可知幼兒的認知和社會能力的展現。圖 8-17 則是**芝瑜**在【吹泡泡】主題中，從平面的吹泡泡工具，到立體形狀的展開與組合，孩子不斷嘗試的歷程。在過程中，她發現「金字塔型和正方體型，每一面都沾過泡泡水之後，竟然可以在中間形成一個不是圓形的泡泡呢」，而在實驗過程當中，她說：「我看到有一本泡泡書裡面，可以用金字塔形狀做泡泡耶」、「像小房間一樣的四方體也成功做出四方形泡泡耶」。如此的呈現，讓家長可以透過課程脈絡，非常清楚的知道孩子在方案中之學習歷程。

（三）總結性評量

總結性評量主要在確認幼兒在歷經一段長時間學習後的狀況，即多次形成性評量歸納的資料。目前，幼兒園大多以覺知辨識、表達溝通、關懷合作、推理賞析、想像創造、自主管理等六大核心素養進行總結性評量。圖 8-18A 和圖 8-18B 可以看出**昕芮**在「關懷合作」和「想像創作」這兩項的核心素養能力。

認知、社會

1. 參與討論解決製作泡芙時遇到問題的可能方法並與他人合作實際執行。
2. 在介紹步驟時，能清楚活動程序；製作泡芙時，能考量自己與他人的能力和興趣，和他人分工合作。

昕芮能說出製作泡芙中的程序，例如：「把蛋恢復室溫」、「蛋白蛋黃分開」、「放奶油」，而關於「要用刮刀，攪到奶油看不見」更細緻的步驟，則在引導後能說出。製作的過程中，昕芮能按照步驟主動與他人共同製作泡芙，並相互幫忙；小組遇到問題時，能試想可能方法並執行。

語文

敘述品嘗食物的經驗時，表達其觀點或感受。

昕芮在分享記錄單上的品嘗經驗時，能主動根據料理的食材外觀和口感，說出每項料理中至少 1 個喜歡(有殼、QQ 的、甜甜的、有汁、魚皮)與不喜歡(殼、玉米芯、魚刺)的地方，經過追問「為什麼文蛤的殼同時喜歡又不喜歡呢?」昕芮確認了自己不喜歡的是「食材中有不能吃的地方」。

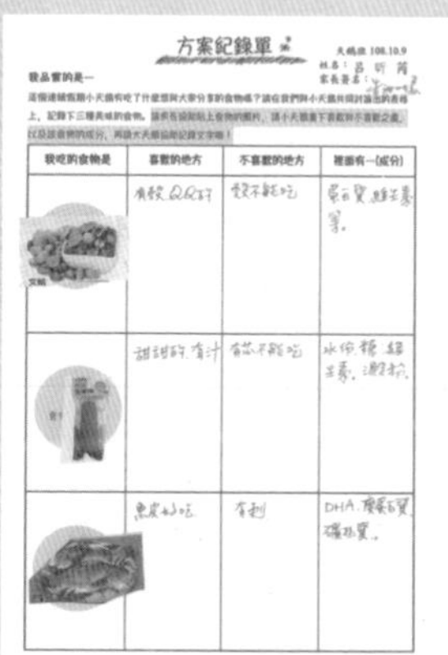

方案紀錄單

108.10.9

我品嘗的是—

我吃的食物是	喜歡的地方	不喜歡的地方	裡面有—(成分)
	有殼、QQ的	殼不能吃	蛋白質、維生素等。
	甜甜的、有汁	有芯不能吃	水份、糖、維生素、澱粉。
	魚皮好吃	有刺	DHA、蛋白質、礦物質。

圖 8-16　昕芮的形成性評量

從平面的吹泡泡工具，到立體形狀的展開與組合，孩子們不斷的嘗試、實驗與修正，**芝瑜發現，金字塔型和正方體型，每一面都沾過泡泡水之後，竟然可以在中間形成一個不是圓形的泡泡呢！**

這樣個實驗結果，讓孩子們都興奮極了！原來泡泡真的可以不是圓形的呢！雖然正方形和三角形泡泡不能像圓形泡泡一樣飄在空中，而需要其本身立體形狀的支撐才能達成，但已經激起了孩子創作更複雜立體造型的動力了，多變的泡泡，讓我們一起拭目以待吧！

芝瑜：「我看到有一本泡泡書裡面，可以用金字塔形狀做泡泡耶！」

芝瑜：「你們看，像小房間一樣的四方體也成功做出四方形泡泡耶！」

渝喬：「來試試看這個像星星一樣的形狀！會不會有星星泡泡呢？」

結語

The end.

雖然孩子們尚未成功在多邊的立體形狀上玩出新泡泡，但打破原則的實驗結果，做出了不是圓形泡泡的科學家精神，將陪著孩子繼續探索，在泡泡的世界，沒有終點。

圖 8-17　芝瑜的形成性評量

核心素養：關懷合作
能理解他人之需求，表現利社會的行為

昕芮能基於同理心而對他人表現出主動幫助的行為，而且所提供的幫助行為也符合他人真正的需求。

看見前一天沒來的同學，昕芮能主動表現關心，上前說明記錄單的操作方式。

在合作製作奶油泡芙時，昕芮在同組同學操作時，能給予適當的幫助，像是幫忙扶好鋼盆，方便同學攪拌；在小組製作的過程中，也積極主動進行自己知道的步驟，讓小組製作更順利與流暢。

圖 8-18A　昕芮的總結性評量

核心素養：想像創造
能透過視覺藝術素材進行想像創作

昕芮能運用視覺藝術素材，創造出具有個人獨特創意的立體藝術作品的能力。

2019.11.1

昕芮在鬆散素材區，能組合積木、骨牌、瓶蓋與自然素材等元素，創作出「在大自然飛的鳥」。中間十字形為鳥的身軀，松果與站立的積木和瓶蓋則代表大自然的樹木。

2020.4.10

在組合建構區的昕芮，雖無法看見多元素材組合的展現，但在昕芮的樂高作品中，可看見昕芮關注配色，並有對稱的設計，也能運用某些特定樂高的形體，創造獨特的場景或物品。

戰鬥機的俯視(左)與正面(右)

洗車場

圖 8-18B　昕芮的總結性評量

陸、親子共讀單

在幼兒園中，通常會讓幼兒每週借書回家閱讀，因此每週都會有幼兒閱讀完一本繪本後，畫下印象最深刻的地方，再請家長書寫孩子敘說的共讀單（如圖 8-19 所示）。若每週有 1 張共讀單，20 週就會有 20 張，因此老師可以挑選出較有特色的作品，或是可以請孩子選出自己最喜歡的幾張，並請他們敘說原因。

圖 8-19　幼兒的親子共讀單

柒、幼兒自我挑選的作品

在作品的選擇上，幼兒與老師可能會有不一樣的觀點。老師選擇的作品，不一定是孩子最喜歡的作品；孩子選擇的作品，也不一定是老師認為最好的作品。從圖 8-20A 和圖 8-20B 可以看見在 5～6 月時，**芝瑜**畫下泡泡人到兒童樂園的有趣經驗，也將在學校的體驗或生動的想像記錄下來。從 5 張作品中，她挑選了「泡泡人到兒童樂園」的作品，從圖中可以看見她的描述和老師對於**芝瑜**表現的評析。

芝瑜的描述如下：「今天是好天氣，泡泡人去外面玩，他開車去兒童樂園，然後飛上去搭轉很快的、有笑臉的摩天輪，笑臉摩天輪看到有人來搭摩天輪會跟他說『哈囉，歡迎來玩』。摩天輪旁邊還有一個很高的蹺蹺板遊樂設施，也很好玩喔！」老師的評析如下：「**芝瑜**在逐一細節描述的過程中，能為每一個小物件命名，並有故事情節。並在引導之下能將物件與物件之間的關聯性做更完整的說明，說故事的能力愈來愈好囉！」

從上述**芝瑜**能娓娓道來自己挑選最喜歡作品的敘說中，不僅其主題明確、有故事情節，也有個人的主觀感受力。然而，班上的 30 位幼兒，不可能每位孩子的語言描述能力都能如同**芝瑜**的表達能力，有些孩子在挑選作品後，可能不說話或是說不出原因，「我不知道」；有些孩子即使說出原因，也可能只有簡短的一、兩句話而已，「星期天，我爸爸開車帶我去兒童樂園玩，很好玩」。身為教保服務人員，對於無法具體詳細描述喜歡某件作品的幼兒，應該思考如何鷹架與幼兒之間的問話，以提升幼兒的語言表達能力。下列的問話或許可以提供參考：(1)你為什麼會想做這件作品或是畫這張畫？(2)你是如何做這件作品的？或是你是如何畫這張畫的？(3)你喜歡這件作品或是這張畫的哪些地方？(4)你會希望用不同的方式來做這件作品或是畫這張畫嗎？(5)如果有機會，你會想要修改這件作品或這張畫的哪些地方？(6)你想要嘗試類似的作品或畫畫嗎？在引導之下，經過一段時間的練習後，教保服務人員可以逐漸嘗試拿掉自己鷹架的問話，孩子應該也能慢慢地學習如何說明喜歡自己作品的原因了。

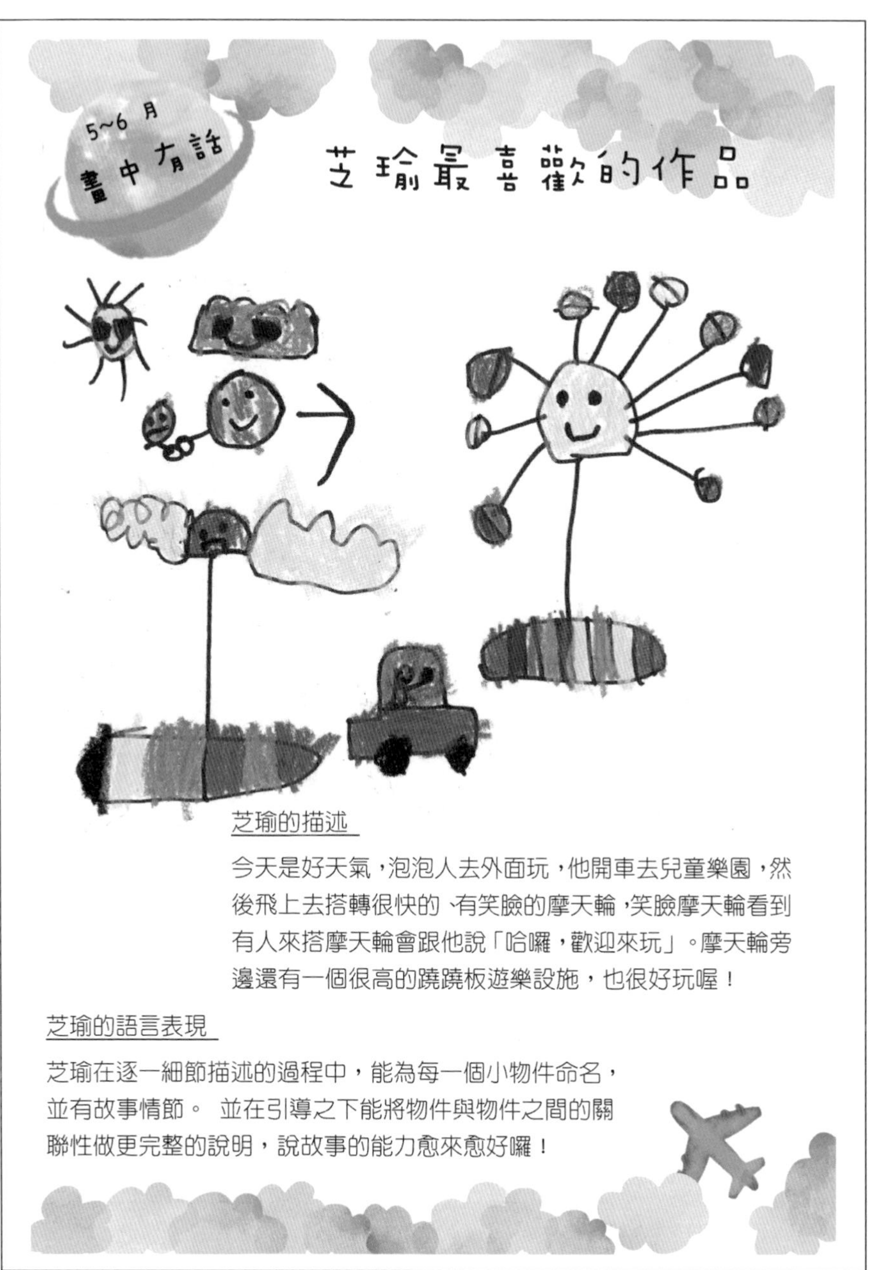

圖 8-20A　芝瑜在 5～6 月最喜歡的作品

圓琇和翊涵用樹枝吸管吹出好多的泡泡，把我包在泡泡裡面，好好玩！

我拿鏡子的光反射到樹上，又反射到牙牙老師的肚子上，牙牙老師拿著相機在幫我拍照喔！

5-6月作品簡介

深入探究泡泡的許多秘密，從泡泡是什麼顏色的發現了泡泡與光之間的關係，以及泡泡與吸管的路徑關係讓孩子盡情的發揮聯想力、創造力！

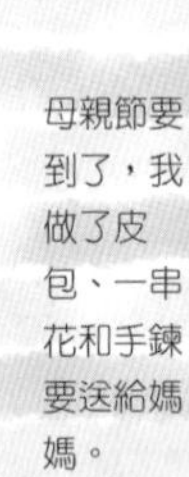

母親節要到了，我做了皮包、一串花和手鍊要送給媽媽。

泡泡的異想世界！

這是一個泡泡迷宮，有機器人要抓泡泡，泡泡要趕快從藍色的路逃回家，搭上摩天輪，機器人就抓不到了！

圖 8-20B　芝瑜在 5～6 月最喜歡的作品

第三節　《幼兒成長檔案》行事曆的擬定

幼兒園老師通常一早進入幼兒園後，就如陀螺般旋轉，永遠有忙不完的事，即使孩子放學回家，又要忙著整理教室，準備隔天的課程。可能直至期末，才驚覺尚未處理好要發給家長的《幼兒成長檔案》，便又匆匆忙忙地將幼兒的各種資料，例如：圖畫作品、學習紀錄單、親子共讀單、兒歌讀本等放進檔案夾中，整理成厚厚的一本檔案，再請幼兒轉交給家長。為了避免期末匆忙地整理資料，老師一定要先擬定行事曆，才能確保《幼兒成長檔案》的完整性。若老師認為檔案是師生之間的共同約定，應預留與孩子討論希望放進的資料和時間，以形成一股默契。在過程中，重要的是老師要能依據訂下的進度執行，檔案才能順利完成。圖 8-21 為師生間蒐集《幼兒成長檔案》的兩學期時間軸，說明如下。

壹、第一學期行事曆的擬定

一、9 月份

從圖 8-21 可知，第一學期 9 月份的時間，大約是開學後的 2 週內，老師會逐漸蒐集幼兒的「自畫像」，以及其他的起始能力資料，詳見本書第一章和第七章。在資料蒐集過程中，老師若能訂出具體、明確的時間會更佳，例如：老師確認在開學第 2 週的周四早上 10：30 蒐集幼兒的「自畫像」，在當天早上，老師自然就會準備讓孩子進行「自畫像」的工作。不過，班上幼兒的「自畫像」可能無法在一天內就能蒐集齊全，因為有些幼兒可能不會畫、不想畫，或是畫出非「自畫像」的圖像，例如：車子、恐龍等，建議大約估 1 週的時間慢慢蒐集孩子的「自畫像」。其他的起始能力資料之蒐集也是如此。

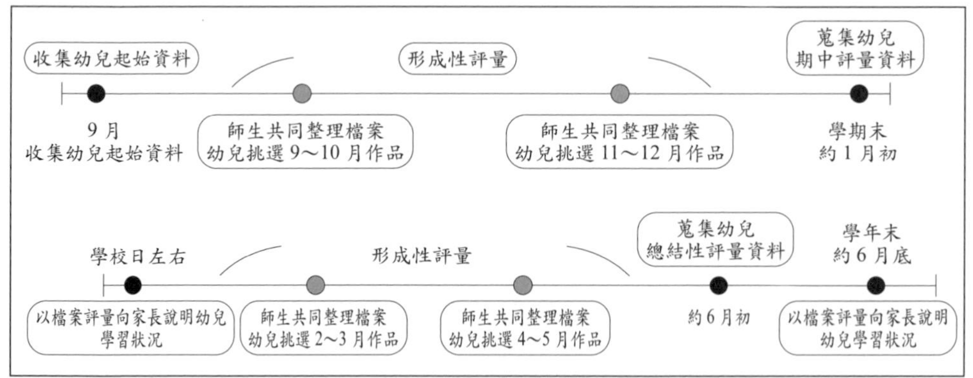

圖 8-21　師生間蒐集《幼兒成長檔案》的時間軸

二、10 月份

（一）起始評量資料的建置

老師開始蒐集分析幼兒的形成性評量之時間宜在 10 月份，班級文化此時應已逐漸建立，開始進入主題／方案的課程，老師已初步了解班上每位幼兒的基本能力。因此，大約在 10 月底，老師就可以完成幼兒起始能力的評估。若依新課綱評量的觀點，則是第一次的總結性評量。

（二）幼兒挑選自己的作品

幼兒可在 10 月底挑選自己 9～10 月的繪畫作品，例如：在文化附幼的「畫中有話」中，**芝瑜**在兩個月內畫了 5 張作品，並從中挑選出 1 張最喜歡的作品，並做了描述，老師也進行了相關評析（如圖 8-22A 和圖 8-22B 所示）。老師若較為忙碌的話，也可以請家長或志工協助進行，紀錄孩子對於作品的描述。

圖 8-22A　芝瑜在 9～10 月最喜歡的作品

很多水果，有西瓜、蘋果、鳳梨、香蕉、葡萄、櫻桃、草莓、奇異果還有橘子　水果可以打成果汁

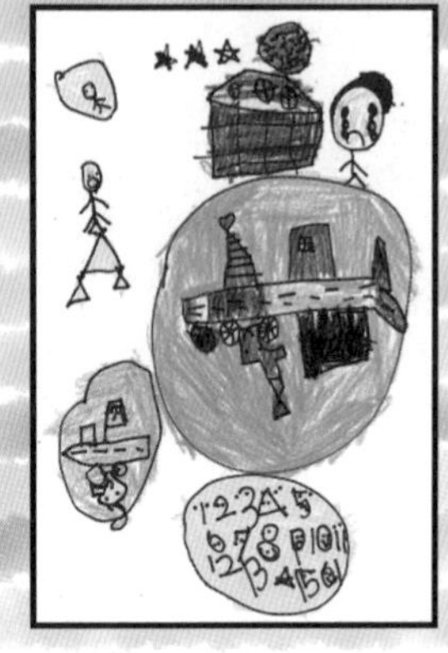

這是一個人開飛機到外太空然後很害怕就哭了。

9–10月作品簡介

孩子們畫下校外教學中，體驗　　　親子樂園的有趣經驗，也將在學校的體驗或生動的想像記錄下來。

過生日的時候會有生日蛋糕，裡面有夾草莓，還有辣椒，是甜的辣椒，還會裝飾得很漂亮。

我和琇琇老師在拍照。

我們班還有幼一班的小朋友在　　　玩，我們要爬過去，不被下面的鱷魚吃掉

圖 8-22B　芝瑜在 9～10 月最喜歡的作品

三、11 月、12 月份

（一）形成性評量資料的整理和分析

老師蒐集分析幼兒的形成性評量作品之時間宜在 11 月、12 月時，此時應是進入主題的主要時間點，一切活動都在展開中，幼兒的作品不斷地產出，老師也不斷地蒐集幼兒的作品。因此，老師必須給自己時間整理分析幼兒形成性評量的作品。

（二）幼兒挑選自己的作品

幼兒可在 12 月底時挑選自己 11～12 月的繪畫作品，例如：在文化附幼的「畫中有話」中，**芝瑜**在兩個月內畫了 5 張作品，並從中挑選出 1 張最喜歡的作品，並做了描述，老師也進行了相關評析（如圖 8-23A 和圖 8-23B 所示）。

四、1 月、2 月份

（一）進行總結性評量

在學期末時，老師除依幾次的形成性評量資料，處理總結性評量外，期末須再蒐集幼兒發展的第二次資料，才能進行學期初和學期末的比較。

（二）幼兒挑選自己的作品

幼兒可在 2 月底時挑選自己 1～2 月的繪畫作品，並從中挑選出 1 張最喜歡的作品，並敘說作品內容，老師再進行評析。

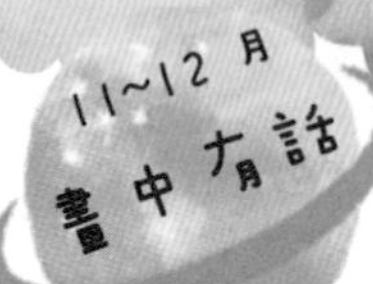

芝瑜最喜歡的作品

芝瑜的描述

這是聖誕娃娃，他可以不用靠東西自己坐著喔 它上面有一個掛的，掛起來就變站著了。

我先做身體，最難的是做身體 聖誕樹 ，我不會捲起來，老師幫我們捲起來，然後做臉，然後做圍巾，然後做腳，兩隻腳是同一天做的，然後鞋子是我課後班做的，然後老師幫我們把全部的黏起來。

芝瑜的語言表現

會主動說出整個作品的主題或是名稱，然後做簡短介紹，主動性提高，對製作的流程與細節都描述得很清楚詳細，邏輯清晰。

圖 8-23A　芝瑜在 11～12 月最喜歡的作品

這是聖誕娃娃，他可以不用靠東西自己坐著喔

這是我做的牙牙老師，我先拿一個盤子根冰棒棍做臉跟身體，頭髮是我用毛線做出來的。

11-12月作品簡介

芝瑜的作品加入了多元的素材 毛線、盤子、冰棒棍等後更顯生動。而主題課程「我們來打果汁吧」的製作果汁體驗，也成為孩子畫筆下精彩的一頁。

我們在烤土司，烤出來會有小熊的圖案。

這是一棵聖誕樹，上面有亮亮的，是它自己就會黏，擠上去就會黏。

這是開　　，我們在打果汁，這個是果汁機 上面的瓶子 ，裡面加水果還有冰塊 瓶子中三塊方形的 然後配優格，我媽媽也會這樣吃。

圖 8-23B　芝瑜在 11～12 月最喜歡的作品

貳、第二學期行事曆的擬定

一、2 月、3 月份

在 2 月開學後，老師可在「學校日」這天，使用《幼兒成長檔案》為媒介，向家長說明孩子在幼兒園的發展和學習。在雙向互動下，《幼兒成長檔案》可協助家長了解孩子，也使檔案更具意義和價值。

（一）形成性評量資料的整理和分析

老師蒐集分析幼兒的形成性評量：3 月份，應該已進入下學期的方案，老師即可陸續蒐集幼兒作品，以進行形成性評量。

（二）幼兒挑選自己的作品

幼兒可在 3 月底時挑選自己 2～3 月的繪畫作品，並從中挑選出 1 張最喜歡的作品，並敘說作品內容，老師再進行評析。

二、4 月、5 月份

（一）形成性評量資料的整理和分析

老師蒐集分析幼兒的形成性評量作品宜在 4 月、5 月時，此時應是進入主題的主要時間點，一切活動都在展開中，幼兒作品不斷產出，老師也不斷蒐集幼兒作品，故必須給自己時間整理分析幼兒形成性評量的作品。

（二）幼兒挑選自己的作品

幼兒可在 5 月底時挑選自己 4～5 月的繪畫作品，並從中挑選出 1 張最喜歡的作品，並敘說作品內容，老師再進行評析。

三、6 月、7 月份

在學年末時，老師可依上學期和下學期的資料，整理分析孩子的總結性評量，目前多數老師都以新課綱的六大核心素養進行評估。

第四節　《幼兒成長檔案》電子化

由於科技的進步，許多老師會使用 Facebook、Line 群組、Youtube 或是 APP 上傳幼兒的照片或是影片，讓家長可以即時了解孩子在幼兒園的發展和學習情形。不過，這些電子資料僅能呈現片面訊息，並無法有系統地讓家長了解孩子的學習與成長。如果是紙本資料，老師會在學年末，將一本厚厚的《幼兒成長檔案》讓孩子帶回給家長，內容包羅萬象。曾有老師詢問家長：「你們會如何處理孩子帶回去的《幼兒成長檔案》？」少數家長回應會珍藏孩子的作品，但多數家長回應會留下照片，其他資料都回收。有鑑於此，老師如何有系統地整理幼兒的資料，並能以電子檔的方式，讓家長能看得懂孩子的成長，也能永久保存，這是本節主要目的。

壹、臺北市立文化國小附設幼兒園

臺北市立文化國小附設幼兒園**張芝瑜**的《幼兒成長檔案》電子化是由卓文婷和曾雅如兩位老師整理分析（完整檔案請參見本書附錄十一）。下列僅列出檔案部分資料，其他請參見整本的《幼兒成長檔案》。圖 8-24A 為封面，**芝瑜**照片旁的「夢想建築師」字樣是她未來的願望。圖 8-24B 為目錄，分為六個部分：

1. 我的秘密小檔案，又分為四小項，即(1)我眼中的自己：呈現孩子兩學期的自畫像，有孩子的敘說及老師的觀點；(2)我有多高多重：呈現孩子三次的身高、體重和 BMI 值；(3)看看我有多厲害：即孩子的體適能；(4)我是氣質小達人。
2. 起始評量：評估孩子的生活自理、社會互動、身體動作、基本技能、學習態度、認知能力等六項。
3. 畫中有話：呈現孩子在 9～10 月、11～12 月、3～4 月和 5～6 月每二個月的作品，以及對挑選出最喜歡的作品之敘說。
4. 學習區挑戰紀錄：呈現孩子在語文區、益智區、創作區、積木區、扮演區、泡泡區的學習紀錄。

夢想 建築師

學校 文化國小附設幼兒園

班級 幼二班

張 芝 瑜

圖 8-24A　芝瑜《幼兒成長檔案》的封面和目錄

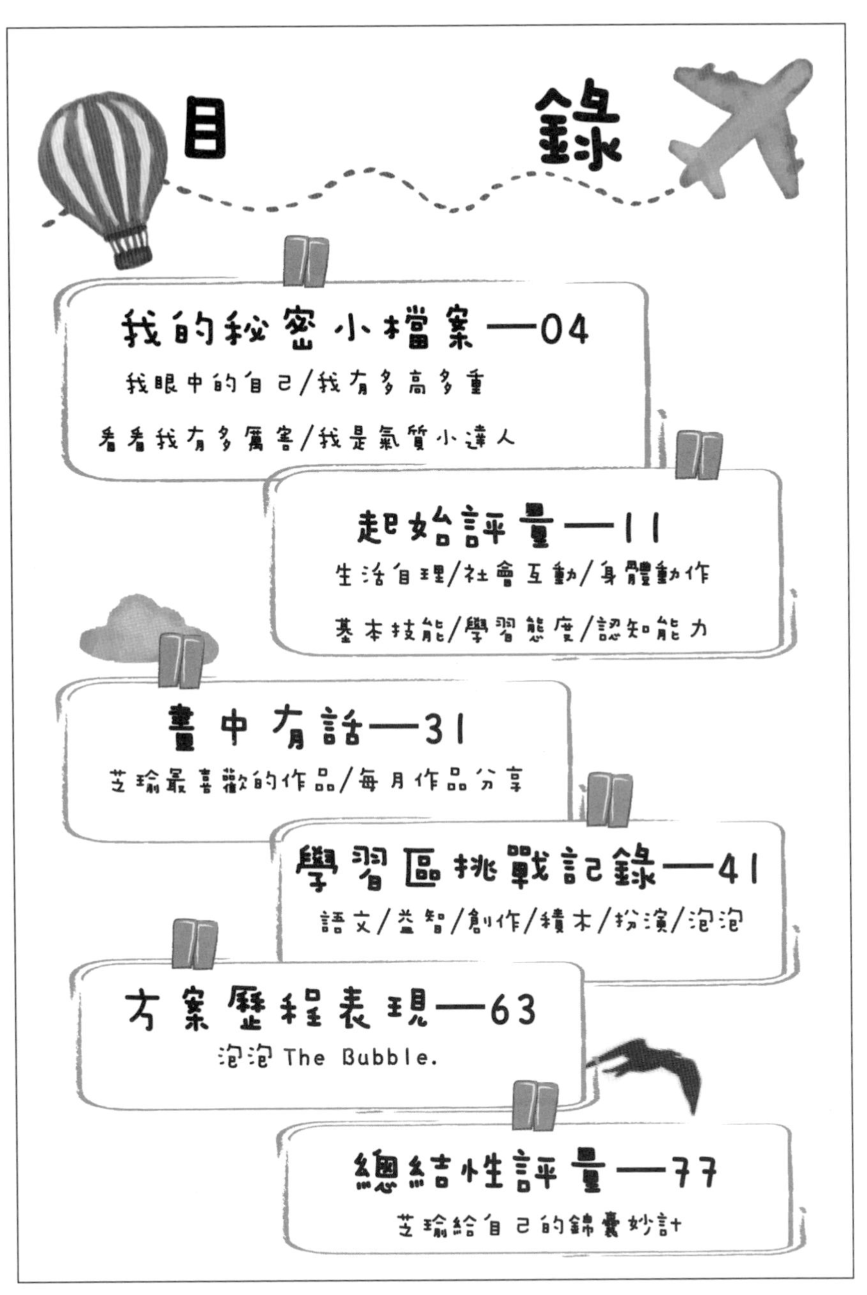

圖 8-24B　芝瑜《幼兒成長檔案》的封面和目錄

5. 方案歷程表現：呈現孩子在「泡泡」主題的學習歷程。
6. 總結性評量：以課綱的六大核心素養進行評估。在最後的部分，孩子也給未來的自己一份錦囊妙計，在自己難過時、上台緊張時或是失敗時，自己可以怎麼做，以化解這些困擾。

一、我的秘密小檔案

「我的秘密小檔案」包含四個部分，說明如下。

（一）我眼中的自己

如圖 8-25A 所示，在第一學期初，**芝瑜**畫自己，並說：「我今天要介紹我，我喜歡衣服是黃色的，然後我喜歡畫星星跟很多圖案，然後呢，我喜歡細細的手，然後我也喜歡細細正方形的腳，然後投我喜歡圓圓的，然後眼睛我喜歡圓圓小小的，頭髮我喜歡短短的。我是長頭髮，但是我就喜歡畫短短的。我有戴眼鏡，但是我忘記畫了。」老師的分析：「**芝瑜**五官部分，眉毛、鼻子與耳朵未出現，衣服選用自己喜歡的顏色，並配上許多裝飾，用色鮮豔協調。」

在第二學期末，**芝瑜**又畫了自己，並說：「這是我小時候沒有戴眼鏡的時候，我喜歡帶著皇冠、綁兩支頭髮，週六的時候媽媽會這樣子幫我綁頭髮，因為週日要去上游泳課只能綁馬尾。黃色的衣服是我喜歡的，但是家裡沒有黃色衣服，所以我把它畫出來。」老師的分析：「**芝瑜**在細節表現上進步許多，可以看見眼睫毛、耳朵、手臂和手指的呈現。老師發現**芝瑜**在繪畫上有更多自己的想法，畫作的背後有更多的想法鋪陳，表達能力愈來愈好囉！」

（二）我有多高多重

如圖 8-25B 所示，從第一學期初至第二學期末，能知道幼兒的身高和體重都有增加，更進一步可由全國常模的曲線圖中，將**芝瑜**與同年齡層孩子相比，比平均數稍微低一點，但其 BMI 值都是適中的。

我眼中的自己

★芝瑜自己說：

我今天要介紹我，我喜歡衣服是黃色的，然後我喜歡畫星星跟很多圖案，然後呢，我喜歡細細的手，然後我也喜歡細細正方形的腳，然後投我喜歡圓圓的，然後眼睛我喜歡圓圓小小的，頭髮我喜歡短短的。我是長頭髮，但是我就喜歡畫短短的。我有戴眼鏡，但是我忘記畫了。

★牙牙琇琇老師說：

芝瑜五官部分，眉毛、鼻子與耳朵未出現，衣服選用自己喜歡的顏色，並配上許多裝飾，用色鮮豔協調。

★芝瑜自己說：

這是我小時候沒有戴眼鏡的時候，我喜歡帶著皇冠、綁兩支頭髮，週六的時候媽媽會這樣子幫我綁頭髮，因為週日要去上游泳課只能綁馬尾。黃色的衣服是我喜歡的，但是家裡沒有黃色衣服，所以我把它畫出來。

★牙牙琇琇老師說：

芝瑜在細節表現上進步許多，可以看見眼睫毛、耳朵、手臂和手指的呈現。老師發現芝瑜在繪畫上有更多自己的想法，畫作的背後有更多的想法鋪陳，表達能力愈來愈好囉！

圖 8-25A　我的秘密小檔案

 我有多高多重 

	身高	體重	BMI
第一學期初	111.3(公分)	19.4(公斤)	15.7(適中)
第一學期中	113.3(公分)	20.2(公斤)	15.7(適中)
第二學期末	117.2	22.1	16.1(適中)

張芝瑜的身高百分位曲線圖

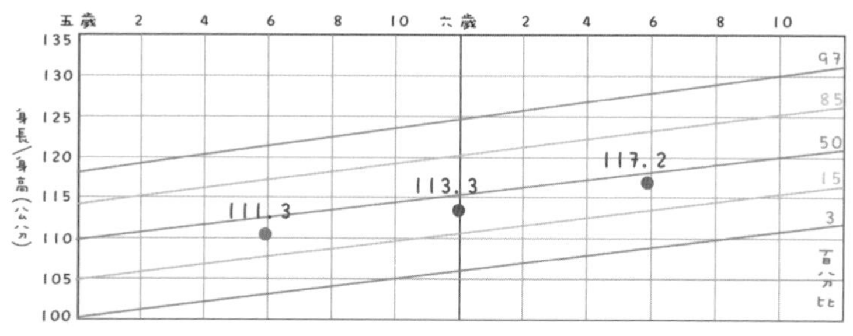

張芝瑜的體重百分位曲線圖

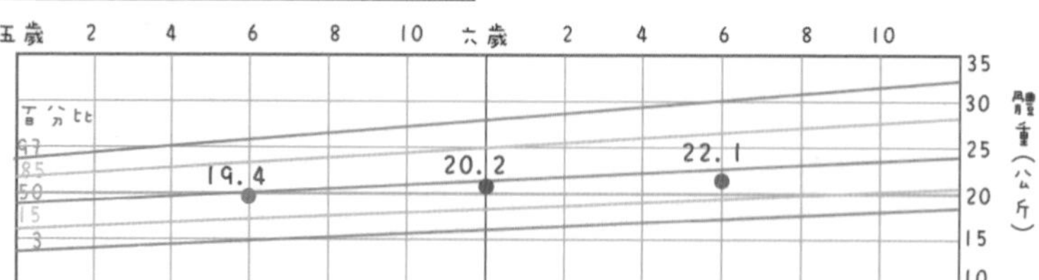

圖 8-25B　我的秘密小檔案

（三）看看我有多厲害

從圖 8-25C 可了解**芝瑜**的體適能狀態，包括：坐姿體前彎、閉眼單足立、仰臥起坐、立定跳遠。從上學期至下學期進步最多的是立定跳遠。

（四）我是氣質小達人

如圖 8-25D 所示，從氣質評量結果的折線圖中，可以看見**芝瑜**與其他 5～6 歲幼兒相比，她的活動量高於其他孩子，但她比其他孩子更容易感到挫折和容易生氣。

二、起始評量

「起始評量」主要評估幼兒的六項基本能力，即：(1)生活自理能力；(2)社會互動；(3)身體動作；(4)基本技能；(5)學習態度；(6)認知能力。此項除了有評量表外，也呈現芝瑜在兩次基本能力評估的照片和質性描述，圖 8-26A 和圖 8-26B 僅呈現其生活自理能力，其他五項基本能力也是以同樣方式呈現。

看看我有多厲害

	坐姿體前彎（公分）	閉眼單足立（秒）	仰臥起坐（次數）	立定跳遠（公分）
上學期	29	2	5	119
下學期	29	2	6	122

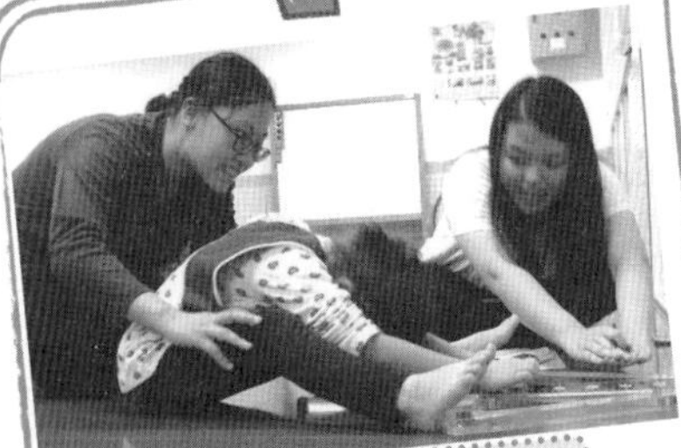

坐姿體前彎

仰臥起坐

閉眼單足

立定跳遠

圖 8-25C　我的秘密小檔案

我是氣質小達人

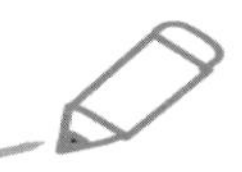

芝瑜爸媽，您們好!!

謝謝您們撥空填寫「幼兒氣質量表」，現在評估結果已經出來。從我們提供的側面圖中，您可以看到您家寶貝與同年齡孩子的差異。不過，爸媽需先知道氣質是天生的，無所謂的好壞，孩子精力旺盛、害羞、容易生氣或挫折忍受力低等等，是孩子的本質，爸媽應先接納和了解，並參考團隊提供的氣質小偏方，協助您家寶貝快快樂樂地成長，也感謝您們的協助!!

2020 王珮玲幼兒氣質研究團隊

氣質評量結果折線圖

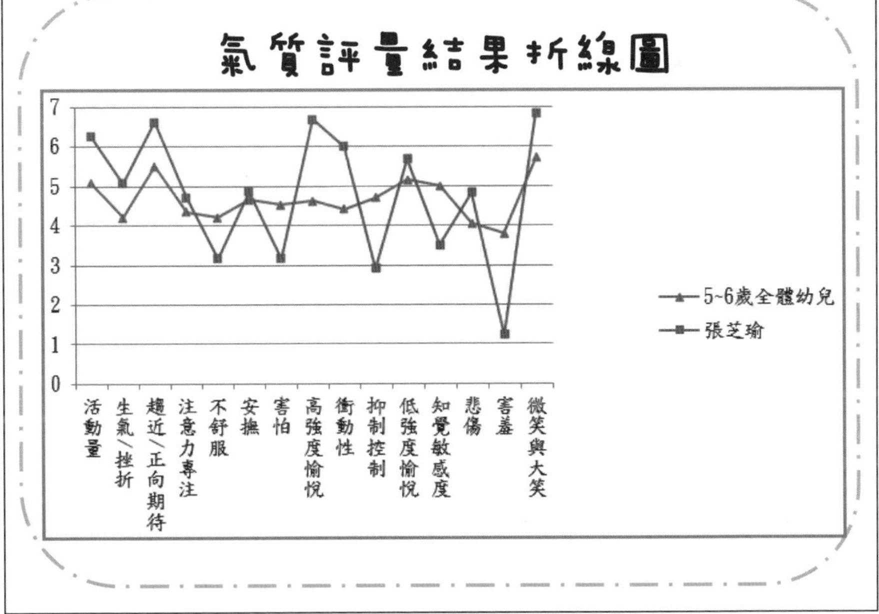

圖 8-25D　我的秘密小檔案

基本能力評量—生活自理

學習目標		測驗日期	評量結果 1 完全協助	 2 經常協助	 3 偶爾協助	 4 獨力完成	備註
生活自理能力	11 餐後自動潔牙	108/09/11		∨			108/12/20 能主動完成潔牙、收拾東西、保持桌面整潔。 能夠乾淨的擤鼻涕，並記得收拾垃圾。
		108/12/20			∨		
	12 如廁後會擦屁股	108/09/11			∨		
		108/12/20				∨	
	13 如廁後會洗手	108/09/11		∨			
		108/12/20			∨		
	14 能將物品物歸原位	108/09/11			∨		
		108/12/20				∨	
	15 會使用蹲式廁所	108/09/11			∨		
		108/12/20				∨	
	16 能收拾自己的書包	108/09/11			∨		
		108/12/20				∨	
	17 能收拾自己的工作櫃	108/09/11			∨		
		108/12/20				∨	
	18 離開座位能將椅子靠進去	108/09/11		∨			
		108/12/20			∨		
	19 能自己鋪被子	108/09/11			∨		
		108/12/20			∨		
	20 能自己摺被子	108/09/11			∨		
		108/12/20			∨		

圖 8-26A　起始評量

基本能力評量－生活自理
第一次基本能力評量(108年9月)
第二次基本能力評量(108年12月)
在提醒之下，用餐後會拿抹布擦桌子，保持桌面乾淨
能主動整理桌面，並樂於隨手幫同桌同儕維持桌面乾淨
第一次基本能力評量(108年9月)
第二次基本能力評量(108年12月)
離開座位時，在提醒下，會記得靠椅子
會幫忙檢查各學習區桌椅，並主動歸位

圖 8-26B　起始評量

三、畫中有話

「畫中有話」呈現**芝瑜**自己挑選出最喜歡的作品和每月的分享，例如：圖 8-27A 和圖 8-27B 為在 3～4 月中，**芝瑜**挑選出的最喜歡作品，她描述著自己的作品：「我先加牛奶在盤子裡，再把喜歡的顏料滴進牛奶裡，顏料會在牛奶中混在一起，好像在跳舞一樣；接著再拿宣紙輕輕的放下去，顏色就會被紙吸起來，要慢慢小心的將紙拿起來，等它乾，然後黏在另外一張紙上，才算成功。我在上面畫了星星、米奇、米妮、花、廚師和太陽，跳舞的牛奶畫就像一顆地球一樣，這些都是我喜歡的玩具飄在地球的旁邊。」關於她的語言表現，老師也分析著：「**芝瑜**能記得創作步驟的細節，邏輯清楚，因此擔任起協助同儕創作的小幫手角色，也做得很好喔！」

四、學習區挑戰紀錄

「學習區挑戰紀錄」呈現**芝瑜**在六個學習區的學習歷程，即：(1)語文區；(2)益智區；(3)創作區；(4)積木區；(5)扮演區；(6)泡泡區。《幼兒成長檔案》呈現 9～10 月、11～12 月、隔年 3～4 月、5～6 月的評量項目，以及**芝瑜**在各學習區的照片和相關描述，例如：3～4 月在泡泡區的評量項目是：(1)能觀察生活中產生泡泡的情境；(2)能找出不同的吹泡泡工具，並有四張**芝瑜**在泡泡區學習情形的照片輔以說明，其他五個學習區也是以相同的方式呈現。圖 8-28A、圖 8-28B、圖 8-28C、圖 8-28D 呈現**芝瑜**在 9～10 月、11～12 月、隔年 3～4 月、5～6 月的四次評量。

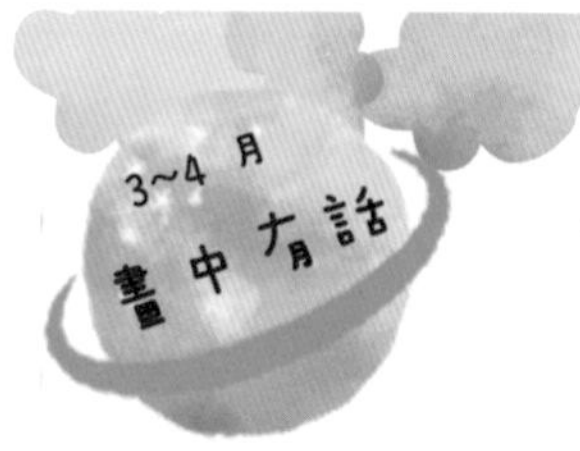

芝瑜最喜歡的作品

芝瑜的描述

我先加牛奶在盤子裡，再把喜歡的顏料滴進牛奶裡，顏料會在牛奶中混在一起，好像在跳舞一樣；接著再拿宣紙輕輕的放下去，顏色就會被紙吸起來，要慢慢小心的將紙拿起來，等它乾，然後黏在另外一張紙上，才算成功。我在上面畫了星星、米奇、米妮、花、廚師和太陽，跳舞的牛奶畫就像一顆地球一樣，這些都是我喜歡的玩具飄在地球的旁邊。

芝瑜的語言表現

芝瑜能記得創作步驟的細節，邏輯清楚，因此擔任起協助同儕創作的小幫手角色，也做得很好喔！

圖 8-27A　畫中有話

病毒來了，雲在咳嗽，人戴著口罩跑走，太陽也要下山躲起來了！

牙牙老師肚子裡有小　。老師說小　現在跟檸檬一樣大喔！

3-4月作品簡介

因為新冠肺炎的關係，本學期主題從防疫開始，加倍強調衛生教育，從洗手活動延伸到泡泡的觀察與探索，一起來和泡泡玩遊戲囉！

會跳舞的牛奶，就像一顆地球一樣！

我和慶寧調了藍色和紫色的泡泡水，我們一起在公園吹泡泡，慶寧把泡泡吹到我的手上。

我在準備吹泡泡的工具，需要的有：杯子，　吸管，　沐浴乳。

圖 8-27B　畫中有話

學習紀錄

	評量項目	評量日期	評量結果
1.	喜歡嘗試不同的扮演角色		○
2.	能和友伴分工合作		△
3.	物品使用過後能物歸原位		○

○很棒 △再試一下 □多練習

	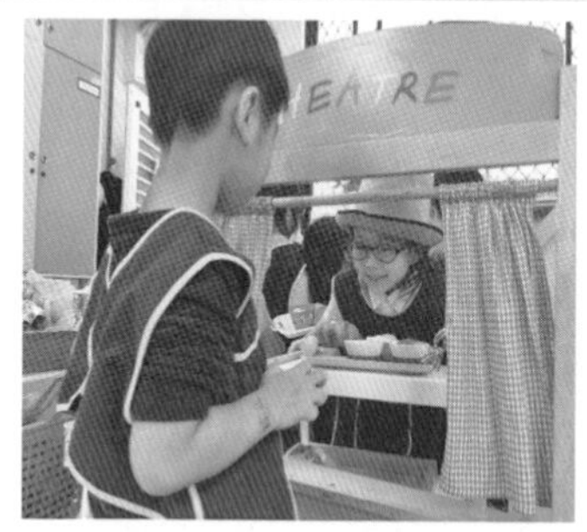
說明 芝渝和慶寧一起在扮演區炒菜。	說明 芝瑜扮演送餐的人員將食物端給客人。

說明 芝渝和慶寧一起收拾扮演區的物品。	說明 芝瑜能夠在遊戲結束後，收拾物品並歸位。

圖 8-28A 泡泡區挑戰紀錄

學習紀錄

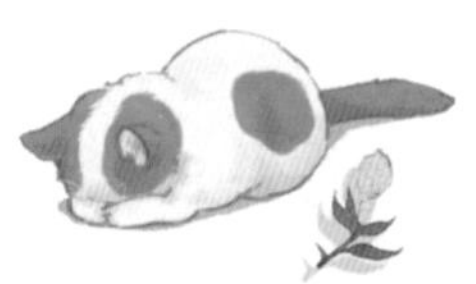

	評量項目	評量日期	評量結果
1.	能進行創造型及想像性遊戲		○
2.	能與同儕共同規劃扮演區的擺設		△

○很棒 △再試一下 □多練習

說明 芝渝和乃蓁一起用布偶說故事。

說明 芝瑜規劃房子內家具與物品的擺放。

說明 芝渝和妍蓁等人一起玩冰淇淋買賣遊戲。

說明 芝瑜能在扮演區進行想像性烹飪活動。

圖 8-28B　泡泡區挑戰紀錄

學習紀錄

泡泡區

3-4 月

	評量項目	評量日期	評量結果
1.	能觀察生活中產生泡泡的情境		○
2.	能找出不同的吹泡泡工具		○

○很棒 △再試一下 □多練習

說明 芝瑜能觀察擰抹布時產生的泡泡。。	說明 芝瑜能用吸管吹出泡泡。
說明 芝瑜能用寶特瓶吹出泡泡。	說明 芝瑜能進行表面張力實驗 跳舞的牛奶。

圖 8-28C 泡泡區挑戰紀錄

學習紀錄

	評量項目	評量日期	評量結果
1.	能觀察表面張力現象		○
2.	能依計畫，進行實驗		○

○很棒 △再試一下 □多練習

	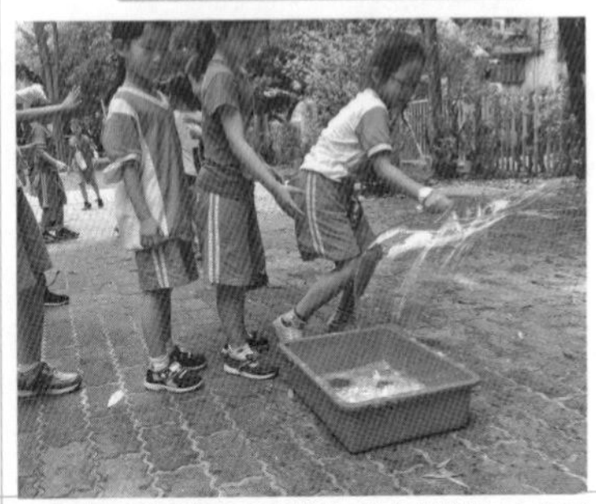
說明 芝瑜能利用立體造型 用吸管、積木組成立方體、金字塔 嘗試玩出不同形同形狀泡泡。	說明 芝瑜能利用平面造型 用衣架摺出大方形嘗試玩出不同形狀的泡泡。

說明 芝瑜用棉線和衣架產生的泡泡膜，觀察表面張力實驗。	說明 芝渝和友伴一起用鏡子和光玩遊戲。

圖 8-28D　泡泡區挑戰紀錄

五、方案歷程

芝瑜班上的課程主題是【泡泡】方案，因學校參加「幼兒園英語融入課程試辦計畫」，故主題會出現英文相關訊息。**芝瑜**在【泡泡】方案的學習歷程檔案，老師先呈現課程脈絡情境，並將**芝瑜**在各方面能力的展現特別加底線，表示孩子的話語，例如：老師提到「**芝瑜**分享生活中會看見的泡泡，是在洗澡的時候踢水產生的喔」，或是「**芝瑜**發現，金字塔型和正方體型，每一面都沾過泡泡水之後，竟然可以在中間形成一個不是圓形的泡泡呢」（如圖 8-29A 和圖 8-29B 所示）。將孩子的圖畫表徵或照片呈現在《幼兒成長檔案》中，讓家長能了解**芝瑜**在【泡泡】方案中的想法和能力展現。

六、總結性評量

芝瑜《幼兒成長檔案》的總結性評量是以新課綱的六大核心素養（覺知辨識、表達溝通、關懷合作、推理賞析、自主管理、想像創造）進行質性描述，並讓孩子給未來的自己一些錦囊妙計，例如：當難過的時候、當上台緊張的時候，以及當失敗的時候，給予自己的處理方法。**芝瑜**提到，難過時給自己的方法是：(1)躲進棉被裡面抱著熊熊（阿抱）哭五分鐘，釋放情緒；(2)玩角落生物的玩具，轉移注意力；(3)拿照片出來回憶，想想曾經有過的美好時光（如圖 8-30A 和圖 8-30B 所示）。

「喔！你上完廁所沒有洗手！」

「老師，有人一直在玩泡泡！」

洗手產生的泡泡，成為孩子防疫生活中的小遊戲。

因應防治新冠肺炎，孩子們非常認真的載口罩和洗手，因此，常常可以在孩子們的對話中聽到「你剛剛沒有洗手！」、「那有?我有洗！」或是「老師，有人一直在玩泡泡！」、「我是在洗手，洗手本來就會有泡泡…」。「洗手」這件事，成為現在孩子生活很重要的一件事情，因此，在洗手時會發生的事情成為孩子們互相分享與討論的中心。其中洗手時玩泡泡成為孩子熱此不疲的遊戲。

泡泡在哪裡

Where are the bubbles?

找一找，生活中哪裡有泡泡？

芝瑜分享生活中會看見的泡泡，是在洗澡的時候踢水產生的喔！(圖1)

而透過討論分享，孩子們化身為生活觀察家，把燒開水、洗澡、刷牙、洗手等等發現的泡泡記錄下來！(圖2.3)

(1)

(2)

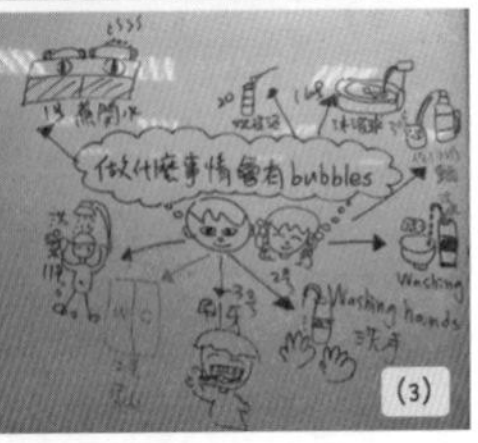

(3)

禹翰：我洗澡的時候，會洗出很多泡泡喔！

芝瑜：那我們也可以自己來做泡泡呀！

(4)

從廚房阿姨哪裡借來的洗碗精，老師帶來的洗髮精、小朋友帶來的沐浴乳、從洗手台取得的洗手入和肥皂，**芝瑜用這些清潔用品，和同學們一起來自製泡泡水**，實驗與觀察每一種不同的泡泡。(圖4)

圖 8-29A　芝瑜的【泡泡】方案歷程之形成性評量

從平面的吹泡泡工具，到立體形狀的展開與組合，孩子們不斷的嘗試、實驗與修正，**芝瑜發現，金字塔型和正方體型，每一面都沾過泡泡水之後，竟然可以在中間形成一個不是圓形的泡泡呢！**

這樣個實驗結果，讓孩子們都興奮極了！原來泡泡真的可以不是圓形的呢！雖然正方形和三角形泡泡不能像圓形泡泡一樣飄在空中，而需要其本身立體形狀的支撐才能達成，但已經激起了孩子創作更複雜立體造型的動力了，多變的泡泡，讓我們一起拭目以待吧！

芝瑜：「我看到有一本泡泡書裡面，可以用金字塔形狀做泡泡耶！」

芝瑜：「你們看，像小房間一樣的四方體也成功做出四方形泡泡耶！」

渝斎：「來試試看這個像星星一樣的形狀！會不會有星星泡泡呢？」

結語

The end.

雖然孩子們尚未成功在多邊的立體形狀上玩出新泡泡，但打破原則的實驗結果，做出了不是圓形泡泡的科學家精神，將陪著孩子繼續探索，在泡泡的世界，沒有終點。

圖 8-29B　芝瑜的【泡泡】方案歷程之形成性評量

總結性評量 

覺知辨識：

芝瑜能理解故事繪本及參考書籍的意義，並能依目的使用參考書籍。當課程進行到吹泡泡活動時，芝瑜會主動尋找吹泡泡相關書籍，除了發現與課程相互呼應的地方，也能透過參考書籍的介紹，主動探究下一步實驗的方向。

表達溝通：

芝瑜能在對話情境中相互表達、傾聽、協商，並調整自己的想法或情感。芝瑜在團討情境中，從搶著發言，到能夠先傾聽他人的意見，進而做出延續性的回應，並能給予對方鼓勵，正向表達與回饋都有明顯進步。

關懷合作：

芝瑜能理解他人的需求，表現利社會的行為。芝瑜發現友伴有情緒低落時，會主動表達關心，拍拍對方的背，並開口詢問發生什麼事情了，了解情況後會主動尋求其他友伴或老師的協助，是熱心的好朋友。

推理賞析：

芝瑜能分析已知的訊息，找出形成現象的原因。在進行用鏡子找光的實驗時，芝瑜發現在較深色的背景下，比較淺色的背景下，更能發現鏡子中反射出的太陽光，因為太陽光是較亮的顏色，在深色底下對比得更清楚。

自主管理：

芝瑜具備良好的健康習慣，能進行個人自理及環境清潔。而在調整自己的想法、情緒方面，也有明顯的進步，當遇到與友伴意見不合時，能從馬上脫口而出的命令語氣(你這樣不對，應該要我這樣)，進步到以邀請語氣(我們試試看我著個方法)來與友伴互動。

想像創造：

芝瑜擅長運用視覺藝術媒介進行想像創作。經常能在創作區內探索發掘多元的媒材，進行組合創作。尤其是各式偶的創作，更是駕輕就熟。

圖 8-30A　總結性評量

芝瑜給未來的自己的錦囊妙計

當我難過的時候，我可以：

1. 躲進棉被裡面抱著熊熊(阿抱)哭五分鐘，釋放情緒。
2. 玩角落生物的玩具，轉移注意力。
3. 拿照片出來回憶，想想曾經有過的美好時光。

當我上台緊張的時候，我可以：

1. 先吃一碗最愛的白湯拉麵，不加蛋不加肉只加高麗菜。如果時間很短就吃一顆牛奶口味的軟糖。
2. 上台前找好朋友幫我說一聲加油。
3. 看見爸媽或認識的人在台下跟我揮手鼓勵，給我勇氣。

當我失敗的時候，我可以：

1. 如果是跑步最後一名，回家後在跟哥哥比賽一次，讓哥哥陪我一起練習。
2. 如果是考試考不好的失敗，我可以找同學或老師的幫忙。
3. 失敗了沒關係，我會一直練習，我相信自己一定會成功。

圖 8-30B 總結性評量

貳、臺北市立南海實驗幼兒園

臺北市立南海實驗幼兒園**陳宇軒**的《幼兒成長檔案》電子化是周慧茹、戴廣平老師整理與分析（完整檔案請參見本書附錄十二）。圖8-31A為封面、圖 8-31B 為目錄，分三個部分：(1)這就是我；(2)我學會的事；(3)生活剪影。

一、這就是我

「這就是我」是指幼兒的基本資料，包括三個部分：(1)月來月認識我；(2)魔鏡阿魔鏡；(3)月亮養成計畫。

（一）月來月認識我

從圖 8-32A 可知，**宇軒**的星座是獅子座、喜歡的動物是章魚、喜歡的電視是新幹線、喜歡的玩具是火車、喜歡吃的水果是西瓜、喜歡的顏色是綠色和白色，以及他的好朋友是曾盈熙。

（二）魔鏡阿魔鏡

從圖 8-32B 可以看出**宇軒**在 108.09、108.10、108.12、109.04 等四個時間點自畫像的變化。老師也看出**宇軒**的兩項改變：改變一是，剛開始只是簡單的輪廓，可能對身體概念尚不清楚，後來逐步發展出具體的五官及身體結構，最明顯的是脖子的出現，而身體的線條更符合視覺上的比例，表示他對於自己的形象與概念愈來愈清楚；改變二是，從線條的穩定度來看，剛開始是彎曲不穩定的線條，後來的線條明確有力度，塗色也能穩定控制在範圍內，代表他的精細動作控制得愈來愈好。

（三）月亮養成計畫

圖 8-32C 呈現**宇軒**在 9 月、隔年 1 月和 6 月的身高 109.5、112.3、115.5 公分，體重 18.9、19.6、21.6 公斤，其 BMI 分別為 15.76、15.54、16.19，都在正常範圍內。

圖 8-31A　宇軒《幼兒成長檔案》的封面和目錄

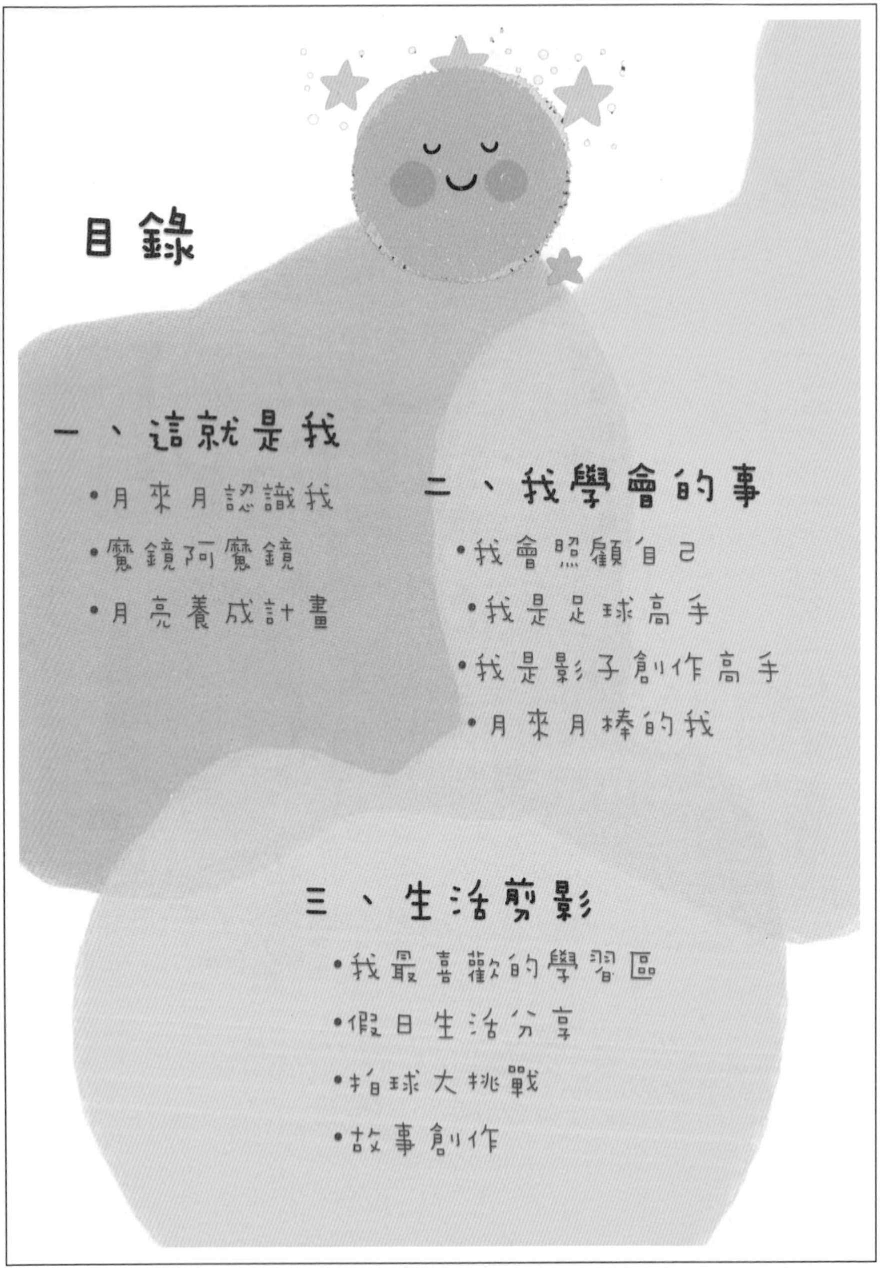

目錄

圖 8-31B　宇軒《幼兒成長檔案》的封面和目錄

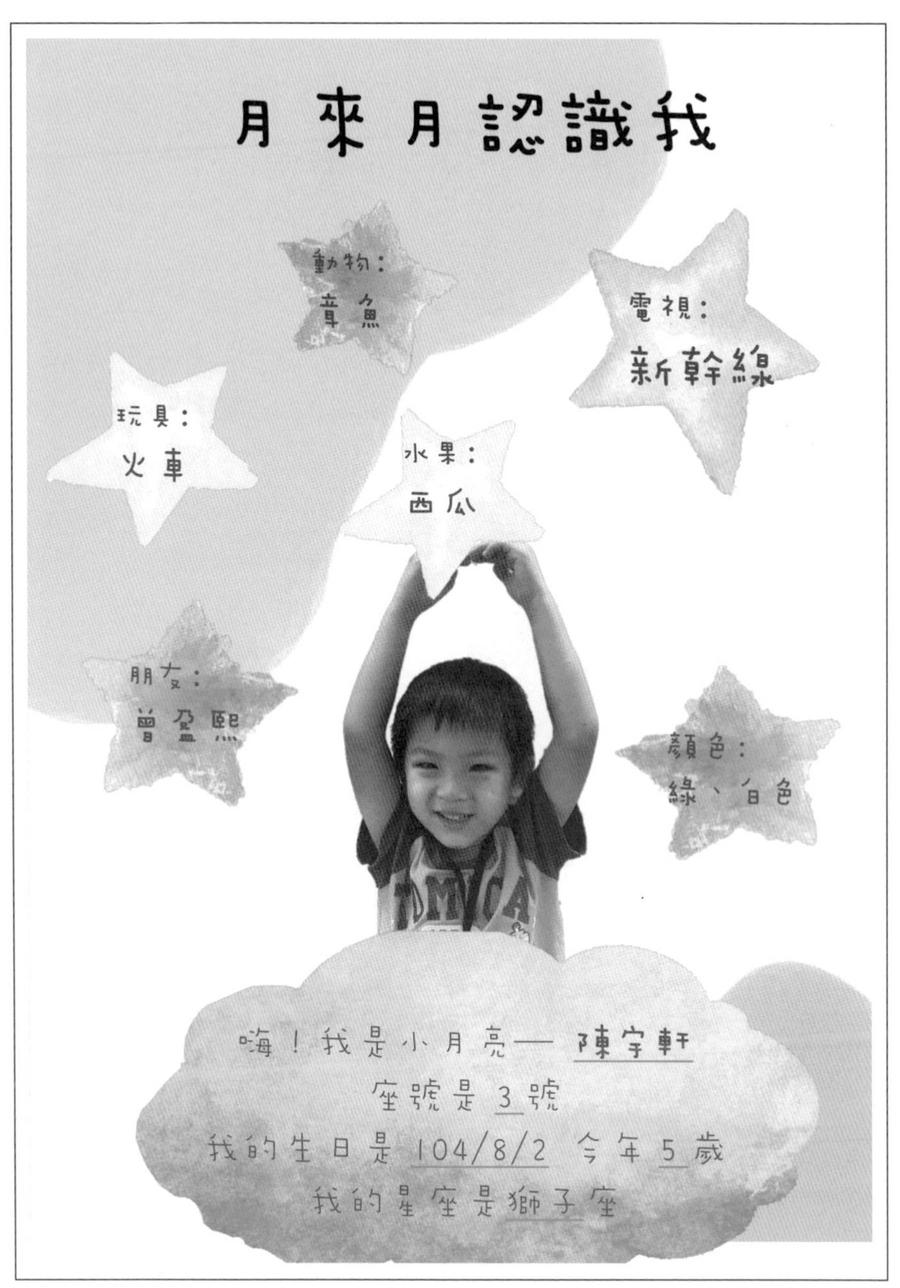
月來月認識我
動物：
章魚
電視：
新幹線
玩具：
火車
水果：
西瓜
朋友：
曾盈熙
顏色：
綠、白色
嗨！我是小月亮— 陳宇軒
座號是 3 號
我的生日是 104/8/2 今年 5 歲
我的星座是獅子座

圖 8-32A　這就是我

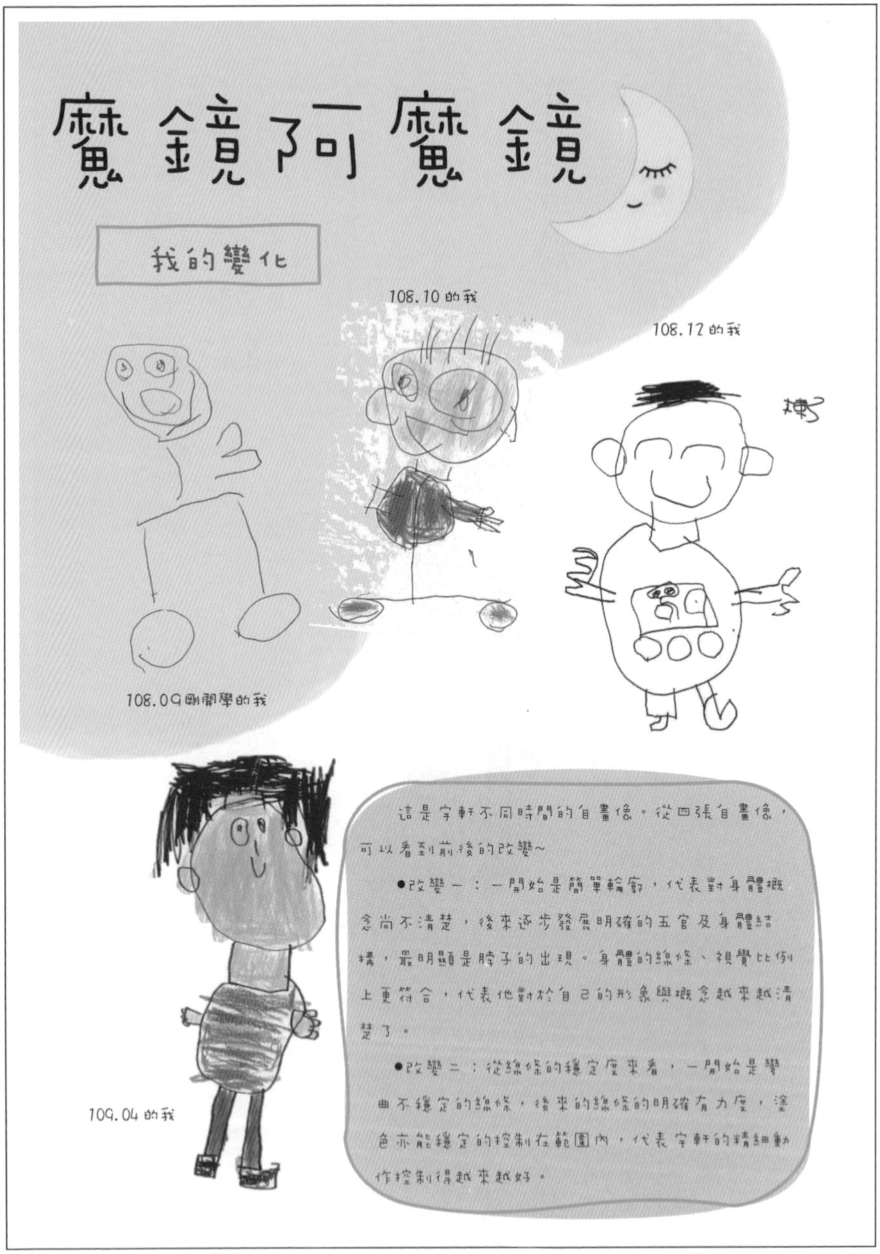

魔鏡阿魔鏡

我的變化

108.10 的我

108.12 的我

108.09 剛開學的我

109.04 的我

這是宇軒不同時間的自畫像。從四張自畫像，可以看到前後的改變~

●改變一：一開始是簡單輪廓，代表對身體概念尚不清楚，後來逐步發展明確的五官及身體結構，最明顯是脖子的出現。身體的線條、視覺比例上更符合，代表他對於自己的形象與概念越來越清楚了。

●改變二：從線條的穩定度來看，一開始是彎曲不穩定的線條，後來的線條的明確有力度，塗色亦能穩定的控制在範圍內，代表宇軒的精細動作控制得越來越好。

圖 8-32B　這就是我

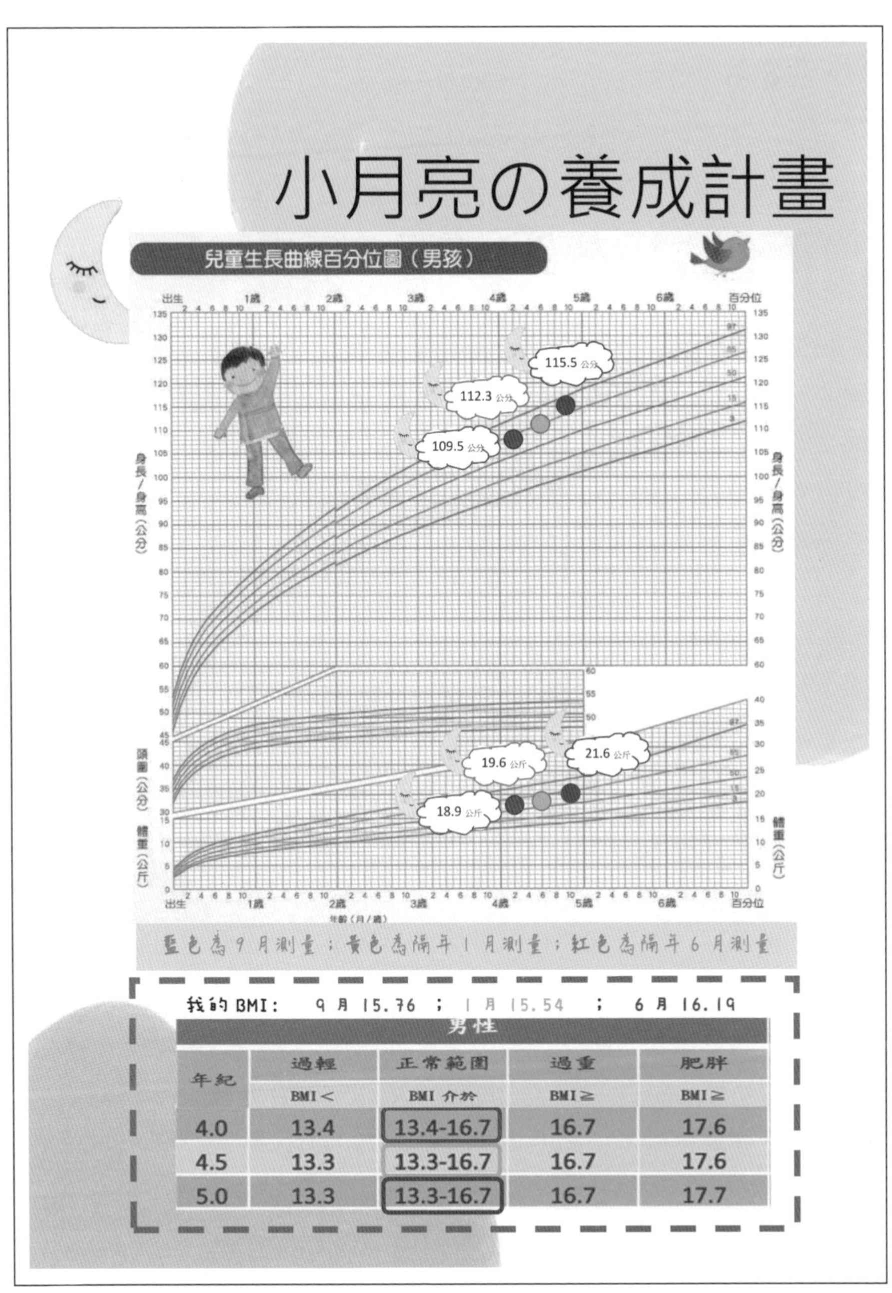

男性				
年紀	過輕	正常範圍	過重	肥胖
	BMI＜	BMI 介於	BMI≧	BMI≧
4.0	13.4	13.4-16.7	16.7	17.6
4.5	13.3	13.3-16.7	16.7	17.6
5.0	13.3	13.3-16.7	16.7	17.7

圖 8-32C　這就是我

二、我學會的事

「我學會的事」包括四個部分：(1)我會照顧自己；(2)我是足球高手；(3)我是影子創作高手；(4)月來月棒的我。其中，【我是足球高手】和【我是影子創作高手】分別是上、下學期的兩個方案，說明如下。

（一）我會照顧自己

圖 8-33A 呈現，**宇軒**從開學時，將「所有東西亂塞到櫃子」到「能依照類別將東西依序的放好」，對於「不會清潔和整理自己的餐具和環境」到「都可以不用提醒，會主動完成」。從**宇軒**的改變來看，他已經能為自己學會這些事情，感到非常的開心和快樂。

（二）我是足球高手

在【我是足球高手】方案中（如圖 8-33B 和圖 8-33C 所示），**宇軒**從不會踢球，至〔**覺察踢球動作**〕，他發現可一隻腳先稍微往後踩，像弓箭步動作，將球踢出去同一隻腳回來時，會稍稍比另一隻腳後面一些；到〔**怎麼邊走邊踢**〕，他發現可用一隻腳踢球、一隻腳擋住讓球不要亂跑、兩隻腳都要一起幫忙、球很快地滾走時要跑去追球；再到〔**踢球進步了**〕，他的足球射門紀錄雖然有退步，後來練習後又進步；最後是〔**分小隊進行比賽與心情感受**〕，他本來認為守門員是最厲害的，也從不知如何和別人一起合作，後來學會如何與他人合作和討論如何贏球，並能說出比賽的心情感受，以及喜歡與他人一起踢足球。整體而言，老師認為剛開始**宇軒**從無法掌握足球，但因為過程認真地練習，後來也隨其成長，在大肌肉的協調與控制力的提升上，成為足球高手。

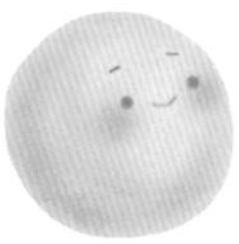

我會照顧自己

從甚麼都不會的宇軒到可以照顧自己的宇軒是怎麼轉變的呢?

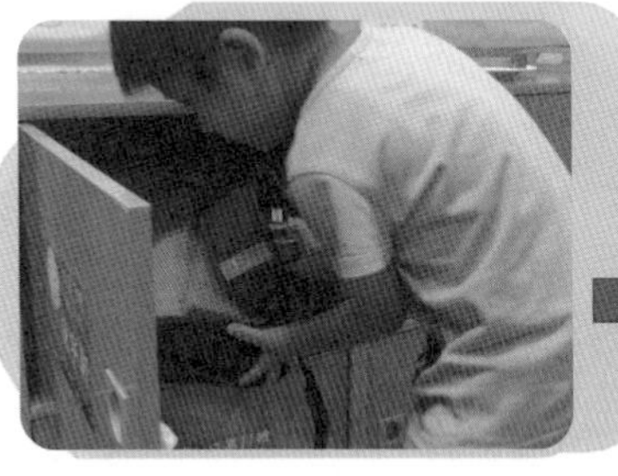

剛開學書包只要塞得進去就好了，全部東西混在一起

會依照類別放好，乾淨跟髒的也會分開

本來不會清潔整裡自己的餐具與環境，老師引導過後可以不用提醒主動完成

在家不愛吃菜，在學校願意挑戰沒吃過的東西，後來都吃兩碗

●老師的話：

沒有上過學的宇軒，生活自理的學習從零開始，宇軒能跟著班級的步調，覺察模仿日常的健康行為到最後可以熟練並調整與建立合宜的自我照顧行為，並為自己能學會這些事情，感到很開心，進而肯定自己。

圖 8-33A　我會照顧自己

我是足球高手

方案課程：足球

一開始不會踢足球的宇軒怎麼變成「**足球高手**」呢？
讓我們來看看他是怎麼學會的。

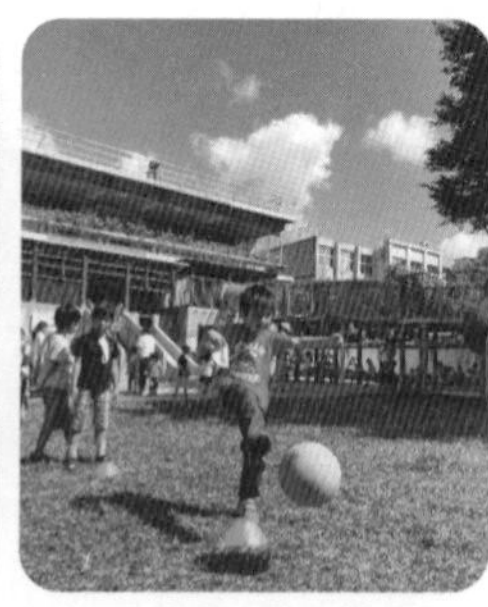

●覺察踢球動作
宇軒覺察到踢球動作：一隻腳會先稍微往後踩，像是弓箭步的動作，將球踢出去後，同一隻腳回來的時候，會稍稍的比另一隻腳後面一些。

●怎麼邊走邊踢
宇軒發現邊走邊踢球都會歪掉、跑走，後來發現
1. 一隻腳踢球，一隻腳擋住讓球不要亂跑。
2. 兩隻腳都要一起幫忙。
3. 球很快地滾走時，要跑去追球。
就可以讓球聽自己的話

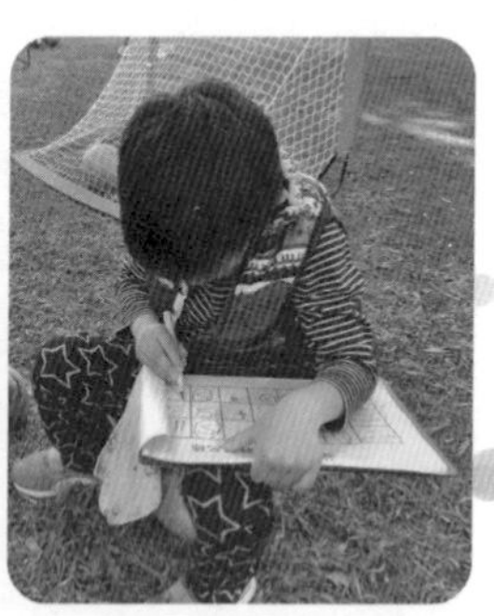

3 足球射門紀錄

12月11日(三)	①	~~2~~	③	④	⑤	4分
12月12日(四)	1	②	~~3~~	~~4~~	⑤	3分
12月13日(五)	1	②	③	~~4~~	⑤	4分

●踢球進步了
從記錄宇軒發現自己第二次已有點退步再加油一下就又進步了好開心

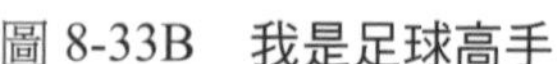

圖 8-33B　我是足球高手

●分小隊進行比賽與心情感受

終於到了足球比賽，宇軒從不知道要跟別人一起合作，以及覺得守門員才是最厲害的，後來發現大家要一起討論贏球的方法，每個人都要有適合自己的工作最後他覺得自己踢球比較厲害，適合去搶球。宇軒比賽足球的心情感受如何呢?宇軒說我覺得要小心不要讓別人把球踢進球門，也要小心不要讓球出界。我比賽的時候很開心，因為我喜歡跟大家一起比賽踢足球

●老師的話

宇軒一開始完全無法掌握足球，足球不聽他的話，但是不論是自己踢還是跟他人相互練習，宇軒總是很認真的學習，因為他知道足球要踢得好一定要不斷練習才會進步，所以到最後，他在大肌肉方面的協調與控制能力提升了許多，球終於可以聽他的話了。

圖 8-33C　我是足球高手

（三）我是影子創作高手

在【我是影子創作高手】方案中（如圖 8-33D、圖 8-33E、圖 8-33F 所示），可以看見**宇軒**對〔**光影起始概念**〕是當手電筒的光照到積木時，光被擋住就會有積木形狀的影子；到〔**影子會怎麼變大變小**〕，他發現手電筒的光靠近物體時，影子就變大，離物體漸遠時，就逐漸變小；到〔**不同的影子**〕，他覺察到手電筒的光換到不同位置時，影子的形狀就不一樣；再到〔**光影變魔術**〕，如果影子是三角形、正方形時的聯想；到〔**光影創作**〕，他從不同角度照射物品後，就物品影子進行不同創作，如膠帶台的影子像犀牛；最後是〔**告訴別人光影的秘密**〕，他剛開始會有點緊張，後來能流利地與別人分享不同的影子形狀，可以變成什麼圖案。整體而言，老師認為**宇軒**在方案中是從認知走到美感，尤其在看了米老鼠燈會後，對光影感到非常有興趣，然後就持續投入此探究，除了發現光影的秘密外，也進行許多的聯想創作活動，而成為一位光影創作高手。

（四）月來月棒的我

「月來月棒的我」就是總結性評量（如圖 8-33G 所示），老師依六大核心素養進行評估。其中，老師選出〔**自主管理**〕和〔**想像創作**〕兩項進行說明。在〔**自主管理**〕素養上，老師認為**宇軒**表現最好的地方是，他能從外在的監督，逐漸修正內化符合社會期待的行為表現，也獲得很大的成就感，例如：在生活自理上，只要老師引導後，他總是能夠馬上調整和確實完成個人的部分。至於〔**想像創作**〕方面，老師認為**宇軒**此方面的能力需要再加強，因為他在素材的使用較為單一，音樂與戲劇的想像創作技巧也比較簡單，老師未來會提供更多的經驗給他，希望提升其能力的成長。

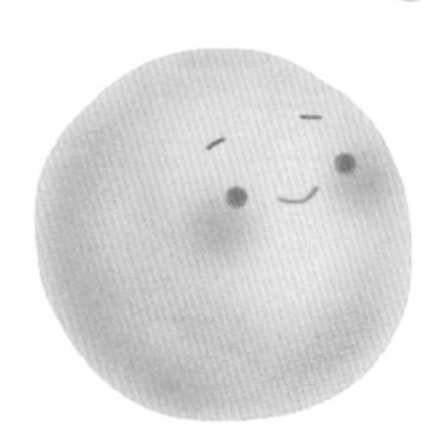

我是影子創作高手

方案課程——光影

●光影起始概念

一開始大家對於光影的概念是：有光就有影。宇軒經過一番操作體驗探究後發現「當手電筒照到積木，光被擋住就會有影子，但是如果東西有洞，就會有白白的（光），就會有光沒有被擋住」。

●影子會怎麼變大變小

宇軒猜．．．操作後發現「當手電筒跟動物靠近，影子就會變大；手電筒跟動物離很遠，影子就會變小」，不過「一定要讓手電筒照到動物，不然就沒有影子」。跟自己的想法一樣好開心。

●不同的影子

宇軒說：「手電筒的光，換位置移動，影子的形狀會變得不一樣」。

圖 8-33D　我是影子創作高手

●光影變魔術

宇軒發現影子會變魔術真是太有趣了，先練習想想如果影子是圓形、三角形或是．．．可以變成甚麼呢？

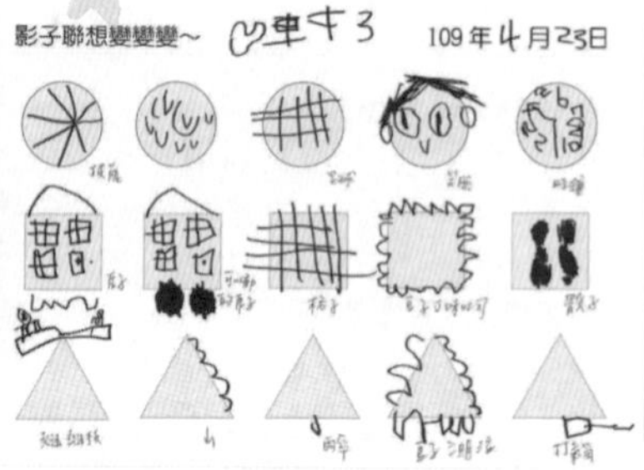

●光影創作

宇軒會拿著手電筒從不同角度照射物件後，找到自己想要創作的形狀，再進行創作。這是宇軒第一次作品，他覺得膠帶台的影子像犀牛，後來陸續創作了更多作品，越來越有自己的獨創性。

圖 8-33E　我是影子創作高手

●告訴別人光影的秘密

宇軒發現了很多光影的秘密，決定要告訴別人。他擔任的工作是介紹不同的形狀可以變成什麼圖案。在練習怎麼告訴別人時，宇軒會有點緊張，語句不是很流暢，經過幾次練習之後，在秘密分享會當天能大方的跟別人介紹，都不用老師提示，也會教別人怎麼畫影子喔！

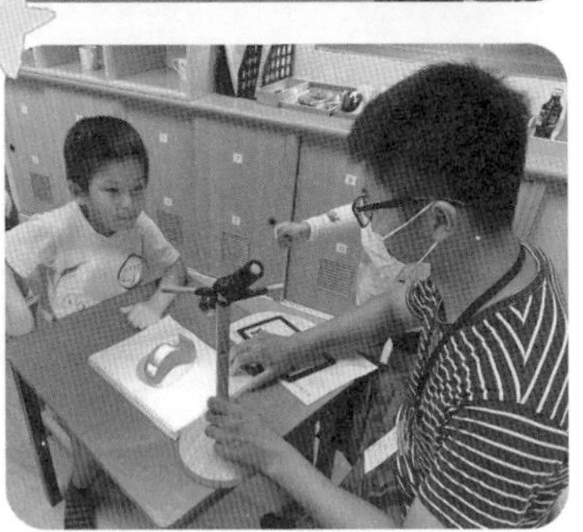

●老師的話

這是個一開始很認知但是後面很美感的方案，後面的美感創作要奠基於前面的認知經驗。宇軒寒假看了米老鼠的燈會之後就會光影感到很大的好奇與興趣，在探究歷程中，宇軒不僅在方案課程時段就很投入，自由探索時間也會主動到方案區持續體驗與操作，因此發現了許多光影的秘密。所以在最後影子的聯想創作活動，他會運用光源位置與影子形狀的關係概念找到自己想要創作的影子形狀，發揮想像力進行創作，作品也越來越有創意，真的變成一位光影創作高手了呢！

圖 8-33F 我是影子創作高手

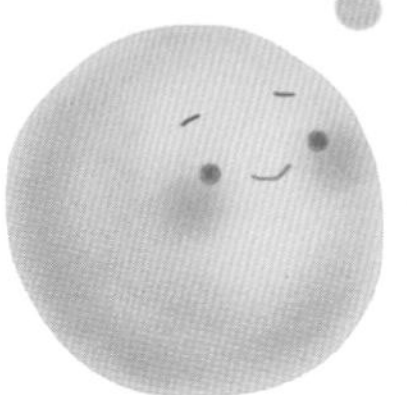

月來越棒的我

～期末總結性評量

親愛的爸爸媽媽：

以下擷取宇軒部分期末總結性評量的表現，做進一步的說明。

1. 老師看到宇軒在「**自主管理**」的核心素養表現最突出，可以看到宇軒的自我管理行為已能從外在的監督，逐漸自我修正內化且以符合社會期待的方式表現出來，他在此過程中也因為看到自己的表現而獲得成就感。更加激勵他不斷持續往前實現自我價值。
2. 另外比較少看到宇軒在「**想像創作**」核心素養的展現，平日確實較少看他主動接觸這些領域，或許也是老師提供相關的經驗尚不足夠，下學期會將這部分放入課程規劃中，再做進一步的觀察，相信會有不同的展現。

【自主管理】

能將足球控制在兩腳之間，亦能協調肢體控制足球的速度與方向。另外拍球也能穩定的連續拍 100 下以上，在肢體的協調與控制上進步很多，能力不輸給大班生喔！而在生活自理部分，只要老師引導過後，宇軒總是能馬上調整且確實完成個人的生活自理行為。最後還能跟老師分享他學會了這些事情覺得好開心。

【想像創作】

素材的使用較單一，音樂與戲劇的想像創作技巧比較簡單，通常是依老師的引導做動作。

圖 8-33G　月來月棒的我

三、生活剪影

「生活剪影」包括四個部分：(1)我最喜歡的學習區；(2)假日生活分享；(3)拍球大挑戰；(4)故事創作。

（一）我最喜歡的學習區

幼兒園中有許多學習區，如益智區、語文區、扮演區、體能區、藝術區、積木區等，**宇軒**最喜歡體能區，因為不僅身體可以動一動，還可以跟好朋友一起玩，他覺得很快樂（如圖 8-34A 所示）。

（二）假日生活分享

由圖 8-34B 可知，**宇軒**畫了 4 個人，有爸爸、媽媽、弟弟和自己，他敘說著全家一起去海邊玩水和玩沙，過程很好玩。這份成長檔案只呈現一張假日生活分享，其實幼兒園每週一早上通常會進行「假日生活分享」活動，老師在事後可請孩子畫下畫面，再請其敘說畫的內容。

（三）拍球大挑戰

宇軒剛開始學習拍球時，球常常會滾走，後來因為每天都很認真地練球，逐漸學會讓球不會滾走，並進一步設定自己的目標是挑戰拍 50 下。從圖 8-34C 可知，**宇軒**設定的目標是 50 下，希望未來能挑戰此目標。

（四）故事創作

由圖 8-34D 可知，**宇軒**創作的故事有 5 張圖片和其敘說，故事的主角是小白，另外還有大野狼和大黑兔（故事內容請見圖 8-34D）。故事情節是小白在躲著大野狼，害怕被吃掉，最後能安心的去大黑兔家吃東西。主軸清楚，但是故事簡單，創新度有待加強。

我最喜歡的學習區~體能區

宇軒說：
我最喜歡體能區，
因為可以動一動還
可以跟好朋友一起
玩得很開心！

圖 8-34A　我最喜歡的學習區

圖 8-34B　假日生活分享

拍球大挑戰

宇軒說：

「我的拍球要挑戰 50 下，一開始球都會滾走，後來學會了怎麼拍球還有天天認真的練習，最後我有挑戰成功，我覺得自己好厲害

109.3.20.我的拍球目標是～

陳宇軒

50下

圖 8-34C　拍球大挑戰

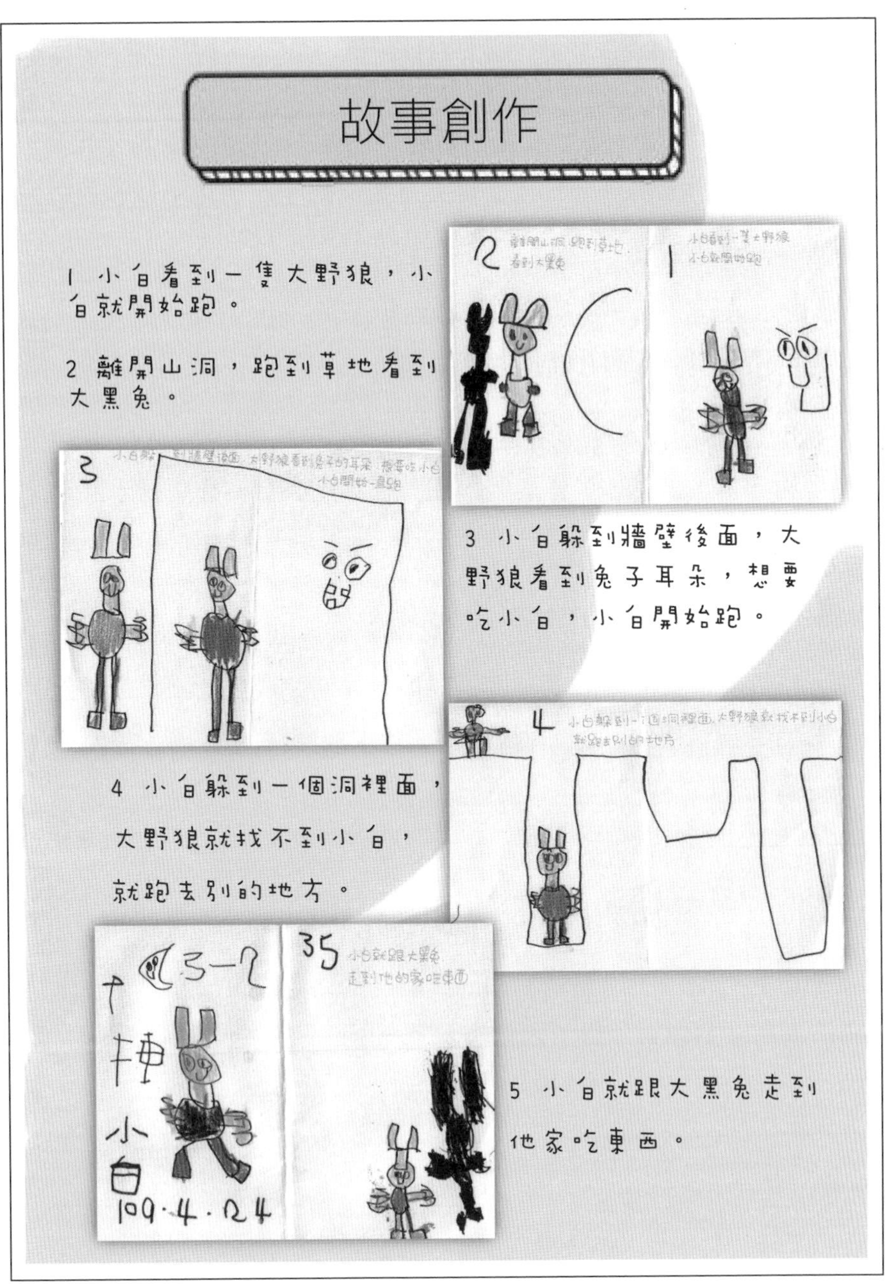
故事創作
1 小白看到一隻大野狼，小白就開始跑。
2 離開山洞，跑到草地看到大黑兔。
3 小白躲到牆壁後面，大野狼看到兔子耳朵，想要吃小白，小白開始跑。
4 小白躲到一個洞裡面，大野狼就找不到小白，就跑去別的地方。
5 小白就跟大黑兔走到他家吃東西。
109.4.24

圖 8-34D　故事創作

參、臺北市立東門國小附設幼兒園

臺北市立東門國小附設幼兒園**呂昕芮**的《幼兒成長檔案》電子化是王薇涵老師和趙娸珮老師整理與分析，請參見本書附錄十三。以下以彩色版完整呈現此《幼兒成長檔案》。

肆、臺北市立明湖國小附設幼兒園

臺北市立明湖國小附設幼兒園**李樂潔**的《幼兒成長檔案》電子化是陳匀宜老師整理與分析，因紙本篇幅有限，完整檔案請參見本書附錄十四。

伍、臺北市立志清國小附設幼兒園 1

臺北市立志清國小附設幼兒園**曾誠勛**的《幼兒成長檔案》電子化是余淑媛、方芯琦老師整理與分析，因紙本篇幅有限，完整檔案請參見本書附錄十五。

陸、臺北市立志清國小附設幼兒園 2

臺北市立志清國小附設幼兒園**邱禹福**的《幼兒成長檔案》電子化是余淑媛、方芯琦老師整理與分析，因紙本篇幅有限，請參見本書附錄十六。

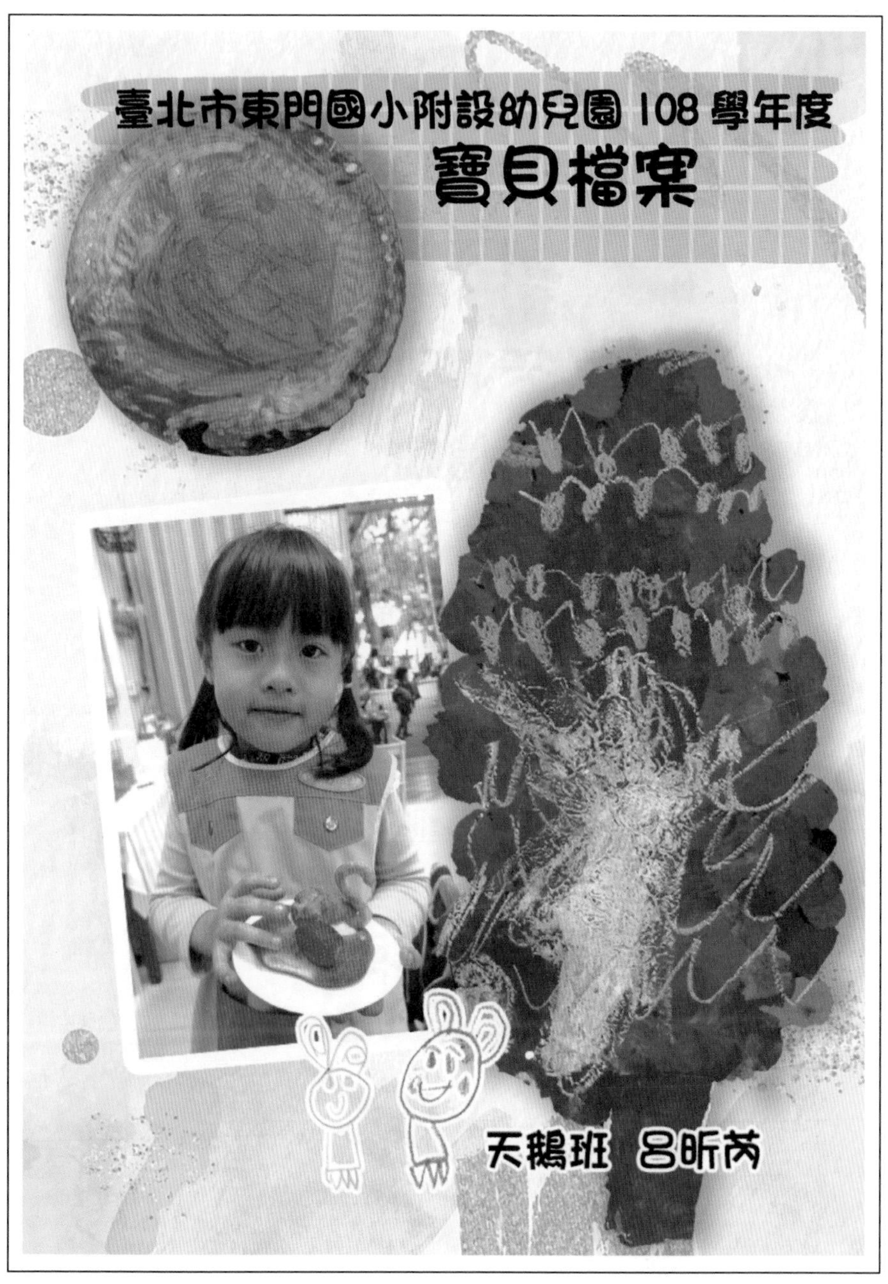
臺北市東門國小附設幼兒園 108 學年度
寶貝檔案
天鵝班　呂昕芮

目錄

給大天鵝的話

親愛的家長:

這一本寶貝檔案，記錄著孩子多面向的成長，主要分為兩大類別，為孩子的幼兒園時期留下足跡：

在【我的成長紀錄】裡，著重於孩子的發展，記錄了孩子身體上以及各項能力的變化；在【我的學習檔案】中，可以看見班上的課程所涉及的概念，以及孩子學習的過程與評量。

在此提醒您，每個孩子的成長速度各不相同，也一直持續變動，評量不是最終的結果，別忘了持續多給予孩子學習的機會，讓我們一同陪伴成長！

薇薇老師、娸娸老師 2020.07

我的小檔案
我是天鵝班18號 的 呂昕芮
我的生日是2014.8.10，今年五歲
我最喜歡玩積木，最會畫畫，
希望我可以成為愛吃蔥的小天鵝。

我的成長紀錄
我畫我
身高體重紀錄
體適能測驗
大肌肉運動

我畫我

開學的我 2019.9.16

這是我穿圍兜的樣子

我頭髮綁兩個。

長大的我 2020.1.7

我穿彩虹的衣服，

我長高了。

升一年級的我 2020.7.7

因為現在有肺炎，

所以這是我戴著口罩的樣子。

身高體重紀錄

測量日期	年齡	身高	體重	BMI
2019.9.11	5Y1M	108.7	17.7	15 正常
2020.2.25	5Y6M	113.2	19.5	15.2 正常
2020.6.29	5Y10M	116.3	21.5	15.9 正常

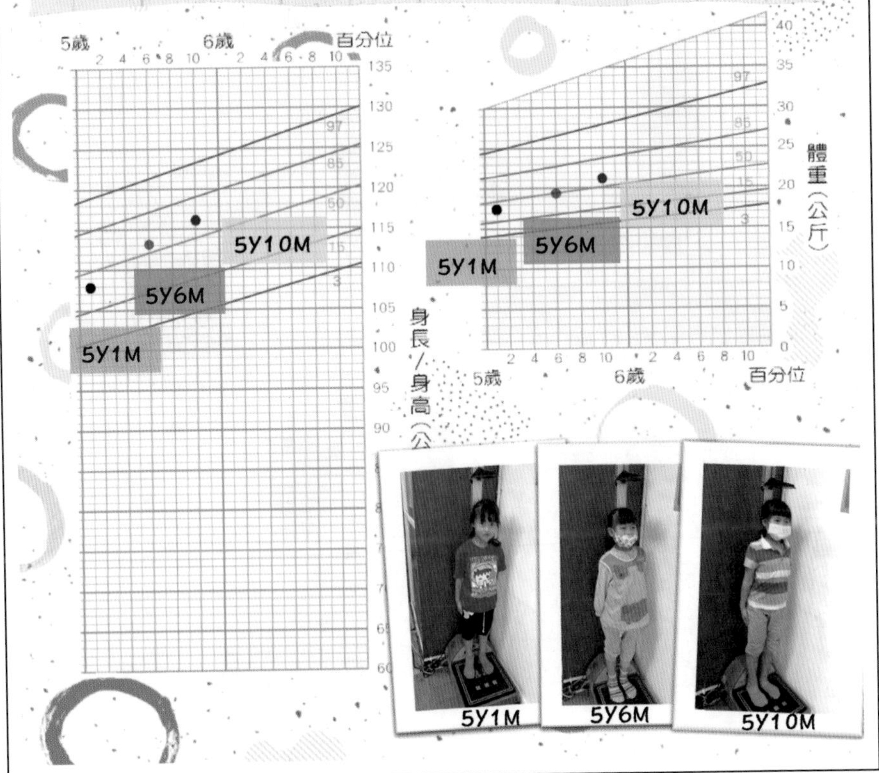

體適能測驗

測量日期	年齡	坐姿體前彎（公分）	閉眼單足立（秒）	仰臥起坐（次數）	立定跳遠（公分）
2019.10.17	5Y2M	35	1"68	18	69
2020.3.12	5Y7M	35	2"80	20	94

坐姿體前彎

閉眼單足立

體適能檢測常模

仰臥起坐

立定跳遠

大肌肉運動
拍球
2020.1.7
昕芮在拍到第三下後，球容易滾走，需要大範圍的走動、追球。
2020.3.30
昕芮可以將球穩定的控制在手下的範圍，並且至少拍 30 下。
跳繩
2020.4.22
昕芮能連續跳 2 下，但較少關注到繩子落下的時機，多是不停的原地跳。
2020.4.30
雖然昕芮仍是連續跳 2 下，但已關注到繩子落下的時機，配合著向上跳，相信再多增加腿部的力氣，連續跳的次數也能進步唷！。

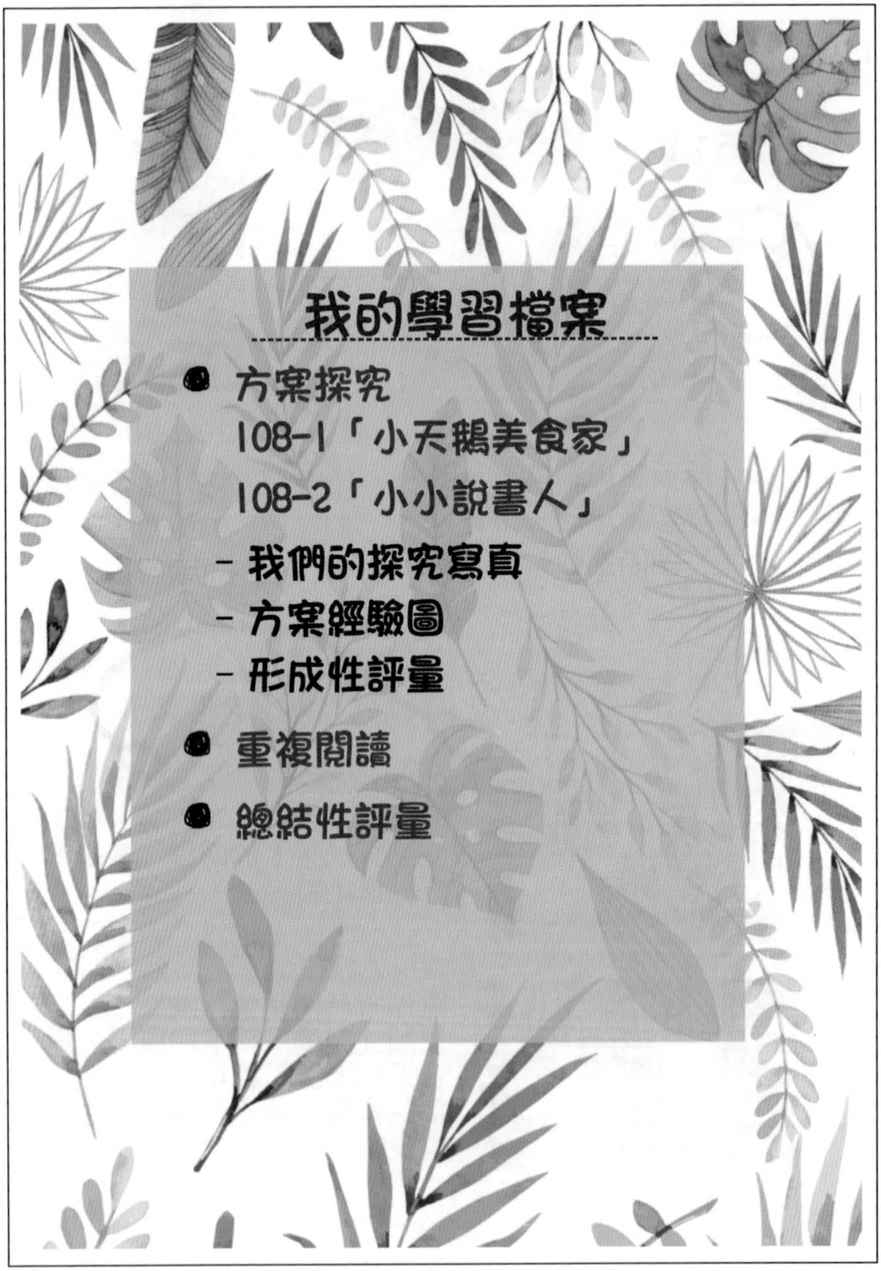

我的學習檔案

- 方案探究
  108-1「小天鵝美食家」
  108-2「小小說書人」
  - 我們的探究寫真
  - 方案經驗圖
  - 形成性評量
- 重複閱讀
- 總結性評量

108-1 方案探究
「小天鵝美食家」
- 我們的探究寫真
- 方案經驗圖
- 形成性評量

小天鵝美食家

108-1方案探究

分享品嚐經驗與喜好

品嚐不認識的食材

根據天鵝班的口感喜好
搜集適合的食譜

出發買食材

準備製作奶油泡芙需要的工具

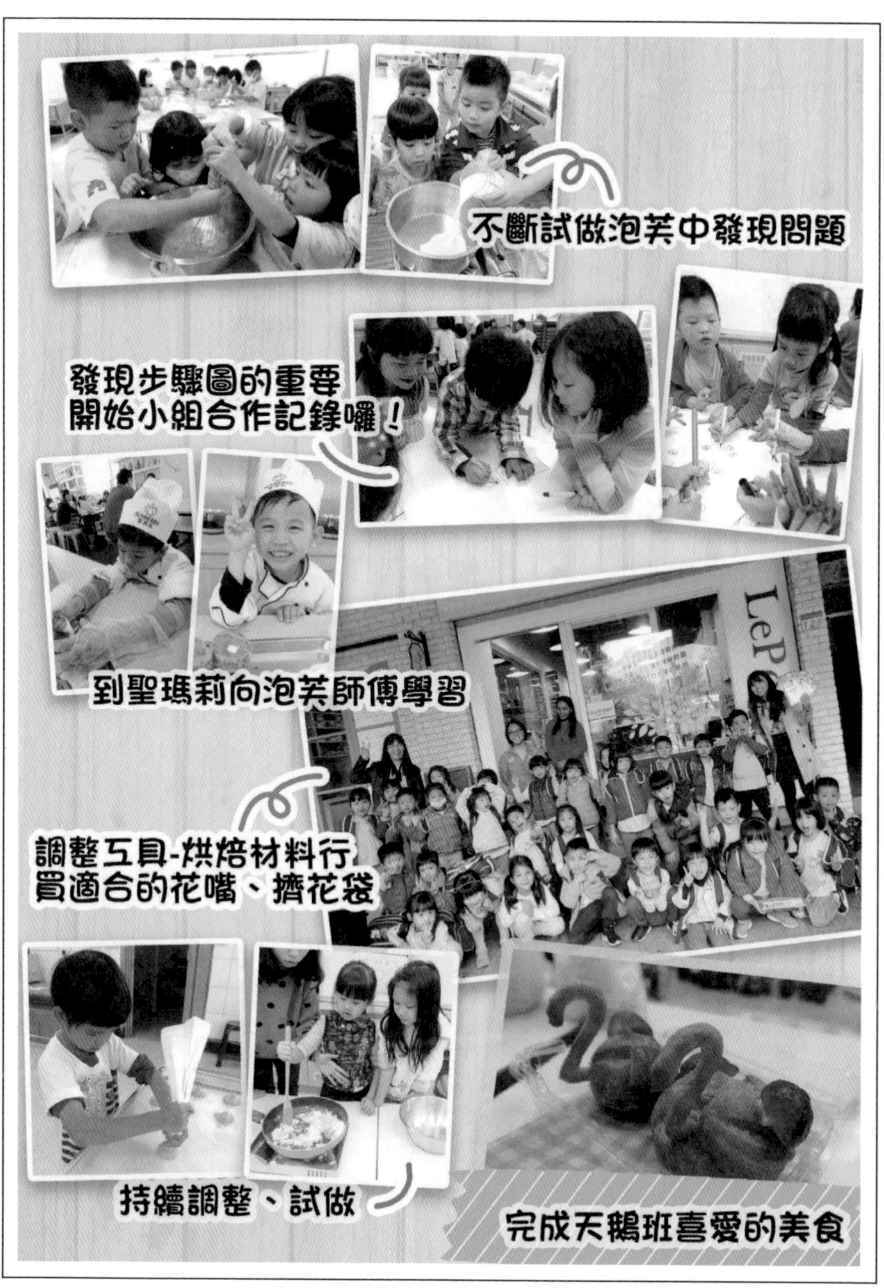
不斷試做泡芙中發現問題
發現步驟圖的重要
開始小組合作記錄囉！
到聖瑪莉向泡芙師傅學習
LeP
調整工具-烘焙材料行
買適合的花嘴、擠花袋
持續調整、試做
完成天鵝班喜愛的美食

108-1 方案探究經驗圖

小天鵝美食家

欣賞美食的感受

- ✧ 分享品嚐美食的經驗
- ✧ 統整小天鵝喜歡、不喜歡的感受及食材
- ✧ 品嚐沒吃過的食材
- ✧ 喜歡自己做的泡芙口味嗎？
- ✧ 自己做的泡芙符合「天鵝班喜愛的美食」條件嗎？

美食怎麼來的？

- ✧ 根據小天鵝喜愛的口感收集食譜
- ✧ 決定食譜：1.各食譜符合哪些天鵝班喜愛的條件？
  2.決定做得到的食譜-奶油泡芙
- ✧ 察覺食譜上的訊息
- ✧ 製作奶油泡芙需要的食材及工具
  1. 小組合作記錄
     ① 要買的食材（清楚的記錄方式）
     ② 需要的工具數量
     ③ 記錄卡士達醬及泡芙皮各需要的食材量
  2. 食材的期限與保存
  3. 發覺烘焙材料行
- ✧ 小組合作記錄步驟（如何合作）

美食家來下廚

- ✧ 第一次做泡芙的困難與解決
  1. 調整卡士達醬的攪法及食材量
  2. 歸零與適切工具的概念發現
  3. 發現不清楚製作步驟
- ✧ 校外教學發現泡芙師傅的擠花袋、花嘴及泡芙的擠法
- ✧ 第二次做泡芙的困難與解決
  1. 如何分蛋黃及蛋白？
  2. 步驟圖應註明食材份量
  3. 事前準備工具統整
- ✧ 第三次做泡芙的困難與解決
  1. 加入天鵝造型
  2. 察覺蛋液對泡芙皮的影響

形成性評量

此份方案學習評量表，是從方案中涉及的概念中，挑選重複經驗到的重要指標，做為此方案的核心概念，並從日常觀察、方案記錄單的記錄進行評量。

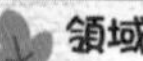 領域　 評量內容　 個別幼兒表現

美感

在品嘗食物時，能探索色彩、形體、質地的美，感受其中的差異。

對於沒吃過的食材(包含杏仁、腰果、核桃、肉桂、黑糖、杏鮑菇、迷迭香、藍莓乾、葡萄乾、煉乳)，昕芮能夠勇於嘗試，在品嘗之後能說出並比較每項食材的感受，以及其中喜歡與不喜歡的食材和其原因。

認知

在蒐集「適合天鵝班的料理」時，能與他人討論該料理與天鵝班喜好口感間的關係。

在蒐集「適合天鵝班的料理」時，昕芮能說出選擇料理「香草冰淇淋」的原因，挑選的原因中同時包含昕芮自己的部分(喜歡白色)和天鵝班的 2 項喜好：冰冰涼涼、盒子漂亮，可以注意到昕芮進行選擇時能夠兼顧團體喜好進行挑選。

認知、社會

1. 參與討論解決製作泡芙時遇到問題的可能方法並與他人合作實際執行。
2. 在介紹步驟時，能清楚活動程序；製作泡芙時，能考量自己與他人的能力和興趣，和他人分工合作。

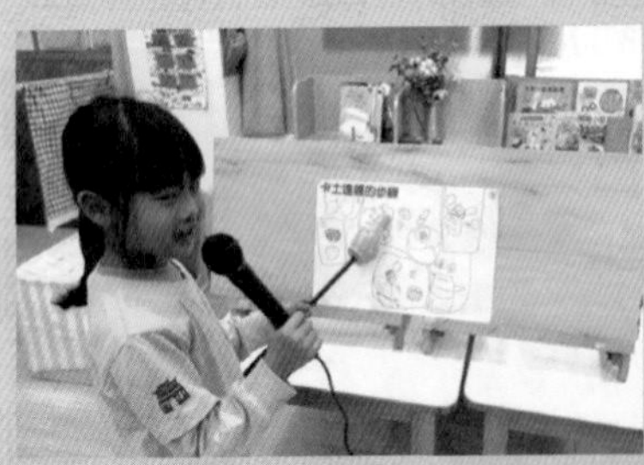

昕芮能說出製作泡芙中的程序，例如：「把蛋恢復室溫」、「蛋白蛋黃分開」、「放奶油」，而關於「要用刮刀，攪到奶油看不見」更細緻的步驟，則在引導後能說出。製作的過程中，昕芮能按照步驟主動與他人共同製作泡芙，並相互幫忙；小組遇到問題時，能試想可能方法並執行。

語文

敘述品嘗食物的經驗時，表達其觀點或感受。

昕芮在分享記錄單上的品嘗經驗時，能主動根據料理的食材外觀和口感，說出每項料理中至少 1 個喜歡(有殼、QQ 的、甜甜的、有汁、魚皮)與不喜歡(殼、玉米芯、魚刺)的地方，經過追問「為什麼文蛤的殼同時喜歡又不喜歡呢?」昕芮確認了自己不喜歡的是「食材中有不能吃的地方」。

方案紀錄單

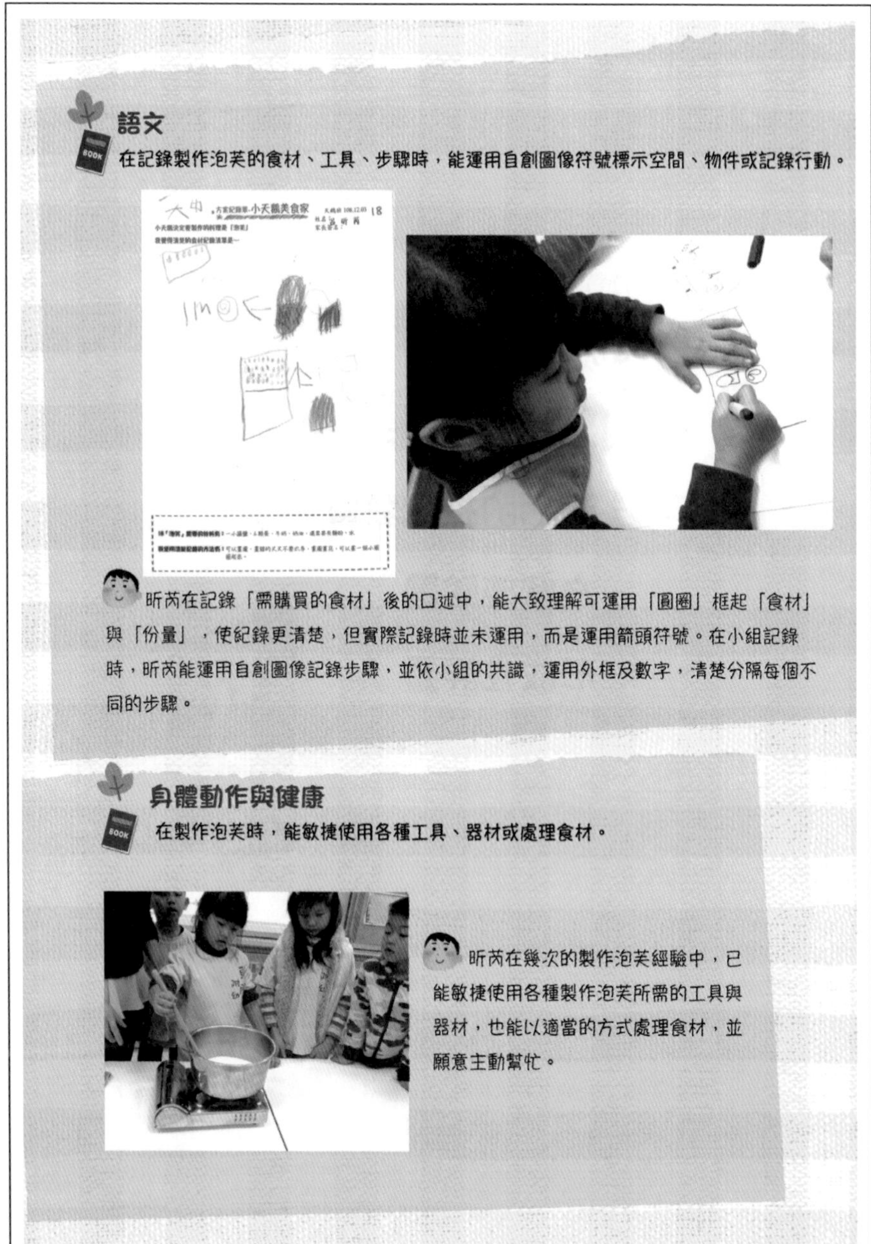

語文

在記錄製作泡芙的食材、工具、步驟時，能運用自創圖像符號標示空間、物件或記錄行動。

昕芮在記錄「需購買的食材」後的口述中，能大致理解可運用「圓圈」框起「食材」與「份量」，使紀錄更清楚，但實際記錄時並未運用，而是運用箭頭符號。在小組記錄時，昕芮能運用自創圖像記錄步驟，並依小組的共識，運用外框及數字，清楚分隔每個不同的步驟。

身體動作與健康

在製作泡芙時，能敏捷使用各種工具、器材或處理食材。

昕芮在幾次的製作泡芙經驗中，已能敏捷使用各種製作泡芙所需的工具與器材，也能以適當的方式處理食材，並願意主動幫忙。

108-2 方案探究

「小小說書人」

- 我們的探究寫真
- 方案經驗圖
- 形成性評量

STORY

小小說書人
108-2方案探究
愛看書的小天鵝
一起聽故事

一起來演故事

來創作我們的小書

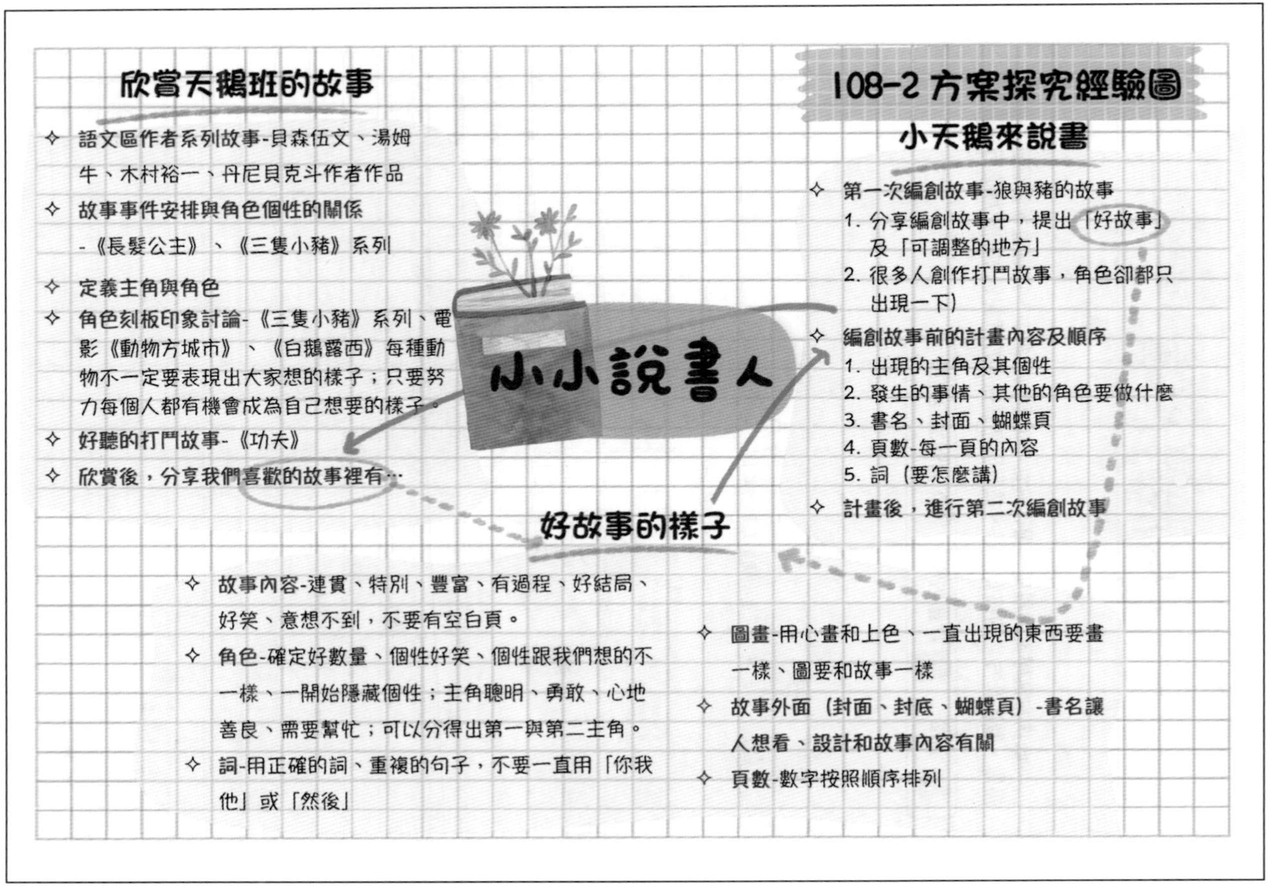

108-2 方案探究經驗圖

小小說書人

小天鵝來說書

- ✧ 第一次編創故事-狼與豬的故事
  1. 分享編創故事中，提出「好故事」及「可調整的地方」
  2. 很多人創作打鬥故事，角色卻都只出現一下）
- ✧ 編創故事前的計畫內容及順序
  1. 出現的主角及其個性
  2. 發生的事情、其他的角色要做什麼
  3. 書名、封面、蝴蝶頁
  4. 頁數-每一頁的內容
  5. 詞（要怎麼講）
- ✧ 計畫後，進行第二次編創故事

欣賞天鵝班的故事

- ✧ 語文區作者系列故事-貝森伍文、湯姆牛、木村裕一、丹尼貝克斗作者作品
- ✧ 故事事件安排與角色個性的關係-《長髮公主》、《三隻小豬》系列
- ✧ 定義主角與角色
- ✧ 角色刻板印象討論-《三隻小豬》系列、電影《動物方城市》、《白鵝露西》每種動物不一定要表現出大家想的樣子；只要努力每個人都有機會成為自己想要的樣子。
- ✧ 好聽的打鬥故事-《功夫》
- ✧ 欣賞後，分享我們喜歡的故事裡有…

好故事的樣子

- ✧ 故事內容-連貫、特別、豐富、有過程、好結局、好笑、意想不到，不要有空白頁。
- ✧ 角色-確定好數量、個性好笑、個性跟我們想的不一樣、一開始隱藏個性；主角聰明、勇敢、心地善良、需要幫忙；可以分得出第一與第二主角。
- ✧ 詞-用正確的詞、重複的句子，不要一直用「你我他」或「然後」
- ✧ 圖畫-用心畫和上色、一直出現的東西要畫一樣、圖要和故事一樣
- ✧ 故事外面（封面、封底、蝴蝶頁）-書名讓人想看、設計和故事內容有關
- ✧ 頁數-數字按照順序排列

形成性評量

此份方案學習評量表，是從方案中涉及的概念中，挑選重複經驗到的重要指標，做為此方案的核心概念，並從日常觀察、方案記錄單的記錄進行評量。

領域　評量內容　個別幼兒表現

語文

在欣賞《三隻小豬》系列故事時，能理解故事的角色與情節或主題。

討論《三隻小豬》故事系列內容和比較系列故事中的主角狼與豬時，昕芮能主動說出系列故事中最喜歡的故事為《三隻小狼豬》和其中最喜歡的角色「豬小弟」。說明喜歡的原因時，昕芮能根據該故事的結局、角色個性說出喜歡的原因和個人感受(最大野狼掉到煙囪，尾巴燒焦陶後逃走好好笑、豬小弟很聰明，可以在煙囪下點火)。

語文

第一本「豬與狼」的改編故事中，能描述故事角色間的對話與情節或改編結局。

昕芮將《三隻的小豬》的故事改編為《大野狼跟豬做好朋友》，從以下擷取的故事畫面中，可看見昕芮在故事裡為角色設計許多對話，或是運用話語表達角色的心裡想法；情節的部分，雖部分故事背景與原版故事類似，但角色的互動方式與結局則有所改編。

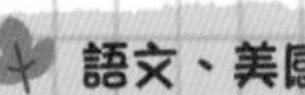

語文、美感

1. 第二本自創故事中，能編創情節連貫的故事或符合「好故事的樣子」進行創作。
2. 第二本自創故事的「故事外面」設計，能運用線條、形狀或色彩，進行創作。

計畫 1-「主角」、「什麼樣的故事」

昕芮的第二本自創故事《娸娸老師和薇薇老師做朋友》，可看見昕芮能依照計畫完成故事創作，也具備編創連貫故事內容的能力。與第一本改編故事相較，昕芮在「故事內容」上增加了更多的故事情節、過程和故事轉折處；「角色」部分可確切辨認出主角、主角個性（喜歡交朋友），「圖畫」也清楚呈現主角的外貌特徵（眼鏡、長髮、包頭）。

在「故事外面」部分，昕芮在封面和封底設計上分別呈現兩位主角樣貌，且蝴蝶頁與書名街與故事內容相關。

計畫 2-「發生色的事」、「其他角色」

計畫 3-「封面」、「封底」、「蝴蝶頁」

計畫 4 -「每一頁的故事內容」

社會

欣賞《動物方城市》電影時，能覺察不同性別的人可以有多元的職業及角色活動。

分析《動物方城市》電影角色特性時，昕芮能說出影片中特定角色的個性、職業與困境間的關係（兔子太小太弱不適合當警察、狐狸很狡猾可疑）。在引導下，昕芮能察覺每一種動物不一定要表現出大家想的樣子，只要努力，每個人都有機會成為自己想成為的樣子，如：兔子可以聰明、狡猾，雖小但不弱，可以

認知

在分類「符合好故事的條件」時，能依據條件特徵為好故事條件分類並命名。

昕芮在分類「符合好故事的條件」時，雖較少主動表達分類的方式，但在老師的邀請下能依據條件特徵分類，並理解「故事內容」、「角色」、「圖書」、「故事外面」、「詞」、「頁數」等六個類別的概念。

認知

在分享第一本「豬與狼」改編故事後，能根據討論解決問題的可能方法並實際執行。

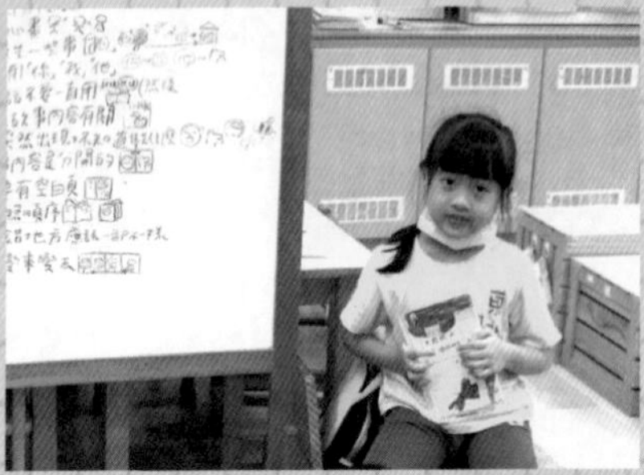

分享時，台下的幼兒針對昕芮的第一本「豬與狼」改編故事提出建議，從昕芮的紀錄單中，可看見昕芮能記下需調整的地方，包含「角色不知道要做什麼」、「角色數量變化」以及「圖畫一致性」等。

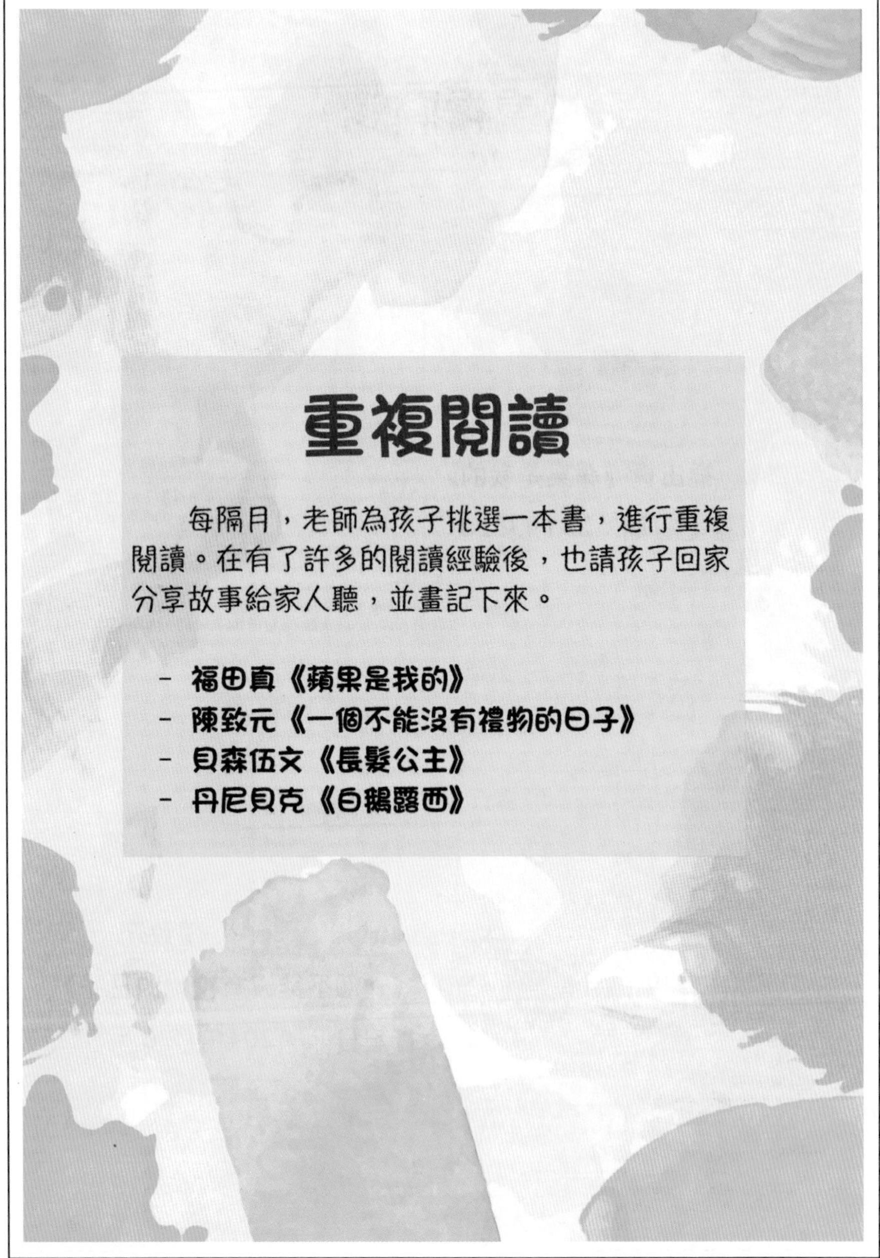
重複閱讀
每隔月，老師為孩子挑選一本書，進行重複閱讀。在有了許多的閱讀經驗後，也請孩子回家分享故事給家人聽，並畫記下來。
- 福田真《蘋果是我的》
- 陳致元《一個不能沒有禮物的日子》
- 貝森伍文《長髮公主》
- 丹尼貝克《白鵝露西》

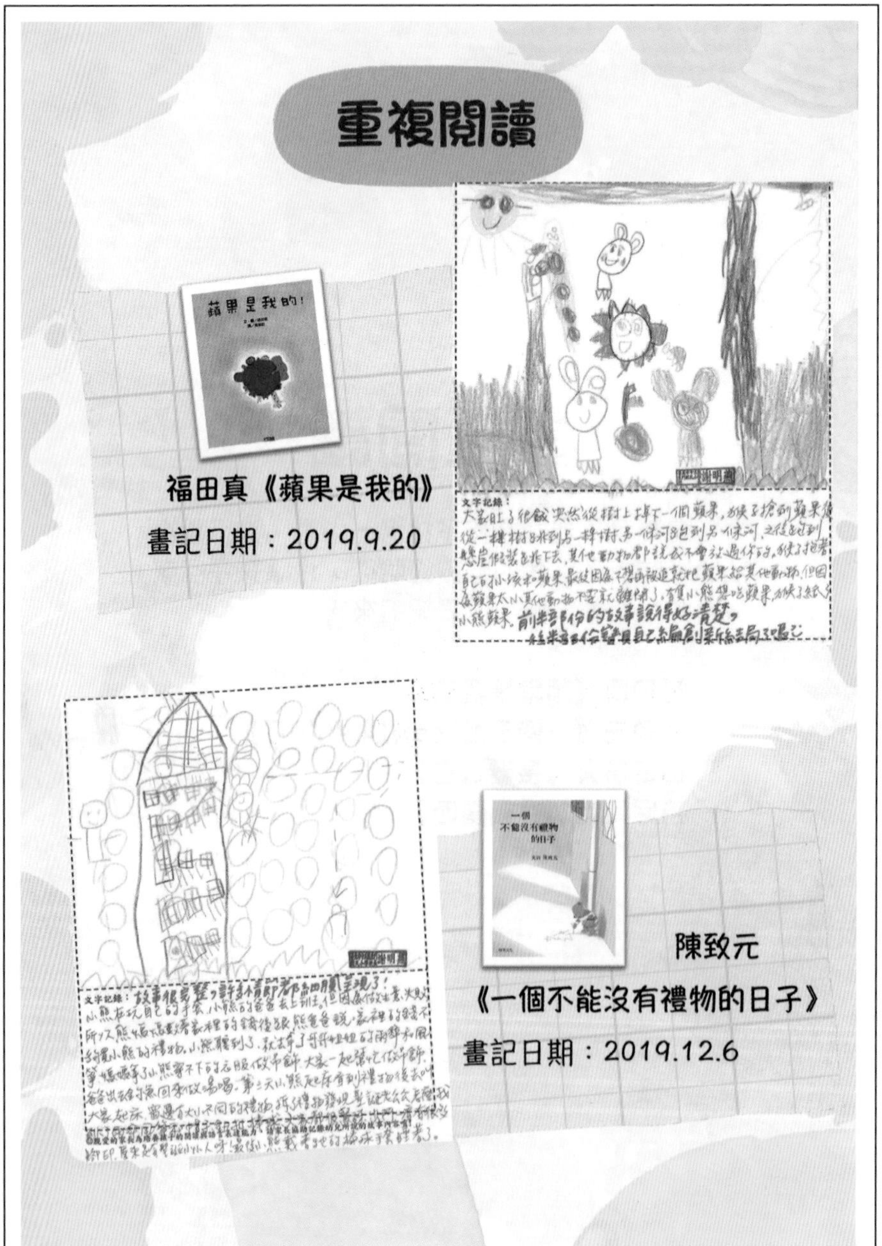
重複閱讀
蘋果是我的！
福田真《蘋果是我的》
畫記日期：2019.9.20
文字記錄：
一個不能沒有禮物的日子
陳致元
《一個不能沒有禮物的日子》
畫記日期：2019.12.6

貝森伍文《長髮公主》

畫記日期：2020.3.20

丹尼貝克《白鵝露西》

畫記日期：2020.5.22

重複閱讀中看見的昕芮

學期初的昕芮，在表達故事時，僅能描述故事前半部分的情節，故事後半部分的經過與結局，會進行改編。在第二次進行重複閱讀時，昕芮已能說出完整的故事，並且呈現故事中的細節。第三次進行時，昕芮說的故事不僅完整，故事中的對話也生動呈現，且用自己的話語表達故事。

總結性評量

總結性評量是總整孩子長時段的學習成果，在此挑選寶貝在六大核心素養中（覺知辨識、表達溝通、關懷合作、推理賞析、想像創造、自主管理）**的優勢能力記錄。**

總結性評量

核心素養：表達溝通
能運用圖像符號表達想法或情感

運用圖像符號表達想法是昕芮的優勢能力，昕芮除了能畫記具有指示與說明功能的圖像、符號（例如：箭頭、問號、X 記號，或運用線條將同一事件框在一起），且想法豐富，表現的技巧細膩，想要表達的內容大部分可以被他人看出。

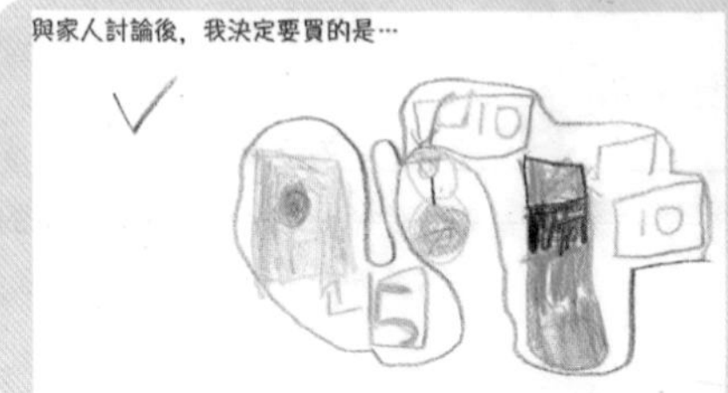

《兒童節禮物計畫單》

2020.4.1

運用箭頭、框線標示出要買的禮物分別為 5 元的卡片、10 元的沙漏，以及 10 元的橡皮擦。

《最喜歡的故事》

2020.4.23

想法豐富（說明凸顯角色個性的事件），表現技巧細膩（畫出煙囪、運用箭頭標示路徑）

《編創故事要調整的部分》

2020.6.4

運用「?」代表「角色不知道要做什麼」；「✓ 與 ×」代表要與不要做的事；一頁畫兩隻豬，另一頁畫三隻豬則表示角色數量要固定。

核心素養：關懷合作
能理解他人之需求，表現利社會的行為

昕芮能基於同理心而對他人表現出主動幫助的行為，而且所提供的幫助行為也符合他人真正的需求。

看見前一天沒來的同學，昕芮能主動表現關心，上前說明記錄單的操作方式。

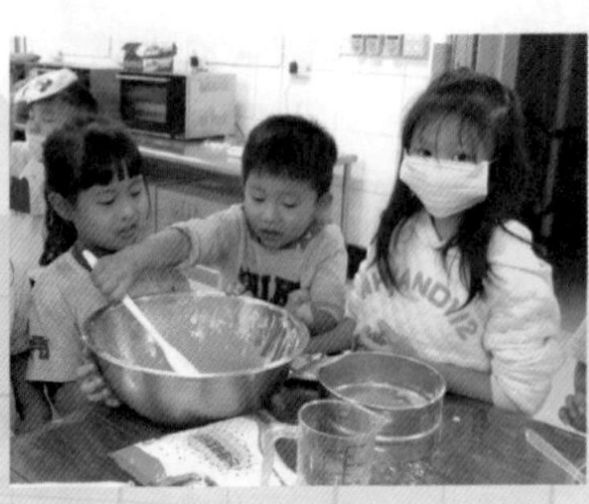

在合作製作奶油泡芙時，昕芮在同組同學操作時，能給予適當的幫助，像是幫忙扶好鋼盆，方便同學攪拌；在小組製作的過程中，也積極主動進行自己知道的步驟，讓小組製作更順利與流暢。

核心素養：想像創造
能透過視覺藝術素材進行想像創作

昕芮能運用視覺藝術素材，創造出具有個人獨特創意的立體藝術作品的能力。

2019.11.1

昕芮在鬆散素材區，能組合積木、骨牌、瓶蓋與自然素材等元素，創作出「在大自然飛的鳥」。中間十字形為鳥的身軀，松果與站立的積木和瓶蓋則代表大自然的樹木。

2020.4.10

在組合建構區的昕芮，雖無法看見多元素材組合的展現，但在昕芮的樂高作品中，可看見昕芮關注配色，並有對稱的設計，也能運用某些特定樂高的形體，創造獨特的場景或物品。

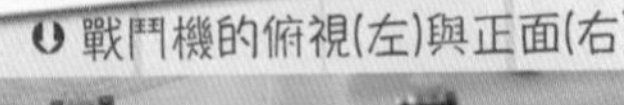

❶ 戰鬥機的俯視(左)與正面(右)

❶ 洗車場

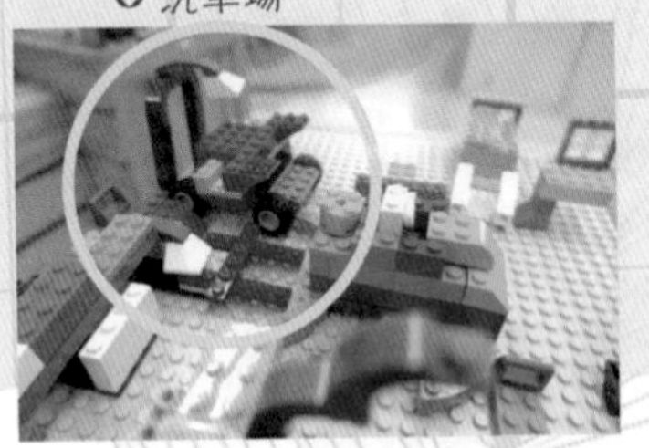

記得…

2020 這一年

我們在東門附幼

天鵝班

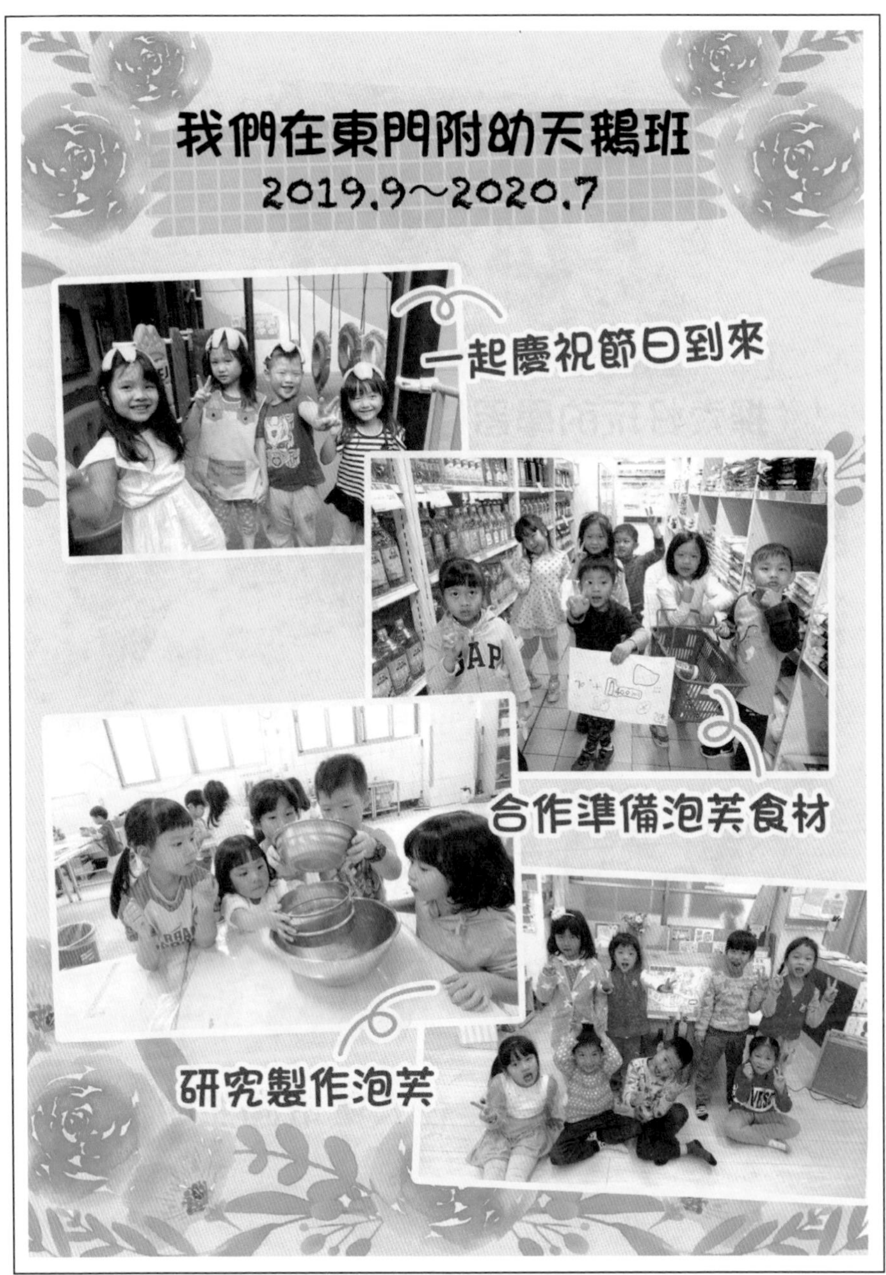
我們在東門附幼天鵝班
2019.9～2020.7
一起慶祝節日到來
合作準備泡芙食材
研究製作泡芙

探索好玩的學習區

合作拼圖

在天鵝班過生日

開心的運動時間
校外教學約會
一起去野餐

希望寶貝們…

記得我們經驗的每件事

慶祝中華民國一〇八年國慶

記得大家可愛的樣子

祝福大班小天鵝畢業快樂！

Notes

國家圖書館出版品預行編目（CIP）資料

幼兒發展、學習評量與輔導／王珮玲著. -- 七版.--
新北市：心理出版社股份有限公司, 2021. 02
面；　公分. --（幼兒教育系列；51213）
ISBN 978-986-191-949-2（平裝）

1. 兒童發展 2. 學習評量 3. 學習輔導 4.學習教育

523.2　　110001299

幼兒教育系列 51213

幼兒發展、學習評量與輔導（第七版）

作　　者：王珮玲
封　　面：林純純
總 編 輯：林敬堯
發 行 人：洪有義
出 版 者：心理出版社股份有限公司
地　　址：231026 新北市新店區光明街 288 號 7 樓
電　　話：(02) 29150566
傳　　真：(02) 29152928
郵撥帳號：19293172 心理出版社股份有限公司
網　　址：https://www.psy.com.tw
電子信箱：psychoco@ms15.hinet.net
排 版 者：辰皓國際出版製作有限公司
印 刷 者：辰皓國際出版製作有限公司
初版一刷：1995 年 3 月
二版一刷：1995 年 12 月
三版一刷：2006 年 4 月
四版一刷：2011 年 2 月
五版一刷：2013 年 9 月
六版一刷：2016 年 9 月
七版一刷：2021 年 2 月
七版二刷：2022 年 9 月
I S B N：978-986-191-949-2
定　　價：新台幣 500 元